황실연구시리즈
일월오악도 ③

일월오악도의 탄생

-대한황실 정통성 역사-

안 천 지음

교육과학사

머리말

안중근 의사가 침략원흉 이등박문을 처단한 감격적인 때로부터 100주년이 되는 날이 다가오고 있다. 그리고 융희황제께서 강제로 퇴위되신 경술국치의 100주년도 눈 앞에 다가오고 있다.

그러나 오늘의 우리민족은 역사의 가장 중심적인 본질을 잃고서 표류하고 있다. 사실상 주변부의 역사인식을 갖고 민족의 본모습을 많이 잃은 상태로 덧없이 흘러온 세월이 지난 100년이었다. 왜 우리는 표류하는 현대사를 살아 왔는가? 그 대답은 그러나 결코 단순하게 말해지기는 쉽지 않다. 그렇지만 가장 분명한 요인은 확실하게 존재하고 있다.

현대사가 표류하게 된 가장 큰 원인은 우리가 역사형성의 중심을 잃고서 살아왔기 때문이다. 그것은 바로 일제침략의 핵심 공격대상이었던 임금님의 상실에 대한 망각에서 비롯된 것이다. 나랏님을 역사형성의 중심축으로 보던 전통적인 흐름에 있어서, 일제침략이 가장 혹독하고 잔인하게 진행된 임금님에 대한 인식을 상실하고 현대사를 살아온 부작용이 바로 현대사가 표류하게 된 핵심이유인 것이다.

지난 현대사에 있어서 이북동포들은 지구상에서 유례를 찾기 어려운 가혹한 독재 속에서, 김일성, 김정일 부자의 초권위적인 국민탄압을 숨죽이며 감내하고 굶주리며 고통 속에 죽어 갔다. 그리고 이남에 있어서는 거의 모든 대통령들이 국정운영의 곳곳에서 비참하고 어려운 상황을 맞으며, 국민들은 많은 경우에 정치부재 속에 방황하고 고난을 겪으며 오늘에 이르렀다. 거대한 시야를 통해서 관찰하면 정치적 공황상태가 이북이나 이남에서 끈질기게 이어진 것이다. 국민들에게 뿌듯한 기쁨을 주기보다는 아픔과 서러움과 어두움을 안겨준 정치사가 줄기차게 이어졌을 뿐이다.

우리는 이제 어둠의 정치를 청산할 때가 왔다. 밝은 정치! 희망의 정치! 기쁨의 정치를 국민들에게 듬뿍 안겨주는 시대를 맞이할 때가 왔다. 그 출발점은 국민들 모두가 역사적 위선에서 과감하게 벗어나는 결단을 내리는 것이다. 그간 얼마나 우리는 위선의 정치! 가면을 쓴 거짓말 정치! 부패한 정치에 시달리며 끝없이 고통을 겪는 어둠의 시대를 살아 왔는가? 이 책은 우리민족이 위선의 시대를 청산할 정답을 말해주고 밝은 시대를 선사할 것이다.

끝으로 본서의 3권까지를 정성을 다해 출판해주신 교육과학사에 진심으로 감사를 드린다. 민족사에 도움이 될 좋은 책을 과감하게 출간해주신 깊은 뜻에 항상 고마움을 느낀다. 그리고 3권까지를 읽어주신 독자 여러분들에게도 깊은 고마움을 느낀다. 이 책을 읽어준 모든 분들은 이 나라의 미래를 아끼는 진정한 마음을 가진 현대판 독립운동가들이 분명하다고 생각한다. 뜻이 분명한 분들이기 때문이다. 진실된 마음을 가진 현대판 독립운동가들의 높은 뜻이 차곡차곡 쌓여지는 어느날! 우리의 영광된 역사는 다시 탄생될 것이라고 확신한다.

융희96년(단기4335년, 서기2002년) 삼일절

안 천(安天)

차 례

머리말 / 3

첫번째 주제 조선건국기 정치신화의 재탄생
-젊은 이성계와 주원장의 대추적전-

Ⅰ. 들어가는 글 14

Ⅱ. 조선건국 정치신화의 재구성 16
1. 조선건국의 정치신화 / 17
2. 정치신화의 고증 / 26
3. 정치신화의 의미 / 32

Ⅲ. 정치신화의 분석 36
1. 인간적 특징 / 36
2. 지리적 특징 / 40
3. 종교적 특징 / 42
4. 문화적 특징 / 46
5. 교육적 특징 / 49

Ⅳ. 정치신화의 현대적 해석 49
1. 영웅적 역사관 / 50
2. 거시적 국토관 / 50
3. 주체적 세계관 / 51
4. 신성적 정권관 / 53
5. 종교적 섭리관 / 54

Ⅴ. 맺는 글 57
1. 상처뿐인 대한황실 / 57
2. 위대한 역사의 회복 / 58

두번째 주제 **일월오악도(日月五岳圖) 연구**

– 조선건국의 정통성 확립 상징체계 –

Ⅰ. 들어가는 글 62

Ⅱ. 우리민족의 정치상징 64

1. 고대시대의 정치상징 / 64
2. 삼국시대의 정치상징 / 65
3. 고려시대의 정치상징 / 68

Ⅲ. 일월오악도의 정치상징적 의미 분석 69

1. 조선시대의 정치상징물 / 69
2. 일월오악도의 정치사적 위상 / 71
3. 일월오악도의 현존 상황 / 74
4. 일월오악도의 정치상징적 의미 / 76

Ⅳ. 일월오악도의 정치 인류학적 추적 84

1. 성스러운 머리산 / 85
2. 조선 황실의 발상신화 / 87
3. 이갑용 항일 독립운동 / 94
4. 살아있는 일월오악도 / 104

Ⅴ. 맺는 글 109

세번째 주제 **조선초기 집권층의 북방의식 추적**

– 조선건국의 국제의식적 정통성 재구성 –

Ⅰ. 문제제기: 전주이씨(全州李氏)가 맞는가? 116

1. 이조시대병(李朝時代病) / 116
2. 대한황실의 본관은 전주일까? / 118
3. 만주땅의 토착 정치의식 / 119

Ⅱ. 위화도 회군의 정치적 재해석 121

1. 호칭 재해석 / 121
2. 위상 재해석 / 123

Ⅲ. 조선초 집권층의 북방의식 변인분석 125
1. 태조 고황제의 고향 / 125
2. 태조 고황제의 추종세력 / 127
3. 태조 고황제의 묘지형태 / 128
4. 조선시대 임금님릉 양식의 특이성 / 132
5. 조선초기 황실계승 양태 / 134

Ⅳ. 조선초 집권층의 북방개척 행태 135

Ⅴ. 맺는 글 138

네번째 주제 조선 건국의 사상체계를 찾아서

-한국 사회과교육의 정통성 추적과 사상적 틀-

Ⅰ. 문제제기: 잃어버린 사회과교육혼(社會科敎育魂) 144

Ⅱ. 민족사상의 기저 147
1. 조선건국의 사상적 의의 / 147
2. 조선건국을 만든 사상적 토대 / 152

Ⅲ. 민족사상의 발전 158
1. 감(神)사상: 남해 금산 신화 / 158
2. 천상열차분야지도 / 160
3. 용비어천가 / 163

Ⅳ. 세계사상으로의 확대: 아사달(朝鮮) 사상 168
1. 아사달 사상의 출현 / 168
2. 아사달 사상의 의미 / 170
3. 아사달 사상의 국제성 / 170

Ⅴ. 맺는 글 172

다섯번째 주제 종교 항일 전쟁사
– 종교를 통한 민족정통성의 수호 –

Ⅰ. 들어가는 글: 현존 종교의 역사적 정당성은 어떠한가? 176
1. 항일전쟁시대와 종교 / 176
2. 정치사 인식의 새로운 눈 / 178

Ⅱ. 항일전쟁 창의의 깃발 - 의병(義兵) 181
1. 전기(前期) 의병 / 182
2. 후기 의병 / 184

Ⅲ. 유림 항일전쟁의 전개 188
1. 의병 항쟁의 처절한 최후 / 189
2. 유림 항일전쟁의 새로운 전개 / 196

Ⅳ. 대종교 · 천도교와 청산리전투 205
1. 대종교(大倧敎) / 205
2. 신흥무관학교와 청산리전투 / 210
3. 천도교와 3 · 1만세항쟁 / 214
4. 후기 항일전쟁의 전개 / 217

Ⅴ. 일제의 종교탄압 정책 218
1. 단군대종교 - 철저탄압, 박멸정책 / 219
2. 유교 - 극단적 비방, 철저탄압 / 221
3. 동학천도교 - 탄압 및 회유, 이이제이(이간) 정책 / 224
4. 개신교 - 탄압 및 무시, 이이제이(이간) 정책 / 224

Ⅵ. 맺는 글 225

여섯번째 주제 붉은혁명 작곡가 정률성
– 사회주의 항일독립운동가의 역사적 정통성 논의 –

Ⅰ. 문제제기: 사회주의자를 어떻게 볼 것인가? 240
1. 역사착인(歷史錯認)에 의한 해석 / 240
2. 이론착인(理論錯認)에 의한 해석 / 241

Ⅱ. 시대배경: 정률성의 탄생시대 244
1. 본격적 항일전쟁의 시기 / 245
2. 존황사상이 넘치던 시기 / 245
3. 서구사조가 퍼져오던 시기 / 246

Ⅲ. 정률성의 생애 247
1. 출생에서 신흥중학까지 / 247
2. 망명 / 249
3. 연안송 / 252
4. 팔로군행진곡 / 255
5. 결혼 / 259
6. 북녘땅에서의 다섯해 / 261
7. 다시 중국땅으로 / 263
8. 문화혁명의 어둠을 뚫고 / 267
9. 마지막 나날들 / 270

Ⅳ. 정률성 분석: 위대한 사회주의 음악가의 생애 272
1. 일반적인 역사해석 / 273
2. 존황사관적 해석 / 280

Ⅴ. 결론 284

일곱번째 주제 4·19혁명론 서설: 존황사관적 연구
-현대정치사의 정통성파악과 대한황실의 생존투쟁사-

Ⅰ. 들어가는 글: 논점 제기 288
1. 건국 시점론: 언제 나라가 세워졌는가? / 288
2. 건국 주체론: 누가 나라를 세웠는가? / 289
3. 건국 철학론: 왜 나라를 세웠는가? / 292

Ⅱ. 기존 연구의 학문적 문제점 294
1. 학문성향의 문제점 / 294
2. 기존 연구가 가진 학문적 오해 / 299

Ⅲ. 4·19혁명 연구의 새로운 접근 306
1. 새로운 연구방법의 필요조건 / 306

2. 새로운 접근법 / 308

Ⅳ. 이승만의 정치의식 해부 317

1. 분석틀 / 318
2. 분석의 실제 / 319
3. 분석결과의 논의 / 353

여덟번째 주제 4 · 19혁명 전개론: 존황사관적 연구

–현대정치사의 정통성추적과 대한황실의 생존투쟁사–

Ⅰ. 4 · 19혁명의 시대분석론 358

1. 시대분석의 관점 / 358
2. 시대분석의 실제 / 359

Ⅱ. 4 · 19혁명의 전개과정 분석 361

1. 시대별 전개과정 분석 / 361
2. 시대별 추이변화 / 400

Ⅲ. 4 · 19혁명의 역사적 의미 404

1. 4 · 19혁명의 의의 / 404
2. 4 · 19혁명 애국자들의 위상 / 406
3. 4 · 19혁명의 과제 / 408

Ⅳ. 맺는 글 409

아홉번째 주제 사이버(Cyber) 황실복원운동 연구

Ⅰ. 들어가는 글 414

Ⅱ. 사이버 황실복원운동의 성격 416

1. 인간적 변화 / 417
2. 방법적 변화 / 421

Ⅲ. 사이버 황실복원운동의 전개 423

1. 종류 / 423

2. 대한황실재건회(大韓皇室再建會)의 전개 / 423

Ⅳ. 사이버 황실복원운동의 미래 427

Ⅴ. 맺는 글 429

1. 자랑스런 사이버 젊은이들 / 429
2. 역사 창조의 함성 / 431

열번째 주제 대한황실의 정통성 재정립 연구

Ⅰ. 들어가는 글 434

1. 역사적 정통성 혼미 / 434
2. 실체적 정통성 상실 / 436

Ⅱ. 현대사 재건의 기본전제 437

1. 민족실체의 규명: 코리아 합중국(United Korea)의 규명 / 437
2. 항일 애국혼의 정립 / 439
3. 대한황족 정통맥의 확립 / 440

Ⅲ. 현대사 재건의 이념적 과제: 대화합 포용정책 441

1. 친일파 청산(화합정책1): 민족정치적 이념 / 442
2. 공산당 포용(화합정책2): 정치 사상적 이념 / 445
3. 항일전쟁사 재평가(화합정책3): 역사학적 이념 / 447
4. 코리아 합중국 건설(대화합): 세계적 민족 이념 / 448

Ⅳ. 대한황실 재건의 실체적 과제 449

1. 새 서울 건설: 황도(皇都)의 재건 / 450
2. 제도 복원: 입헌 군주제 채택 / 451
3. 임금님 모시기 / 454

Ⅴ. 맺는 말 455

참고문헌 / 457
찾아보기 / 463

첫번째 주제

조선건국기 정치신화의 재탄생

젊은 이성계와 주원장의 대추적전

Ⅰ. 들어가는 글

Ⅱ. 조선건국 정치신화의 재구성
1. 조선건국의 정치신화
2. 정치신화의 고증
3. 정치신화의 의미

Ⅲ. 정치신화의 분석
1. 인간적 특징
2. 지리적 특징
3. 종교적 특징
4. 문화적 특징
5. 교육적 특징

Ⅳ. 정치신화의 현대적 해석
1. 영웅적 역사관
2. 거시적 국토관
3. 주체적 세계관
4. 신성적 정권관
5. 종교적 섭리관

Ⅴ. 맺는 글
1. 상처뿐인 대한황실
2. 위대한 역사의 회복

Ⅰ. 들어가는 글

전통적인 국가는 건국의 정당성(正當性)을 보증하는 정치신화(政治神話)를 갖고 있다. 현대국가에 있어서는 정권의 정당성을 옛부터의 역사적 배경과 국민적 지지에 두고 있음에 반하여, 전통적인 국가는 정치신화의 존재가 매우 중요한 위상을 갖는다. 정치신화는 그 국민의 정치의식을 순화하고,[1] 정치적 정당성의 합의를 도출해 주며, 국가통합의 수준을 높여 주어[2] 정권의 이미지를 고양시켜 주는 등의 다양한 순기능을 갖고 있다. 따라서 정치신화의 연구는 전통적 국가의 정치사를 연구함에 필수적인 요인이 된다고 하겠다.

그런데 조선시대에서는 사실상 확실한 정치신화를 찾기가 어렵다. 이것은 고려시대도 같아서 그 건국의 정당성을 담보하는 정치신화가 뚜렷하게 존재하고 있지 않다. 그 까닭은 생각컨대 고려시대나 조선시대는 보다 현대에 가까운 시대에 존재하고 있기에 삼국시대 이전의 고대시대와는 다르게 신화성(神話性)보다는 현실정치성이 높기 때문이 아닌가 한다.

따라서 조선국의 건국의 정당성을 설명해주는 정치신화가 뚜렷하게 존재하지 않음은 조선건국의 의미를 상대적으로 희석시키는 결과를 낳기도 했다. 이러한 상황은 일본의 역사침략으로 인해 태조 이성계 장군의 건국을 모함하고 평가절하 시키는 계기를 만들어 주는 측면도 있었음이 사실이다.

---

1) 정치의식은 감정구조와 인지구조로 형성된 내부구조를 갖고 있다. 정치신화는 따라서 정치의식을 구조화시킴에 결정적 기능을 한다.
정윤무, 현대정치심리론(서울: 박영사, 1982), p. 13참조.

2) 국가통합의 수준을 높이려면 국가전체적 전통이 확립되고, 역사적 추억을 함께 회상토록 하는 기회를 많이 갖고, 국민적 습관을 보편화시켜야 한다. 이렇게 국민적 문화의 공통성을 높여 자연스럽게 전국민적 충성심과 헌신을 이끌어내야 한다.
임덕순, 정치지리학원론(서울: 일지사, 1981), p. 242.

그러나 조선시대사를 엄밀하게 분석하면 다양하게 정치적 정당성을 확보하려는 노력이 존재했음을 확인하게 된다. 다만 그것을 확실하게 체계화시켜 정리해 놓지 않은 상태에서 침략일본의 피해를 보아서, 사라지고 왜곡된 상태에서 현대시대로 진입하였고, 그 이후에 그것을 되찾으려는 노력이 거의 없이 오늘에 이르렀을 뿐이다.

조선시대를 개창한 태조 이성계 장군은 정치적 정당성 확보에 결정적인 위상을 가진, 다음 Ⅱ장에 소개하는 바와 같은 매우 멋있고 웅장한 정치신화를 갖고 있었다. 다만 이것이 세간에 널리 알려지거나 국가적 제도화과정을 거쳐 수준 높은 정치신화로 체계화되지 않아, 그간 잊혀져서 오늘에 이르렀으며 일반인들은 그것을 무시하고 있을 뿐이다.

그 흔적은 멀리 남해바다의 한려수도에 있으니, 경상남도 남해군 금산(錦山) 보리암(菩提庵)에 존재하고 있다. 보리(菩提)는 불교용어로서 Bodhi를 음역한 것이다. 국어사전에는 각(覺), 지(智), 지(知), 도(道)로 번역된다고 쓰여있다. 이는 불교 최고의 이상인 불타정각(佛陀正覺)의 경지에 다달아, 모든 법(法)을 다 깨우친 청정무구(淸淨無垢)의 각지(覺知), 성문(聲門), 독각(獨覺), 불(佛)로 대별되며, 열반을 수행하는 오도(悟道)의 길을 뜻한다고 한다.[3] 그러므로 보리암은 위대한 깨달음을 얻는 수행처를 뜻하는 것이다. 보리암에는 금산영응기적비(錦山靈應紀蹟碑)가 세워져 있고 이씨기단(李氏祈壇)이 만들어져 있는데, 거기에 있는 설명문에는 다음과 같이 쓰여져 있다.

「고려말 이성계가 이곳에서 백일을 기도하여 신령의 영덕으로 조선 태조가 되었다고 전하는 곳이며, 이것을 기념하기 위해 건물 내부에 남해금산영응기적이란 비와 당시 태조 이성계가 사용했다는 가마가 보존되어 있다.」

---

3) 현문사, 한국어사전, 1976, p. 724.

금산영응기적비는 대한중흥송덕축성비(大韓中興頌德祝聖碑)라고도 부르며, 이 비석이 서 있는 곳은 조선건국의 정당성을 보증하는 국가적 성지로 추앙을 받고 있다. 보리라는 말이 커다란 깨달음을 얻는다는 불교용어이듯, 태조 고황제는 이곳에서 기도하고서 조선건국의 큰 깨달음을 얻게 되었다는 것이다. 현대사회에 있어서의 정치적 정당성은 정치적 절차, 정치적 대표성, 정치적 결과 등의 합당함에서 찾아지지만,[4] 전통적인 사회에 있어서는 이러한 신성성(神聖性)이 매우 중요하게 받아들여졌다. 그리하여 이곳에는 이태조선유추지각(李太祖墠壝追志閣)이 세워져 태조 이성계 장군의 위대한 깨달음을 길이길이 기념하고 있다.

Ⅱ. 조선건국 정치신화의 재구성

조선건국의 정치신화는 옛적부터 궁중 내에서 꾸준히 전승되어 내려 왔다. 조선시대 궁중 내에서의 여인들의 얘기로 이어져 전해지기도 하고, 관리들 사이에도 널리 알려진 이야기라고 한다. 다만 조선건국 이후에 크게 표면화되지 않고서 궁궐 내에서만 내면적으로 전해진 듯 하다. 말하자면 알려진 비밀과도 같은 전승 구전체 이야기인 것이다.

조선건국의 정치신화는 기묘하게도 당시 이웃나라인 한족(漢族)의 주원장에 관한 이야기와 함께 펼쳐진다. 당시 비슷한 때에 동시에 세워진 우리민족의 조선국(朝鮮國)과 한족의 명(明)나라를 세운 두 인물의 이야기가 어우러지며 전개되는 것이 매우 이채롭기도 하고 흥미롭기도 하다. 그

4) Karl W. Deutsch, Politics and government, 2nd ed.(Boston: Houghton mifflin co., 1974), pp. 15~18 참조.

이야기는 다음과 같이 전개된다.

1. 조선건국의 정치신화[5]

명나라를 세운 주원장(朱元璋)은 원래 우리민족이었다.[6] 황해도의 해주에서 태어났는데[7] 일찍 부모를 여의고 고아로 어렵게 자랐다. 그런데 주원장은 어려서부터 반드시 왼쪽 주먹을 꼭 쥐고 다녔다. 주원장은 어느 누구에게도 손바닥을 펼쳐서 보여준 사례가 없었다. 그 까닭은 주원장이 어렸을 때에 손바닥을 펴본 그의 할아버지께서 절대로 남에게 손을 보이지 말고 쥐고 지내라고 엄명을 내렸고, 만약에 그것이 남에게 알려지면 너는 죽는다고 확실히 경고를 하였기 때문이었다.

할아버지께서는 주원장을 6세에 서당에 보내셨다. 그리고는 얼마 뒤에 할아버지도 세상을 떠나고 완전한 고아가 되고 만다. 그런데 동네사람들이 돌아가신 주원장의 할아버지 묘소를 쓰려는데, 어떤 지관이 나타나서 구월산 자락에 쓰도록 상세히 가르쳐 주는 것이었다.[8] 그리고는 묘를 쓴 것이 완성되자 홀연히 사라져 버리고 말았으니, 동네 사람들은 그를 산신령님이 변장하고 나타났던 것이라고 생각했다고 한다.

주원장은 할아버지께서 돌아가신 뒤에도 서당을 계속해서 다녔다. 몇

---

5) 본 정치신화는 숨겨진 황손 이초남의 증언에 의했다.
2001. 10. 28 이초남 면담.

6) 이초남 황손의 생애는 다음 자료를 참조하면 기초적 이해가 될 것이다.
안천, 황실은 살아있다(서울: 인간사랑, 1994).

7) 중국역사에서 주원장의 고향은 중국의 안휘성 호주(濠洲)로 되어 있다. 그는 원나라 말기인 1328년 음력 9월 18일에 가난한 농부의 4남 2녀 중에서 막내로 태어났다.
전순동, 명왕조성립사연구(청주: 개신출판사, 2000), p. 66.

8) 물론 묘자리도 정해 주었고, 묘지에는 황금빛 짚으로 시신을 싸서 묻으라고 일러 주어 그렇게 했다고 한다. 앞으로 크게 될 분의 어른이므로 이렇게 모시라고 했다고 전한다.

천제연 폭포

하늘의 뜻에 따라 임금님이 된다는 생각은 옛적 우리민족의 고유사상이라고 생각된다. 하늘님의 뜻을 가진 단군은 물론이고, 곳곳에 천황봉이 있으며, 제주도에는 천제(天帝) 연못이 있다. 옛 고대시대의 이름을 그대로 이은 땅이름은 매우 의미가 크다.

년 정도를 어려운 환경에서도 꾸준히 다녔다고 한다. 그런데 서당 선생님(훈장)이 항상 주원장이 왼손을 쥐고 있는 것에 대해서 궁금하게 여기고 캐묻고는 했다고 한다. 그러나 주원장은 주먹을 펴는 적도 없고, 답변을 하는 적도 없었으며, 어느 때든지 절대로 손바닥을 남에게 보여주지 않는 것이었다.

그렇게 지내던 어느날 서당 선생님은 꾀를 내어서 학생들에게 하루는 집에 가지말고 서당에서 잠을 자게 만들었다. 그리고는 깊은 밤에 살그머니 잠든 주원장의 손을 펴보고는 천자(天子)라고 쓰여진 글씨에 매우 놀랐던 것이다. 이런 때에 별안간 눈을 뜬 주원장이 분노하면서, 비록 선생님일지라도 천기누설은 용서할 수 없다며 단도를 꺼내서 선생님의 가슴을 찌르고는 즉시 도망을 가게 되었던 것이다.

주원장은 그 때부터 계속 거지생활을 하면서 남쪽으로 남쪽으로 방랑의 유랑을 하게 되었다. 주원장은 거지생활로 숨어 다니며 몇 년만에 남해바다 금산(錦山)[9]의 보리암에 당도하였다.[10] 그는 거기서 보리암 주지스님을 만나게 되었는데, 주원장의 관상을 유심히 보던 주지는 얼굴 생김에 탄복하며 주원장의 담력과 용기를 시험하게 되었다. 그리하여 보리암 인근의 용바위에 가서 목과 몸 사이에 철판을 걸라고 하였다.

용바위는 물살이 아주 거센 바닷가에 있었는데 목과 몸의 사이가 떨어져 있었고, 그것을 잇는다는 것은 대단히 어려운 일이었다. 만약에 빠지면 거센 물살에 휩쓸려서 목숨을 잃는다는 것이 당연할 정도로 위험스런 곳인데, 그것을 이으면 용이 살아난다고 하는 전설의 바위라고 한다. 그런데

---

9) 금산은 경상남도 남해도 이동면에 있으며, 온갖 전설이 담긴 38경의 기암괴석이 금강산을 닮았다 하여 소금강 혹은 남해금강으로 불리는 한려해상국립공원의 명산이다. 기후가 따뜻하고 환경이 좋아 우리나라에서 평균수명이 제일 높은 곳의 하나이다.(높이 681m)

10) 보리암은 신라 신문왕 때에 원효대사가 세웠다는 고찰로서, 전국 3대 기도도량의 하나로서 망망대해 태평양이 보이는 남해도 금산의 절벽에 절묘하게 세워져 있다.

주원장은 선뜻 주지스님이 주는 철판을 갖고 올라가서 용의 목과 몸을 이었고, 용바위는 즉각 용틀임을 하면서 불을 뿜어내고 살아 움직이는 용이 되고 말았다.

주지스님은 놀라기도 하고 반가워도 하면서 주원장에게 옷을 한 벌 장만해 주었다. 그 옷은 속에는 비단옷이고 겉에는 걸레 누더기 옷으로 되어 있었다. 주지스님은 그 옷을 주면서 주원장에게 말하길, 부잣집에 가서는 비단옷을 입고 가난한 집에는 누더기 옷을 걸치고 밥을 얻어먹으라고 일러 주었다.

한편 이성계는 어려서부터 매우 뛰어난 인물이었다. 이성계는 이미 8세 때에 백두산의 호랑이를 활로 잡았을 정도로 우수한 인물이었다. 비범한 아들을 얻은 이성계의 부친은 그를 불러서 백두산에 들어가 무예를 닦으라고 일러 보냈다. 거기서 이성계는 백두산 산신령님을 만나게 되었는데, 산신령님께서는 네가 드넓은 땅을 다 차지하려거든 남쪽을 향해서 내려가라고 말했다. 그리고는 네 또래의 아이가 먼저 내려갔는데, 그를 만나거든 자웅을 겨뤄 보라. 이기는 자가 천자가 될 것이다라고 말하는 것이었다.

이성계는 말을 타고 계속 남쪽땅을 찾아 헤매며 내려가게 되었다. 그런데 주원장은 가난한 거지였지만 이성계는 귀공자였다. 이성계는 심지어 따라 다니는 어린이 하나를 데리고 다녔는데, 그가 바로 퉁두란이었다. 퉁두란은 훗날 이지란 장군이 되어 조선건국의 큰공을 세우는 인물이다. 이성계는 이렇게 남쪽땅을 헤매면서 무예도 더욱 단련하고, 훗날 왜구를 격퇴하는 황산대첩터를 비롯하여 많은 곳을 몸소 답사하고 세상을 소상하게 익히게 된다.

이성계는 남쪽으로 남쪽으로 내려가면서 이상한 애를 계속하여 찾아 내려가니, 그의 맞수를 만나지는 못하고 또한 보리암에 도달하게 되었다. 이성계는 주지스님에게 자초지종을 말하게 되었다. 보리암 주지는 이성계의 관상을 지긋이 응시하고는 관상이 아주 뛰어나다고 말하며 전설적인 용바위로 데리고 갔다. 그리고는 지금까지 누구도 못 붙이던 철판을 어떤 소년이 붙였는데, 그것을 네가 가서 다시 떼라. 용의 목에 철판을 붙여서 용이 살아났지만 철판 때문에 용이 그대로 묶여 있으니 용의 철판을 떼어 내면 네가 천자(天子)가 된다고 말했다.

이렇게 되자 이성계가 용바위에 올라 철판을 힘차게 떼어 냈다. 그러자 용이 엄청난 포효와 함께 몸부림치면서 하늘로 승천하는 것이었다. 이것을 본 주지스님은 천자가 될 어린이가 동시에 둘이 태어났다며, 용의 목에 철판을 건 어린이가 오래 전에 다녀갔는데 네가 빨리 뒤쫓아가서 누가 중원(中原)을 차지할 것인지 자웅을 겨뤄 보라고 말했다.

이성계는 퉁두란과 함께 다시금 주원장을 뒤쫓게 되었으니, 이렇게 쫓고 쫓기는 대추적은 계속 되었다. 주원장을 뒤쫓던 이성계는 계속 북쪽으로 달려 올라가다가 파자점(破字占)을 보게 되었다.[11] 길가에서 만난 점쟁이가 글자를 짚으라고 하니 물을 문(問)을 짚었다. 그 글자를 짚자 점쟁이

보리암 대한황실성지

대한황실 발상신화가 깃든 보리암은 드넓은 태평양을 품어 안고 있는 위치에 있다. 태조 이성계 장군의 웅대한 꿈이 잉태된 곳에 걸맞게, 큰 깨달음을 얻는다는 이름의 '보리'암자이다.

---

11) 파자점은 해자점(解字占)이라고도 부르며, 한자글의 자획을 해체하거나 짜맞춰서 길흉을 점치는 것을 말한다.

는 매우 놀라서 즉시 꿇어앉으며 훗날에 임금님이 되시겠습니다라고 공손히 말을 하는 것이었다. 이를 괴상히 여긴 이성계는 얼마쯤 가다가 남루한 복장의 거지를 만나게 되니, 옷을 바꿔 입히고 돈을 주면서 저 점쟁이에게 가서 물을 문(問) 글자를 짚으라고 했다. 그랬더니 이번에는 점쟁이가 거만하게 앉아서 너는 곧 비단옷을 벗고 거지가 될 것이다라고 말하는 것이다. 앞에 간 사람의 경우는 물을 문을 풀어 보면 왼쪽으로 보아도 임금님이신 임금 군(君) 글자요 오른쪽으로 보아도 임금 군(君)이니 틀림없는 임금님인데, 너는 문(門)에 입(口)을 걸고 있으니 거지가 분명하다고 조롱하는 것이었다.

점쟁이는 이성계를 임금님의 용상에 오를 사람으로 점괘를 보았고, 거지는 대문 앞에 입벌린 구걸하는 사람의 점괘로 본 것이다. 그리고는 지금까지 자기를 만나서 글자를 짚은 사람 가운데 한 일(一)자와 물을 문(問)을 짚은 두 명이 큰 인물이 될 것이고, 너는 잘못 나서다간 목숨이 날아갈 것이라고 말했다. 이 말을 거지에게 전해 들은 이성계는 한 일(一)자를 짚은 자가 어디로 갔냐고 다시 다가가 점쟁이에게 물으니, 저기 만주를 넘어 원(元)나라 쪽으로 갔다고 말하는 것이다.

이성계와 퉁두란은 급히 원나라 쪽을 향해서 길을 재촉했다. 몇 년에 걸친 급박한 추적전을 계속 전개하면서, 어느 날 말을 타고 가는데 절벽 낭떠러지를 가게 되었다. 그런데 바로 위의 절벽에 시퍼런 불빛 두 개가 비춰지고 있었다. 이성계는 저것은 틀림없이 호랑이라면서, 나는 오른쪽 눈을 쏠 테니 퉁두란 너는 왼쪽 눈을 쏘라고 해서 잡았다.

그런데 잡고 보니 그것은 호랑이가 아니라 천년을 묵은 뱀이었다. 이성계는 퉁두란과 둘이서 뱀을 갖고 주막에 들어가 술안주로 잘 먹고서 잠을 잔 뒤에 이튿날 출발하게 되었다. 이 무렵에 이성계는 이미 요동성을 넘은 지점에 와 있었다.[12] 매우 더운 날씨였는데 저 쪽의 정자나무 밑에서 노인들이 한가롭게 바둑을 두고 있었다. 다가가 원나라로 가는 길을 물으니, 노인 하나가 길을 가르쳐주며 혼자 중얼거리는 것이었다. 아깝다. 아까워! 아! 너무 아깝다! 천년을 묵은 뱀의 허물로 갑옷을 만들면 비단같이 가볍고 어떤 독화살도 뚫지 못하는데 보고도 모르고 버리고서 지나니 애석하기 짝이 없다고 한탄하는 것이었다.

이 소리를 들은 이성계가 눈을 번쩍 뜨면서 다시 물으니, 노인은 암 그렇고 말고라고 말하면서 껄껄 웃는 것이었다. 이성계와 퉁두란은 다시 말을 타고 급히 주막으로 되돌아가서 물으니, 주막주인은 이미 올 줄 알고 있었소라고 말하며 빙긋 웃는 것이었다. 그러자 이성계가 뱀껍질 어디 갔소 하고 물으니, 주막주인은 어제 밤에 같이 잔 거지가 주워 갔소 하고 답하는 것이었다. 사실 어제 밤에 주원장과 이성계는 같은 주막에서 잠을 잤던 것이었다. 주인은 말하길 합석을 시키려다 보니 두 사람 사이에 살기가 느껴져 따로 재웠는데, 그 거지는 새벽에 먼저 떠났다고 말하는 것이었다.

주막 주인은 빙긋이 웃으며 어젯밤에 나는 두 기인을 함께 만난 듯 합니다라고 말하는 것이었다. 그런데 재미있는 것은 두 사람이 모두 세수를 할 때에 보니 수염 속에 용수염이 감춰져 있었다는 것이다. 원래의 용은 수염이 3개가 났는데, 이성계는 용수염이 1개 있고 주원장은 두 개가 있어서 매우 신기하게 생각했다는 말을 하면서, 급히 떠나면 따라가서 만날 수 있을 것이라고 이야기를 하였다.[13)]

이성계는 맹렬하게 추적하여 매우 높은 산꼭대기 고개를 넘어서 만주와 원나라의 경계에 다다랐다. 이성계는 거기에서 드디어 주원장을 만난 것이었다. 어언 10년쯤에 해당하는 대추적이 끝나는 순간이었다. 주원장은 이성계가 따라 오는 것을 이미 알고서 기다리고 있었던 것이었다.

---

12) 당시에는 요즘과 같은 철저한 국경개념이 없었다. 더구나 만주땅은 옛적부터 우리땅이지만 사실상 주인없는 땅과 같이 방치된 상태였다.

13) 다른 전설에는 이성계의 턱에는 두 개가 있었고, 퉁두란은 이성계보다 두 살 위로서 그 턱에 용의 수염이 한 개 있는 것을 이성계가 뽑았다고 한다.
김용제 외 엮음, 역대궁중비화대전집 제6권(서울: 한국출판공사, 1984), pp. 338～340.

그런데 주원장은 무인이 아니고 이성계는 문무를 겸한 용맹한 무인이었다. 주원장이 겁을 먹으며 신사협정을 맺자고 제안을 하는 것이었다. 주원장은 이성계에게 형제의를 맺고 천하를 나눕시다라고 제안을 하였고, 이성계는 이를 승낙했다. 둘이서 나이를 따져보니 주원장이 약간 위였다. 그리하여 주원장이 형이 되고 이성계는 동생이 되기로 하였다.

이렇게 형제의를 맺고서 형인 주원장이 이성계에게 아우가 먼저 세상을 나눠 봐! 마음대로 해! 나는 아우의 뜻대로 따를 테니 염려를 말고 나누라는 것이었다. 이에 이성계는 높은 산마루에 올라가서 내 눈앞에 펼쳐진 일망무제의 저 땅을 모두 갖고 싶다고 말했다. 당시 이성계가 주원장과 같이 선 땅은 만주와 원나라의 경계인 높은 산언덕이요, 멀리 만주땅의 드넓은 평원을 앞에 둔 땅이니까 이성계가 가리킨 땅은 만주와 현재의 반도지역을 뜻하는 것이라 하겠다.

이렇게 되자 주원장은 말하길, 아우는 그대로 해! 이의 없지? 전혀 이의 없지? 하면서 다짐을 하니까, 이성계는 이의가 없다고 말하면서 형님의 뜻은 어떠냐고 물었다. 그러자 주원장은 말하기를, 나는 하늘 아래에 있는 동서남북의 땅을 모두 갖고 싶은데 동생은 저 일망무제의 땅을 원했으니 그대로 가져! 사나이끼리의 약속대로 가지라고 얘기하는 것이었다. 그리하여 이성계는 동으로 가고 주원장은 서쪽으로 가면서 갈라져, 서로간에 불침약속을 지키자면서 헤어졌다.

주원장은 이성계와 헤어져 남으로 남으로 몇 년에 걸쳐 내려가게 되었다. 그 때에 남쪽 땅에 유기(劉基)라는 훌륭한 학자가 있었는데, 하루는 책을 읽다가 졸고 있는데 근처 정자나무에 용이 정자를 감싸고 웅크리고 있는 꿈을 꾸었다.[14] 유기가 소스라쳐 깨어나 보니 용이 아니라 거지같은 중 하나가 정자나무 밑에서 골아 떨어져 깊은 잠을 자고 있었다. 주원장은 당

---

14) 전순동, op. cit., pp. 85～103 참조.

시 원나라 남방에서 중으로 행세를 하면서 거지노릇을 하고 있었는데, 중이 되면 동냥하기가 가장 좋았기 때문이었다.

유기는 거지중을 깨워서 집으로 데리고 왔다. 유기는 한나라 유비의 후예였는데, 주원장을 자기 집에 데리고 와 기거시키면서 나중에는 여동생과 결혼까지 시켰다. 그런데 유기의 남동생은 홍건적 비밀결사인 백련교 계통의 두목으로서, 군대조직과 같은 비밀조직의 뛰어난 장군이었다. 유기는 주원장을 동생에게 시켜 그 지역의 두목으로 만들려고 하였다. 그러자 동생이 전혀 말을 듣지 않고 형님의 얘기에 불복종하는 것이었다. 유기는 동생을 설득해도 전혀 듣질 않자, 본인의 원찰 절에 주원장을 보내 부처님께 기도를 하라고 시켰다. 그러나 1주일이 지나도 부처님의 감응이 전혀 없었다. 이 때에 유기의 동생은 주원장에게 부처님의 감응이 나타나지 않으면 주원장을 죽여 버리겠다고 으르렁거리고 있었는데 부처님의 감응은 하나도 나타나지 않았다.

이렇게 되자 주원장은 부인인 유기의 여동생을 시켜서 먹과 종이를 달라고 한 뒤에, 붓으로 행지옥(行地獄)이라고 써서 부처님의 등에다 대고 단도를 꽂아 버렸다. 그리고는 중생을 속였으니 부처님 너도 지옥으로 가라고 소리를 쳤다. 그런데 이것을 보고서 유기의 동생이 부처님의 등에 꽂힌 칼을 뽑으려니 전혀 뽑히질 않아서 놀라고 감동하게 되었으며, 주원장을 그 지역 두목으로 임명함에 동의하게 되었다.[15]

주원장은 이렇게 출발하여 점차 홍건적의 총두목이 되고 원나라를 몰아내며 명나라를 세우고 천자가 되는 것이다. 주원장의 등극에는 유기 형제의 도움이 결정적인 뒷받침이 되었다.[16] 그런데 주원장은 천자가 된 뒤에 항상 불안해했다. 그래서 유기가 이유를 묻자, 주원장은 말하길 내 맞수가

---

15) 홍건적의 지역 두목이라고 했지만, 주원장은 사실상 홍건적의 일개 부장에 불과했었다. 송정수 옮김, 다니가와 미치오, 모리 마사오, 중국민중반란사(서울: 혜안출판사, 1996), p. 85.
16) 오상출판사, 중국사 103장면, 1995, pp. 498～502.

조선을 건국해서 불안해하고 있으며, 조선을 건국한 이성계는 무서운 장군이라 걱정된다고 얘기를 했다.

유기는 주원장의 말을 듣고서 측근을 시켜서 사절로 다녀오라고 얘기했다. 그러면서 뛰어난 화가를 붙여 주라고 얘기하는 것이었다. 그 까닭은 이성계의 초상화를 그려오라는 것이었다. 그런데 외교사절로 갔던 자가 화가를 시켜서 그려온 이성계의 초상화를 보고서는, 유기가 주원장에게 불안해 할 필요가 없으니 안심하라고 말하는 것이었다. 유기는 말하길, 주원장보다 이성계는 모든 것이 뛰어난 인물인데 눈에서 차이가 난다는 것이었다. 유기가 말하길, 주원장은 용안(龍眼)인데 이성계는 매(鷹)의 눈이므로 걱정할 것이 없다는 것이었다. 이성계는 문무를 겸한 뛰어난 인물이지만 매의 눈을 가졌기에, 매는 용맹하나 먹이를 취하면 가진 것을 먹기에 급급하여 다른 것을 돌아보지 않으니 걱정을 말라는 것이었다.

2. 정치신화의 고증

신화를 고증한다는 것은 논리적으로 맞지 않다. 신화는 현실이 아니기 때문이다. 신화는 분명히 신화로서의 지위를 갖는 것이며, 결코 현실과 일치될 수는 없는 것이다. 그렇지만 이성계나 주원장과 같은 역사시대에 있어서의 정치신화는 적지 않은 부분이 고증될 수 있는 범위에 있으면서 한편으로는 신화의 지위를 갖는다.

따라서 여기서는 주원장의 실제 역사와 신화를 비교하는 수준에서 약간의 고증을 하기로 한다. 이성계의 역사는 생각하건대 한국인에게는 너무나 잘 알려진 사실이고, 그것을 신화와 비교함은 주원장에 비해서는 큰 의의가 없다고 보겠기 때문이다. 특히 주원장의 경우는 일반인의 상상을 뛰어 넘어서 우리민족 출신이라고 하는 신화의 내용을 생각할 때에 꼭 고증

주원장의 두 가지 초상화
주원장의 도둑시절 초상화와 임금님이 된 뒤의 초상화는 너무나 다르다. 두 종류의 이 사진은 권력의 속성을 설명하는 전형적인 사례가 되겠다.

이 필요하다고 생각된다.

주원장은 임금님이 되고서 그의 초상화까지도 다시 그린 인물이다. 그리하여 주원장의 초상화는 원래의 홍건적 도둑두목 시절의 무섭고 우락부락한 것과 임금님이 된 뒤의 점잖은 것의 두 개가 남아 있어서 정치권력 연구의 좋은 준거기준이 된다.[17] 그렇지만 주원장은 기묘하게도 여러 가지 삶의 증거를 우리나라에 설화형태로 남겨 놓아서, 많은 것을 숨기고 꾸몄어도 앞의 정치신화가 적지 않게 신빙성이 있음을 말해 준다.

생각하건대 주원장은 임금님이 된 뒤의 역사미화 작업도 적지 않게 이루어진 인물이라고 하겠는데, 명나라 실록에는 거지출신의 주원장을 명문

17) 현암사, 대세계사 9권: 잠자는 사자(명 · 청시대), 1971, p. 33.

거족으로 꾸며서 묘사하고 있을 정도이다. 그러나 미화된 역사를 뛰어 넘어선 주원장의 성장과정을 면밀히 분석하면, 그는 신화의 내용과 많은 부분이 일치하는 삶을 살았음을 알게 된다.[18)]

1) 출생지

『주원장의 선조는 원래 강소성에 살다가, 조부 때에 안휘성의 사주(泗洲)로 이사하였다가 다시 부친 때에 호주(濠洲)로 옮겼다. 그러나 그의 가정은 빈농의 생활로서 생계가 매우 어려워 한 곳에 안주하지 못하고 곳곳을 떠돌아 다녔다. 주원장은 너무도 가난한 농민으로서, 농민이라 부르기보다는 유랑민 출신이었다.』

이러한 주원장의 삶은 정치신화의 내용과 일치한다. 다만 고향이 황해도 해주라는 것이 다를 뿐, 곳곳을 떠돌아다닌 유랑민 거지라는 점에 있어서는 전혀 틀림이 없다. 주원장은 차마 유랑하는 거지로서 조선땅에서 왔다고 말할 수는 없었기에 가난하게 떠돌며 살았다고 거짓말로 꾸며댔다고 생각되기도 한다.[19)] 특히 주원장이 본인의 고향을 호주로 한 것은 매우 인상적이다. 주원장은 호주에서 스님이 되었고, 호주를 중심으로 중국 남방을 떠돌며 그곳의 언어, 생활, 지리 등을 확실히 터득하고 그곳이 고향이라고 우기면서 훗날 홍건적이 되는 것이다.

---

18) 본 논문에서 주원장의 실제역사는 다음 자료에 의존하였다.
전순동, op. cit., pp. 55～118.

19) 당시 중국 내에서는 전국의 곳곳이 언어가 상호간에 통하지 않던 때이므로 주원장이 조선사람이란 것은 큰 문제가 되지 않았을 것이다. 중국은 최근까지도 각 지역의 방언이 완전히 달라서 상호간에 외국어와 같은 상황이었다.

2) 고아 출신

『주원장의 선조는 원나라 말기에 황하대범람과 같은 천재지변으로 고통을 겪으면서 퍼져나간 전염병으로 인해 돌아가셨다. 당시의 유행하는 전염병에 걸려서 부모가 돌아가셨을 때에, 부모를 모실 관을 살 수도 없어서 거적에 둘둘 말아 장사를 치를 정도로 극빈 상태에 있었다.』

주원장이 어려서 일찍 부모를 잃고 고아가 되었다는 정치신화의 내용은 정확하게 역사와 일치한다. 그리고 부모의 시신을 모실 관조차도 살 돈이 없어서, 거적에 말아서 모셨다는 얘기도 일치한다.

다만 정치신화에 있어서는 황금색 짚으로 싸서 모신 것을 금빛 관으로 의제화시켜 놓은 점이 다르다. 금빛 짚으로 싸서 매우 좋은 터에 부모를 모셨기에 임금님이 되었음을 암시하고 있다.

3) 승려 거지

『주원장은 부모가 돌아가시자 17세에 근처 황각사(皇覺寺)라는 절에 들어가 승려가 되었다. 그러나 먹는 문제가 해결되지 않아 여러 곳을 떠돌아 다녔다.』

주원장이 중국의 남방에서 승려가 되어 떠돌아다닌 것은 분명한 사실인 듯하다. 17세라는 나이는 주원장이 만주를 지나서 장성(長城)을 넘고 중국의 남방에 이른 때가 17세 무렵이고, 이 때 황각사에 들어가 승려가 되고 계속 떠돌이 스님생활을 했다고 생각해도 무리가 없다고 생각된다. 여기서 유의할 것으로서 주원장이 스님이 된 절의 이름부터가 황각사로서, 황제로서의 깨달음을 얻는 절이라는 매우 의도적이고 과장된 의미가 큰 것을 간과할 수는 없다고 생각된다. 아니 솔직하게 말하면 애써 꾸며낸 거짓

절이름 냄새가 짙다.

4) 홍건군 편입과 결혼

『먹을 것도 잘 곳도 없는 주원장은 25세 청년의 몸으로 곽자홍(郭子興) 군대에 들어가 홍건군이 된다. 주원장은 생계를 유지하기 위해 군대에 들어간 것이다. 홍건군에 참가한 주원장은 곽자홍의 신임을 얻고, 얼마 뒤에는 곽자홍의 양녀 마(馬)씨와 결혼을 하였다. 곽자홍은 친구의 딸을 양녀로 삼아 함께 생활하고 있었는데,[20] 주원장의 생각과 행동이 비범하고 장래가 촉망되어 결혼을 시켰다.』

정치신화에 있어서는 주원장이 저절로 홍건적에 이끌려 진 것으로 되어 있다. 용꿈을 꾸고 주원장을 발견한 뒤에 부하로 삼고 결혼까지 시켰다고 되어 있는데,[21] 이는 주원장이 홍건군에 들어가 출세한 것을 미화한 것이며 역사적 사실과 신화는 매우 근사하게 일치함을 알게 된다.

5) 출세의 시작

『주원장과 곽자홍의 결합은 양자 사이에 매우 의도적인 접근이 있었다고 생각된다. 주원장은 곽자홍 집단에 들어가자 곧 십부장(十夫長)이 되었으며,[22] 곽자홍은 자신의 양녀를 주원장의 아내로 삼게 했을 정도이다.』

---

20) 중국 절강성 출신 오함(吳晗)의 소설을 우리말로 다시 쓴 소설에는 마씨가 주워 온 딸로 되어 있다.
오함 원작, 정철 지음, 대하소설 주원장 제2권(서울: 지성출판사, 1991), p. 10.

21) 주원장의 부인 마황후는 이슬람교도였던 듯하며, 덕이 있어 내조의 공이 컸다.
宮崎市定 / 조병한 편역, 중국사(서울: 역민사, 1988), p. 322.

22) 현암사, op. cit., p. 34.

주원장이 곽자흥 부대에 들어가자 곧 중간 간부로 발탁이 되었음도 매우 인상적이다. 정치신화의 내용과 매우 흡사하다. 곽자흥이 그토록 별안간 주원장을 신임할 수 있었다는 것은 결코 범상한 흐름만으로는 설명이 쉽지 않다.

특히 주원장은 지주 지식인과 결합하면서[23] 원나라를 밀어내며 대권을 쥐고 명나라를 세웠다는 점에서, 곽자흥과 같은 재력과 힘을 겸비한 세력가와 결합한 것은[24] 매우 의미가 크다. 주원장이 지주 세력가와 계속 유대를 쌓으며 세력권을 형성하는 토대가 곽자흥에서 비롯되었다고 생각된다. 주원장이 명나라를 건국함에 있어서 두 기둥이 된 인맥은 서달(徐達), 이선장(李先長) 등 같은 고향출신의 무인 24명과 유기(劉基), 송렴(宋濂) 등으로 대표되는 강남지주집단이다. 주원장은 24인 무장만이 아니라 특히 돈 많은 재력가들을 만나서 힘을 축적한 것이 불세출의 영웅이 된 기본토대였다.[25]

6) 유교주의 채택

> 『주원장을 유교주의로 교화시켜 이끌어준 인물은 유기였다. 유기는 도안, 주승, 송렴 등과 함께 주원장의 명나라 수립에 큰 기여를 했으나, 유기가 주원장에게 귀부한 것은 1360년에 금화를 평정한 뒤의 일이다.』

주원장의 핵심참모 이선장은 법가(法家)사상의 신봉자였다. 이선장은 한나라 유방의 소하(蕭何)와 같은 인물이었다.[26] 그러나 주원장을 보다 수

---

23) 이춘식, 중국사 서설(서울: 교보문고, 1991), p. 342.
24) 현암사, op. cit., p. 33.
25) 서울대학교 동양사학연구실, 강좌 중국사Ⅳ, 지식산업사, 1989, pp. 9～10.
26) 오함 원작, 정철 지음, op. cit., p. 63 참조.

준 높게 이끌어준 인물은 유기였다. 그런데 유기가 주원장의 역사에 등장하는 것을 보면 묘한 것을 발견하게 된다. 유기의 공식적 등장은 주원장이 곽자홍군단에서 벗어나 확실하게 독립체제를 갖춘 때인데, 주원장은 예전에 유기를 일단 알았던 것으로만 나온다. 그것이 비밀의 열쇠인 듯하다.

유기는 거지중 주원장을 곽자홍에게 소개한 뒤에 멀리서 후견인 노릇만을 하다가, 주원장이 확실하게 권력을 쥐자 측근으로 모셔진 듯하다. 유기는 거지중 주원장을 발탁해서 곽자홍에게 추천해 주고, 계속 후원해 주다가 주원장의 최측근으로 모셔진 듯하다. 그리고 주원장의 부인 마씨는 곽자홍의 양딸이면서 유기와도 관계가 깊은 듯하다. 그러므로 유기는 주원장의 모든 것을 이끌어 준 사부와 같은 인물이었던 듯하다. 유기는 주원장을 교화시킨 정도가 아니라 주원장의 일생을 결정적으로 이끌어 주며 곽자홍에게 확실하게 소개시켜 준 듯도 하다. 주원장이 곽자홍에게 편입되어 처음부터 곧 십부장이 될 수 있었음은 결코 난세의 전쟁터에서 쉽지 않은 일이 분명하다. 유기라는 신망있는 인물을 만난 주원장은, 정도전을 만난 이성계와 같은 입장이 아니었는가 생각된다.

그리고 송렴과 같은 당대의 대문장가를 만난 것도 큰 행운이었다. 유교주의를 채택한 주원장은 유기, 송렴, 장일, 섭침의 네 스승을 만나 대업을 이뤘다.[27]

3. 정치신화의 의미

동아시아의 역사를 머나먼 옛적부터 면밀하게 살피면, 많은 시간을 동서대립으로 이어왔다고 생각한다. 경우에 따라서는 돌궐이나 흉노, 몽골

27) 현암사, op. cit., p. 44.

과 같이 북쪽에서 한족(漢族)을 치고 내려온 때도 있었으나, 고조선, 고구려, 거란, 여진(만주)은 무서운 동방세력이었다. 그런데 보다 더 확대해서 생각하면 돌궐이나 흉노, 몽골도 민족적인 뿌리는 우리민족과 같은 것이라 하겠으니, 동아시아의 기나긴 역사는 우리민족과 한족(漢族)의 동서대결이 분명한 것이었다. 그리고 그 동서대결은 많은 경우에 우리민족 계열이 승리했고, 한족은 비참하게 지배를 당하는 것이 동아시아의 기나긴 역사였다. 그리하여 한족들은 많은 경우에 홍건적같은 떼도둑이 되어서나 정권을 잡았으니, 한족의 역사는 농민반란과 유랑민의 역사로서나 출발이 되었다.

본 정치신화는 동서대결의 모습을 신화체계로서도 생생하게 보여 준다. 장성(長城)을 경계로 우리민족과 한족의 대결판도에 있어서 한족들은 항상 장성 너머의 무서운 민족에 두려움을 느끼며 역사를 이어왔다고 하겠는데, 본 정치신화에는 그 비참한 심리상태가 명쾌하게 드러난다.

그런데 여기서 유심히 생각할 것이 하나 있다. 우리민족이 조선시대에 명나라에 대한 외교정책으로서 사대외교(事大外交)를 했다는 것에 대한 것이다. 사대주의(事大主義)라는 용어는 조선시대의 역사를 비웃는 가장 치욕적 사례의 하나로 많이 거론되어 왔는데, 그것은 결코 사대가 아니라 주원장과 이성계가 형제맹약을 맺은 것의 외교적 표현이 아닐까 하고 생각된다는 점이다. 그토록 용맹하던 우리민족이었고, 당시의 난세를 주름잡던 희대의 영웅이었던 이성계 장군이 집권과 동시에 느닷없이 사대외교를 했다는 것은 생각하면 적지 않은 모순성을 갖고 있다.[28]

생각하건대 주원장은 등극 후에 결코 본인이 조선 땅에서 건너간 떠돌이 거지 유랑민임을 밝힐 수가 없었을 것이고, 이성계도 그 특급 비밀은 철저하게 지켜 주어야만 했을 것이다. 따라서 형제맹약을 노골적으로 표현

28) 김성칠 · 김기협 옮김, 용비어천가(서울: 들녘출판사, 1997), p. 439 참조.

할 수가 없으니까 형님을 모신다는 뜻을 사대외교로 바꿔서 표현한 것이었고, 그 후 그 비밀약속은 철저히 지켜졌다고 생각된다. 다만 그 비밀이 우리의 조선궁궐에서는 본 정치신화로 남아 전승되었다고 하겠다. 우리는 여기서 특히 유의해 볼 사항이 하나 있으니 명나라는 임진왜란에 있어서 국가적인 대규모의 군사지원을 했고, 그로 인해 멸망까지 당하는 역사를 맞았을 정도로 형제맹약을 잘 지켰다는 점이다.[29] 지나간 긴 역사에 있어서 한족이 우리민족을 도왔던 유일 대표적인 사례가 임진왜란이라고 하겠는데, 그 까닭은 이성계와 주원장의 비밀 형제맹약으로 해석함이 가장 적절하지 않을까? 역사는 결코 겉에 나타난 문자에 진실이 있지만은 않을 것이다.

이러한 비밀 흐름을 강력하게 암시하는 것으로서, 주원장은 늙어서 말년이 된 뒤에 끊임없이 문자옥(文字獄)이라는 문자(文字)의 화(禍)를 일으켜[30] 수많은 사람을 숙청해 나갔다는 점이다.[31] 주원장은 말년이 될수록 성장기의 열등의식과 고아출신으로서 가시밭길을 걸어 온 과거에 대한 자격지심으로, 철저하게 남을 의심하고 서슴없이 대숙청을 감행해 나갔다. 특히 그는 독(禿), 광(光), 생(生), 칙(則)의 글자를 극도로 싫어하여 그 글자를 문장에 써넣은 자는 무조건 죽였다. 풀없을 독(禿)과 빛 광(光)은 까까머

29) 특히 유의할 사항은 명나라 태조 주원장이 독재권을 세우기 위해, 홍건적 출신 개국공신으로서 그의 핵심 참모들인 서달, 이선장, 이문충을 비롯한 1등 공신들을 3차에 걸친 대숙청을 통해 차례로 죽여 공신들의 세력은 씨를 말리며 국내에서의 정국안정을 꾀했음에도 불구하고 조선과의 형제맹약은 철저히 지켰다는 점이다. 명나라는 주원장의 비밀을 너무도 잘 아는 핵심들을 순서대로 남김없이 제거하고, 조선과의 약속을 철저히 지키며 국제적으로 비밀유지를 꾀한 것이란 생각이 든다.
현암사, op. cit., pp. 55～65 참조.

30) 傅樂成 · 신승하 옮김, 중국통사 하권(서울: 우종사, 1987), p. 726.

31) 주원장은 금의위(錦衣衛)라는 특무기구를 설치하여 공신들을 전문적으로 감시하고 정찰하며 조금이라도 의심스러운 데가 있으면 죽였다. 조회에 나온 관원도 그를 어떤 일로나 노엽게 하면 정장(廷杖)이라하여 그 자리에서 엎어 놓고 볼기를 쳤다.
오상출판사, op. cit., pp. 501～502.

리를, 날 생(生)은 스님의 승(僧)을, 법칙 칙(則)은 도적의 적(賊)을 뜻하는 다른 글자라고 보아서 무조건 죽인 것이다.[32] 이것은 주원장의 숨겨진 비밀이 탄로날 것을 염려하여 철저하게 과거를 아는 사람은 다 죽여 나갔다는 것을 뜻하는 것이다. 주원장이 사상유례가 없는 철저한 독재체제를 만들어,[33] 임금님이 된 뒤에 과거의 동지요 충신들로서 옛 비밀을 아는 인물을 남김없이 대청소한 것은[34] 숨겨진 비밀역사를 모르고서는 이해하기가 어려운 것이다.[35]

여기서 한 가지 새롭게 생각할 것이 있다. 조선초기에 조선건국의 1등공신인 정도전을 주원장이 명나라로 압송하라고 강요했던 사건은 결코 그간에 생각했듯이 단순한 사건이 아니라고 생각된다. 왜냐하면 주원장은 당시 조선에서 명나라로 간 외교문서인 표전문(表箋文)에 명나라를 모욕하는 내용과 경박한 문투가 있다고 정도전을 송환하라고 강력히 요구한 것이다. 이는 표전문에 주원장이 싫어하는 글자나 글귀가 분명히 있었음을 뜻한다. 그런데 당시 표전문은 정탁이 쓰고, 정총과 권근의 두 명이 교정을 했음에도 불구하고, 명나라는 제3자인 정도전을 화(禍)의 근원이라고 몰면서 외교압박을 가한 것이다.

---

32) 중국어는 발음이 자유롭지 못하다. 같은 소리의 글자가 아주 많고, 다만 4성과 글자위치로 문장이 만들어지는 것이다. 따라서 글자는 다르며 소리가 같은 것이 많아서 주원장의 문자화(文字禍) 숙청으로 나타나는 비극이 생긴 것이다. 주원장은 옛날의 거지중과 홍건적의 비밀이 탄로날까 보아 매우 전전긍긍 했음을 말하는 것이다.
현암사, op. cit., pp. 62~63 참조.

33) 이춘식, op. cit., pp. 342~344.

34) 주원장은 3차에 걸친 대숙청으로 거의 모든 공신을 포함하여 총 10여만 명을 죽였다. 심지어 약간의 살아남은 공신들에 대해서도 환향(還鄕)정책과 사전(賜田)몰수가 이뤄져 철저하게 숙청을 했다.
서울대학교 동양사연구실, op. cit., p. 14.

35) 주원장은 이갑제도(里甲制度)를 만들어 현재의 공산독재사회보다 더하게 통행증이 있어야만 구역 밖으로 나가고, 그 안에서는 서로 간에 철저히 감시하게 만드는 방법으로 완벽한 주민통제체제를 만들었다.(명나라는 국가 전체가 거대한 감옥과 같았다.)
진보량 · 이치수 옮김, 중국유맹사(서울: 아카넷, 2001), p. 308.

이 표전문 사건은 우리가 단순히 생각하길 명나라가 조선을 외교적으로 압박하려고 하여 그렇게 된 것이라고만 생각했는데, 이는 당시 명나라에서 주원장이 그의 모든 개국공신을 잡아 죽여 나가던 흐름과 연결시켜서 생각해야 되리라고 본다. 주원장은 자신의 비밀을 너무도 잘 알고 있는 조선 지배층에 외교적 쐐기를 박아서, 비밀유지에 완벽을 기하기 위한 의도된 긴장조성을 해나갔다고 생각된다. 표전문 사건은 주원장이 외국에 대해 일으킨 문자옥에 불과한 것이다.

Ⅲ. 정치신화의 분석

정치신화는 정치적 정당성을 보장하는 기능을 갖고 등장한다. 어떤 정치체(政治體)이던 간에 전통적인 사회에 있어서는 정치권력이나 건국의 정당성 확보를 위해 크고 작은 정치신화가 만들어짐이 보편적인 일인데, 조선시대에 있어서는 그것이 두드러진 것이 상대적으로 적었다. 따라서 앞의 제Ⅱ장에 제시된 조선건국의 정치신화는 매우 가치있는 존재가 분명하다. 본 정치신화는 몇 가지의 특징을 갖고 있다.

1. 인간적 특징

본 정치신화는 당시의 동아시아를 바꾼 두 명의 거인을 동시에 등장시킨다. 이성계와 주원장은 당시로서는 그 시대를 대표하는 최고의 위인이 분명하다. 요즘 우리 주변에 있는 역사서들의 다수가 서양인들에 의한 서양인들의 뜻을 담은 것들이다. 따라서 그들의 역사와 인물만을 과잉으로 부각시켜서 미화시켜 그렇지, 당시의 동아시아를 제대로 알고 균형감있게 역사를 보았다면 이성계와 주원장의 거대한 발자취에 감복하지 않을 역사가는 없을 것이다. 본 정치신화의 인물구성은 매우 재미있는 바가 있다.

첫째로 당시의 동아시아 역사를 바꾼 두 사람이 모두 우리민족이라는 점이다. 특히 이성계는 말할 것도 없지만, 주원장까지도 우리민족으로 보는 이야기 전개는 상상을 뛰어 넘는 것으로서 매우 이채롭기까지 하다. 워낙 중국의 한족(漢族)들은 우리민족에 비하면 사실상 미개 열등민족이다. 기나긴 한족사에 있어서 그들 스스로가 나라를 만들어서 떳떳하게 나라를 다스린 때가 얼마나 있었던가? 아마도 한나라, 당나라, 송나라, 명나라 정도를 꼽을 정도이고, 북위, 요, 금, 원, 청의 기나긴 시대가 북방족들에 의한 북방정권의 시대였다. 기나긴 역사시대의 대부분을 이민족의 지배를 받으며 저질스럽게 살아오던 민족이며, 최근에 있어서까지도 만주족의 청나라를 영국, 프랑스, 러시아의 군대가 공격하여 쓰러뜨리지 않았다면 스스로의 독립능력이 추호도 없었을 수준 낮은 민족이 그들이다. 역사가들은 심지어 그들이 자랑하는 수나라의 양견, 당나라의 이연, 이세민조차도 북방 선비족일 가능성이 높다고 볼 정도이다. 그런데 본 정치신화에서는 확실하게 주원장마저도 우리민족으로 보고 있다. 아마도 본 정치신화가 공식적 기록보다는 궁중내에서 전승되는 형태로 전해진 까닭은, 주원장이 틀림없는 우리민족이므로 차마 당시로서는 이웃나라의 임금님의 체면을 생각하여 공식화시키지 않았으리라고 생각된다. 이것을 강하게 암시하는 또 다른 내용의 야사가 전해지고 있는데, 예전의 젊은 시절에 이성계와 주원장이 만난 것은 분명하고, 이성계의 초상화를 그려 간 것도 사실이며, 주원장이 이성계를 높게 평가함도 사실인 듯하다.

다음의 글을 볼 때에 주원장이 이성계를 탁탁진에서 만났었다고 확실하게 말하고 있으며, 주원장이 이성계의 어진(초상화)을 받아 본 것도 분명하게 정치신화의 내용과 일치한다. 주원장이 말한 탁탁진이란 바로 이성계와 운명적 만남을 가졌던 장성의 산꼭대기가 아닐까? 다음의 글은 이성계와 주원장의 만남을 미화시켜서 주원장의 체면을 살려주며 쓴 글이 분명한 듯하다. 아니 주원장이 거짓말을 섞어 둘러댄 것이 남은 듯도 하다. 야사의 내용은 다음과 같다.[36)]

『이태조가 등극한 뒤에, 그의 다섯째 아들인 정안군(이방원)을 사신으로 삼아 명나라로 파송하였다. 그 때 여러 대신들의 추대로 나라를 대신 맡게 되었다는 사실을 통고하고 나서, 정안군은 그의 부친 태조가 일등 화가를 시켜 자기의 화상을 그려 보낸 화폭을 꺼내어 명태조에게 바치었다. 명태조는 화폭을 받아 들고 매우 기뻐하면서 정안군을 보고 말하기를「짐이 일찍이 경의 부친을 만나 본 일이 있는데, 그 때 벌써 임금이 될 만한 인물로 짐작은 했었소.」하고는, 필묵을 가져오라 하여 큼직한 붓에다 먹물을 흠뻑 묻혀 들고 태조의 화폭 위에다

「탁탁진중일견인(濯濯陣中一見人)」이라고 썼다.

그 뜻은 탁탁진중에서 한 번 본 사람이란 뜻으로서, 이태조가 젊었을 때 중국의 낙양에 들어가서 명태조를 엿보던 진의 이름이 탁탁진이었다고 한다.

그런데 태조는 일찍이 그의 부친 이자춘이 서북면 병마사로 있을 당시에, 그 휘하에서 군무사로 돕고 있었던 바, 명태조 주원장이 포의(布衣: 벼슬 없는 선비를 일컫는 말)로 강남에서 일어나 원의 세력을 몰아내고 중원 천하를 경략한다는 소문을 듣고, 한번 주원장의 기상을 보고자 하여 천리마를 잡아타고 고국을 떠나 중국 낙양으로 갔다. 그리하여 명나라 복색으로 갈아입고 명의 진중에 들어가 주원장의 기상을 엿보았는데, 미상불 용봉의 기상과 천일(天日)의 당당한 위의(威儀)가 실로 천자(天子)로서 손색없는 기상이었다. 이윽고 태조는 진문

36) 윤태영 · 구소청 엮음, 조선왕조오백년야사(안양: 청솔출판사, 1988), pp. 77～78.

밖으로 나와서,

「내가 오늘에야 천자의 기상을 보았도다!」 하고 무한히 감탄해 마지 않았던 일이 있었다. 그런데 그처럼 남몰래 다녀간 태조를 명태조는 어느 결에 알아보았으니, 이 또한 영웅의 안목이라고나 할지…….

아무튼 그 자리에서 명태조는 정안군에게,

「경에게도 군왕의 기상이 역연하오.」 라고 말하였다는 것이다.』

둘째로 이성계와 주원장의 성장 배경의 설정이 아주 재미있다. 이성계는 사실상 북방 귀족으로 설정이 되어 있는데, 주원장은 밑바닥 거지인 것이다. 당시의 조상들이 왜 이런 배경설정을 했을까? 그것은 그 당시의 우리민족이 가진 정치의식을 반영하는 전형적인 것이라고 생각된다. 우리민족이 최근세사에 있어서 일제침략을 받고 정신적으로 위축이 되어 있어서 그렇지 조선 초기 시대만 해도 한족(漢族)들 알기를 우습게 알지 않았을까 여겨진다.[37] 예컨대 용비어천가만 보아도 노래의 제목부터가 한족들을 아주 우습게 보면서 우리민족을 드높이는 것이고, 그 속에는 한족들이 거란족, 몽골족, 만주족에게 동네북처럼 공격을 당하는 내용이 과잉으로 보일 정도로 강조되어 있고, 우리민족이 한족을 물리친 고구려 때의 전승기록을 확실히 부각시키고 있다.[38] 생각하면 한족들의 민족명칭이 된 한나라를 세운 유비, 장비, 관운장도 황건적 중간두목들이니 떼도둑들이 분명한 것이다.[39] 그리고 송나라를 세운 조광윤도 그렇고 주원장도 떼도둑이 확실한 것이다. 주원장이 우리민족의 최하층민인데, 원나라를 물리치고 명나라를 세웠다는 통쾌한 얘기는 우리민족의 지배층이 갖고 있던 공통의

37) 특히 그 무렵의 한족들은 거란족, 여진족, 몽골족에게 끊임없이 지배를 당하는 비참한 역사상황에 놓여 있었고, 당시에 그것을 소상히 잘 알고 있는 조선 지배층의 한족을 보는 인식은 오늘날과 전혀 다른 것이었을 것이다.

38) 김성칠 · 김기협 옮김, op. cit., p. 439 및 173.

39) 진보량 · 이치수 옮김, op. cit., p. 89.

정서가 분명했던 듯하다.

2. 지리적 특징

본 정치신화가 펼쳐지는 지역은 동아시아 전체가 포괄된다. 만주땅에서부터 우리의 현재 국토인 반도지역 전체는 물론이고, 멀리 요동을 건너 중국의 중원까지를 끌어안는 방대한 지역을 무대로 펼쳐지는 드라마가 바로 본 정치신화이다. 본 정치신화가 보여주는 땅의 의미는 매우 크다.

첫째로 당시의 우리민족은 만주땅까지를 품에 안은 거대한 국토의식을 갖고 있었음이 자연스럽게 드러난다. 그간 우리민족의 영토의식은 매우 편협할 정도로 위축되어 왔다. 반도지역만을 생각하도록 좁아들다가, 다시 남북분단이 되면서는 분단된 국토관으로 더욱 축소되었다. 그러한 흐름의 여파로 극심한 지역갈등도 나타났으니, 지역갈등은 축소지향 국토의식의 극단적 부작용 형태라고 생각된다. 심지어 전라국, 충청국, 경상국으로 갈라져서 쪼개진 나라가 될 형국이다. 왜 이런 비극적 지역갈등이 나왔고, 왜 이렇게 좁아든 영토의식이 생겼을까? 그것은 우리의 거대한 정치신화를 상실하면서 나타난 것이라고 생각된다. 특히 그 망각은 일제침략의 상처가 워낙 컸던 데에다 덧붙여, 6 · 25전쟁을 겪으면서 폐허화된 위에 무조건 서양물결이 휩쓸다 보니까 거대한 정치신화를 완전히 잊는 상태가 되었다고 생각된다.

둘째로 이성계와 주원장이 신사협정을 맺고 천하를 나누자고 한 곳은 장성(長城)이 분명하다. 소위 요즘에 만리장성이라고 부르는 장성은 먼 옛날부터 한족과 우리민족의 경계령이었는데, 바로 그곳에서 신사협정을 맺었다는 정치신화의 국토관은 대단히 의미가 큰 것이다. 우리민족은 언젠가부터 우리의 국경이 압록강과 두만강이라고 생각을 하게 되었다. 그러나 그것이 세종임금님 이후에서부터 만들어졌다는 기존 역사서를 뛰어 넘는 정치의식으로서의 원초적인 국토의식은 먼 옛날부터 이어진 장성이 바로 국경이었다. 요즘도 엄연하게 남아있는 커다란 장성이 왜 존재하는가에 대해서 본 정치신화는 분명하게 그것이 국경임을 선언하고 있다. 그 장성이 존재하면서 밝혀주는 바는 바로 그 장성까지가 우리민족의 고유한 영역임을 뜻하는 것이다.

셋째로 본 정치신화에 등장하는 요동지역에 대한 우리민족의 영토의식을 유의해야 되겠다. 생각컨대 이성계가 성장하던 고려말에 있어서 요동지역은 우리의 영토였다고 보여진다. 이성계의 부하들에는 다수의 만주인맥이 있다. 물론 요동지역 병사들의 다수가 이성계의 수하라고 부수적인 다른 정치신화에서는 덧붙여진다. 그런데 특히 재미있는 것은 현재도 만주땅을 여행하면서 요동지역에 사는 토착민들에게 물으면, 그 땅은 원래 조선땅이라고 당연한 듯이 말하는 점이다. 이러한 여러 사항을 예리하게 음미하면서, 우리는 왜 세종임금님이 4군 6진을 개척할 때에 조상의 옛땅을 촌토라도 확실히 찾으라고 했을까를 생각할 필요가 있다. 우리는 세종임금님이 말한 조상의 옛땅은 통상 생각하길 고조선, 고구려의 영토를 생각하는 것이 아닐까 하고 지레짐작함이 일반적인데, 그것은 바로 이성계의 활동영역 전체를 말하는 것이 아닐까 여겨진다. 세종임금님의 생각은 그의 조부 이성계가 활동하던 만주땅 전체를 말하는 것이 분명하다고 여겨진다. 세종임금님은 그의 조부 이성계가 등극하기 이전에 활약하던 장성 동쪽의 드넓은 땅을 되찾으라고 했다는 생각이 본 정치신화를 세밀하게 분석하면 뚜렷해지는 것이다. 그것이 세종임금님의 분명한 영토관이요 국토를 보는 정치의식일 것이다. 결코 잊을 수 없는 것이 바로 「조상의 옛땅」으로서, 「친할아버지께서 말 타고서 내닫고 넘나들던 옛땅」일 것이다.

3. 종교적 특징

본 정치신화는 종교적 특징도 매우 뚜렷하게 드러내고 있다. 우리는 많은 경우에 경직된 지식관을 갖고서, 기계적으로 배운 역사지식에 맹목적으로 노예가 되는 때가 많다. 그리하여 조선시대는 기계적으로 유교가 지배했다고 생각하며, 획일화된 종교관을 갖는 경우가 일반적이다. 그러나 조선건국의 시대에 있어서 유교는 상층 지식계급의 통치이념적 종교의 범위를 넘지 못한 듯하다. 본 정치신화가 보여주는 종교적 성향을 정리해 보자.

첫째로 이성계를 원초적으로 지배한 조선건국의 기본적 종교는 불교였다는 점이 뚜렷하게 부각된다. 특히 보리암의 위상은 본 정치신화에서 매우 중핵적 위치를 갖는다. 보리암에서 커다란 깨달음을 얻어서 이성계가 조선건국의 웅지를 갖게 되었다는 것은 널리 알려진 바이고, 현재도 보리암에는 이성계의 기도처가 남아서 많은 관광객의 발길을 끌고 있다. 특히 보리암은 조선시대 내내 조선건국의 민족성지로 받들어진 곳이다.

우리는 이성계의 측근에 무학대사가 있었음을 잘 알고 있다. 그리고 이성계는 양주 회암사를 중심으로 독실하게 불교를 믿었고, 그의 딸을 출가시키기까지 했다. 일련의 여러 사항을 종합해 볼 때에 이성계는 정권을 쥐면서 유학자들과 타협은 했으나 불교 중심의 기본의식은 뚜렷했었다고 여겨진다. 이러한 불교관계설을 강하게 암시하는 자료가 경상남도 도청 홈페이지에 있으니, 그 내용은 다음과 같다.[40]

> 「이성계가 왕위에 오르기 전에 그의 아버지께서 돌아가시자, 대망의 뜻을 품은 그는 그의 선친의 묘를 명당에 쓰고자 남으로 남으로 내려왔다. 경상남도 진해의 웅천 천자봉(天子峰)까지 내려와서 보니 산

40) http: //www.provin.kyongnam.kr/kor/05/munhwa_art/03.html?na_code=37

줄기가 바다 속으로 들어가서 물 속에 명당 자리가 위치하고 있었다. 바다 속으로 들어가서 묘를 쓸 도리가 없어 바위 위에서 바다를 내려다보고 있으려니까, 물 속에서 어떤 아이 하나가 솟아 나와 헤엄을 치는데, 가히 물고기보다 헤엄을 잘 치는 것 같았다.

그 아이가 수영을 잘 하게 된 것은 선천적인 내력이 있기 때문이었다. 그 아이의 어머니는 집안이 좋은 부잣집 딸로 태어났는데, 처녀의 몸으로 심각한 풍병이 걸렸다. 그리하여 부모들이 창피하게 생각하여 마을에서 동떨어진 바닷가에 움막을 짓고 그곳에서 연명이나 하고 살도록 하였다. 그런데 어느날 밤에 바다에서 물개가 올라와 그 처녀를 범하였다. 그리고는 매일 밤 처녀에게 왔다가 새벽에 바다 속으로 들어가곤 했는데, 어느 날 새벽에는 바다로 돌아가다가 마을 사람들에게 붙잡혀서 몽둥이로 맞아 죽었다고 한다. 그런데 이상하게도 물개와 정을 통한 처녀는 병이 낫고, 아이를 배게 되었다고 한다. 처녀는 물개와의 정을 생각하여 물개의 시신을 거두어 뼈를 처마 밑에 달아두고 아들을 낳았던 것이다. 이 아이가 바로 물개의 자손이라 할 수 있으니 얼마나 수영을 잘 하였겠는가?

이성계가 그 아이를 불렀다.

"얘야, 바닷속에 미륵이 있느냐?"

"예, 미륵불 같은 바위가 있습니다."

이성계가 그에게 그의 아버지의 유골을 가져오게 하고, 이성계 아버지의 유골과 함께 물 속에 가지고 들어가서 미륵불의 귀에 걸어 달라고 말하였다.

"미륵불 귀가 명당 자리니 내 선친 유골은 오른 손에 잡고, 너의 선친의 유골은 왼손에 잡고 들어가서 미륵불 앞에서 마주보고 걸어 놓고 오너라."

이 말을 듣고서 아이는 해골을 두 손에 들고 물 속으로 들어갔다. 아이는 얼마 후에 빈 손으로 물 위에 올라왔다.

"얘야, 시키는 대로 바로 걸었느냐?"

"아이구, 말도 마십시오. 보통 때는 미륵불이 무섭지 않았는데, 오늘은 미륵불이 큰 눈을 부릅뜨고 노려보는데, 어떻게나 무서운지 뒤로 돌아가서 손에 잡은 대로 두 해골을 걸고 올라왔습니다."

뒤로 돌아가서 걸었으니 이성계가 시킨대로와는 반대로, 이성계 선친의 해골과 아이의 아버지의 해골이 바뀌어 미륵불의 귀에 걸린 것이다. 이성계가 탄식하여 말하기를,

"그렇게 되었다면 할 수 없군. 모두 하늘의 뜻이니까. 그것도 다 너의 복이다. 네가 큰 인물이 될 것이다."하고 돌아갔다고 한다.

뒷날 이성계는 조선왕조를 창건하여 조선태조가 되었고, 이 아이는 중국으로 들어가서 병술을 닦아 많은 군대를 거느리고 있다가 명나라를 세웠는데 그가 명태조라고 한다.」

둘째로 본 정치신화에는 머나먼 옛부터 우리민족이 가졌던 종교의식이 확연하게 드러난다. 그것은 바로 보리암이 존재하는 남해도의 금산(錦山)을 보면 뚜렷이 나타난다. 금산에는 이성계와 깊은 인연을 가진 또 다른 정치신화가 존재한다. 그 내용은 다음과 같다.

「이성계는 임금님이 되기 전에 우리나라의 명산 대찰을 모두 찾아다니며 기도를 했었다. 그런데 이성계는 특히 금산 산신령님의 영험에 의해 등극을 하여 임금님이 된다. 어느 날 이성계는 지리산 여산신에게도 기도를 올렸는데, 지리산 여산신은 이성계에게 땅을 줄 수 없다고 잘라 말하는 것이었다.

그런데 금산 산신이 지리산 산신에게 직접 와서 간곡하게 설득을 했다. 금산 산신은 지리산 산신에게 말하길, 이 시대가 극도로 난세인데 이성계 외에 나라를 평안하게 만들 인물이 없지 않느냐고 설득을 한 것이다. 왜구와 홍건적이 끊임없이 침노하는 난세를 잠재울 인물은 이성계 뿐이라고 간곡히 설득하는 것을 이성계가 꿈에 목격하고 잠을 깬 것이다.

그리하여 이성계는 훗날 내가 임금님이 되면 금산을 비단으로 감아

준다고 약속을 했는데, 나중에 임금님이 되고 나서 많은 비단을 구하는 대신 원래 다른 이름이던 산의 이름을 비단 금(錦)자를 써서 금산으로 바꿔 주었다는 것이다.」

그런데 이 금산 정치신화는 바로 먼 옛날부터 우리민족이 갖고 있던 감님 숭배의 성지가 바로 금산이고, 이성계는 감님의 도움을 받아서 임금님이 되었음을 확실하게 보여주는 것이다. 한자의 신(神)이 들어오기 이전에, 신을 뜻하는 순수 우리말인 감의 음차 이두글인 감산이 금산으로 되었고, 금산에 맞춘 이성계 정치신화가 탄생되어 전해지는 것이라고 해석되는 것이다.

우리는 여기서 의미있게 생각할 것이 있다. 이성계가 성장한 만주의 여진족 촌에서 나타난 아골타는 나라이름을 금(金)나라라고 했고, 누르하치는 후금(後金)이라고 했다가 청나라로 바꿨다는 점이다. 우리민족이 옛부터 갖고 있던 감님숭배 사상을 강하게 갖고 나라이름을 감(金)나라로 지은 아골타, 누르하치가 있음에 비해서, 이성계는 남해 감산(錦山) 정치신화를 갖고 있는 것이다.

셋째로 본 정치신화에는 단군교의 성향도 적지 않게 나타나고 있다. 그것은 금산 보리암이 있는 곳에 단군성전이 만들어져 있고, 먼 옛날부터 단군의 둘째 아들인 부소가 6년간을 수도했다는 전설이 깃든 부소암(夫蘇岩)을 비롯한 고조선시대의 냄새가 강하게 깃든 곳이 바로 이곳이기 때문이다. 특히 이곳에는 일종의 부적(符籍) 같은 느낌이 드는 신비의 글자가 기록된 바위가 있다. 이것은 만주지역을 제외하고는 국내에 유일한 것인데, 이것을 학계에서는 단군시대의 글자인 가림토(加臨土)가 아닐까 추정하고 있다.[41] 한글은 세종임금님 때에 만들어졌다는 것이 현존 통설이지

41) 남해도 금산에 있는데, 이를 남해각서라고 한다. 현재 이곳에는 3개가 존재하는 바 가림토의 흔적이라고 추정되며, 일본 대마도의 아비루 문자와 이세신궁에 비밀리에 전해지

만, 그 이전부터 존재하던 것을 다시 다듬었다는 이설도 존재하고, 그 이설을 인정한다면 가림토가 매우 중요한 의미를 가진다고 하겠다.[42] 그런데 바로 이 곳 남해도의 금산 바위에 유일하게 가림토 잔재가 남았다면, 이 곳은 단군 이래의 민족성지임이 분명한 것이다.

4. 문화적 특징

본 정치신화에는 문화적인 특성도 두드러지게 나타난다. 이성계와 주원장의 경쟁관계를 통해서 엮어진 당시의 사회상이 부각되면서, 우리민족의 전통적인 정치의식도 재미있게 읽혀진다.

첫째로 백두산에 대한 외경의식이 확실히 나타난다. 백두산은 먼 옛날부터 우리민족의 삶을 잉태한 성스러운 산이다.[43] 우리의 삶에 있어서 백두산이 차지하고 있는 크기는 아랍이나 이스라엘 사람들에게 있어서 예루살렘에 해당할 만큼 절대적이다. 그런데 이성계는 백두산에서 호랑이와 싸우며 용맹하게 성장하는 것으로 묘사되어 있다. 이것은 조선건국의 자연물로서의 성지는 바로 백두산이라는 뜻이고, 백두산이 자연물로서 차지하는 정치적 의식이 지대함을 뜻하는 것이다.

둘째로 전설적 동물인 용에 대한 정치의식이 돋보인다. 우리는 생각하길 동양문화의 적지 않은 부문을 무조건 중국문화라고 하는 허황된 생각을 많이 갖고 있다. 그리하여 이웃 중국에서는 금속활자도 본인들이 처음

는 신대문자(神代文字)의 원형으로 보여지기도 한다.
박성수, 단군문화기행(서울: 서원출판사, 2000), pp. 311～314.

42) 단군세기에는 3세 단군인 가륵 2년(기원전 2181년)에 을보륵으로 하여 정음 38자를 만들게 하였다고 한다.
박성수, 단군기행(서울: 교문사, 1988), pp. 147～148.

43) 구미래, 한국인의 상징세계(서울: 교보문고, 2000), pp. 170～175.

으로 만들었고, 두부도 본인들이 원조라고 무조건 우기는 등의 여러 가지 기막힌 모습이 적지 않게 나타나고 있다. 그 까닭은 우리 스스로도 최근세에 가까워오면서 우리의 문화를 우습게 여기고 미신으로 몰며 서양문물에만 맹종하면서 보다 강하게 나타난 것이다. 그리하여 우리는 많은 문화를 잃었다. 국무총리보다는 영의정이 옳고, 장관보다는 판서가 옳다는 생각은 왜 들지 않을까? 신문고와 같은 민주제도는 버려 두고 서양식 청문회를 대단하게 생각하는 풍조는 왜 생겼나? 대통령제의 모순과 역기능 및 극한 갈등 사회를 목도하면서도 가까운 시대까지 존재하던 임금님은 왜 생각을 못하는가? 생각하면 용은 우리의 삶에도 깊게 깃든 것이다.[44] 옛적부터의 동양문화이고 우리문화이기도 한 것이다. 보리암 용바위 전설은 조선건국의 귀중한 정치신화이고 우리의 소중한 문화인 것이다.[45]

셋째로 무협 검객문화도 확실하게 나타나고 있다. 우리는 무협지 소설을 보면서, 이것이 남의 문화인 듯이 착각적 사고를 할 때가 많다. 그러나 이성계와 주원장 사이에서 나타나는 쫓고 쫓기는 추격전에는 전통적인 무협문화 냄새가 강하게 나타나고 있다. 조선 태종 임금님 이후에 사병(私兵)이 없어지게 되면서 무협문화의 맥이 사그러들었으나 원래의 우리민족은 무예문화도 매우 높았음을 뜻한다. 본 정치신화의 시대는 당당한 검객문화가 존재하던 때였다.

넷째로 최고지도자의 출신배경에 대한 정치문화의 차이가 뚜렷하게 드러난다. 우리는 막연하게 생각하길 중국문화에 대해서 오해를 하는 경우가 적지 않은데, 한족(漢族)들의 정치문화는 본질적으로 밑바닥 정치문화이다. 본 정치신화에도 나오듯이, 이성계의 귀족문화에 대해 주원장의 밑

---

44) 앞에서도 지적했지만 조선건국을 노래한 제1의 노래 제목인 용비어천가는 매우 주목을 받아야 옳다.
김성칠 · 김기협 옮김, op. cit. 참조.

45) 구미래, op. cit., pp. 298～325 참조.

바닥 거지문화의 대비는 우리민족과 한족의 정치문화를 말하는 적나라한 사례이다. 중국사를 꿰뚫어 볼 때에 한족들은 거의 모두가 밑바닥 건달, 거지, 도둑에서 지도자가 나온다. 유방에서 시작하여 주원장이 그렇고[46] 최근의 모택동까지가 모두 밑바닥 출신들이다.[47](모택동이 떼도둑 예찬소설 수호지를 탐독했다는 것은, 베트남의 호지명이 정약용의 목민심서를 탐독했다는 것과 대비하여 시사하는 바가 매우 크다.)[48] 모택동의 집권은 수호지와 삼국지를 교과서로 한 떼도둑 반란사 그대로로써 유방, 주원장의 경우와 너무나 흡사하며, 중국공산당은 결코 노동자정당이 아니라 전통적인 농민반란군을 벗어나지 못하고 있다.[49] 우리민족사는 먼 옛날의 단군에서 시작하여 최고지도자가 빼어나게 드높은 지도력을 가진 우수인맥인데 비해서 중국은 저질 유맹사(流氓史)이다. 그렇기에 북위, 요, 금, 원, 청나라는 북방민족의 최고집단이 중국을 지배했다면,[50] 명나라는 우리민족의 떠돌이 거지 한 명이 단신으로 중국을 장악하고 농락하며 지배한 것과도 같은 것이다.[51]

---

46) 진보량 · 이치수 옮김, op. cit. 참조.

47) 모택동의 아버지는 비적(匪賊)이 되어 재산을 불렸다. 모택동이 농민반란의 주동자가 된 것은 결코 우연은 아니라 생각된다.
박노태, 중공의 역사(서울: 중국문제연구소, 1972), p. 116 참조..

48) 모택동이 탐독한 수호지는 떼도둑 예찬소설이고, 삼국지는 유방이 도둑두목이 되어 한 나라를 세우는 과정이다. 모택동은 평생을 수호지와 삼국지를 교과서로 하여 살았다고 생각해도 무리가 아니다.
김상협, 모택동사상(서울: 지문각, 1972), pp. 12～16 참조.

49) 예건중 외, 이필주 옮김, 중국의 분열(서울: 대륙연구소출판사, 1996), pp. 256～283.

50) 일본동아연구소, 서병국 옮김, 이민족의 중국통치사(서울: 대륙연구소출판부, 1991) 참조.

51) 유맹이란 일정한 거처가 없는 유랑자이며 질이 나쁜 사람들을 부르는 중국어이다. 노신(魯迅)은 유맹이란 무뢰한, 건달, 깡패를 말하는 것으로서, 공자(孔子)의 무리인 유가(儒家)와 묵자(墨子)의 무리인 협객(俠客)이 합해진 것이라고 정의하고 있다. 이 두 무리는 원래 좋은 것이었으나 훗날 사상이 타락하며 변질되었는데, 이것이 유맹의 기원이라는 것이다.
진보량 · 이치수 옮김, op. cit., pp. 21～22.

5. 교육적 특징

본 정치신화를 통해서 당시의 교육적 특성도 의미있게 파악된다. 전통적인 사회에 있어서의 교육문화가 제대로 읽혀지는 바라고 생각이 되는데, 이성계의 교육을 눈여겨볼 필요가 있다.

첫째로 이성계를 백두산에 들어가 자연 속에서 생생하게 싸우며 무술을 익히라고 내보내는 아버지의 교육관을 유의해야 되겠다. 철저하게 보살펴주어 심지어 온실의 꽃에 비유되기도 하는 오늘날의 학생에 비견할 때에, 당시의 교육은 처절하게 자연에 내보내 용감히 싸우며 크게 만드는 것이었다. 요즈음 체험학습이니 탐구학습이니 하는 용어가 나오면서 그것이 사뭇 새로운 교육이나 되는 듯이 말하지만, 그것은 바로 우리의 전통적 교육 그대로인 것이다.

둘째로 이성계가 숙적 주원장을 찾으러 다니면서 자연스럽게 교육이 되는 것이겠지만, 무예교육으로서의 당시의 교육방식은 실전교육이었다는 생각이 든다. 교육을 위한 교육이 아니라 실전을 통해서 생사를 걸고 익히는 교육이 바로 전통적인 교육이었음을 뜻한다. 요즘의 우리 사회에는 교육을 위한 교육으로서의 죽은 교육이 적지 않다는 점을 유의하면서 정치신화를 읽는 것도 중요하다고 하겠다.

Ⅳ. 정치신화의 현대적 해석

조선건국을 배경으로 한 본 정치신화는 현대시대에 어떤 의미를 갖는가? 이것을 단지 조선시대의 궁궐 내에서 전승되어 내려온 옛날 이야기로 만 돌려놓아 버릴 것인가? 그러나 본 정치신화는 현대시대에 있어서도 큰 의미가 있다고 본다. 왜냐하면 본 정치신화에 의해서 정치사의 잃어버린 정당성을 보완하고 수정할 수 있겠기 때문이다.

1. 영웅적 역사관

첫째로 본 정치신화는 조선 건국시기의 동아시아 국제사를 보는 균형 잡힌 시각을 만들어 준다. 우리는 그간 조선시대를 막연히 허약하게 보는 역사의식을 갖고 있었다. 그리하여 조선시대가 당연히 침략일본의 발굽 아래에 피해를 입게 되어 있는 듯이 숙명론적이고 패배적인 정서를 적지 아니 갖고 있었다. 그러나 본 정치신화는 당당하게 천하를 양분하는 영웅사관에 의해 만들어졌고, 용맹한 이성계 장군에 의해 비참하게 쫓기는 주원장 거지로서의 정치의식을 우리민족에게 선사하고 있다. 우리는 본 정치신화를 다시 찾음에 의해서 민족적 아이코노그라피(全象徵體制: iconography)가 확립된[52] 영웅사관을 가진 민족으로 재 탄생될 필요가 있다.

2. 거시적 국토관

둘째로 본 정치신화를 통해서 우리민족의 국토관을 원래의 거시적 흐름으로 재정립시킬 수가 있겠다. 본 정치신화 당시의 세계관은 동아시아를

52) 아이코노그라피는 국민을 은연중 하나로 묶어주는 국기, 영웅, 동상, 종교, 기념물 등을 말한다.
임덕순, op. cit., pp. 242～245.

천하로 본 것이나 같은 것이었다. 천동설이 지배하는 가운데, 동아시아가 세계의 전체라고 본 때였다. 따라서 본 정치신화에 의하면 천하를 동서로 양분한 세계관인 것이다. 우리민족을 동방의 주인공으로 본 만큼 국토관도 장성 동쪽의 일망무제로 넓은 땅을 모두 우리 것으로 본 것이었다. 그렇기에 세종임금님이 평안북도와 함경도를 회복할 정치적 명분을 갖게 되었고, 조선초기의 국토관은 매우 거시적인 것이었으므로 당당하게 북진정책을 추진했었다고 생각된다.

3. 주체적 세계관

셋째로 우리민족을 중심에 둔 주체적 세계관을 정립할 수 있게 해준다. 우리민족이 낳은 위대한 영웅 이성계가 동방의 주인공으로서 조선국을 개창했음은 당연한 것이고, 황해도 해주 출신의 떠돌이 거지 주원장이 명나라를 세웠다는 흐름에 의해서 사실상 천하를 우리민족이 장악했다는 민족주체적 세계관을 확립하게 만들어 주는 것이다. 우리민족은 따라서 우주의 중앙에 선 중심민족이요, 한족(漢族)을 사실상 하층 노비로서 지배하는 역사의 주인공이 되는 것이다. 이러한 사항을 증명하는 또 하나의 일화가 인터넷에 등장한다.[53] 인터넷을 찾아보면 이성계와 주원장이 확실하게 같은 우리민족임을 전제로 하여 경상남도의 천자봉을 다음과 같이 소개하고 있다.

> 「경남 진해시와 창원시의 경계에 곰산 또는 웅산(熊山)이 있다. 해군사관생도들의 훈련코스로도 이용되는 이 산의 봉우리를 천자봉(天子峰)이라 하며 시리바위가 있다.

53) http: //home.hanmir.com/~heoagent/chunjabong.htm

옛날 함경도에 살던 이氏라는 분이 조상의 묘지를 구하기 위해 명당자리를 찾아 팔도강산을 돌아다니다가 이 봉우리에 도착하였다. 그는 이 봉우리에서 좋은 묘자리를 발견하였다. 이곳의 바위에는 큰 구멍이 두 개 있는데, 첫째 구멍에 묘를 쓰면 자손 중에서 임금이 날 것이고, 둘째 구멍에 묘를 쓰면 천자가 나올 명당이었다.

이氏는 하인인 주氏에게 자기 조상의 유골을 둘째 구멍에 묻도록 일렀다. 그러나 하인은 주인 모르게 자기 부친의 유골을 둘째 구멍에, 그리고 주인이 준 유골은 첫째 구멍에 안장하였다. 그리고는 어떻게 되었을까? 첫째 구멍의 후손 중에 이성계가 태어났고, 둘째 구멍의 후손 중에 주원장이 태어났다.」

그리고 한국민족문화대백과사전에는 진해시 천자봉에 관련된 설화가 다음과 같이 다양하게 기록되어 있어, 이성계는 물론이지만 주원장이 확실하게 우리민족임을 여러 가지로 부각시키고 있다.[54]

「이 고장에는 장천동 뒤편에 있는 천자봉(天子峰)과 명나라 태조 주원장(朱元璋)에 얽힌 지명 · 인물 전설이 다수 전하여 오고 있다. 옛날 천자봉에 있는 못에 용이 되지 못한 이무기가 살았는데, 성질이 포악하여 인근 주민들을 괴롭혔다. 이에 염라대왕이 꾀를 내어 "용이 못될 바에야 차라리 인중룡(人中龍)인 천자가 되는 것이 어떠냐."고 권유하자, 이무기는 스스로 바위에 머리를 부딪쳐 육신을 버리고 파랑새로 변하여 못 아래 백일마을의 주씨(朱氏) 가문으로 들어가 아기로 태어났다. 이 아기가 뒤에 중국으로 건너가 명나라 태조가 되었는데, 이 전설에 연유하여 이 곳에 천자암(天子巖) · 장군천(將軍川) · 장천동(將川洞) · 자은동(自隱洞) 등의 지명이 생겨났다.」

「다른 이야기로는 함경도 사람 이씨가 하인 주씨를 데리고 명당을

54) 한국정신문화연구원, 한국민족문화대백과사전 제21권, 1991, p. 542.

찾아 전국을 헤매다가 마침내 천자봉에 이르렀는데, 그곳에서 굽어보니 갑자기 바다에서 반인반어(半人半魚)의 괴물이 나타나서 말하기를, "바다에 굴이 둘 있는데 오른편이 천자가 날 명당이다."라고 하고는 사라졌다. 하인 주씨는 이 말을 듣고 욕심이 나서 자기 선친의 유골을 오른편에 묻고 주인 이씨의 유골을 왼편에 묻었다. 이로 말미암아 후에 주씨가문에서는 명나라 태조가 나고 이씨문중에서는 이성계(李成桂)가 났다고 한다.」

「또 다른 유형으로 신라 혜공왕 때 법조선사(法照禪師)가 밀양 무봉사(舞鳳寺)를 창건할 때 호랑이가 변신해서 된 나비의 인도로 천자봉에 이르러 그 산밑에 있는 백일마을의 한 노부부 집에서 갓난아이를 데려오게 되었다. 선사가 정성껏 가르치니 아이는 지용(智勇)이 뛰어나게 자랐는데, 이상하게도 그는 왼손을 늘 움켜쥐고 있는 것이었다. 선사가 이상히 여겨 잠든 사이에 그의 왼손을 펴보니 세 글자와 무늬가 선명하게 새겨져 있었다. 잠을 깬 아이는 노하여 선사의 빰을 때리고 중국으로 가서 명나라 태조 주원장이 되었다.」

4. 신성적 정권관

넷째로 우리민족의 지도자인 이성계가 남해 금산의 보리암에서 기도를 통해 정치적 정당성을 확보하고 조선국을 개창했다는 의미는 새로운 국가철학을 형성케 해준다.[55] 일반적으로 동양의 지도자는 하늘의 뜻을 받드는 것으로 되어 정치적 정당성을 확보하는데,[56] 이성계는 감님께 기도함에 의해서 감님의 도움으로 정권을 얻는 것이다. 생각컨대 이것이 우리민

55) Roger-Gérard Schwartzenberg, The superstar show of government(N.Y.: Barron's, 1980), p. 24.
56) 김충남, 정치사회화와 정치교육(서울: 법문사, 1982), p. 59.

족의 전통적인 정치적 정당성 확보책이 아니었나 생각된다. 이러한 측면에서 생각할 때에 아골타의 금나라나 누르하치의 후금도 같은 것이 아니었을까 생각된다. 특히 산신령님의 힘을 강하게 부각시키고 있음도 유의해 볼 필요가 있다.[57)]

5. 종교적 섭리관

다섯째로 본 정치신화는 종교적 섭리에 따라서 조선국이 개창되었음을 강하게 암시하고 있다. 파자점(破字占)을 비롯한 전통적 사회의식도 곁들여서 풀어 나가되, 남해 보리암에서 이성계가 깨달음을 얻었다는 것을 강조하고 있다. 이는 보리라는 단어 자체가 깨달음을 뜻하는 것이며, 부처님의 거대한 섭리에 의해서 우주만물이 조화있게 움직여짐을 확실하게 부각시키고 있는 것이다. 참고로 이성계의 파자점에 대한 야사가 본 정치신화와는 약간 다르게 전해지는 것이 있으니, 이것도 앞의 정치신화의 내용을 상당하게 고증해 준다고 생각된다. 그 내용은 아래와 같다.[58)]

> 「이태조가 아직 젊었을 때, 우연히 안변읍을 지나게 되었는데 지금 석왕사 자리에 작은 암자 하나가 있어, 태조는 그 암자 안으로 들어가 자다가 이상한 꿈을 꾸었다. 즉 꿈에 등에다 서까래 세 개를 나란히 짊어져 보았고, 또 난데없이 꽃이 떨어지고 거울이 깨어져 보이기도 했다.
>
> 꿈을 깨고 난 태조가 매우 괴이하게 여기고 있는데 마침 그 절 안에 파자점(破字占)과 해몽을 잘 하는 도승이 하나 있다는 말을 듣고 태조

57) 이는 우리민족의 전통적인 신교(神敎) 또는 천교(天敎)문화의 유산이라고 하겠다. 박성수, 단군기행, op. cit., p. 95 참조.
58) 윤태영・구소청 엮음, op. cit., pp. 75～77.

는 그를 찾아가 물어보기로 했다. 가보니 마침 먼저 온 손님 하나가 있어, 그가 평생 신수를 파자점으로 짚는데, 얼핏 문(問)자를 짚었다. 그러자 도승은 그 사람을 물끄러미 쳐다보다가,

「바른대로 말하리까? '問'의 자형(字形)은 입이 문 앞에 붙었으니, 할 일 없는 걸인의 신수외다.」

하였다. 그 말을 듣고 있던 손님은 멍하니 앉았다가 한 마디 탄식하는 말이,

「제기랄! 팔자 도망은 못 하겠군.」

하고 나가 버렸다. 과연 그 손님은 다름 아닌 걸인으로서, 그 스님이 신통한 업술(業術)이 있다 함을 듣고, 잠시 옷을 빌어 입고 와서 신분을 숨기고 점을 쳐 본 것인데, 그 스님이 단박에 알아내는 것을 보고 찬탄하며 나간 것이다.

그 광경을 바라보고 있던 태조는 이상히 여기면서 자기도 파자점을 쳐 달라고 하고 똑같이 문'問'자를 짚었다. 그 스님은 다시 물끄러미 태조의 얼굴을 바라보다가, 일어나 합장 배례하면서,

「'問'자 형상은 좌편으로 보아도 임금 군(君)자요, 우편으로 보아도 임금 군(君)자이오니, 장차 군왕이 되실 신분이시옵니다.」

라고 흔연히 말하는 것이었다. 이에 태조는 웃으면서

「아니 아까 그 사람이 짚은 '問'자와 똑같은 글자인데 해석하는 방법이 어찌 그리 다르오?」

하고 따져 물었다. 그러자 그 스님은,

「아니올시다. 하필 글자에만 달린 게 아니오라 묻는 사람의 기상에도 달렸습니다.」

하고 대답하였다. 이에 태조는,

「그럼 파자는 대사의 마음대로 돌려댈 수 있는 것이려니와, 꿈은 각자의 심령으로 꾸는 것이니 당신 마음대로 풀지 못할 것이오. 내 간밤 꿈에 서까래 셋을 짊어져 보았고, 또 꽃이 떨어지고 거울이 깨어짐을 보았으니, 그 길흉이 어떤지 잘 해몽해 주시오.」

하고 부탁하였다. 그러자 도승은 무릎을 탁 치면서

「그러면 그렇지! 참 대몽이옵니다. 등에 서까래 세 개를 짊어졌으니 반드시 임금 왕(王)자 형상이 분명하고, 꽃이 떨어졌으니 열매가 맺을 것이요, 거울이 깨어졌으니 어찌 소리가 없으리이까.[59] 조만간에 임금이 되실 징조이니 이야말로 대몽(大夢)이옵니다.」

하고 해몽하는 것이었다. 일찍부터 커다란 포부와 웅지를 가슴 깊이 간직하고 있던 태조는, 그 스님의 말이 십중팔구는 근사한지라, 심중으로 은근히 기뻐하면서도 그러나 믿을 수 없다는 듯,

「무어 그럴 리가 있겠소이까?」

하고 부인하자 그 스님은 다시 일어나 배례하면서,

「소승의 법명은 무학이라 하옵는 바, 비록 어리석사오나 약간 법술이 있사와 오늘 귀인께서 찾아오실 줄 알았습니다. 하문(下問)하시는 일에 대하여는 차마 기만치 못하와 사실대로 아뢰었사오니 의심 마시옵고 아무쪼록 대사를 성취하신 후에 이 곳에 절 하나를 세우시와 천세를 축수하는 원당을 삼게 하여 주옵소서.」

하고 간곡히 말하는 것이었다. 태조는 무학이 범상한 스님이 아님을 알았으므로 끝내 사양할 필요가 없음을 깨닫고 엄숙하게 말하였다.

「진정 대사의 말같이야 바라리요만, 만약 후일에 그렇게만 된다면 원당 하나쯤이야 문제되겠습니까?」

그런데 그 뒤 과연 태조가 조선을 창건하였으니, 무학의 파자와 해몽은 실로 신통한 것이었다. 태조는 즉위하자 곧 관원을 안변으로 보내어 무학대사와 만났던 곳에 절을 짓게 하고, 절 이름을 석왕사(釋王寺)라 하였다. 석왕사란 태조가 임금님이 될 꿈을 해석했다는 뜻에서 지은 이름이다.」

59) ① 거울이 깨졌다는 것은 파경지탄(破鏡之嘆)이 아니라, 파경기무성(破鏡豈無聲)으로서 우렁찬 소리를 한 번 낸다는 뜻이다.
② 그리고 천 집의 닭이 한꺼번에 울어대는 꿈을 꾸었으니, 높고 귀한 자리에 추대됨을 뜻한다.
김용제 외 엮음, 역대궁중비화대전집 제7권(서울: 한국출판공사, 1984), p. 18.

V. 맺는 글

대한황실은 처절하게 상처받은 모습으로 남아 있다. 침략일본의 역사왜곡을 바로 잡아서 제대로 된 역사를 만드는 일에 뜻있는 많은 분들이 힘을 쏟았음에도 불구하고,[60] 유독 대한황실의 명예회복을 위한 일에는 인색한 흐름이었다.[61] 대한황실은 많은 것을 우리민족에게 선사했음에도 불구하고 그 은혜를 잊으려는 흐름이 계속 이어지고 있다.

1. 상처뿐인 대한황실

첫째로 대한황실은 민족의 국난을 극복한 구국의 황실이었다. 그러나 왜구와 홍건적의 침략에 의해 풍전등화와 같은 상태의 국난에 처했던 조국을 구한 대한황실의 위대한 공로는 사라지고, 어둡게 만든 역사의 멍에를 지고 오늘에 이르렀다. 대한황실이 없었다면 이 나라는 지구상에서 사라지고 말았으리라는 생각은 없고, 대한황실의 모습을 상처투성이로 만든 어둠의 붓끝은 지금도 변동없이 남아있다.

둘째로 대한황실은 빼어난 창조력을 발휘한 문화의 황실이었다. 지난 역사에 있어서 대한황실이 중심이 되어 가꾸고 일으킨 문화가 없었다면, 이 나라의 오늘이 어찌 존재했을 것인가에 대해서 면밀히 생각하는 흐름이 없다. 예컨대 많은 국어예찬자는 한글을 찬탄하면서도 조선시대를 매

---

60) 이존희, 역사교육 달라져야 한다(서울: 혜안, 2001), pp. 25～31.

61) 안천, 사회과교육에서의 친일성극복에 관한 연구, 한국사회과교육연구학회, 사회과교육학연구 제5호, 2001. 2, pp. 36～41.

도하는 모습을 보이고 있고, 용비어천가의 한글을 사랑하면서도 용비어천가의 내용은 헐뜯는 모습을 곳곳에서 발견하게 된다. 수많은 대한황실 문화를 보면서도 그것을 낮게만 보는 꼬인 시각은 지금도 그대로 남아 있다.

셋째로 대한황실은 민족사의 영광을 재현시켜 오늘날의 우리민족을 만든 황실이었다. 태조 이성계 장군은 광개토대제, 을지문덕, 이순신 등 역사에 남은 최고의 명장에 있어서 결코 뒷줄에 설 수 없는 위대한 장군이다. 태종 임금님이 반석 위에 올려놓은 정치기반이 없었다면 이 나라의 역사가 결코 오늘까지 확고히 이어지지는 않았을 것이다. 그리고 오천년 역사상 최고의 임금님이신 세종은 거론할 필요도 없다. 태조, 태종, 세종의 3걸이 세운 영광의 위업은 지난 오천년 역사에서 결코 그 비견할 사례를 찾기가 쉽지 않다. 사례가 있다면 고구려의 막강한 국력을 자랑하던 시대를 제외하고는 거의 없다. 그러나 그토록 뛰어난 영광의 시대를 자랑스럽게 생각하는 흐름은 오늘날에 많지 않다.

2. 위대한 역사의 회복

현대시대를 살아가는 오늘의 우리민족은 분명하게 다짐할 것이 있다. 그것은 상처투성이의 대한황실을 그대로 두고서 우리민족의 당당한 미래사는 결코 만들어지지 않는다는 점이다. 영광의 대한황실을 짓밟고서, 지난 날의 조상들은 바보였다는 역사를 갖고서, 새로 자라나는 젊은이들이 미래를 열어갈 확고한 용기와 신념이 솟아날 수는 없는 것이다.

이웃 일본을 보면 전국시대의 말기를 장식한 토요토미 히데요시, 오다 노부나가, 토쿠카와 이에야스의 3인을 그토록 미화하고 가꾸면서 역사의 영웅으로 만들고 있다. 그런데 우리의 역사에 있어서도 분명히 유의할 것은 고려말의 전국시대 혹은 난세를 뚫고서 반석같은 나라를 만든 태조, 태종, 세종의 역사는 수없이 가꾸고 칭송해도 전혀 부끄러움이 없는 자랑스런 역사의 시대이다.

본 논문에 나온 정치신화는 영광의 역사시대인 태조, 태종, 세종 시대를 열어 나가는 숨겨진 보물로서의 신비의 드라마이다. 태조, 태종, 세종 시대가 만든 민족의 중흥사를 자랑스럽게 노래하는 서사시이다. 본 정치신화는 소설로 만들어도, 영화로 만들어도, 텔레비전 연속극을 만들어도, 연극을 만들어도 항상 자랑스런 드라마가 될 것이다. 상처 뿐인 대한황실의 영광사는 다시금 자랑스런 역사로 드라마로 재탄생되어야만 한다. 조선건국의 그 시대는 언제라도 당당하고 자신감있게 노래할 수 있다. 그렇기에 다음과 같이 자신만만한 노래를 만들었을 것이다. 영원히 이어질 영광을 노래했을 것이다. 자랑스런 건국황실을 칭송했을 것이다.

> 「뿌리깊은 나무는 바람에 아니 흔들릴새 꽃 좋고 열매 많나니, 샘이 깊은 물은 가물에 아니 그칠새 내가 되어 바다로 가나니」

두번째 주제

일월오악도(日月五岳圖) 연구

조선건국의 정통성 확립 상징체계

Ⅰ. 들어가는 글

Ⅱ. 우리민족의 정치상징
- 1. 고대시대의 정치상징
- 2. 삼국시대의 정치상징
- 3. 고려시대의 정치상징

Ⅲ. 일월오악도의 정치상징적 의미 분석
- 1. 조선시대의 정치상징물
- 2. 일월오악도의 정치사적 위상
- 3. 일월오악도의 현존 상황
- 4. 일월오악도의 정치상징적 의미

Ⅳ. 일월오악도의 정치 인류학적 추적
- 1. 성스러운 머리산
- 2. 조선 황실의 발상신화
- 3. 이갑용 항일 독립운동
- 4. 살아있는 일월오악도

Ⅴ. 맺는 글

Ⅰ. 들어가는 글

인간의 삶은 상징(symbol)이다. 인간의 역사는 상징체계의 흐름이다. 특히 전통사회 인류의 삶은 모든 것이 상징으로 엮어진다. 그리하여 정치 인류학은 수많은 상징체계의 의미를 체계화하며, 전통사회 인류의 삶을 재구성하여 나가는 것을 중요한 연구 목적으로 한다.

우리민족의 옛 삶을 분석해 보아도 수많은 상징으로 엮어져 있음은, 지구촌의 다른 민족과 똑같다.[1)] 우리민족의 옛 정치사회를 세밀하게 분석해 들어가면 수많은 상징체계 속에서 사람들의 삶이 엮어지는 고도화된 정치세계를 발견하게 된다. 그것은 먼 옛날의 고조선에서부터 오늘날까지 질적 차이는 많이 생겼어도 언제나 변함이 없어서, 상징세계의 흐름을 다양하게 표출하는 것을 제대로 해석하지 못하면 정치생활의 본질을 제대로 이해하지 못하는 것과 같다고 생각된다. 그렇다면 왜 인간의 정치생활은 정치적 상징과 그토록 직결되는 것인가?

첫째로 정치상징은 사람들을 하나로 뭉치게 만들어 준다. 수많은 사람들을 뭉쳐서 융합시키며 한 마음 한 뜻이 되게 만들어 준다. 지구상에 태어나는 인간들은 누구나 하나의 개체로서 각자 따로 태어난다. 그러나 인간은 성장하면서 결코 외따로 떨어질 수가 없고, 특정 사회에 합해져 정치적 삶을 살아가도록 되어 있다. 이러한 정치생활을 결정적으로 촉진시키며 뭉쳐주는 힘을 정치상징은 극대화시켜 준다. 예컨대 국기는 단순히 헝겊에 상징화된 문양(紋樣)이 있을 뿐이지만 그 나라의 국민을 하나로 뭉치게

---

1) 조선시대 왕은 존재 자체가 상징이었다. 그의 생활과 언행에 관련된 모든 것이 상징화되어 있었다.
신명호, 조선의 왕(서울: 가람기획, 1998), p. 227.

하는 결정적 정치상징이다.

둘째로 정치상징은 정치적 호소력을 가진다. 수많은 사람들에게 확고한 의미를 전달하며 정치사회가 뜻하는 방향으로 사람들을 이끌어 나간다. 각자의 사람들은 그냥 놓아두면 모두가 제멋대로 자기의 길을 각자 간다. 그러므로 수많은 사람들이 모래알같이 나뉘어서 흩어져 버리면 그 사회는 정치적 의미를 상실하게 된다. 정치력이란 흩어지고 분열된 사람들을 특정 방향으로 이끌어 가는 것을 뜻할 수도 있는데, 정치상징은 그것을 확실하게 돕는다.

셋째로 정치상징은 사람들의 주의를 끌어서 정치 지도자에게 관심을 갖도록 해준다. 정치체는 그 정치사회에 주의를 집중시키지 못하면 정치체가 뜻하는 의지를 관철시킬 수가 없다. 정치상징은 색깔이 첨가된 표어나 문양 등으로 의미를 표출시켜서 사람들이 저절로 깨닫게 하거나, 인식시키고, 호의적인 따뜻한 반응을 갖게 만드는 것이다.[2)]

넷째로 정치상징은 정치체의 존속과 유지에 결정적 기여를 한다. 어떠한 정치체나 생명력을 갖고 삶을 지속시키려 한다. 권력이나 권력자나 권력의 속성은 그것을 계속하여 연장시키려 한다. 정치상징은 권력의 삶을 연장시켜 줌에 중요한 일을 하며, 권력자의 힘을 계속 이어 나가게 만들어 준다.

다섯째로 정치상징은 권력을 강화시켜 준다. 먼 옛날의 정치지도자는 도끼를 들고서 싸우기도 하고 씨족의 숭배물에 빌거나 주술사가 되기도 하면서 본인의 권력을 강화시켜 나갔다. 그러나 정치가 발달하면서 정치지도자는 정치적 경쟁사회에 알맞은 가치를 상징화함에 의해서 권력을 강화시켜 나간다. 정치지도자는 따라서 수많은 정치적 상징을 통해서 본인의 권력을 끊임없이 재창출시키고 강화시켜 나간다고 생각된다.

---

2) 신복룡 옮김, C.E.Merriam, 정치권력론(서울: 청아출판사, 1987), p. 59.

Ⅱ. 우리민족의 정치상징

1. 고대시대의 정치상징

박물관에 진열되어 있는 수많은 고대시대 유물들은 크고 작은 정치상징물들이다. 박물관에 진열된 고대시대의 유물들을 보면 그 시대에도 정치사회를 이끌기 위한 정치상징물이 다양하게 만들어졌음을 발견하게 된다. 그 상징물은 일반적으로 정치 지도자의 것이 많지만 다양한 수준의 권력자가 가졌던 정치상징물이 제각각 존재하며, 피지배 계급의 삶을 대변하는 상징물들도 발견된다.

고대시대 우리민족의 정치상징물에서 가장 대표적인 것은 고인돌과 비파형 동검이라고 하겠다.[3] 우리나라는 고인돌 왕국이라고 말할 정도로 세계 고인돌의 절대다수를 보유하고 있다. 고인돌은 우리나라의 선사시대 정치상징물로는 절대적 위상을 갖고 있다고 생각된다. 그리고 청동기시대의 대표적 유물인 비파형동검은 남만주의 요동반도에서 많이 발견되나 우리민족의 삶이 영위되었던 넓은 지역에서 폭넓게 발견되어 고조선의 강역을 연구함에 결정적으로 중요한 구실을 한다. 칼의 몸체가 비파라는 악기를 닮았다고 해서 그렇게 붙여진 비파형 동검은 일반적으로 당시의 지도자의 권위를 상징하는 청동칼이었다고 해석된다. 실제적 칼로서의 실용성보다는 권력을 상징하는 상징물로서의 기능으로 해석되고 있는 것이다.

그리고 고대 청동기시대 정치상징물에는 비파형동검만큼 중요한 것으로서 청동거울과 청동방울이 존재하고 있다. 아마도 이 세 가지가 고대 권

3) 요령성 박물관, 요령성박물관장보록(상해: 상해문예출판사, 1994), p. 76.

력자의 권력을 상징하는 가장 결정적인 존재였다고 생각된다. 일본 천황가의 3대 보물은 청동거울과 비파형동검에다가 곡옥(曲玉) 목걸이인데 그것들을 비밀리에 숨겨 두고 있다고 알려져 있다.[4] 생각컨대 청동기 정치상징물은 만주 땅에서부터 멀리는 일본에까지 공통으로 발견되는 존재로서 당시의 정치권을 형성시켜주는 핵심 상징물이었다고 생각된다.

고대시대의 정치는 매우 많은 상징물로 만들어져 있었으며 종교와도 직결되어 있었다. 당시의 지도자는 정치 지도자와 제사장을 겸하고 있으면서, 정치적 위상만이 아니라 종교적인 기능도 뚜렷했었다고 생각된다.[5] 고대시대의 지도자였던 사람은 비파형동검, 청동거울을 비롯한 다양한 상징물을 갖고 있어서, 그가 입고 있는 옷 전체와 삶 전체는 총체적인 상징 구조물이었다고 해석된다. 고대시대의 흐름을 잇는 청동기와 비슷한 것들이 현재에도 우리나라의 토속신앙인 무속에서 사용되고 있으며, 우리민족과 비슷한 문화권을 갖고 있는 시베리아 지방의 토착종교에 있어서도 상징물이나 상징체계가 매우 비슷한 것이 최근까지도 계속하여 사용되고 있다. 또한 몽골 땅에는 오늘날에도 옛부터의 상징물을 그대로 갖고 있는 샤먼(shaman)이 그대로 있고, 그것이 살아있는 종교의 모습으로 존재하고도 있다.

2. 삼국시대의 정치상징

박물관에 진열되어 있는 삼국시대의 유물들을 살펴보면 삼국시대에는 보다 발전된 모습의 정치상징을 보게 된다. 청동기 시대의 유물에서보다 한층 세련되고 문화적인·우수성이 돋보이는 정치상징물이 다양하게 만들어져서 정치 발전에 큰 기여를 했음을 발견하게 된다. 고구려나 백제, 신라

4) 장진한, 오상현 옮김, 村上重良, 천황과 천황제(서울: 한원출판사, 1989), pp. 101～125.
5) 국립전주박물관, 박물관 전시유물 이야기(서울: 통천문화사, 1999), p. 9.

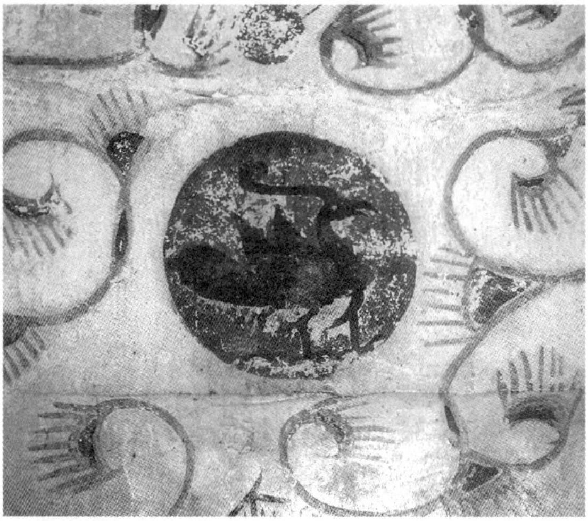

고구려의 세 발 까마귀

고구려의 정치상징인 세 발 까마귀는 옛시대의 정치상징에 있어서 최고수준에 속한다. 강대국 고구려다운 모든 것을 보여준다.

는 나름대로 막강한 국력을 갖고서 긴 세월을 정치체로 존재했었다. 그러므로 매우 발전된 정치상징물이 존재하고 있었을 것은 당연한 일이다.

만주 땅에 있는 부여시대 유물에는 청동개구리가 있다. 아주 미적 감각이 있는 세련된 개구리인데, 그것은 부여의 금와왕(金蛙王)을 보아도 개구리가 얼마나 신성시되고 정치상징으로 높게 받들어졌는가를 알 수 있다.[6] 고구려의 시조인 주몽을 견제하였으며, 해부루(解夫婁)의 아들로서 부여의 왕이 된 그를 상징하는 청동개구리는 정치상징물로서 의미가 크다고 하겠다.[7]

고구려의 정치상징물에서는 단연 삼족오(三足烏)가 돋보인다.[8] 만주 땅

---

6) 해부루가 얻은 아들은 생김새가 개구리같고 온몸이 황금색이었기에 아이의 이름을 금와(金蛙)라 부르고서 태자로 책봉하였다.
강윤동, 고구려 이야기(서울: 범조사, 1995), pp. 22～25.

7) 요령성 박물관, op. cit., p. 78, p. 204.

8) 조선일보사, 집안 고구려 고분벽화, 1994, p. 204.

집안(集安)에 있는 고구려 고분에는 태양신과 달신의 신비한 상징그림이 나온다. 거기서 남성인 태양신은 세 발 까마귀가 그려진 태양을 들고 있고, 여성인 달신은 개구리 혹은 두꺼비가 그려진 달을 들고 있다. 그것은 고구려인들에게 있어서 개구리와 까마귀가 매우 존귀한 존재로 받아들여졌음을 뜻한다. 고구려의 삼족오는 전통적인 상징도안에 있어서는 가장 뛰어난 예술품에 속한다고 할 정도로 멋지다. 고구려 사람들은 서양인들이 독수리나 매를 존중하는 원색적인 공격성 상징을 가졌음에 비해서, 상당히 수준 높은 철학을 배경으로 한 상징물을 가졌었다고 생각된다. 세 발을 가지고 신비한 마력을 지닌, 민족 철학적 토대 위에서의 독특한 정치상징은 고대시대에 있어서 세계적으로 드문 탁월한 정치상징물임이 분명하다.[9)]

헝가리 왕국의 까마귀 상징
헝가리 왕국은 유럽에 있으면서도 국가상징이 까마귀이다. 고구려의 세 발 까마귀가 태어나기 이전에 있던 까마귀 상징의 원초적 모습이 아닐까 생각된다. 민족적 뿌리가 가깝다는 것은 문화에 있어서도 그대로 나타난다.

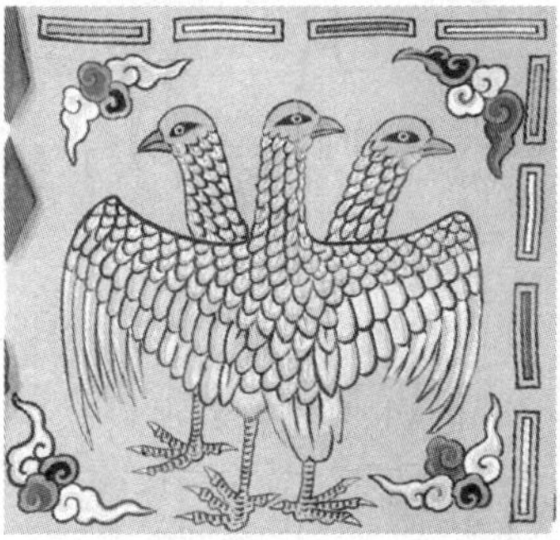

조선시대 군기의 세 발 매
조선시대의 군기에는 고구려의 전통을 이은 세 발 매가 등장하는데, 더욱 발달된 모습으로 머리도 세 개나 된다.

백제의 정치상징물은 6세기 작품으로서 부여에서 발견된 국보 287호(국립부여박물관 소장)인 세기의 명작 금동대향로를 들 수 있겠다. 백제 유물을 그리 많이 찾아보기 어려운 현실에서 발견된

9) 한국방송공사, 고구려 고분벽화 고구려 특별대전, 1994, pp. 46∼47.

향로는 다양한 모습의 상징물을 집합시킨 뛰어난 예술품임이 분명하다. 그 향로는 우리의 민족정신이 환상적으로 조형화 되면서 예술품으로 승화되어 백제인의 삶을 그대로 상징화시켜 보여준다. 그리고 백제의 대표적 정치상징물은 무령왕릉에서 나온 다양한 유물이 있는데, 그 가운데에서도 무덤을 지키는 돌짐승(石獸)이 매우 멋진 정치상징물에 속한다고 생각된다.[10)]

신라에는 매우 다양한 정치상징물이 존재한다. 천마총이나 다른 임금님 무덤에서 깨끗한 옛 모습 그대로 발굴된 유물을 보면, 신라의 정치 지도자는 온 몸이 정치상징물로 덮여져 있었다고 할 정도로 빼어난 모습의 상징물이 다양하게 나타난다. 그 가운데에서도 신라의 대표적인 정치상징물은 현란한 모습의 금관이 아닐까 한다. 금관은 모든 조형 자체가 수준 높은 상징세계를 말해주고 있고, 우리민족의 대표적 상징물의 하나라고 할 곡옥이 다닥다닥 붙어 있어서 그 상징성을 보다 드높게 만들어 주고 있다. 그리고 다양한 상징 조각물을 매단 허리띠도 매고 있어서 전체적인 상징성을 확장시켜 주고 있다.

3. 고려시대의 정치상징

고려시대에는 나름대로 현대적인 정치상징물이 나타나지만, 그것이 남아있는 바가 별로 흔하지 않다. 개성에는 어느 정도의 건조물이 남아 있어서 축조물로서의 정치상징물이 되기도 하겠지만,[11)] 고려시대에는 불교의 전성시대로서 불교 자체가 바로 정치적 권위를 뒷받침해주는 상징세계가 아니었을까 생각된다.

고려시대에는 수많은 석탑과 부도, 사찰과 함께 불상이나 불화와 같은

10) 국립공주박물관, 공주박물관 도록, 1981.
11) 이광표, 북한의 문화유산(서울: 동아일보사, 1997), pp. 27～44.

많은 불교 예술품이 만들어져서, 흡사 서양의 정치세계가 기독교에 뒷받침되어서 존재했던 것과 같은 흐름을 만들었었다고 하겠다.

Ⅲ. 일월오악도의 정치상징적 의미 분석

1. 조선시대의 정치상징물

조선시대에 들어서는 정치상징물이 현대시대에 가까워지는 만큼 매우 수준 높게 발달된 모습을 보여준다. 조선시대의 정치상징적 건조물은 궁궐과 성, 관아를 비롯하여 수많은 유학(儒學)관계 건물인 성균관, 향교, 서원, 서당 등이 정치적 권위를 말해주는 상징체계로서 존재한다. 조선시대에는 불교의 사찰 대신에 유학 관계 건조물이 권력의 상징을 대신하면서 다양하게 발달되었다. 일제침략에 의해서 엄청난 피해를 입고 대다수가 훼손되고 멸실되었지만, 오늘날에도 당당한 권위를 말해주는 모습을 뚜렷하게 남기고 있다.

조선시대 정치적 상징물의 최고 수준은 무엇보다도 환구단 및 종묘[12]와 사직이 최우선시되겠다.[13] 환구단 및 종묘와 사직단은 조선 정치체를 뒷받침하는 최고의 정치상징물이므로 침략일본이 훼손할 첫 번째 순위에 해당하는 것이었다.[14] 일제 강점 상태에서 흡사 쓰레기 방치물같이 대우를

12) 이인표, 종묘대제(서울: 원백출판사, 1993).

13) 조선의 왕은 백성을 대표하여 하늘의 신을 환구단에서, 땅의 신을 사직단에서, 그리고 인간의 신을 종묘에서 모시는 제사장이었다.
이영화, 조선시대 조선사람들(서울: 가람기획, 2000), p. 19.

14) 김동욱, 종묘와 사직(서울: 대원사, 1993) 참조.

했었는데, 최근에는 종묘가 세계 문화 유산으로 유네스코에 등록이 되는 영광을 안기도 했다. 그러나 오늘날에도 침략일본 시대의 방치 상태와 같은 대우를 받고 있다고 생각될 정도로, 지금은 그 앞이 흡사 난잡한 오락장 같이 창피하게 되었다.

다음으로 천상열차분야지도는[15] 조선시대 정치상징물로 최고 수준에 해당한다고 생각된다. 하늘의 뜻에 따라 임금님이 되었음을 선언한 상징물인 천상열차분야지도는 그러나 최근까지지도 창경궁 돌담 옆에 방치되어 있다가 불과 몇 년 전에야 그 가치가 인정되어 국보로 지정되었을 정도였다. 그리고 조선의 황제가 하늘의 뜻을 받아 등극했음을 뜻하는 제천단으로서의 환구단은 일제가 조선호텔을 만들어 훼손했는데, 환구단은 지금도 상처 입은 유적으로 남아있다.[16] 그리고 다음으로 중요한 정치상징물은 전주시에 있는 경기전(京畿田)이 되겠는데 그것은 조선 황실의 발상지로서 조선시대의 국기, 애국가와 같이 생각될 만큼 중요한 정치상징이었다.[17] 그토록 중요한 존재였기에 침략 일본은 그곳을 초등학교로 만들어 훼손시켰었는데, 최근에야 초등학교를 이전하고 경기전을 원래의 상태로 만들기 시작했다.

조선시대에 임금님을 보위하고 정치적 권위를 확립하기 위한 정치상징은 다양하게 존재했었다. 봉황, 용과 같은 전통적인 동양적 정치상징물은 물론이고 십이지신상에 해당하는 온갖 상징물까지도 널리 쓰여졌다. 그런데 이상의 많은 정치상징물은 나름대로 그간 연구가 되어지며 오늘에 이르렀으나, 유독 임금님의 용상 뒤편을 장식하는 일월오악도는 사실상 전혀 연구가 되지 않고 오늘에 이르렀다고 생각될 정도이다.

---

15) 이용복, 조선의 석각천문도인 천상열차분야지도에 관하여, 한국황실학회, 황실학논총 창간호, 1997, pp. 1～19.

16) 중구문화원, 서울 중구 도심 속으로의 역사여행, 1999, pp. 104～105.

17) 안천, 황실은 살아있다 상권(서울: 인간사랑출판사, 1994), pp. 25～37.

2. 일월오악도의 정치사적 위상

현대적 모습을 띤 우리민족의 정치상징은 조선말기 이후에 등장한다. 태극기가 조선말기에 만들어졌다고 하고, 무궁화를 국화로 지정했으며, 애국가가 항일독립전쟁의 흐름 속에서 만들어지면서 오늘날에 이르렀다. 그리고 대한황실의 오얏꽃 문양 상징도 등장했다. 그런데 여기서 우리가 유의할 사항은 우리의 국기, 국화는 사실상 머나먼 옛날부터 우리민족의 정치철학을 형성하고, 정치생활에 폭넓게 나타났던 것으로서의 전통적인 정치상징물과 같은 것이었음이다. 애국가는 항일전쟁 때에 독립항쟁의 흐름 속에 새로 만들어졌지만, 무궁화는 머나먼 옛적부터 우리의 삶에 깊게 뿌리내린 것이었고, 태극도 오랜 세월에 걸쳐서 우리의 정치철학을 지배해 온 뿌리깊은 정치상징물인 것이다.

그런데 예전의 대표적 정치상징물의 하나였던 일월오악도만은 그간 전혀 주목을 받지 못하고 오늘에 이르렀다. 일월오악도는 임금님의 생존시

일월오악도
일월오악도는 조선시대 임금님을 나타내는 최고의 정치상징이다.

나 사후에 구별이 없이, 어디에나 임금님의 존재가 있는 곳에는 임금님을 상징하고 임금님을 보호하는 구실을 했었다. 살아 계신 임금님의 용상 뒤에는 물론이고, 돌아가신 임금님의 초상화인 어진(御眞)에 까지도 분명하게 그 뒤에는 일월오악도가 자리하고 있었다.[18] 생각하면 아직 국기, 국가, 국화와 같은 현대적 국가상징이 존재하지 않았던 시대에 있어서, 우리나라 최고의 정치상징물이 아닐까 할 정도로 의미가 지대한 존재인 것이다. 그렇다면 임금님의 용상(龍床) 뒤를 장식했던 가장 최고의 정치상징물이었던 일월오악도가 그간 사실상 잊혀져 왔던 까닭은 무엇일 것인가?

첫째로 일월오악도는 임금님을 상징하는 대표적 존재였기에 감히 어떤 생각을 갖는 것도 송구스러워서 연구를 시행하지 못하고 세월이 흘렀다고 생각된다. 옛 궁궐에 가보면 꼭 만나는 그림이건만, 일제 강점 당시만 해도 우리민족의 대다수는 임금님을 극진히 모시는 존황정신이 확실했었기에 임금님을 상징하는 그림은 무조건 존숭하고 아끼는 절대적인 존재였지, 그에 대해 논의하는 것조차 불손하게 생각하는 분위기였음이 분명하다. 현재에는 그 의미 전승이 사실상 끊겼으나 당시에는 일월오악도의 유래에 대해 알고 있었을 것이 확실하다고 생각된다.

둘째로 일월오악도를 침략 일본의 서슬 푸른 강점상태에서는 감히 생각하기도 어려웠었다고 생각된다. 우리민족문화의 많은 부문이 일제 침략으로 단절 상태가 되고 전통이 끊긴 비참한 모습이 되었는데, 일월오악도는 임금님을 상징하는 그림이었기에 당연히 그렇게 되었을 것은 명약관화한 일이다. 비극의 그 당시에 침략일본이 끊고 훼손시킬 제일순위의 존재는 황실이 분명하고, 황실문화에 있어서도 가장 핵심적인 위상을 갖는 일월오악도는 분명히 단절될 수밖에 없는 그림이 분명한 것이었다.

셋째로 일월오악도는 자유당정권 시대의 황실 탄압 분위기에 의해서 망

18) 이성미, 조선시대의 오봉병, 궁중유물전시관, 특별문화강좌: 지역문화학교자료집 제8권, 2000, p. 24.

실되는 흐름도 강화되었음이 사실이다. 이승만의 정권 유지에만 급급하여 야당의 존재를 사실상 인정하지도 않았고 일당 독재에 가까운 정치를 했던 시대에 있어서, 이승만의 정적에 해당할 황실을 견제하고 탄압하던 분위기는 침략일본의 시대보다 오히려 더 강화되었던 것이 사실이다. 이러한 흐름 속에서 조선황실의 유물이나 문화재는 헐값에 팔려 나가면서, 자유당 정권에 잘 보이면 사실상 그냥 나눠주는 듯한 부패상을 노정시켰던 때였으니 일월오악도에 대한 생각이 전승될 까닭이 없었다. 그 당시에 황실 재산은 황실배출의 상징이었던 운현궁부터 시작하여 핵심 궁궐이나 궁중 유물, 궁중 재산들이 불하라는 미명 하에 낱낱이 팔려 나갔다.[19] 아니 그저 분양해 주듯이 나눠주었고 파산한 가정의 재산 분배하듯이 흩어져 나갔다.

넷째로 일월오악도는 현대시대에 들어서의 사회 분위기 속에서도 역사와 단절되는 비운의 길을 갔다고 생각된다. 현대시대에 들어서 이북은 사회주의 체제로, 이남은 미국식 대통령제로 바뀌어졌다. 두 체제가 똑같이 임금님을 부정하는 체제이다. 두 체제가 똑같이 전통과 역사를 부정하는 체제인 것이다. 소련(러시아)은 혁명에 의해 역사를 근본부터 바꿨고, 미국은 유럽에서 몰려 온 오갈 데 없는 사람들이 신대륙이란 미명하에 인디안의 땅을 약탈해서 세운 나라이다. 그러니까 그들의 모국인 유럽의 다수국가들은 임금님이 계신 나라인데, 우리는 거꾸로 전통 단절의 미국과 소련

19) ① 현재 운현궁의 많은 부분은 덕성여자대학교가 점유하고 있고, 그 외에 법률회사, 개인집, 기업체 빌딩 등이 들어서 있다. 그런데 다른 건물들도 물론 부끄러운 일인데, 경악스럽게도 그 성스러운 땅에 일본 공보관 건물이 들어서 있다. 침략 일본은 하필 공보관 건물을 그곳에 지었으니, 무엇을 널리 알리겠다는 뜻인가? 침략 일본의 침략 행위를 선전하고 불법무도한 만행을 저지른 범죄국가임을 부각시키려는 것과 같은 일이 벌어져 있다. 침략 일본은 그 땅을 운현궁에 되돌려 주어야 한다. 또한 그 땅에 있는 다른 건물들도 역사의 의미를 올바로 안다면 국가에 되돌려 줘야 한다. 서울시는 적절한 절차를 거쳐 모두 환수해야 한다.
② 정운현, 서울시내 일제유산답사기(서울: 한울출판사, 1995), pp. 301～304.
③ 유시원, 풍운의 한말 역사산책: 문화유산 운현궁(서울: 한국문원, 1996) 참조.

만을 따랐다. 오늘날에도 전통이 생생하게 살아있는 영국, 네덜란드, 덴마크, 스페인, 스웨덴, 노르웨이, 벨기에, 룩셈부르크, 태국 등에서는 감히 황실문화를 훼손할 수는 없는 일이나, 우리 사회는 법도를 잃은 무엄한 흐름이 강하게 흘렀던 것도 사실이다.

다섯째로 일월오악도는 조국을 침략일본에서 다시 찾은 이후의 정권 주도층에 의해서도 멀어졌다고 생각된다. 우리민족은 항일 독립전쟁 기간에 핵심 정예가 옥쇄당했다고 여겨진다. 우리민족 가운데 진짜 훌륭한 인물들은 모두 사라지고 침략일본에 고개 숙이면서 숨죽이고 지낸 부끄러운 사람들과 친일파가 주로 남았다. 자유당 이후의 이 나라를 부끄럽거나 치욕적인 인물들이 정권을 쥐며 주도적으로 이끌었기에, 사실상 내면적 심서는 침략 일본의 침략적 흐름이 강하게 흘렀었다. 그렇기에 우리 황실문화가 살아 남을 여지가 있을 수 없었던 것이고, 일월오악도도 잊혀짐을 강요당하며 오늘에 이른 것이다.

3. 일월오악도의 현존 상황

일월오악도는 현재 21점이 남아있다.[20] 그 가운데 13점은 병풍으로서 주로 4폭 내지 6폭짜리이다. 나머지는 액자가 4점, 벽장 문짝이 4점 전한다.[21] 임금님의 용상 뒤를 장식하는 일월오악도는 임금님의 권위를 상징하는 만큼 궁중 회화를 관장하는 관청인 도화서 화원에 의해서 국가적으로 그려졌다고 생각된다. 화원의 신분은 중인이며 시험에 의해서 엄격하

---

20) 이명희, 궁중유물(서울: 대원사, 1996), pp. 29～33.

21) 일월오악도는 병풍형태로 존재하는 것이 가장 많다. 또한 조선시대의 기록에는 다섯 봉우리 병풍이란 뜻의 오봉병(五峯屛)이 가장 많아 오봉병으로 부르는 것이 좋다는 견해도 있다.
이성미, op. cit., p. 24.

게 선발되었는데, 특히 임금님의 상징인 일월오악도는 최고 수준의 실력을 가진 화원에 의해서 그려진 것이라고 짐작된다.

현재 전해지는 궁중회화는 대부분이 조선중기(17세기) 이후에 그려진 것이 대부분이다. 현재 전해지는 궁중회화는 산수화, 화조화, 영모화, 장생도, 사군자화, 초상화, 도석 인물화, 무예도, 궁궐도, 능행도, 군영도, 의궤도, 문자도 등 20종 정도로 분류될 수 있다. 작품의 크기와 표구 유형은 병풍, 족자, 가리개, 문짝, 벽화, 화첩, 편액 등이며, 이 가운데 병풍과 가리개가 약 66%를 차지하고 있음은 조선시대 궁중미술의 성향을 보여 준다고 생각된다.

조선시대 궁중화를 그린 물감 재료들은 석채, 유채, 수채, 수묵, 칠, 나전, 자수 등 다채로우며, 병풍 형식은 4, 6, 8, 10, 12곡(曲) 등으로 다양하고 높이는 150cm내지 330cm이며 폭은 40cm내지 125cm로 다양하다. 현존하는 병풍은 약 200여 점으로서 그 가운데 화조도가 26점, 모란도가 20점, 자수가 17점, 십장생도가 2점인데 일월오악도는 13점이 남았으므로 일월오악도는 그리 흔한 그림은 아니라고 생각된다.

그렇지만 일월오악도는 임금님의 용상 뒤를 비롯하여, 임금님이 계신 곳은 어느 곳이나 그 병풍을 세워 놓아서 장식을 한 특수한 그림인 만큼 일월오악도가 21점이 남은 것은 그래도 많은 숫자가 남았다고 생각된다. 침략일본은 우리의 국토를 강점하고서 궁궐 소장의 유물을 철저히 약탈해 갔는데도 불구하고, 일월오악도는 그 작품적 위상으로 인해서 감히 약탈을 하기도 어려웠고 약탈하여 이용할 방안도 없었지 않았을까 생각되기도 한다.

4. 일월오악도의 정치상징적 의미

앞에서도 살폈듯이, 현재로서 일월오악도가 무엇을 뜻하는가는 의미상 단절상태의 성향이 높다. 그러나 일월오악도에 대해서 현재로서 분명하게 말할 수 있는 바는 첫째로 오로지 임금님만이 쓸 수 있는 그림이었고 둘째로는 우리민족의 독특한 정치상징으로서 외국에서는 거의 찾을 수가 없는 독보적인 그림이란 점이다.[22)]

그 외에는 뚜렷하게 우리가 일월오악도의 의미를 말할 수 없는 것이 오늘의 실정이다. 따라서 일월오악도는 여러 가지 이유에 의해서 그 의미가 단절되고, 오늘에 이르러서야 그 의미가 재해석되고 재정리되는 성격이 짙다.

현존하는 일월오악도는 그 구성인자가 비슷하여 해, 달, 산, 솔, 물 등으로 구성되어 있으며, 그것은 임금님이 다스리는 나라의 땅 전체를 상징하는 것으로 보여진다. 그것은 천계(天界), 지계(地界), 생물계(生物界)를 함께 아우르는 우주 만물의 끊임없는 생명력을 상징하는 대표적인 존재들로 이해된다. 이 그림은 여러 신(神)의 보살핌 속에 나라와 나랏님이 번창하기를 기원하는 그림이다. 황실의 최고 권위를 상징하는 이 그림에서는 임금님과 황후마마가 전 국토를 잘 다스리고 항상 영화를 누리기를 기원하는 홍, 청, 백, 녹, 회색의 다섯 색상을 배합한 민족 전통의 무늬로 되어 있다.

---

22) 일월오악도는 서양은 물론 동양의 중국이나 일본에도 없는 것으로서 오로지 현재 우리나라에만 있는데, 유일한 예외로 오끼나와 유구국 임금님의 용상 뒤에 파도와 일월이 그려진 병풍이 있다.
이성미, op. cit., p. 30.

1) 일월(日月)의 의미

일월오악도를 구성하는 핵심은 바로 해와 달일 것이다. 여기서 해는 임금님을 뜻하고 달은 황후마마를 뜻한다고 보여진다. 그런데 해와 달에 영혼이 있다고 믿어서, 홍수나 가뭄의 피해가 없이 일년 농사의 풍작을 비는 예부터의 신앙은 일월신(日月神)으로 해와 달을 모시는 것이었다. 신라에서는 해마다 문열림(文熱林)에서 제사를 지냈고 경주 지방에서는 설날에 달과 해의 신에게 제사를 지냈다고 한다.[23] 일월신앙의 뿌리는 멀리 고구려 고분벽화에도 뚜렷하게 살아 있어서 우리민족의 옛적부터의 전통을 반영한 것이라고 생각된다. 고구려의 벽화에는 남성신이 해를 들고 있고, 여성신이 달을 들고 있다.

고구려의 남성신은 고등신(高登神) 혹은 해모수(解慕漱)이다. 고등신은 하백녀 유화와 해모수 사이에서 태어난 주몽을 뜻하는 것으로 이해되는데, 그 아버지인 해모수의 해(解)는 태양(日)과 통하는 개념으로서 태양숭배 종족의 철학을 뚜렷하게 보여준다고 하겠다.[24] 고대시대 우리민족의 역사에 나오는 지명, 인명 등은 음차(音借) 이두글의 성향이 높은데 해모수는 '태양을 모셔 받든다'는 의미로서 천제(天帝)의 아들임을 뜻한다고 볼 수 있다.

그리고 우리민족의 선사시대 고고학 유물들은 해뜨는 아침을 높게 받들며 태양을 숭배하는 성향이 높아서, 선사시대 석관묘는 정확하게 동쪽으로 머리를 두고 있다. 일월오악도의 태양은 민족정신사적으로 매우 그 뿌리가 깊은 것으로서 그것은 이미 선사시대 이래로 우리민족의 태양숭배를 상징하는 것이라고 보겠다. 특히 최근까지도 농촌에서는 정초에 부적을

23) 이홍직, 국사대사전(서울: 지문각, 1968), p. 1260.

24) 해모수는 천제의 아들로서 다섯 마리의 용이 끄는 수레를 타고 하늘과 땅을 오르내리며 나라를 다스렸다. 사람들은 해모수를 천왕랑(天王郎)이라고도 불렀다.
전호태, 고구려 이야기(서울: 풀빛출판사, 1979), p. 44.

만들어 붙이면서 고구려 벽화에 나오는 태양신 속의 세발 까마귀(삼족오: 三足烏)가 삼재팔난(三災八難)을 물리쳐주는 신령스러운 새로 여겨졌으며,[25] 세 발 까마귀가 삼재 귀신을 잡아먹는다고 보았다.[26] 그리고 전통 사상을 많이 갖고 있었던 항일 애국자들이 만주 땅에서 세운 학교라든지 건물에 동명(東明)이 많이 남은 것도 주목되어야 하겠다.

생각컨대 조선시대에는 먼 옛날 고대시대부터의 태양숭배 사상이 임금님을 모시는 전통철학으로서 확고하게 자리잡고 있었다고 생각된다. 권근 대감이 주도하여 만든 천상열차분야지도가 고구려 때의 별자리 그림 탁본을 숨겨두고 있던 농부가 내놓은 그림을 바탕으로 그렸다는 얘기를 생각해 볼 때에도, 조선시대의 태양숭배 사상은 우리민족의 기나긴 전통이 남은 것이 분명하다.

다음으로 달(月)은 고구려 벽화에서부터 유래되어 나오는 여성신의 표출이 분명하다고 생각된다. 고주몽 동명성왕을 낳은 유화부인은 바로 고구려의 여성신으로서 지모신(地母神)으로 받아들여지고 있는 바, 이러한 사상은 우리민족의 정치 철학을 뚜렷하게 대변한다고 생각된다. 고등신의 고등(高登)은 중국어 음차글로서 가웃땅이 되겠는데,[27] 이것은 고려(高麗)의 음차글인 '까우리'와 같은 것으로서 가운데 땅의 최고신을 뜻한다고 이해될 수 있다. 따라서 ① 천제사상, ② 해모수, ③ 부여신이라고도 부른 유화, ④ 고등신의 네 가지를 합한 종합적 체계는, ⑤ 하늘과 ⑥ 태양, 그리고 ⑦ 별판의 이두로 보는 부여(夫餘)사상과 함께 그 중심 가웃땅에 고주몽이

---

25) 고구려 전설에는 머리가 두 개인 새가 동부여국을 쳐서 이길 조짐을 알린 길조로 전해지고 있다.
강윤동, op. cit., p. 48.

26) 하늘을 나는 새는 신과 사람의 의사소통을 가능하게 하는 전령으로 보았다.
전호태, op. cit., p. 48.

27) 고려시대에 임금의 비호를 받던 유명한 절로서 경기도 여주의 고달사(高達寺)는 매우 정치 사상적으로 주목되는 바가 있다. 고달(高達)은 가웃달로서 달은 양달, 응달 등과 같이 땅을 뜻하는 우리말이고, 고달은 바로 고등과 같은 가운데 땅이 아닐까 한다.

나라를 세웠음을 뜻한다.[28)]

특히 달신을 뜻하는 부여신 유화는 달 속에 개구리 혹은 두꺼비를 안고 있는데, 그것은 부여의 금와왕(金蛙王)에서 비롯된 개구리나 두꺼비 숭배와 같은 것으로 이해된다. 우리는 최근까지도 농촌에서는 사람들이 두꺼비를 매우 영험스런 동물로 생각하는 흐름이 강했음을 알고 있는데,[29)] 그 뿌리는 매우 깊은 것이며 일월오악도의 달(月)님은 먼 옛날부터의 우리민족이 가진 고유한 정치 철학이라고 해석된다.

2) 오악(五岳)의 의미

오악의 뜻을 명쾌하게 설명하는 자료는 현재로서 쉽게 발견되지 않고 있다.[30)] 그러므로 현재로서는 뜻을 모르는 것과 같다. 그것은 일월오악도의 그림이 민화의 성격을 띠기도 하면서, 옛적부터의 전통사상을 상징화시켜서 임금님의 용상 뒷그림으로 쓴 뒤에, 그 유래를 뚜렷하게 밝히는 글을 남겨 놓지 않았기 때문이라고 하겠다. 오악의 뜻을 설명하는 것을 현재의 주어진 상태로서 재해석하면 다음과 같은 것들이 있겠다.

(1) 전통사상설

우리나라에서는 예로부터 유명한 산으로 다섯 개의 산을 들었는 바, 중앙의 삼각산을 필두로 하여 동서남북의 4방에 각각 금강산, 묘향산, 지리산, 백두산을 합해서 오악이라고 불렀다. 나라의 산 가운데 중요한 다섯 개의 산을 정하여 산신에게 제사를 지내는 풍습은 민족 전래의 오래 된 기본 신앙이었으며,[31)] 기나긴 전통사상으로 정착해 내려왔다. 삼국시대 이래로

28) 고구려인에게 있어서 해와 달은 민족정체성을 뜻하는 특별한 의미의 존재이다. 전호태, op. cit., p. 61.

29) 한국방송공사, op. cit., p. 49.

30) 신명호, op. cit., p. 230.

31) 허균, 고궁산책(서울: 교보문고, 1999), pp. 60～61.

조선시대까지 산신에게 제사를 지내며 기우제, 국태민안을 비는 일은 계속되어 왔으며,[32] 오악숭배 신앙은 국가의 안녕을 비는 거국적 민족신앙으로 뿌리내려 왔다고 하겠다.[33]

또한 오악숭배는 고대시대의 민족사상에서도 뿌리가 내려진 깊은 역사를 가진 것으로서 우리민족이 천손족(天孫族)이었음과도 깊게 연결되어 있다. 우리는 예부터 지도자를 천제(天帝), 혹은 천제자(天帝子)로 보았으며, 민족 시조인 단군(壇君)도 몽골말 텐그리(tengri)에서 온 것으로서 하늘이란 뜻을 갖고 있으니 바로 단군은 하느님이란 뜻과도 같다.[34]

우리의 단군역사를 보면 하느님의 아들인 환웅 천황은 태백산에 강림한 산신님이었고 그 아들 단군 천황도 아사달의 산신으로서, 천신사상(天神思想)의 깊은 뿌리를 발견하게 된다. 오늘날 우리나라의 명산 꼭대기는 많은 곳에 천황봉이 존재하고 있는데, 이는 천신사상과 오악숭배 사상의 잔재가 아닌가 생각된다. 그리고 우리민족은 현재로서는 잊었고, 잃었으나, 먼 옛날에 우리에게서 수입해 간 일본에서는 천황(天皇)이 현재도 그대로 남아 있는 것도 유의해 볼 필요가 있다.[35]

(2) 도교사상설

삼국시대의 우리나라에 성행한 도교에서는 태산을 동악, 형산을 남악, 숭산을 중악, 화산을 서악, 항산을 북악으로 설정하여 신격을 부여하고

32) 구미래, 한국인의 상징세계(서울: 교보문고, 2000), p. 192.

33) 신라에서는 토함산, 지리산, 계룡산, 태백산, 부악(대구)을 5악으로 정해 받들었고, 고려에 있어서는 덕적산, 백악, 목멱산(남산)을 유명한 산으로 받들었고 영험이 많은 산에는 벼슬까지 내렸다. 조선에서는 백두산, 금강산, 묘향산, 지리산, 삼각산을 5악으로 정했고, 백두산에는 백두산단을 쌓고 삼각산에는 삼각산단을 쌓았다. 금강산에는 고려와 조선을 이어 의관산단(義館山壇)이 존재했다.
강경선, 김재홍, 양달섭, 윤중배, 이인석, 경복궁 나들이(서울: 역사넷, 2000), p. 95.

34) 안천, 단군할머니론(서울: 민족문화사, 1995), p. 281.

35) 안천, 일월오악도①: 대한황실역사연구(서울: 교육과학사, 1999), pp. 368～374.

서,[36] 이 오악이 인간의 길흉화복을 관장하는 것으로 보았다.[37]

그리고 각각의 산을 복자(福字), 상자(祥字), 길자(吉字), 희자(喜字) 모양을 한 부적에 대입시켜서 인간의 길흉화복의 주재자로 간주하였다. 그리하여 도교에서는 오악이 인간의 생사를 관장한다고 보아서, 동악의 부적을 가지면 장수를 누리고, 남악의 부적을 가지면 수해나 상해를 막을 수 있고, 중악의 부적을 가지면 재산을 늘릴 수 있고, 서악의 부적을 가지면 전쟁으로부터의 참화를 면하게 해주며, 북악의 부적을 가지면 물로부터의 수난을 면하게 해주는 것으로 보고 있다.[38]

어떻든 도교에서의 오악신앙은 오악이 인간의 삶을 관장하면서, 복된 삶을 지켜주는 신령스런 존재로 받아들였다고 생각되며, 이러한 사상이 일월오악도에 스며들어 있다고 생각할 수도 있겠다.

(3) 음양오행설(陰陽五行說)

오행설은 멀리 중국의 전국시대 음양사상가 추연(鄒衍)에 의해서 체계화된 이론으로 본다. 오행설은 꾸준히 발달되면서 예부터의 우주론인 음양론이 가미되며 매우 정교한 이론으로 발전하게 된다.

음양오행설은 우주의 구조와 운행원리를 설명하는 근본 틀로 받아들여지고, 그것은 현실 사회만이 아니라 내세의 삶까지도 관장하는 질서운영의 근본원리로 수용되어지게 되었다.[39] 음양오행설은 그 후 발전되어 오행상승설(五行相勝說)로 발전되고, 다시 오행상생설(五行相生說)로 발전

36) 일월오악도를 중국의 곤륜산(崑崙山)에서 유래했다고 일월곤륜도라고 부르는 경우도 있으나 그것은 깊은 생각이 없이 중국에 막연하게 연결시킨 명칭이라고 하겠다. 동양의 전설적인 산인 곤륜산은 봉우리가 3개이다. 그러므로 5개인 오악과는 연결될 수 없다. 허균, op. cit., p. 61.

37) 봉우리 3개가 뚜렷한 신선이 사는 산은 곤륜산이나 삼신산(三神山)이다. 전호태, op. cit., p. 61.

38) 허균, op. cit., p. 61.

39) 구미래, op. cit., p. 74..

되어 나갔다. 그리하여 오행설은 유교적 정치이념은 물론이고 도교 계열의 민간신앙에까지 폭넓게 영향을 미쳐 나갔다.

그리하여 오행설은 점차 사회 여러 분야의 도구와 틀로 쓰여지고, 개인에서 국가에 이르기까지 사회의 크고 작은 제반 구성단위를 모두 오행설로 해석하는 흐름으로까지 발전해 나간다. 그리하여 개인의 삶과 국가 정책에 이르는 모든 활동이 음양오행설에 맞는지 여부를 헤아려 보게 되는 상황에까지 이르렀다. 이러한 흐름 속에서 살아있는 사람의 삶을 규정하는 풍수지리는 꾸준히 발전했고, 그것은 그 후 죽은 사람의 묘지를 보는 것으로까지 발전해 나간다.

고구려시대의 우리민족은 이미 건국 초부터 오행설에 대해 분명히 알고 있었고, 이를 정치에 활용하였다. 외교정책, 국정운영 이념, 정치구도 설정, 지배이념의 강화와 같은 데에 폭넓게 오행설이 활용되었고, 그것은 고구려인의 삶을 깊이있게 이끌었다.[40]

(4) 동양미술설(東洋美術說)

오악을 동양의 고전인 시경(詩經) 소아(小雅)의 천보(天保) 시에 언급된 천보구여(天保九如)의 뜻으로 해석하기도 한다. 그것은 예로부터 동양미술은 매우 은유적이고 비유적인 다양한 기법을 사용하였음에 착안한 해석이다. 따라서 동양화를 보는 그림이라기보다는 읽고 이해하는 그림이라는 입장에서의 해석인 것이다. 물고기 아홉 마리를 그리면, 그것은 구어(九魚)와 구여(九如)의 발음이 비슷하여, 천보의 시에서 유래한 축송(祝頌)의 뜻이 되는 것이다.

천보의 시는 신하가 임금님에게 보답하는 뜻의 노래로서 예로부터 구여도는 천보구여도(天保九如圖)와 같은 의미로서, 그 대표적인 그림이 바로

40) 전호태, op. cit., pp. 113～116.

일월오악도라고 보는 것이다.[41]

3) 나머지 구성물의 뜻

일월오악도의 산 모양은 힘찬 굽이를 이룬 바윗돌이 첩첩이 쌓여서 다섯 봉우리를 이루는 형태로 되어 있다. 다섯 봉우리는 가운데에 중심된 가장 큰산이 힘차게 솟아 있고 좌우로 대칭 상태에서 두 개씩의 산이 놓여져 다섯개를 형성한다. 매우 상징성이 높게 조형적으로 그려져 있어서 의미하는 바가 강하게 느껴진다.

또한 해와 달을 좌우로 대칭시켜서 양쪽의 두 봉우리 사이에 놓아두는 바도 거의 정형화되어 있어서 오악에 떠 있는 해와 달의 위상을 의미있게 보여주고 있다. 여기서 재미있는 것은 해는 빨간색, 달은 흰색으로 정형화되어 있음이다. 조선시대의 임금님은 태양으로서 붉은 색으로 상징화되고 황후마마는 달님으로서 흰색으로 상징화되어 정착된 것이 아닌가 한다.

여기서 또 하나 재미있는 것이 있으니 양쪽으로 대칭시켜서 힘차게 쏟아지는 두 줄기 폭포수의 존재이다. 폭포수는 미적 의미를 갖고 그려 넣은 것인가? 아니면 무언가 풍부한 물의 존재가 나라를 다스리는 그 어떤 힘을 상징하는 것인가? 두 물줄기는 더구나 힘찬 흐름과 함께 신비스러움까지 낳는 모습을 연상시켜 준다.

그리고 앞쪽으로는 다섯 봉우리 앞으로 작은 봉우리가 파도와 같이 연이어지고,[42] 그 사이로 힘찬 물보라를 일으키며 물방울이 힘있게 튀어 솟는 가운데 물이 넘쳐 흘러가는 모습이 상징적으로 그려져 있다. 나라 전체가 임금님과 황후마마의 넓은 은덕에 의해 우순풍조하고 복된 혜택을 두

41) 조용진, 동양화 읽는 법(서울: 집문당, 1989), pp. 150～153.

42) 작은 봉우리가 파도와 같이 연이어진 것은 6세기경 작품으로서 보물 343호인 국립부여박물관 소장의 산수무늬벽돌(山景文塼: 산경문전)에 비슷한 그림이 뚜렷하게 보이고, 국보 287호인 6세기 백제 금동대향로에도 뚜렷이 보인다.

루두루 입는 듯한 벅찬 감동이 그림 전체에서 저절로 솟아오른다.

그리고는 양옆으로 우람하게 솟아 오른 소나무가 그림의 끝부분을 장식해 준다. 소나무는 예로부터 장수를 뜻하고[43] 군자들이 애호하는 핵심적 존재로서 선비의 고고한 모습을 보여준다. 그것은 임금님의 만수무강을 빌고 드높은 품격을 갖도록 기원하는 의미를 담고 있다고 생각된다.[44]

일월오악도는 이런 그림 속에 동물이 전혀 없는 것이 특징이다.[45] 전반적으로 치밀하고 장엄하게 그려진 극채색의 그림으로서 독특한 환상 세계를 상징적으로 표출시키고 있다.

Ⅳ. 일월오악도의 정치 인류학적 추적

생각 밖으로, 현대시대인 오늘날에 일월오악도를 사실상 살아있는 그림으로 모시는 마을이 있다. 그곳은 전라북도 진안군 마이산 마을로서, 마이산에서는 마이산을 바로 일월오악도의 오악을 구성하는 성스러운 산으로 모시고 있다.

마이산은 봉우리 두 개가 높이 솟아 있기 때문에 통상 용출봉(湧出峰)이

43) 예로부터 10가지 불로장생물을 십장생이라고 불렀으니, 그것은 해, 산, 구름, 학, 솔, 물, 거북, 돌, 사슴, 불로초를 말한다. 십장생은 육지의 산, 솔, 돌, 사슴, 불로초, 바다의 물과 거북, 그리고 하늘의 해, 학, 구름으로 나뉜다.

44) 일월오악도는 미술사학적으로 볼 때에 첫째로 지적할 것이 기본적으로 청록산수화(靑綠山水畵) 양식에 근원을 두고 있으며, 둘째로 궁궐의 정전 어좌 뒤의 일월오악도는 임금님의 초상화인 어진 뒤의 것보다 그 규모가 훨씬 크게 그려져 있고, 셋째로 20세기에 가까워 올수록 극도의 형식화와 평면화 경향을 보이면서 보다 강렬한 청색과 녹색이 사용된다.
이성미, op. cit., pp. 36～38 참조.

45) 이명희, op. cit., p. 36.

라고 하며, 예부터 동쪽은 아버지, 서쪽은 어머니라고 불렀다고 한다. 현재도 속칭으로 동쪽을 수마이산(673m), 서쪽을 암마이산(667m)이라고 부른다. 마이산은 사시사철 부르는 별명도 달라서 봄에는 돛대를 닮았다고 돛대봉, 여름에는 용의 뿔을 닮았다고 용각봉(龍角峰), 가을에는 마이산이고, 겨울에는 붓끝을 닮았다고 문필봉(文筆峰)이라고 부른다.

마이산은 매우 기묘하게 생겨서 말 귀 같기도 하고, 멀리 높은 곳에서 보면 여인의 풍성한 젖가슴같이 보이기도 하고, 밑에서 보면 깎아지른 쌍동이 돌탑같기도 하여 매우 다양한 모습을 보이는 신비로운 산이다.

산은 모두가 바윗덩어리인데, 우리가 흔하게 보는 바윗덩이가 아닌 역암(礫岩)으로서 자갈돌을 시멘트 콘크리트로 섞어서 차곡차곡 쌓은 듯이 보이니 흡사 사람이 인공으로 쌓은 것같이 보이는 산이다. 바위 속에서는 물고기 화석이나 조개껍데기도 섞여 나오고 있는데, 이것은 이 지역 일대가 먼 옛날에 바다였다가 솟아올라서 산이 된 때문이다.

1. 성스러운 머리산

마이산은 예전에 신라 때에는 서다산(西多山)이라는 원래의 이름을 갖고 있었다고 한다. 그러나 그것은 꼭 신라 때가 아닌 먼 옛날부터 그렇게 불린 것일 것이다. 이것은 우리민족의 옛적부터의 지명이 음차 이두글임을 생각할 때에 소도산(蘇塗山)의 소리가 바뀌어져서 불린 것이라 생각된다.[46] 이 곳은 예전의 삼국시대의 기록에 이미 성스러운 땅으로서 제천(祭天) 행사를 했던 곳으로 되어 있는 만큼, 먼 옛날부터의 소도문화가 이어지던 민족 성지라고 하겠다.

---

46) 박성수, 단군문화기행(서울: 서원출판사, 2000), pp. 239～240.

이 산의 이름은 그 후 고려 때에는 용출산이었다가 조선 태조 때에 속금산(束金山)이 되었는데, 마이산은 조선 3대 태종임금님이 조선 황실 발상 신화가 깃든 이 곳에 들렀을 때에 진안읍의 성묘산에서 산신께 제사를 올리고는 마이산을 보며 마치 말귀같이 생겼다면서 웃었다는 데에서 붙여졌다고 한다. 그렇지만 그것은 나중에 지어낸 꾸며진 속설로서의 우스개 얘기일 것이고 강화도 마니산이 고려시대에 마리(머리)산이었다가 조선시대에 와서 마니산으로 변한 것처럼 변한 것이라고 생각된다. 따라서 진안의 마이산도 원래는 마리(머리)산이었다가 바뀐 것이라고 하겠다. 이것은 백두산이 머리산이듯이, 우두머리가 되는 신성한 산이라는 뜻으로 해석해야 할 것이다.

마이산을 가려면 427m의 곰티 혹은 곰치고개(熊峙)를 넘어야 하는데,[47] 이것은 신(神)고개의 우리말이 남아 있는 것이라고 하겠다.[48] 원래 한자말 신(神)이 들어오기 이전에 우리말로 신은 감(가미, 곰, 구마)이었는데 현재는 이것이 일본말과 같이 멀리 떨어진 오지 지역에나 땅이름 등에 남아있다.[49] 일본은 예전에는 미개한 오지 혹은 벽지였고 그것이 현재도 일본말 가미(神)로 남아 있는데, 곰치고개로서의 신(神)고개가 성스러운 머리산 입구에 있다는 것은 전혀 잘못될 것이 없다. 마이산에는 삼국시대에 창건되었다고 하는 금당사(金塘寺)와 고금당(古金塘)이 있는데,[50] 이도 바로

---

47) 최근에는 새로 도로가 크게 개설되어 쉽게 다녀올 수 있다.

48) 안천, 만주는 우리땅이다: 거시국토통일론(서울: 인간사랑출판사, 1994), pp. 199～258 참조.

49) 박성수, op. cit., pp. 240～241 참조.

50) ① 금당사는 통일신라 때에 혜감대사가 창건하였다.
한국정신문화연구원, 한국민족문화대백과사전 7권, 1991, p. 455.
② 고금당은 금당사에서 북쪽으로 500미터 거리에 있으며 나옹화상이 수도를 했다고 전해지고 있는 동굴인데, 이곳이 원래의 금당사 절터였다고 한다. 그것은 바로 금당사가 전통적 감 숭배 사상을 받아들인 증거가 분명하다고 생각된다. 또한 유의할 일로서 고금당을 황제굴 또는 태자굴이라고도 부르며, 예전에 도승이 많은 책을 숨겨 두었다 하여 도장굴(道藏屈)이라고도 부르는 점이다. 여기서 황제굴을 특히 유의해야 하겠는데, 현

감(金)님을 모시는 삶이 불교와 결합하여 나타나는 모습을 보여주는 것이라고 생각된다. 또한 마이산은 태조 이성계 장군에 의해서 속금산(束金山)이라고 불려지게 되었다는데[51] 이것은 꼭 태조 이성계 장군에 의했다기보다는 옛적부터의 토착명칭의 하나가 태조임금님 때의 기록에 남은 것이라고 생각되니 '깊은 산 속에 있는 감(神)님이 계신 산'이란 뜻을 줄여서, 속에 있는 감(金)산이라는 뜻의 이두글자가 남은 것이 분명하다고 생각된다. 그러니 속금산은 깊고 깊은 산 속에 숨겨진 신비의 성스러운 산이라는 말이 되는 것이다.

요컨대 마이산은 첫째로 성스러운 소도산, 둘째로 가장 으뜸가는 머리산, 셋째로 깊은 산 속 깨끗한 감(金)님의 산이라는 뜻의 세 가지가 복합된 드높은 민족 성지였음을 뜻한다. 요즘에는 그 원래의 뜻이 퇴색되고 잊혀지면서 어처구니없게도 마이(馬耳)라고 불러 말 귀로 낮추어서 아무렇게나 우스개 소리 같이 해석하고, 훗날의 꾸며진 이야기같이 전승되면서 변질된 이름을 갖고 있는데 원래는 전혀 그런 뜻이 아니었을 것이 분명하다.

2. 조선 황실의 발상신화

조선 황실의 발상지를 뜻하는 경기전(京畿田)은 전북 전주시에 있다. 전주시에는 따라서 조경단, 오목대, 이목대 등의 황실 발상 유적이 존재하고, 가까운 대둔산에도 이성계 장군의 전설이 남아있다.

재 암마이봉과 수마이봉 사이를 천황문(天皇門)이라고 부르고 있는 것과 연결할 때에 먼 옛날의 천황사상의 잔재가 남았다고 보인다.

51) 여러 자료에는 이성계 장군이 이(李)씨니까 목성(木姓)에 해당되어 금(金)과는 상극이므로 '금'기운을 묶어 주라고 속금산이라고 했다고 하나, 그것은 훗날 한문글자로 지어낸 잘못된 얘기라고 생각된다. 순수 우리말의 속금산을 한자 이두글자로 쓴 것을 억지로재해석한 결과라고 하겠다.

그런데 경기전과 매우 가까운 곳에 있는 성스러운 머리산에 이성계 장군의 신비로운 얘기가 없다면 오히려 이상한 일이 아닐까? 마이산 입구에는 이성계 장군과 관련된 이산묘(餌山廟)가 있다. 이산묘는 이성계 장군이 임실의 성수산에서 백일기도를 드리고 내려와서 마이산에 닿으며 말을 매어 놓았던 자리라고 한다.

이산묘는 예전 조선시대부터 태조 고황제의 사당으로 존재하고 있던 것을 3.1만세 항쟁 후에 초라한 모습의 건물을 헐어내고 재건하려 하자 일제가 탄압하여 여의치 못했고, 단기 4279년(1946년)에야 일제가 물러나고 오늘날과 같은 모습을 만든 것이다.[52] 이산묘는 첫째로 단군성조와 태조 고황제, 세종 임금님, 광무황제의 위패를 모신 회덕전(懷德殿), 둘째로 조선시대의 유명한 재상과 유학자를 모신 영모사(永慕祠), 셋째로 조선 말기 시대의 애국지사와 의병장 33위를 모신 영광사(永光祠)로 이루어져 있다.

몽금척 상상도
태조 이성계장군이 신령님께 금자(金尺)를 받는 모습을 상상해서 그린 그림이다.

전라북도에는 경기전이 있는 만큼 조선황실의 발상전설이 적지 아니 깃들어 있는데, 특히 마이산은 이성계 장군의 임금님 등극을 예언하는 정치 신화의 성지로서도 유명하다. 이성계 장군은 고려 우왕 6년(1380

52) 이왕선(이갑용 친손자) 면담, 2001. 2. 13.

년)에 전라도 운봉에서 아지발도(阿只拔都)가 이끄는 왜구를 무찌르고 개선하는 길에 마이산에 들러 산신께 기도를 올렸으며, 마이산에서 잠을 잘 때에 꿈속에서 신령님(神人)이 나타나 황금으로 만든 자(尺)를 주었다는 몽금척(夢金尺) 신화에 의해서 임금님이 될 사람임을 이미 예정받게 되었다는 것이다. 현재 마이산 바로 밑에는 은수사(銀水寺)라는 절이 있는데, 이 곳에는 이성계 장군이 몽금척 꿈을 꾼 그림과 함께 모조금척이 모셔져 있다. 태조 고황제 등극의 정당성을 말하는 정치 신화의 대표적 존재가 바로 마이산 몽금척 신화라고 하겠다.

그런데 그 전설에 의하면 산신령님께서 이성계 장군에게 황금자를 주면서 '네가 잴 수 있을 만큼 재어 네 땅으로 하라'는 말을 했다는 것이다.[53)]

현재 진안군에서는 매년 10월 11일에 마이산제를 제산천의(祭山川儀) 의식에 따라 매년 거행하고 있으며,[54)] 12일에는 마이제 본제 행사로 다양한 행사를 펴는데 몽금척무(夢金尺舞) 행사가 화려하게 펼쳐진다. 몽금척무는 이곳에서만

태조 고황제 기도처비
마이산은 태조 고황제의 웅지를 탄생시킨 기도성지로서 대한황실의 발상성지를 말해주는 비석이 세워져 있다.

53) 이초남 증언, 2001. 1. 6.

54) 태종은 1413년 10월 12일에 이곳에 와서 마이산이라 이름을 지었다고 하는데, 수마이봉 아래의 은수사에서는 10월 11일 오후에 마이산 제단에서 마이산신제를 지내고 있다.

유일하게 공연되는 것으로서 이성계 장군의 몽금척 꿈을 기려서 정도전이 태조 2년(1393년) 7월에 관습도감(慣習都監)의 판사로서 직접 만든 궁중 무용이고 그 음악은 몽금척요(夢金尺謠)라고 부른다.[55] 진안군에서는 단기 4218년(1985년)부터 몽금척무를 마이제 행사의 꽃으로 재현시켜, 민족 문화 발전의 견인차가 되게 하고 있다.[56] 참고로 태조실록에 실린 내용을 살펴보자.[57]

> 정도전이 몽금척 · 수보록 · 납씨곡 · 궁수분곡 · 정동방곡 등의 악장을 지어 바치다.
>
> 1. 몽금척(夢金尺) – 주상 전하께서 잠저(潛邸)에 계실 때에, 꿈에 신인(神人)이 금자[金尺]를 받들고 하늘에서 왔는데, '경 시중(慶時中)은 깨끗한 덕행은 있으나 또한 늙었으며, 최 삼사(崔三司)는 강직한 명성은 있으나 고지식하다.'하고는, '전하(殿下)는 자질이 문무(文武)를 겸비했으며 덕망도 있고 식견도 있으니, 백성의 희망이 붙게 되었다.'하면서, 이에 금자를 주었던 것입니다. 하늘의 살피심이 심히 밝으셔서, 길몽(吉夢)이 금자에 맞으셨습니다. 깨끗한 사람은 늙었고 강직한 사람은 고지식하니, 덕망이 있는 사람에게 이것이 적합하였습니다. 상제(上帝)는 우리의 마음을 헤아려서 국가를 정제(整齊)하게 했으니, 꼭 맞은 그 증험은 천명(天命)을 받은 상서(祥瑞)입니다. 아들에게 전하여 손자에게 미치니, 천억년(千億年)

55) 몽금척무는 조선 황실 창업의 정당성을 나타내는 최초의 무용이며, 몽금척요는 최초의 음악이라고 할 만큼 조선시대에는 대단히 중요한 위상을 가졌었다.
태조실록 004 02/10/27(기해)
태조실록 014 07/08/26(기사)
태종실록 022 11/12/25(신사)
태종실록 023 12/01/29(갑인)

56) 대한제국 때에 새로운 훈장제도를 만들 때에 최고의 훈장은 금척대훈장으로서 금척은 조선시대 최고 수준의 정치상징이었다고 생각된다.
진현종, 마이산 탑사(서울: 은행나무, 2000), p. 34.

57) 태조실록 004 02/07/26(기사)

몽금척 무용

정도전이 지어서 바친 몽금척무는 마이산제의 주요한 행사로 오늘날에도 그대로 재현되고 있다.

까지 길이 미치겠습니다.

2. 수보록(受寶籙) – 주상 전하께서 잠저(潛邸)에 계실 때에, 어떤 사람이 지리산(智異山) 석벽(石壁) 속에서 이상한 글을 얻어 바쳤는데, 뒤에 임신년에 이르러, 그 말이 그제야 맞게 되었으므로 수보록(受寶籙)을 지었습니다. 저 높은 산에는 돌이 산과 가지런했는데, 여기서 이를 얻었으니 실로 이상한 글이었습니다. 용감한 목자(木子)가 기회를 타서 일어났는데, 누가 그를 보좌하겠는가? 주초(走肖)가 그 덕망 있는 사람이며, 비의(非衣) 군자(君子)는 금성(金城)에서 왔으며, 삼전삼읍(三奠三邑)이 도와서 이루었으며, 신도(神都)에서 도읍을 정하여 왕위(王位)를 8백 년이나 전하다.'는 것을 우리 임금께서 받았으니 보록(寶錄)이라 하였습니다.
3. 납씨곡(納氏曲) – 나씨(納氏)가 세력이 강함을 믿고 동북방(東北方)에 쳐들어 왔습니다. 방종하고 오만하여 힘으로써 자랑하니, 그

기세의 강함을 당해낼 수가 없었습니다. 우리가 북을 치매 용기가 배나 나는데, 앞장 서서 적의 심장부에 부딪쳤습니다. 한 번 쏘아서 편비(褊裨)를 죽였으며, 두 번 쏘아서 괴수에게 미쳤습니다. 상처를 싸매고 미처 구원하지 못하는데 적군을 추격하여 성화(星火)처럼 달려갔습니다. 바람소리는 진실로 두렵지만, 학(鶴)의 울음도 또한 의심할만 했습니다. 피로하여 감히 움직이지 못하니 동북방이 영구히 걱정이 없었습니다. 공을 이룸이 이번 거사(擧事)에 있었으니 이를 천만년(千萬年)에 전하겠습니다. 【위는 나씨(納氏)를 쫓은 공을 말한 것임.】

4. 궁수분곡(窮獸奔曲) – 곤궁한 짐승이 위험한 곳으로 달아나는데, 우리 군사가 이를 덮치니, 좌우에서 활짝 갈라졌습니다. 혹은 죽이고 혹은 잡았으며, 혹은 달아나고 혹은 숨었습니다. 죽은 사람은 부스러져 가루가 되고, 산 사람은 넋을 빼앗겼습니다. 하루 아침도 지나지 않았는데, 난을 평정하여 청명(淸明)하여졌습니다. 개가(凱歌)를 부르면서 돌아왔으니, 동방의 백성이 편안하여졌습니다. 【위는 왜구(倭寇)를 물리친 공을 말한 것임.】
5. 정동방곡(靖東方曲) – 아아! 동방은 바다 모퉁이에 막혔는데, 저 교동(狡童)이 임금의 자리를 도적질했습니다. 미친 계획을 자행(恣行)하여 군사를 일으켰으니 화(禍)가 극도에 달했는데, 평정할 사람은 누구인가? 하늘이 덕망 있는 사람을 도와 의기(義旗)를 돌이켜서, 죄 있는 자는 내쫓고 반역한 자는 죽였습니다. 황제가 이에 기뻐하여 은혜를 미치게 하여, 군사가 나라로써 우리에게 알게 하였습니다. 백성과 사직(社稷)이 돌아가는 데가 있으니 천만세(千萬世)까지 기한없이 전하겠습니다. 【위는 그 군사를 돌이킨 공을 말한 것임.】

여기서 우리가 유의할 일로써 몽금척무를 지은 정도전은 나라를 일으킨 그의 꿈과 경륜을 말하면서 '삭풍이 휘날리는 벌판을 말을 타고 끝없이 달려가고 싶다'고 말했다고 한다.[58] 정도전은 조선을 건국한 설계자로서, 그가 몽금척 꿈을 유념하면서 삭풍이 휘날리는 벌판을 말을 타고 끝없이 달려가려는 풍운의 사나이였다면 몽금척의 범위는 과연 어디까지일 것인가?

정도전은 최소한 고조선과 고구려의 옛땅을 회복하려는 큰 꿈을 갖고 나라를 세웠고, 동아시아의 강대국을 다시금 건설하려는 웅략을 품었던 것이 분명할 것이다.[59] 조선 초기의 우리민족이 가졌던 영토인식은 생각컨대 삼천리가 아닌 만주까지의 만리국토로 인식했었다. 따라서 그 후에 나타난 용어인 삼천리 강토는 틀린 말이고 만리강토가 맞는 말이다. 당시 지리학의 최고 대가였던 양성지는 압록강과 두만강을 국경으로 생각하지 않았고, 우리나라를 '만리의 나라'라고 생각했다. 그리고 노사신이 쓴 동국여지승람에도 우리의 국토를 '만리'라고 쓰고 있다. 특히 우리나라의 옛지도에서 유일하게 국보로 지정된 명종12년(1557년)의 조선방역도는 조선 전기에 제작된 것으로 유일하게 현존하는 원본지도인데, 이 지도에는 조선전기의 우리민족이 가진 만주를 포함한 만리국토(萬里國土) 의식이 분명히 반영되어 있다. 그러므로 조선초기에는 정도전의 꿈과 경륜이 그대로 살아있는 조선건국의 정신이 뚜렸했으니 만주를 당연히 우리의 영토로 인식하고 있었다. 진안군에서 매년 펼치는 몽금척무 행사는 만주벌판을 내달리는 정도전의 꿈이 아직도 생생하게 살아 있음을 뜻하는 것이며, 오늘날의 우리민족도 조선건국 당시의 힘찬 기백을 살려서 다시금 백두산으로 달려가고 만주벌판을 내달릴 것을 촉구하는 살아있는 역사가 분명할 것이다.

---

58) 이상태, 조선역사 바로잡기(서울: 가람기획, 2000), pp. 39～40.
59) Ibid., pp. 219～222, p. 311.

3. 이갑용 항일 독립운동

조선황실 발상 성지에 해당하는 마이산은 조선말기의 국난기에 다시금 항일전쟁의 성지로 재탄생된다. 이산묘의 영광사 사당에 33위의 애국지사와 의병장이 모셔져 있음은 결코 우연이 아니라고 생각이 된다.

마이산은 신비롭게 생긴 성스러운 산으로서도 유명하지만, 근래에는 탑사가 있어서 더욱 유명해졌다. 탑사는 크고 작은 80여 개의 돌탑으로 이루어져 있다.[60] 그런데 탑사의 탑은 인공적인 돌로 만든 탑이 아니라 자연석을 막돌허튼식이란 독특한 방법을 써서 정성껏 교묘하게 쌓아 올려서 커

탑사의 신비한 위용
탑사는 거대한 우주를 압축해 놓은 듯 말로 표현하기 힘든 신비의 세계가 깃들어 있다.

60) 원래는 120여개 였는데 관광객이 부주의하게 다뤄 현재 80여개가 남았다.

다란 첨탑을 만든 신비한 모습의 탑이다. 천지음양의 이치와 팔진도법(八陣圖法)에 따라 축조하여, 아무리 비바람이 쳐도 무너지지 않고 우뚝 선 놀라운 탑이다.

이 탑을 쌓은 사람은 단기 4193년(서기1860년) 3월 25일에 임실군 둔남면 둔덕리에서 태어난 이갑용이다. 이갑용은 98세로 세상을 떠날 때까지 25세부터 73년 동안을 오로지 이 탑사를 완성함에 모든 생애를 바쳤다.[61] 수없이 많은 돌을 혼자서 날라다가 정성껏 석탑을 쌓아 올린 경이로운 위업은 역사적으로 어떤 의미가 있을까?

1) 이갑용 항일운동의 내용

(1) 민족전통문화 계승보존

첫째로 이갑용은 민족 최고의 조상인 단군의 뜻을 받드는 일을 했다고 생각된다. 마이산은 단군성조의 드높은 얼을 받드는 머리산으로서 고대시대부터의 민족 성지이다. 바로 이 곳에 탑사를 건립하면서 모든 정성을 쏟은 것은 단군 성조의 높으신 은덕에 의해서 일제 침략의 국난을 막아달라는 간절한 소망의 뜻을 담은 것이라고 생각된다. 탑사의 탑은 본시 불교의 탑이 아니라 먼 옛날에 우리민족이 소도를 만들 때에 쌓았던 탑의 원형이 남은 것이라고 보겠는데,[62] 이는 바로 단군성조 이래의 소도 문화가 그대로 남아있는 성지임을 재확인해 주는 사업이었다고도 생각된다. 이갑용이 마이산에 정착할 때에 산신령님의 계시를 받았다고 전해지는 얘기도 뚜렷한 단군 소도문화의 유풍이다.[63] 물론 탑사는 세월이 지나면서 불교와도

---

61) 이갑용의 본명은 경의(敬議), 호는 석정(石亭)이고 자(字)가 갑룡이다.

62) 마이산에 가까운 정천면에는 통일신라 때의 무염선사가 천황사(天皇寺)를 세워서 지금까지 전하는데 단군 혹은 천황사상의 잔재가 남은 것이라고 생각된다. 그리고 그 가까이에는 천황산이 솟아 있다.

63) 원래 탑은 불교 고유의 것이 아니라 자연석을 쌓아 올린 불교 도래 이전의 우리민족 고

마이산의 역고드름
마이산에는 겨울철에 정화수를 떠 놓으면 신비한 역고드름이 생긴다. 국운이 왕성하게 일어남을 보는 듯하다.

연결시킨 성향을 짙게 갖고 있는데,[64] 원래 우리의 전통적 삶은 긴 세월에 걸쳐서 불교와 연결되며 토착화되어 왔기에 오히려 그것은 자연스런 모습이라고도 볼 수 있다.[65]

그런데 여기서 우리가 논할 것이 있는데 탑사를 탑사(塔舍)로 볼 것인가 탑사(塔寺)로 볼 것인가 하는 점이다. 그 까닭은 어떤 자료에는 탑사(塔舍)로 되어 있고, 또 다른 자료에는 탑사(塔寺)로 된 것이 있기 때문이다. 그런데 그 답은 어느 쪽이 맞다고 단정을 내리기보다는 차라리 두 가지가 다 맞다고 생각된다. 그것은 이갑용이 단순한 스님이 아니었음을 그의 삶에서 분명히 알 수 있고, 탑사의 옛 건물도 전혀 고유한 불교사찰 그대로가 아니다. 이갑용이 만든 탑은 단군 이래의 민족 고유의 탑을 그대로 계승했고, 그것이 훗날 불교와 연결이 되었다고 생각된다. 탑사는 단군시대의 우리민족의 고유한 삶의 모습이 원형대로 남은 최고의 성지임을 유념한 해석이 되어야 옳다. 그리고 그것이 세월이 흐르면서 자연스레 불교와 접

유한 것으로서 소도의 관행이다.
박성수, op. cit., pp. 242～243.

64) 이갑용은 30여 권의 신서(저서)를 썼고, 신통력을 가진 부적을 많이 만들었다고 한다. 신서는 현재 두 권이 남아 있는데 현재로서는 누구도 해독을 못하는 글씨라고 한다.

65) 탑사에는 매우 신비로운 현상이 있다. 한겨울에 정안수를 떠 놓으면 약 50도 각도로 하늘을 향해 치솟는 얼음기둥이 생긴다. 이것을 역고드름 현상이라고 부르는데 현재로서는 과학적 해명을 뚜렷이 못하고 있다.
진현종, op. cit., pp. 98～100.

목이 된 것이다.[66)]

탑사 아래에는 오래된 절인 금당사(金塘寺)가 있다. 여기서 금당(金塘)을 어떻게 해석할 것인가? 그것은 생각컨대 먼 옛날의 감터가 변해서 된 이두로 보아야 할 것이다. 금당은 감터, 감따, 감땅의 이두글이 분명한 것이다. 감터는 고조선시대에는 검독(儉瀆) 혹은 험독(險瀆)으로 부른 이두글로써 감님이 계시는 터로서의 성지를 뜻한다. 마이산 지역은 예부터의 소도가 있던 감터로서 감땅, 감따 혹은 감터라고 부르던 것이 변해서 비슷한 이두글인 금당이 되었다고 해석되는 것이다.

따라서 마이산 지역은 먼 옛날에 민족의 원형적 종교에 해당하는 흐름을 갖고 있다가 점차 불교가 들어와서 융합이 되는데, 그 이름도 옛날의 흔적이 그대로 비슷하게 남았다고 해석이 되며, 탑사의 모습도 먼 옛날 고대시대부터의 흐름이 확실하게 오늘에도 남아 있는 것이라고 하겠다. 탑사는 고대시대의 감터가 희귀하게도 원형 그대로 남은 민족최고의 성지가 확실하다. 이갑용은 민족전통문화를 지킨 측면으로 볼 때에도 엄청난 위업을 이룬 인물이 틀림없다.

(2) 전통적 항일운동의 실천

둘째로 이갑용은 항일전쟁의 의사(義士)라고 해석되어야 한다. 이는 대구시 팔공산에 있는 이제묘(二帝廟) 유적과도 비슷한 맥락을 갖는다. 이제묘는 최상길 의사에 의해서 건립되었는데, 전통적인 모습의 항일의거로서 유교식 제사를 모시는 의식에 의해서 일제 침략을 물리치려는 것이었다.[67)]

66) 탑사에서는 원래 집 사(舍)를 써 왔는데, 1980년도에 사찰로 등록을 하면서 절 사(寺)로 바꿨다고 한다.
이왕선 면담, 2001. 2. 21.
67) 안천, 일월오악도 제1권, op. cit., pp. 57～100.

그런데 이갑용의 탑사는 최상길이 철저히 유교식을 따랐음에 반하여, 고유의 민족 단군성조 방식과 불교식이 어우러진 가장 전통적인 형태의 정신적 혹은 종교적 항일의거였다고 하겠다. 탑의 배치는 제갈공명의 팔진도법(八陣圖法)이라고도 불리는 예부터의 고유한 방법을 따랐으며, 천지탑, 일광탑, 오방탑, 중앙탑(흔들탑), 월광탑, 신장탑 등을 음양의 이치에 따라 형태를 만들고 그 높이는 오행(五行)의 원리에 따라 결정했다고 한다. 따라서 중앙에 중군을 두고 전후좌우에 여덟 개의 진을 배치한 모습으로서 사실상 외적을 물리치는 모습이라고 생각된다.

이갑용은 모든 우리민족을 단군정신과 불심(佛心)에 의한 항일애국자로 만들려는 깊은 뜻을 갖고 있었다고 하겠다. 국가의 운명이 경각에 달린 절대절명의 위기의 순간에 있어서, 민족 전체의 마음을 어떻게 깨우칠 것인가는 대단히 중요한 과제였었고, 나라를 구하려는 일념으로 모든 정성을 들여 돌 하나하나에 기도를 한 후 탑을 쌓아나간 그의 행위는 중요한 항일의거였음이 분명하다.

(3) 단호한 민족주의 활동

셋째로 이갑용은 민족 정신을 깨우치려는 선각자였다고도 해석된다. 탑사 가까이에 있는 이산묘를 주목할 필요가 있는데, 이곳에는 태조 고황제와 세종 임금님은 물론이고 특히 광무황제와 조선말기 의병장의 위패가 모셔져 있음이 유의되어야 한다. 그런데 그 이산묘를 세운 시기가 바로 국난기인 일제강점 시기로서, 한 밤중에 침략일본인들이 모르는 때에 공사를 했고 일본인들이 오면 돌을 던져서 물리쳤다고 하는 곳이다.

그리하여 침략일본이 물러간 뒤에 의병창의지였던 이곳을 기념하기 위해, 자유당 때의 대통령인 이승만의 글로써 광복을 기념하는 비석이 세워질 만큼 의미가 큰 곳이다. 또한 김구선생의 친필각자가 새겨진 병풍암이 있을 정도이다. 그러니까 민족 전체의 마음을 각성시키려는 뚜렷한 의지가 없으면 탑사나 이산묘가 존재하기가 어려웠음을 말하는 것이다.

(4) 존황정신의 선구자

넷째로 이갑용은 존황정신의 높은 뜻을 가진 충신이었다. 이갑용이 태어나 살았던 때는 임금님이 계시던 시기였다. 일제 강점기의 비극적 시대도 일본에 강제로 끌려간 인질 임금님으로서의 황태자 영왕이 분명히 계시던 때였다. 이갑용은 나라가 무너지는 것뿐만 아니라 나랏님이 무너지는 것에도 통탄을 했을 것이다. 그는 젊은 나이에 전국의 유명한 산을 찾아다니다가 감정이 끓어 오르면 산제(山祭)를 올렸다고 하며, 조선말기의 국난시대에 군대에 들어가 포장(捕將)을 하다가 임오군사의거를 거치며 군대를 나와 다시 방랑 생활을 했다고 한다.

그러다가 25세 때에 산신의 계시를 받아 마이산에 입산하여 고행과 기도를 하면서, 생식으로 이으며 평생에 걸쳐 탑사를 쌓았다고 한다. 세계 어느 곳에도 없는 자연석 돌탑의 신비로운 120여기는 입산수도의 흐름 속에 탄생하는 것이다.[68] 그의 젊은 시절의 방랑과 군대 생활은 바로 국난기의 청년이 몸부림치면서 앓은 애국적 분노와 울분의 홍역이었고, 그것을 거쳐서는 나라와 나랏님을 위한 온갖 정성을 모아 탑사를 건설한 것이다. 그는 개인적으로는 전주 이씨로서 나름대로 황실 가문의 사명감도 있었을 것이며, 국민된 도리로써 나라가 무너지는 뼈아픈 고통 속에 각성을 하고서 탑사를 쌓았다는 해석도 된다.

이갑용의 손자 이왕선은 어렸을 때에 수없이 이갑용의 분노하는 얘기를

68) ① 탑사의 탑은 먼 옛날 선사시대부터 우리민족이 가졌던 탑쌓기의 전통이 오늘날에 그대로 남은 것이라고 해석된다. 이갑용은 탑쌓기의 민족전통을 후세에 확실히 남긴 공로도 정확히 인정받아야 할 것이다.
② 탑사의 돌탑을 쌓는데 쓰인 돌들은 대부분 근처의 것이지만, 주요한 탑에 들어간 돌은 이갑용이 명산에 기도를 드리고 갖고 왔으니 전국의 민족정기를 모아서 탑을 쌓았다고 생각된다.

들었다고 한다. 이갑용은 사람들을 만나면 왜놈들이 무엇이라고 이 나라를 다스리느냐고 울분을 토하면서, 우리 임금님이 계셔야 한다고 열변을 토하고는 했다고 한다. 이갑용은 언제나 말하길, 이 나라에서 가장 중요하게 섬길 분은 임금님인데 임금님을 배제하고 무슨 정치를 하느냐고 열변을 이으면서 왜놈들의 잘못을 단호하게 말했다고 한다.

이갑용은 특히 자유당 시대에도 격렬하게 분노하는 세월을 보내다가 눈을 감았다고 한다. 이갑용은 항상 개탄하면서 말하길 이승만이 도대체 어찌 임금노릇을 하려고 하느냐면서 분개하고, 외국에서 떠돌아다니던 자가 지금와서 임금노릇을 하려고 하는 것은 옳지 못하다고 공개적으로 말하고는 했다는 것이다. 이갑용은 말하길, 이승만이 아무리 독립운동을 했다고는 해도 임금을 몰아내고 나라의 뿌리를 무시한 것은 절대로 용납될 수 없다고 자주 비난을 했다는 것이다. 이갑용에게 있어서 이승만은 절대로 용서할 수 없는 불법무도한 자가 분명했던 것이다.[69]

(5) 항일 비밀기지 건설

그런데 그가 확실한 애국지사였음을 증언하는 얘기가 최근에 들어서 수집되고 있다. 그것은 바로 조선황실의 마지막 숨겨진 황손 이초남의 증언으로서 아주 의미있는 얘기가 있다.[70] 그의 어머니 유정순은[71] 항일운동을 위해 숨어서 다닐 때에, 이갑용을 여러 번 와서 만났고 위태로운 상황이 되면 숨어 지낸 때도 있었다고 한다.

효령대군 16대손 이갑용은 탑사를 쌓는 정신적 항일전쟁 애국자만이 아니라, 실질적인 항일의거의 인물이었고 실제로 독립운동을 한 애국지사였다는 것이다. 따라서 탑사는 숨겨진 황후 유정순을 도운 존황항일의 성지

69) 이왕선 증언, 2001. 2. 21.
70) 이초남 증언, 2001. 1. 6.
71) 안천, 황실은 살아있다 하권(서울: 인간사랑출판사, 1994).

이면서, 동시에 독립군의 비밀기지였다는 것이다.(이갑용이 이승만을 격렬히 비난한 것은 남다른 그의 입장이 있었음이 분명한 것이다. 유정순 황후와 직접 연결되어 임금님을 구하려는 항일운동을 한 사람이기에, 특히 이승만이 자행하는 사실상의 역적행위를 용납할 수 없었던 것이라고 생각한다.)

그리고 이초남의 증언을 보완해주는 얘기가 있으니, 이갑용의 손자 이왕선이 그의 조부가 독립운동을 많이 도왔다고 열변을 토하고 있는 점도 지적되어야 하겠다. 일본경찰이 오면 애국자를 이불 속에 숨겨서 보호해준 일이나, 일본경찰을 눈을 부릅뜨고 쫓아낸 일, 그리고 독립운동 자금을 많이 제공한 얘기를 수없이 직접 보고 들었다는 것이다.[72] 이갑용은 그리하여 일본경찰의 추적도 여러 번 받았는데, 그는 일본경찰이 잡으러 오면 쏜살같이 수마이산에 올라가 숨어 버려서 일본경찰이 손을 댈 수 없었다고 한다. 이갑용은 차력을 하여 힘도 세었고 축지법을 쓴다고 할 정도로 발걸음이 빠르고 산을 잘 탔다고 한다.

이갑용의 항일활동에 대한 결정적 증언은 현재도 그의 손자 이왕선의 얘기를 통해서 들어볼 수 있다. 이왕선이 어렸을 때에 이갑용은 탑사를 운영하면서 당시에도 탑사에는 돈이 계속 들어 왔는데, 돈이 생기면 마을주민들에게 송아지를 사 주어 기르게 한 뒤에 어미소가 되어 새끼를 낳으면 송아지는 주민을 주고 어미소를 데려오는 방식으로 돈을 늘렸다고 한다. 당시에는 전국적으로 이런 방식이 흔했는데 농민들이 송아지를 데려다 기르려고 앞을 다퉜다는 것이다. 그런데 이왕선이 어려서 직접 본 것으로서만 최소한 10여 마리 이상의 큰 소가 생기면 조용히 없어지곤 했다는 것이다. 어렵게 길러낸 어미소가 금세 없어지곤 해서 할아버지께 직접 물어보

72) 이갑용은 증산도의 차천자(車天子)와 연계한 독립운동도 많이 했으며, 증산도에도 군자금을 많이 제공했다고 한다.
이왕선 증언, 2001. 2. 13.

면 단순히 탑사 제삿돈으로 썼다는 답변뿐이었는데, 당시 제사돈이 소를 팔 정도로 엄청난 금액은 아니었다고 한다. 당시로서 소를 판 돈은 거금이었다는 것이다. 당시에는 어느 집이나 재산증식을 소로써 하는 것이었는데 이갑용은 그렇게 벌어들인 엄청난 돈을 계속 가족도 모르게 없애고는 했다는 것이다. 그런 큰 돈이 계속 사라지니까 가족들도 궁금해하면서 물었고 어린 손자인 이왕선도 물어 보았을 정도의 분위기였는데, 이갑용은 간단히 답변하고는 입을 다물곤 했다는 것이다.[73]

그런데 필자가 과거에 연구한 광무황제의 숨겨진 며느리 유정순이 소를 끌고 만주 독립군에게 계속 갔다는 얘기와 너무나 일치한다.[74] 특히 유정순이 그의 아들 이초남에게 이갑용에 대한 고마움을 여러 번 피력했다는 얘기와도 정확히 일치한다. 시기도 왜적강점 말기로써 정확히 일치한다. 당시 이왕선은 초등학교 2, 3학년 정도로서 왜적 강점시대의 말기였다고 하는데 그 내용을 정확히 기억하고 있었다. 생각컨대 이갑용은 매우 많은 돈을 독립군에게 계속 제공했다고 믿어진다. 아마도 이갑용의 소는 계속 만주로 갔음이 분명하고, 유정순은 이런 흐름 속에서 소장사로 변장하고 계속 만주를 향했었다고 생각된다.

당시 이왕선이 직접 눈으로 본 것으로서 많은 사람들이 비밀리에 다녀갔었다고 한다. 봇짐장사, 옷장사도 있었고 중절모를 쓴 신사도 있었으며 다양한 모습의 사람들이 계속 드나들었다는 것이다. 아마 유정순도 장사꾼으로 변장하고 왔다 가고는 했을 것이다. 이왕선은 이런 사람들이 밤늦게까지 할아버지와 몰래 얘기를 나누는 것을 많이 보았다는 것이다.

그러니 당시 왜경들도 자주 찾아 왔었다고 한다. 특히 조선인 헌병보조원이 수시로 다녀가고는 했었는데, 와서는 집요하게 누가 다녀갔느냐고 물었다는 것이며 그것을 이왕선이 여러 번 목격했다고 한다. 와서 한 질문

73) 이왕선 면담, 2001. 2. 21.
74) 안천, 황실은 살아있다 하권, op. cit., pp. 166～169.

은 예컨대, 독립운동가 아무개가 다녀갔느냐? 돈을 주었다는데 얼마를 주었느냐? 등을 질문하면 이갑용은 매번 호통을 치면서 그런 사람은 본 적도 없다고 말하며 왜경을 꾸짖고는 했다는 것이다. 그렇게 되자 나중에는 아무개가 아주 좋은 사람이라고 거꾸로 말하면서 살살 꼬여서 유도신문을 하는 경우도 보았다는 것이다. 그러면 이갑용은 매번 나는 조용히 수도하는 사람일 뿐이라고 답변하고 입을 다물었다고 한다. 어떻든 탑사에는 유명한 항일애국자들이 비밀리에 많이 드나들었고, 탑사는 항일전쟁 비밀기지였음이 분명한 것이다.

2) 이갑용의 항일 운동의 의미

지금까지 나온 자료들을 종합적으로 분석해 보면 이갑용을 단지 신비한 탑을 쌓고 산 속에 묻혀서 도를 닦은 인물로만 단순하게 정리하고 있다. 그리하여 곳곳에서 도사(道士) 혹은 산중처사(山中處士) 정도로 부른다. 그러나 그것은 수없이 많은 항일전쟁 애국자들이 잊혀지고 심지어는 매도를 당하거나 폄하되며 오늘에 이르렀듯이, 이갑용도 철저히 평가절하된 것이라 생각된다. 그러므로 지금까지 나온 여러 자료들은 근본적으로는 틀린 자료들이고, 이갑용을 겉보기로만 알고 진짜 이갑용을 제대로 평가한 것이 아니라고 하겠다. 우리가 그간 생각해 왔듯이 이갑용은 결코 산 속에 묻혀서 산 도사나 평범한 처사가 아니다.

그는 단군 이래의 민족전통 문화를 지킨 문화사랑의 위업을 이룬 인물이었으며, 고유의 전통적 방식을 따른 항일전쟁 애국자였다. 그리고 철저하게 민족혼을 확립하여 국난을 극복하려는 민족주의자였다. 특히 그는 나라와 나랏님을 지키려는 존황정신의 화신으로서, 모든 정성을 다해 임금님과 나라를 다시 찾으려는 삶을 산 존엄한 인물이었다. 그리고 항일전쟁 독립군 비밀기지를 운영하면서 군자금을 대고 독립운동가를 숨겨 주는 등의 뜻 깊은 일을 많이 한 인물이었다.

그간 이갑용을 수동적 염세주의자, 전근대적인 삶을 산 도사, 시대에 뒤진 미신 숭배자, 산 속에 파묻힌 산중처사로 몰아간 흐름은 철저히 고쳐져야 한다. 우리는 언뜻 생각하길 독립운동이란 총을 들고 독립군이 되거나, 항일전쟁의 망명 지도자가 된 것만을 생각할 수가 있다. 그러나 독립운동은 다양한 형태가 있는 것이다. 나라를 찾겠다는 높은 뜻이 표출되는 것은, 현대의 우리가 편안하게 생각하는 것을 뛰어 넘는 상상 밖의 사례가 매우 많다. 이갑용의 애국은 그간 전혀 생각해 보지 못한 초유의 사례이다. 그는 앞으로 탑사건설을 중심으로 독특한 애국을 한 항일전쟁 독립운동가로 재평가되어야 옳다.

4. 살아있는 일월오악도

성스러운 소도산이며, 으뜸가는 머리산으로서, 깊은 산 속의 거룩한 감(金)산인 마이산은, 대한 황실 발상신화를 가진 산이며 항일애국의 높은 뜻이 깃든 산이라고 지금까지 정리해 왔다. 그런데 마이산은 그곳의 주민들이 대한 황실의 상징인 일월오악도의 원형(原型)으로 이해하고 있다는 점에서도 의미가 크다

우리는 일월오악도가 상상의 정치상징이라고 생각하기도 하고, 국내의 유명한 오악에서 비롯되었다고 보기도 한다. 그런데 마이산 사람들은 일월오악도의 핵심이 바로 마이산에서 비롯되었다고 말한다. 아마도 그것은 그들의 분명한 확신일 수도 있다. 왜냐하면 마이산은 조선황실의 발상신화를 낳은 몽금척 전설의 땅이기에 더욱 그러하다. 그들이 가진 확신은 크게 두 가지로 해석을 할 수가 있다.

1) 포괄적 견해

첫째로 마이산을 오악의 하나라고 보는 생각이 있다. 이 경우에도 하나는 국내의 오악 가운데 하나로 보는 개념이 있고, 또 다르게는 멀리 중국인들이 와서는 중국의 산들과 연결하여서 이것이 동아시아 오악의 하나라고 말하는 두 가지가 있다. 그러나 이런 견해는 하나의 해석을 해 볼 수 있다는 것이고, 마이산 마을의 주민들은 결코 그렇게 생각하지는 않을 것이다. 마이산 주민들은 다음 두번째의 견해를 확신하고 있기에 몽금척무 행사를 오늘날에도 재현하고 문화행사를 갖는 것일 것이다.

2) 마이산을 주체로 본 견해

그러면 두번째로서 마이산 자체가 바로 몽금척 정치신화를 잉태한 터전으로서의 일월오악도라고 보는 견해는 매우 정치적 의미가 있다. 그것은 마이산을 몽금척 정치신화의 성지로서 형상화시킨 그림이 바로 일월오악도라고 보는 견해인 것이다.

마이산은 바로 앞에서 보면 두 봉우리가 우뚝 솟아 있다. 그렇지만 보다 멀리 떨어져 적절한 위치에서 보면 바로 일월오악의 형상 그대로 나타난다. 특히 서쪽의 화전 쪽에서 보면 마이산을 중심으로 봉우리가 연이어 진 것이 흡사 일월오악도 그대로이다. 그리고 이와 같은 자연적인 모습에 덧붙여서 마이산이 바로 섬진강과 금강의 발원지라는 점을 볼 때에, 두 물줄기가 힘차게 내려오고 그 물이 흘러 넓은 들판을 적시는 것을 그대로 보여준다는 생각이 드니 일월오악도는 이 모습을 도형적으로 형상화시킨 것이라는 생각이 짙게 든다.

당시의 정치의식으로 볼 때에 몽금척 성지로서의 마이산이 형상화되는 것은 결코 어려운 일이 아니라고 하겠으니,[75] 대한 제국 시대 최고훈장이

75) 이것을 보여주는 확실한 참고사진이 있다. 다음 책에 수록된 그 사진을 보면 마이산 풍경이 흡사 일월오악도와 꼭 같다는 생각이 든다.

금척대훈장이라고 정해질 정도의 정치의식적 상황이라면 일월오악도로의 형상화도 결코 우연은 아니라고 하겠다. 마이산은 조선시대 성지 가운데에서도 으뜸이 되는 위상을 갖고 있었기 때문이다. 참고로 고종실록에 담긴 훈장에 관한 조서를 읽어보면 몽금척에 대한 당시의 의식이 뚜렷이 부각된다.76)

≪훈장규정을 의논하여 정할데 대한 문제를 이미 작년 여름에 지시하였다. 이제 그 조례를 비로소 비준하여 중앙과 지방에 반포하려 한다. 그런데 훈장의 이름과 뜻을 우선 먼저 아는 것이 마땅하다.

옛날 태조고황제가 아직 왕위에 오르기 전의 꿈에 금척을 얻었는데, 나라를 세워 왕통을 전하게 된 것이 실로 여기에서 시작되었으므로 천

멀리서 본 마이산

마이산은 멀리서 보면 흡사 일월오악도를 보는 듯하다. 금척신화의 탄생지를 그대로 도형화시킨 모습 그대로라고 생각된다.

진현종, op. cit., pp. 90～91에 담겨진 사진 참조.

76) 훈장조례는 광무4년(1900년) 4월 17일에 칙령 13호로 반포하였다. 고종실록 제40권

하를 다스린다는 뜻을 취한 것이다. 그래서 가장 높은 대훈장의 이름을 <금척>이라고 하였다. 그 다음을 <리화대훈장>이라 하였으니 이것은 나라의 꽃에 대한 뜻을 취한 것이다. 그 다음 문관의 훈장은 <태극장>이라고 하여 8등급으로 나누었으니 이것은 나라의 표식의 뜻을 취한 것이며, 그 다음의 군공도 8등급으로 나누고 <자응장>이라고 하였으니 이것은 고황제의 빛나는 무훈에 대한 고사에서 취한 것이다.

우리 고황제는 자질이 뛰어나게 거룩하였고 문무를 겸비하였으며, 나라를 일으키는 대업을 열어놓아 만대의 터전을 마련하였다. 나의 몸에 이르기까지 왕통이 계승되었으므로 자나깨나 조심스러워 혹시나 허물을 끼치지 않을까 걱정된다. 바로 상하가 합심하여 나라를 다스리는데 정성껏 힘써 물려준 훌륭한 법에 보답함으로써 번성하는 큰 운수를 맞이하여야 하겠다.

모든 황족들과 신하들은 금척을 얻고 천하를 다스린 방도를 체득하고 매처럼 용맹을 떨친 업적을 본받아, 안으로는 리화의 꽃을 잊지 말고 밖으로는 태극의 표식을 욕되게 하지 않는다면, 어찌 내 한사람이 너희들의 큰 공적을 칭찬하고 영예를 빛내이는 것 뿐이겠는가. 역시 하늘에 고황제의 영혼이 기뻐서 복을 내려주게 될 것이니 힘쓸 것이다.≫

또한 마이산 앞은 삼국시대의 호칭으로는 월랑(月浪 혹은 越浪)으로서 물결치듯 산이 펼쳐진 모습으로 일월오악도의 밑부분과 꼭 같다.[77] 이렇게 신비로운 경치를 일컬어 예부터 월랑팔경(月浪八景)이라고 불렀다. 그것은 ① 마이귀운(馬耳歸雲) – 마이산에 구름이 드리운 풍경 ② 강령목적(羌嶺牧笛) – 진안읍 강령 산골길의 목동이 부는 피리소리 ③ 부귀낙조(富貴落照) – 진안읍 부귀산의 낙조 ④ 고림모종(古林暮鐘) – 부귀산 저녁 무

77) 이 곳은 신라와 백제가 서로 차지하려고 치열한 접전을 벌인 지역인데, 주민들이 살 수가 없어 한 신동(神童)에게 백일기도를 드리게 하였다. 그러자 신신령이 나타나 이 곳에 절을 짓고 탑을 세우면 평화가 올 것이라는 계시를 내려 세운 탑이 현재 상전면 주평리의 삼층석탑이다.
한국정신문화연구원, op. cit., p. 455. & p. 463.

렵 고림사의 은은한 종소리 ⑤ 우정제월(羽亭霽月) – 진안읍 우화산 우화정의 비갠 뒤 달경치 ⑥ 학천어정(鶴川漁艇) – 진안읍 학천에 고깃배 뜬 모습 ⑦ 우주세우(牛走細雨) – 진안읍 학천 들판을 달리는 소에 흩날리는 가랑비 ⑧ 남루효각(南樓嚆角) – 진안읍 남루의 시각을 알리는 뿔고동 소리의 여덟 가지를 말하는 바, 월랑의 모습이 눈에 보이듯 제대로 이해가 될 것이다.

마이산 지역은 원래 광대한 진안고원(鎭安高原)의 한 부분이다. 전라북도 진안군, 무주군, 장수군에 걸쳐서 대덕산, 덕유산, 백운산 등의 높은 봉우리로 연결된 소백산맥과, 운장산, 만덕산의 노령산맥을 포괄하는 매우 넓은 산악지대에 위치하고 있다. 이 고원은 호남지방의 지붕이라고 불릴 정도로 높은 곳으로서 금강, 섬진강, 만경강의 상류를 형성하며, 금강 상류는 무주구천동의 수려한 경치를 만들고 다시 마이산은 금강과 섬진강의 발원지로서 빼어난 풍광과 함께 도립공원으로 지정되어 있다. 이 마을 사람들은 그러한 자연의 풍광 속에 해와 달을 대입시키고 십장생의 의미를 가미하여 일월오악도가 만들어졌다고 해석하는 것이다. 요컨대 마이산은 몽금척 정치신화가 생생하게 살아있는 실제의 일월오악도로서 대한황실의 발상을 뜻하는 전설적이고 실질적인 성지라는 뜻이다.

3) 이갑용과 마이산

그렇다면 이갑용은 마이산과 연결시킬 때에 어떤 해석이 가능한 인물인가? 이갑용은 왜 마이산에서 일생을 바쳐 탑사를 건설했을까?

그것은 이갑용이 무엇보다도 마이산이 가진 존황사상의 성지라는 위상을 분명하게 유념한 때문일 것이다. 단군 이래의 유구한 민족정신을 잇는 터이면서 조선황실의 발상신화가 깃든 곳이라는 점을 철저히 유의한 가운데, 마이산을 진짜로 살아있는 일월오악도가 되게 하려고 모든 정성을 쏟았다고 해석된다. 따라서 이갑용의 정신은 마이산과 연결시켜 다음과 같이 생각해야 옳다.

첫째로 온 민족이 하나로 뭉쳐서 항일전쟁에 나설 것을 염원하며 탑사를 건설했다고 하겠다. 온 겨레가 민족주의로 뭉쳐서 국난을 극복할 것을 선언한 것이었다.

둘째로 조선황실 발상신화로서의 일월오악도를 생생히 되살려 놓으려는 매서운 집념을 가졌었다고 생각된다. 그는 조선황실이 무너지는 것을 절대로 좌시할 수가 없었고, 조선황실이 확고하게 되살아날 것을 절실히 기도했을 것이다. 언제나 우리의 나라는 힘찬 국력을 갖고 동아시아의 강대국이 될 것이며, 우리의 임금님은 단호하게 다시 모셔져 위대한 나랏님이 될 것을 확고히 믿었을 것이다.

Ⅴ. 맺는 글

①

일월오악도가 언제부터 확실하게 임금님의 용상 뒤를 장식하게 되었으며, 그것은 무엇을 의미하는가? 그러나 현재로서는 그 의미를 확실하게 규정지을 근거가 희박하다. 다만 여러 가지 자료를 바탕으로 일월오악도의 등장 배경을 생각해 볼 수가 있다.

첫째로 일월오악도의 등장 근거를 확실하게 헤아려 볼 중요한 존재로서 전주 경기전(慶基殿)의 것을 들 수 있다. 경기전은 대한황실 발상의 땅을 기념하는 조선시대 최고의 국가상징이었기에 그것을 분명히 말할 좋은 준거기준이 된다. 경기전은 원래는 땅이 중요한 것이기에 그 땅을 경기전(京

畿田)이라고 불렀는데, 거기에 숙종 임금님 때에 태조 고황제의 어진을 모시고서 그 전각 명칭을 경기전이라고 부른 것이다. 그런데 숙종 때는 병자호란 뒤의 들끓는 민족주의의 시대였다는 점이 주목되어야 한다. 효종과 숙종은 병자호란의 부끄러움을 설욕할 복수전쟁 준비에 국력을 최대한 기울이고 철저히 군비확장을 했던 임금님들이었다. 그 때에 경기전을 건립한 것이니, 일월오악도는 분명히 민족주의적 존황의식의 고양과 깊은 관련이 있다고 보겠다. 그러다가 다시 광무(고종)황제 때에 낡은 어진을 다시 그려서 모셨던 것이 현재 전주에 남아 있는데, 광무제 때에도 국난에 처한 민족혼 고양의 시기였음은 물론이다.

둘째로 16세기 중엽의 행사를 그린 홍익대학교 박물관 소장의 '명묘조서총대시예도'에는 일월오악도가 없다가, 19세기에 이것을 다시 그린 것으로 추정되는 장서각 소장의 '공헌대왕친임서총대시문무신도'에는 일월오악도가 그려져 있음은 의미가 있는 사실이다.[78] 이것도 우리가 예리하게 살필 필요가 있는데 임진왜란이 16세기말에 일어나고, 병자호란이 17세기 중엽에 발발했음을 유의해야 한다. 따라서 일월오악도는 왜란과 호란 이후에 민족주의의 고양과 함께 등장했을 가능성을 아주 강하게 보여준다.

셋째로 현재까지 알려진 대부분의 일월오악도는 창덕궁에 소재하고 있다. 경복궁 근정전과 덕수궁 중화전에 각각 1개씩이 있을 뿐이다. 그것도 일월오악도가 임진왜란과 병자호란의 외침 이후에 등장했다는 점을 증명한다고 생각된다. 왜냐하면 창덕궁은 태종 때에 지었다가 인조반정 때에 인정전만 남고 모두 불에 타버려 완전히 다시 지은 것이기 때문이다. 특히 임진왜란 때에 경복궁이 불타서 그 후 창덕궁이 주로 정궁으로 쓰였다는 점은 일월오악도가 민족혼이나 임금님의 존중과 깊은 관련이 있으리라고

78) 이성미, op. cit., p. 32 참조.

보며, 경복궁은 광무제 때에 재건축 되었고 덕수궁은 광무제가 말년에 사용했다는 점에서 경복궁이나 덕수궁의 일월오악도가 광무제 시기의 국난기와 관련이 있다고도 생각된다.

②

원래 우리민족은 예부터 확실한 정치적 중심사상을 갖고 있었다. 고려(高麗)나 고구려(高句麗)는 가우리, 가우자리의 음차 이두글로써 가운데 자리를 뜻하는 말이다.[79] 우리는 먼 옛날부터 가우리, 가우자리를 국호로 써서, 우리민족이 우주의 중앙을 차지한 뛰어난 민족임을 과시한 사실상의 중화사상을 갖고 있었다.

그런데 우리민족이 뛰어난 선민(選民)이라는 의식이 고려시대까지는 확실하게 이어졌는데, 조선시대에 와서 서서히 무디어지다가 다시 강해지는 흐름을 가졌었다.[80] 그것은 조선의 건국 초에는 겉보기의 외형상으로는 약해지는 모습이었으나, 태조와 세종, 세조 임금님을 이은 강력한 북방정책이 펼쳐진 것을 볼 때에 실제로는 확고한 위상을 갖고 있었다고 하겠다. 그러다가 임진왜란을 맞아서 확실하게 명나라를 높이는 짧은 기간이 있었지만 다시 병자호란 이후에 청나라에 대해서는 단호한 가우리 중화정신을 회복했었다.

생각하면 왜적의 침입 때에 은혜를 입은 명나라를 고마워하는 외교를 폈던 짧은 때를 제외하고는, 항상 단호한 민족주의적 가우리 사상이 강하게 흘렀음을 말하는 것이며, 일월오악도는 호국정신의 상징이요 민족혼의 화신으로서 임금님을 받들어 강력한 국가를 건설하자는 의지의 국가상징이었다고 생각된다. 태조 이성계 장군의 건국정신이 깃든 마이산이 뚜렷

79) 안천, 만주는 우리땅이다, op. cit., pp. 259~334.
80) 이종일, op. cit. 참조.

하게 부각되고, 국난을 맞아 호국정신이 강조되는 국가 분위기 속에서 일월오악도의 위상이 확고해졌다고 생각된다.

생각하면 그간 우리는 단지 일월오악도를 임금님을 보위하는 그림으로 막연하게만 보아 왔으나, 일월오악도는 민족혼이 승화된 호국정신의 결정체로서 강력하게 발전하는 국권을 상징하는 그림이었다고 하겠다. 그리고 나랏님으로서의 임금님의 유구한 영광을 기원하는 뜨거운 존황정신의 그림이었다.

③

마이산은 조선시대 최고의 정치적 성지였다. 마이산에는 도장대굴이 있는데, 이는 황제굴 또는 태자굴이라고도 하며 태조 고황제가 100일 기도를 드린 곳으로써 조선 최고의 정치적 성지가 되고 있다. 그렇기에 3대 태종 임금님이 약 20일을 소비하면서까지 이곳에 들러 국가적 제사를 모셨을 정도로 중요하고 중요하게 다룬 조선건국의 민족성지이다.[81)]

태조 고황제의 꿈에 나타난 산신령이 임금님이 될 것을 승인하고 금척을 내린 성스러운 곳인 만큼, 조선말기의 국난을 맞아서 일어난 호남 최초의 자발적 의병 창의지가 바로 이곳이었음도 결코 우연한 일이 아니다. 이석용, 전기홍이 중심이 되어 태조 고황제가 말을 매었던 주필지에 500여 명을 모은 뒤에 임금님을 구출하려는 맹세의 제사를 드리는 황단(皇壇)을 마이산 남쪽의 용바위에 쌓고서 소를 잡아 하늘에 제사를 지내고 혈맹의 뜻을 새기며 의병창의(義兵倡儀)의 깃발을 든 것이다. 그 날은 단기 4240년(1907년) 9월 12일이었다. 그리하여 다음날 진안읍에서 일본군 헌병 분견소를 습격하여 대승을 거두고 우편소를 파괴한 것이, 그들의 임금님 구

81) 태종 026 13/09/26(임인)
세종 151 지리지/전라도

원 전투로서의 최초의 전투가 되었던 것이다.[82]

그런데 특히 의병이 일어나게 되는 기초적 마음가짐이 중요하다. 그것은 마이산이 바로 조선창업의 천명지(天命地)였기에 그런 것이며, 이 곳은 바로 태조 고황제가 왜구를 물리치고 들른 곳인 만큼 다시 쳐들어 오는 왜적을 물리칠 것을 맹약할 장소로는 가장 첫 손에 꼽힐 곳이 분명하기 때문이다.

마이산은 조선시대에 있어서는 정치의식의 모든 것을 지배하는 최고의 성지가 분명했고, 조선시대의 사람들은 국가에 어려움이 닥치면 마이산을 찾고 마이산을 생각하는 것이 보편화되어 있었음이 분명하다. 이갑용이 국난을 맞아서 전국을 떠돌다가 마이산에 정착한 것도 분명한 까닭이 있는 것이다. 마이산은 살아있는 일월오악도로서, 조선시대의 정치적 최고 성지로서 당시의 모든 정치의식을 이끈 토대였음이 분명하다.

---

82) 당시 의병들이 창의의 깃발을 들기에 앞서서 황단을 쌓았다는 것도 매우 중요하고, 심각하게 음미할 내용이다.
이태룡, 의병 찾아가는 길 II (서울: 다물출판사, 1995), pp. 376~399 참조

세번째 주제

조선초기 집권층의 북방의식 추적

조선건국의 국제의식적 정통성 재구성

Ⅰ. 문제제기: 전주이씨(全州李氏)가 맞는가?
   1. 이조시대병(李朝時代病)
   2. 대한황실의 본관은 전주일까?
   3. 만주땅의 토착 정치의식

Ⅱ. 위화도 회군의 정치적 재해석
   1. 호칭 재해석
   2. 위상 재해석

Ⅲ. 조선초 집권층의 북방의식 변인분석
   1. 태조 고황제의 고향
   2. 태조 고황제의 추종세력
   3. 태조 고황제의 묘지형태
   4. 조선시대 임금님릉 양식의 특이성
   5. 조선초기 황실계승 양태

Ⅳ. 조선초 집권층의 북방개척 행태

Ⅴ. 맺는 글

Ⅰ. 문제제기: 전주이씨(全州李氏)가 맞는가?

1. 이조시대병(李朝時代病)

우리민족은 매우 씨족의식이 강하다. 생각하면 병적현상을 보인다고 말할 정도로 씨족의식 편집성을 보이기까지 한다. 이러한 병리현상(?)의 시원적 뿌리는 무엇일까?

그러나 그것은 결코 우리민족의 원초적 본모습이 아니다. 그 뿌리를 캐들어가다 보면, 그것은 조선 후기에 오면서 극히 병적으로 강화된 것임을 알 수 있다.

조선후기에 들면서, 특히 씨족집단에 의한 권력약탈 행태가 강해진 때에 씨족 병리현상은 두드러진 모습을 보인다. 소위 세도정치라는 병리현상이 강해지면서 씨족편집성도 강해지는 것이다. 그리고 특히 일제침략이 강해지면서 씨족 병리현상은 보다 병적행태를 보이게 된다.[1] 일제는 우리민족을 침략하면서 우리 황실을 국민들에게서 이간시키는 전략을 다각적으로 구사해 나갔으니, 우리 황실을 전주이씨라고 낮추면서 조선시대를 일개 가문의 정권에 불과한 이조시대(李朝時代)로 몰아 나갔다.

조선시대의 황실은 결코 전주이씨라는 특정 가문의 황실이 아니고 국민의 황실인데, 조선시대를 이조시대라고 몰아 나가면서 다른 가문들이 심리적으로 황실과 이반되게 만든 것이다. 일제침략 당국은 우리 황실을 낮추면서 국권공백 상황을 만들고서 여타 가문들을 사회심리적으로 조종해

---

1) 씨족 병리현상의 출발을 상징함이 세덕가의 등장이다. 세덕가는 대다수가 경술국치 이후에 나타나는데, 이는 극단적 가문자랑의 표징이다.
김인구, 세덕가계 가사에 관한 연구, 단국대학교 대학원 석사학위논문, 1979 참조.

나갔으니, 각 가문은 큰 테두리로서의 애국심이 무너지고 병적으로 종친회·화수회에 집착하면서 씨족의식이 강해지며 분열된 심리행태를 날로 강하게 나타내게 되었던 것이다. 우리민족에게 있어서 일제침략 후유증은 아직도 다양하게 남아서 우리들을 괴롭히고 있는데, 이조시대병(李朝時代病)도 그 후유증으로서 매우 고질병이 되어 현재의 우리를 괴롭히고 있다.

특히 유의할 사항은 현재의 전주이씨들의 다수까지도 일제침략 후유증으로서의 이조시대병을 강하게 갖고 있다는 점이다. 왜냐하면 오늘의 전주이씨들의 적지 않은 다수는 일제침략자들이 원하는 대로 행동하고 있으니, 우리의 황실이 전주이씨 자기들만의 황실인듯이 착각적으로 행동하고 있다는 점이다. 그 까닭은 황실을 전주이씨 씨족집단으로 동일시하는 잘못된 시각이 형성되어 황실을 일개 전주이씨 가문으로 격하시키는 관념을 가졌기 때문이다. 따라서 황실애호보다는 전주이씨라는 씨족애호의 병리현상이 매우 강하고 거시적 시야를 상실하고 미시적인 편협한 시야가 되고 만 것이다.[2] 생각하면 전주이씨대동종약원은 역사의식이 제대로 되어 있다면 간판을 바꿔 달아야 옳지 않을까? 차라리 대한황실보호회(가칭)라는 간판을 달고서 이조시대병을 고치는 일에 적극적으로 나서야 옳은데, 현재의 상태는 오히려 이조시대병을 적극적으로 강화하고 있는 것이 아닌가 우려된다.

2) 일부 전주이씨 파종회는 매우 재산이 많은 사례도 있다. 그런데 그 돈의 대부분을 전주이씨만을 위한(그것도 특정 파종회를 우선하는 경우가 많은) 것으로만 쓰며 이조시대병을 강화하고 있는 측면도 많이 보이고 있다. 대한황실을 탄생시킨 영광의 가문은 이 시대에 어떻게 행동해야만 그 영광을 다시 찾을 수 있을 것인가에 대한 바른 사명감과 통찰이 절실하게 요망된다.

2. 대한황실의 본관은 전주일까?

우리민족의 씨족은 언제부터 형성이 되는가를 분석함은 정치사회적으로 매우 중요한 사항이 될 것이다. 현재 우리는 사회 곳곳에서 너무나 분열요인이 많고 씨족적 분열상도 적지 않기 때문이다. 생각하면 우리는 많은 경우에 거짓된 씨족신화를 맹신하면서 씨족편집성을 보이고 있고, 많은 경우에 속아 살면서 사회적으로 오도된 행태를 많이 보이고 있음을 크게 깨닫지 못하고 있다.

쉬운 예를 들어 보면 진주강씨의 사례는 매우 생각할 점이 많다. 진주강씨의 시조는 유명한 강이식 장군이다. 을지문덕 장군의 드높은 유명세에 가려져 역사에서 큰 각광을 받지 못하고 있으나, 강이식 장군은 을지문덕 장군에 맞먹을 정도로 뛰어난 명장이다. 수나라 침략군을 막는 전초전에서 눈부신 대승을 거둔 명장이지만, 곧 이어진 살수대첩의 을지문덕만을 역사에서는 편향적으로 강조하고 있기에 역사에서 가려진 인물이라 하겠다.

그런데 강이식 장군은 고구려의 명장으로서 고구려에서 생애를 보냈고, 고구려땅에 묻혀진 인물이다.[3)] 현재 강이식 장군의 묘소는 만주땅의 심양 외곽에 초라하게 존재하고 있다. 국내에 있다면 엄청난 노력으로 최대한 모셔야 할 명장의 묘소는 초라한 모습으로 방치되어 있고, 심지어 도굴까지 당한 처참상을 보이고 있다.

그렇다면 매우 의문스러운 점이 있으니, 어찌 고구려 명장의 후손들은 먼 남쪽 끝의 경상남도 진주땅에 옮겨 왔을까 하는 점이다. 치열한 삼국시대 말기의 전쟁상황에서 강이식 장군의 후손들이 멀고도 먼 남쪽 끝으로 오게 되는 흐름은 무엇일 것인가? 진주강씨의 씨족신화는 어떻게 만들어

---

3) 단재 신채호 선생기념사업회, 단재 신채호 전집 상권(서울: 형설출판사, 1979), pp. 260~262.

져 오늘에 이르렀을까?

생각하면 우리나라의 여러 씨족들은 유독스럽게 진주강씨만이 아니라,[4] 약간씩의 정도차를 보이면서 이러한 기막힌 현상을 다양하게 보이고 있다. 조금만 깊게 생각한다고 해도 거의 믿어지지 않을 일이 많이 남아서 오늘의 각 씨족을 이끄는 씨족신화가 되어 있는 것이다.

본 논문에서 다루는 전주이씨도 그렇다. 전주이씨의 사실상의 시조인 태조 고황제 이성계 장군은 생애의 대부분이 당시로서는 이국땅이던 함경도에 뿌리를 두고 전개되었건만, 본관은 엉뚱하게도 남쪽의 전주라는 점을 얼마나 신뢰해야만 될 것인가?[5]

3. 만주땅의 토착 정치의식

우리민족의 최대 명절이라는 한가위(秋夕)가 되면, 많은 경우에 우리를 이해하지 못하게 만든다. 그것은 도무지 추수감사절인 한가위가 계절에 맞지 않는다는 점이다. 한 해의 추수를 마치고 하느님과 조상의 보살핌에 감사를 드린다는 한가위 명절에 추수를 마친 경우는 전국적으로 그리 많지 않기 때문이다. 가장 중요한 벼농사의 경우에 있어서 추수는 한가위가 끝나고 이루어짐이 보편적이다.

그렇다면 왜 이러한 시차가 존재하는가? 그것은 생각컨대 남쪽 땅인 신라의 경주에서 비롯된 것이 한가위이기 때문일 가능성이 높다. 경순왕이 고려에 귀부하면서 신라의 중심세력이 고려에 합쳐졌고, 그 이후에 신라문화가 그렇게 이어졌기 때문이라고 생각된다. 우리의 정치사회적 뿌리를 캐들어 가면 많은 것이 신라문화인 경우가 많다. 심지어 50여년 전부터 쓰

4) 최영주, 신 한국풍수(서울: 동학사, 1992), Pp. 167～172 참조.
5) 김성칠 · 김기협 옮김, 용비어천가(서울: 들녘출판사, 1997), p. 441 참조.

이는 수도 서울의 호칭조차도 서라벌(경주) → 서벌 → 서불 → 서울이 된 것은 매우 시사하는 바가 크다.

우리민족의 정치사회적 뿌리는 다분히 반도의 남쪽에 연결된 성향이 짙다. 현존하는 우리민족의 본관을 찾아보아도 거의 모두 반도의 남쪽에 치우쳐져 있다. 고려초기의 국경인 평양에서 원산에 이르는 선을 넘는 본관을 쉽게 찾기가 어렵다. 정상적으로 생각하면 우리민족에게는 본관이 하얼빈, 치치하얼, 길림, 쟈무스, 요동, 해삼위인 경우가 분명히 존재해야만 된다. 그러나 고구려를 이었다는 고려시대를 승계하여 조선시대가 이어졌는데도 불구하고, 대부분의 본관이 남쪽에 치우쳐 있다고 함은 본관이 아주 훗날에 만들어진 것임을 강하게 증명하는 것이고, 여러 씨족의 씨족신화는 적지않게 허구성이 있다고 생각된다.

그렇다 보니까 역사인식에는 곳곳에서 장벽을 만나게 된다. 강이식 장군의 후손들의 가족신화를 남쪽에 연결시켜 강조해야 되고, 태조 이성계 장군의 후손들도 남쪽에 연결시킨 가족신화에 집착되는 흐름을 강하게 갖게 된다. 그리고 많은 정치사회적 인식을 남쪽 끝으로 몰아 나가게 된다.

우리는 본 논문의 첫머리에서 청나라를 세운 만주족(여진족)의 행태를 재미있게 주목할 필요가 있다. 그들은 광해군이 유연한 외교를 할 때에는 전혀 우리를 침략하지 않았고, 인조임금님 시대에 있어서 친명정책을 쓸 때에만 쳐들어 왔음을 유의해야 한다. 청나라는 처음에 국호도 후금(後金)으로서 감(金)나라임을 강조했으며,[6] 그 황실의 씨족명칭도 애신각라(愛新覺羅)라고 했다. 이는 신(新)을 사랑하고 라(羅)를 잊지 말자고 하는 것이니,[7] 바로 신라(新羅)를 잊지 말자는 것이다. 만주족이 처음으로 세운 나라 이름이 금(金)나라이며, 그들의 역사책인 금사(金史)에 그들 황실의 시

6) 일본은 우리나라의 삼국통일 무렵에 개국된다. 이러한 관점에서 일본의 추석이 우리와 같다는 점은 매우 시사하는 바가 크다.
7) 감은 신(神)을 뜻하는 순수한 우리말이다.

조가 신라에서 왔다고 기록된 바를 분명히 의식한 것이 분명하다. 청나라는 중국 전체를 통일하여 사상최초의 거대한 땅을 갖게 되었어도, 조선을 다시는 공격하지 않았음을 매우 유의할 필요가 있다. 만주땅을 연면히 이어온 정치사회적 인식은 다분히 우리민족과 친밀한 것이었음을 유의해야 한다. 태조 이성계 장군이 금나라와 후금(청)의 중간에, 그곳에서 나타난 정치세력의 대변자였다는 점은 매우 중요한 것이다. 태조 고황제 이성계 장군은 만주땅의 토착 정치의식을 대변하는 것이 분명하다.

Ⅱ. 위화도 회군의 정치적 재해석

위화도 회군은 조선초기의 정치사에 있어서 결정적으로 중요한 위상을 갖는다. 위화도 회군에 의해서 역사의 물줄기가 완전히 바뀌게 되는 것이니, 고려와 조선을 잇는 1천여년 역사에 있어서 최대의 사건이라고 해도 되겠다. 그러나 위화도 회군은 그간 역사해석에 있어서 너무나 일방적으로 잘못 해석되어진 대표적인 존재가 아닌가 한다.

1. 호칭 재해석

현대사에 있어서 광주에서 일어난 일을 어떻게 불러야 할까? 그러나 그 참담한 사건은 학계에서 종합적인 연구가 있기 이전에 정치적으로 처리되며 오늘에 이르렀다. 그리하여 광주항쟁이라고 부르고 있다. 그러나 그것은 아직도 학계에서 종합적인 연구와 해석이 이루어진 바가 없으니, 차라리 아직은 중립적으로 광주비극이라고 부르는 것이 옳다고 본다.

그런데 위화도 회군은 지금부터 약 6백여 년 전인 고려말(1388년)에 있었던 일이지만, 아직까지도 제대로 호칭이 자리매김되고 있지 않다고 생각된다. 생각컨대 조선시대의 국권이 확실한 때에 있어서는 위화도 회군에 대해 예찬일변도였지 감히 비방한다는 것은 상상도 할 수 없었을 것이고, 아마도 애써 그 호칭을 지금 생각한다면 위화도 결단, 위화도 쾌거, 위화도 의거라고 불렀을 분위기였을 것이다. 그러나 위화도의 그 정치행위를 위화도 회군으로서, 단지 군대를 되돌린 비겁한 회군(回軍)이라면서 비방하는 흐름을 강조해서 부르게 된 것은 결코 조선시대의 용어일 수가 없는 것이다. 지금까지 모든 역사책에 그렇게 쓴 것은 그 언젠가 오도시켜서 역사적으로 잘못된 것을 강조한 그대로를 답습한 역사학적 무책임의 결과이며 역사학적 직무유기의 결과가 아닐까 생각된다.

생각컨대 위화도 회군을 부도덕한 듯이 강조하는 흐름은 조선시대를 비방하려는 저의가 분명하게 내재된 것이다. 조선시대의 역사적 정통성을 짓밟는 데에 있어서 위화도 회군만큼 중요한 일은 없을 것이며, 위화도 회군의 부도덕성을 강조하고 나면 조선시대의 역사적 정당성은 근본부터 흔들리게 될 것이기 때문이다.

이러한 점을 유의하고 생각할 때에 위화도 회군의 '회군'을 악의적으로 강조한 것은 침략일본의 왜곡된 친일사관에 의했음이 분명하다. 그리고 그 이후에 깊은 생각없이 그것을 답습하면서 사실상 조선시대를 무조건 비하하는 역사를 얘기한 것이 그 이후의 잘못된 역사해석이었다. 우리는 지난 역사해석에서 왕건과 이성계의 정치행위를 상호간에 극단적으로 다르게 해석해 놓은 역사기록에 깊은 생각없이 익숙해져 오늘에 이르렀다. 궁예의 정권을 빼앗은 왕건의 정치적 합리화 역사를 비방하는 것은 거의 없고, 위화도 회군만을 비방하는 일방적인 흐름이 나온 흐름은 출처가 분명하다고 하겠다. 생각컨대 위화도 회군이라는 용어의 본격적인 등장도 침략일본 이후의 일이 분명하다. 조선시대의 국권이 확실한 시대에는 감히 그것을 악의적으로 거론하지도 못했을 것인데, 요즘들어서 크게 부각되어 있음은 그 출발점이 분명한 것이다. 침략일본은 회군을 강조하고는 그것을 비방하는 역사선전을 극대화시켜 그들의 침략을 정당화시키려고 획책했던 것이다.

2. 위상 재해석

위화도 회군은 그 본질이 매우 왜곡되어 선전된 면도 매우 크다. 단지 그 위상을 깎아 내리기 위한 모략극에 가까운 역사해석이 아니었을까 생각될 정도이다. 왜냐하면 모든 정치행위에는 장단점이 공존하고 있는 것이 일반적인데도 불구하고, 위화도 회군은 비방과 모략으로만 일관된 해석이 분명하다고 생각되기 때문이다.

일반적으로 위화도 회군에 의해서 민족발상지 요동반도를 되찾지 못했음을 아쉽게 생각하면서, 이성계 장군이 비애국적인 행동을 한듯이 몰아가는 것이 그간 보편적이었다. 그러나 그것은 모략적인 역사해석이 분명하다고 본다. 그리고 그것은 이성계 장군을 일방적으로 깎아 내리기 위한 것이 뚜렷하게 인지된다.

왜냐하면 당시 이성계 장군이 회군의 이유로 내세운 바는 당시의 현실로 볼 때에는 엄연한 현실이 분명했다는 해석은 없기 때문이다. 당시의 여러 악조건은 생각함이 없이 무조건 공격을 강행해야만 했다는 것은 잘못된 역사해석이 분명할 것이다. 이성계 장군의 편에 서서 역사해석을 전혀 하지 않는 일방적인 역사해석은, 바로 위화도 회군의 본질을 떠나 침략일본이 의도적으로 왜곡한 것이 확실하다.

그리고 이성계 장군의 회군에 의해서 만주땅을 되찾을 기회를 잃었다고 보는 것도 지나친 비약적 해석이 아니었을까 생각된다.[8] 왜냐하면 이성계 장군의 손자와 증손자인 세종, 세조가 평안도와 함경도의 넓은 땅을 되찾은 바를 볼 때, 이성계 장군이 결코 북방의식이 결여된 인물이었다고만 몰아가는 것은 옳지 않다고 해석된다. 만약에 조선초기의 북방정책이 없었다면 우리나라는 평안도와 함경도의 넓은 땅이 없는 지극히 작은 나라로 오늘에 이르렀을 것이란 점을 생각한다면, 위화도 회군은 결코 회군을 강조할 것이 아니라 위화도 결단 혹은 위화도 쾌거라고 바꿔 부름이 옳다고 여겨진다.

또한 위화도 회군은 단지 이성계 장군이 정권을 쥐기 위한 쿠데타였다고 몰아가는 것도 너무 일방적인 해석이라고 생각된다. 왜냐하면 이성계 장군은 애초에 위화도에서 돌아오면서 정권탈취를 염두에 두었으리라고 확대해석을 할 근거가 많지 않다. 이성계 장군을 승산이 없는 전쟁으로 몰아 나가는 막다른 골목에서 택한 어쩔 수 없는 정치행위였다는 해석도 해줄 필요가 있다.

우리는 이성계 장군이 없었다면 지난 시대의 역사가 전혀 다른 어둠의 길을 가게 되지는 않았을까 하는 점도 유의해야 한다. 홍건적과 왜구의 끊임없는 침략으로 풍전등화의 국난이 연속되었고, 졸렬한 정치로서 끈질기게 권력누수와 정치력공백을 보이는 고려말의 역사를 그대로 두었다면 그것은 오히려 이성계 장군의 역사적 무책임은 혹시 아니었을까도 생각해야 한다. 아니 이성계 장군이 없었다면 망국을 맞고 이 나라는 현재 지구상에서 사라지지는 않았을까 하는 면도 심각하게 유의해야 정당한 역사해석이라고도 할 수 있다. 그간 우리는 위화도 결단을 너무 잘못되게 해석했음을 분명히 해야 옳다.

위화도 결단은 앞으로 새롭게 해석되어야 옳다. 위화도 결단은 당시의

8) 강기준, 다물 그 역사와의 약속(서울: 다물출판사, 1997), pp. 375～384.

동북아 국제정세를 폭넓게 헤아린 위대한 쾌거이며, 누란의 위기에 선 조국을 구한 살신성인의 결단이며, 이성계 장군의 수준 높은 북방전략이 폭넓게 내재된 균형 잡힌 정치행위였다는 점을 유의해야만 하겠다.

Ⅲ. 조선초 집권층의 북방의식 변인분석

허약한 국력에다가 국제감각이 결여된 고려정권을 바로 잡고, 국권을 강력하게 재정립한 것이 조선의 건국이었다. 조선의 건국은 중세사에 있어서 위대한 정치행위였음이 분명하다. 조선의 건국에 의해서 탄탄한 국권을 세우고, 세종 임금님 시대의 르네상스를 만들었으며, 평안도와 함경도의 넓은 땅을 다시 찾는 위업을 이루었다.

현재로 치면 약 3개도에 해당하는 평안북도, 함경북도, 함경남도가 없는 작은 나라가 고려시대였다. 고려시대는 건국이념 자체가 북방의지를 분명히 한 것이었다. 그러나 그것은 단지 구호에만 그친 것이었고 실천행동이 결여된 것이었다. 그렇기에 조선초기에 있었던 북방정책 실천은 지난 1천여 년 역사에 있어서 가장 찬란한 위업이 분명하다. 조선초 집권층의 북방의식은 어떻게 형성되어 그러한 위업을 이룰 수 있었는가? 그 여러 변인을 분석해 보자.

1. 태조 고황제의 고향

우리민족은 현재 극심한 고향병에 걸려서 신음하고 있다. 현대의 정치사는 3명의 김씨에 의해서 조장된 거대한 지역갈등이었으며, 이북은 2명의 김씨 부자에 의해 이끌리며 남북대결이 이어지는 상황이니, 먼 훗날의 역사가는 이 시대를 분열과 갈등, 비극으로 얼룩진 어둠의 시대라고 쓸 가능성이 높다. 민족 전체가 눈 앞의 작은 이익에나 매달리고, 사실상 역사에 죄를 짓는 흐름에 농락당하며 어둠의 시대를 살고 있는 것이다.

태조 고황제 이성계 장군의 고향은 어디인가? 그 고향도 혹시 잘못된 흐름에 의해서 해석하는 바는 없는가? 그렇다. 이성계 장군의 삶은 결코 전주이씨로 전주에만 묶여진 삶이 아니었다. 이성계 장군의 삶은 당시로서는 국경 밖이며, 넓은 의미의 만주땅이었다. 오늘날의 생각으로 보면 함경남도의 함흥이었지만, 그곳은 당시로서 고려영토가 아닌 만주영역이었다.

그러므로 엄밀하게 생각하면 이성계 장군은 외국인의 신분으로 고려조정에 귀부하여 성공한 인물이며 끝내는 정권을 쥐고 국가를 개창하게 되는 것이다. 우리는 생각하길 금나라를 세운 아골타와 청(후금)나라를 세운 누르하치는 이성계 장군과 다르다고 볼 수 있다. 그러나 아골타, 이성계, 누르하치는 만주땅에서 커서 국가를 개창한 공통점을 갖고 있다. 아골타와 누르하치는 만주땅의 토착세력을 규합하여 한족(漢族)을 치며 중원을 장악했고, 이성계는 고려조정을 장악하여 국권을 쥐는 것이 달랐을 뿐이다.[9)]

이성계 장군의 고향은 단순하게 전주땅이 아니다. 이성계 장군의 고향은 사실상 차가운 삭풍이 몰아치는 드넓은 만주땅이다. 민족 발상지에서 일어나 조선시대를 개척한 것이지, 요즘같은 작은 지역에 묶여 고향병을 앓은 인물이 아니었다. 조선시대의 역사를 악의적으로 정리한 침략일본의 곡필사관에 의해서 모함당하고 깎아 내려져서 그렇지, 사실은 아골타, 누르하치, 징기스칸과 다름이 없는 중세사의 영웅이 분명하다. 냉정하게 살

9) 이 책의 제1장에 나오는 주원장의 얘기는 아골타, 누르하치와 같은 흐름에서 해석해 보는 것도 의미가 크리라고 본다.

필 때에 우리 역사는 영웅 이성계 장군이 아니었으면 고려말의 국난을 극복하지 못했을 가능성이 높았다는 점을 역사에서는 쉽게 깨달을 수 있다.

이성계 장군은 전주이씨라고 되어 있다. 그러나 그 전주이씨라는 씨족신화는 그 언젠가 만들어진 가공성 짙은 것은 혹시 아닐까? 이성계 장군의 확실하게 알려진 뿌리는 5대조로서 강원도 삼척이다. 그 이상은 실체를 증명할 길이 없는 가족신화일 뿐이다. 그리고는 모든 삶이 다시 함경도에서, 아니 만주땅에서 이뤄진다. 이성계 장군은 만주이씨라고 불러야 옳을 것이다. 그래야만 조선초 집권층의 국제정치의식이 규명된다.

지난 1천여 년의 역사에 있어서 유일하게 북방정책을 성공시킨 조선초 집권층의 정치의식은 태조 이성계 장군의 정치적 고향에서 찾을 수밖에 없다. 이성계 장군의 국제정치의식은 드넓은 만주땅이었고, 그 넓고 넓은 정신이 조선조정의 출발을 강하게 이끌었다고 생각된다.

2. 태조 고황제의 추종세력

태조 고황제 이성계 장군의 인간적 뿌리는 여진족(만주족) 성향이 매우 짙다. 앞에서도 말했듯이 그가 성장한 지역은 완전한 여진족촌이다. 그의 할아버지는 만주의 알동에서 살았고, 천호 벼슬까지 지낸 여진족촌 지도자였다. 이성계 장군은 여진족 속에서 태어나 여진족과 자라서 여진족의 지원을 받아 정치적 성장을 하면서 국가를 개창한 것이다.

이성계 장군의 성장에 결정적 기여를 한 인물은 퉁두란(이지란)이다. 명장 퉁두란이 옆에서 철저하게 도와 이성계 장군의 성공이 가능했었다. 이성계 장군은 퉁두란과 함께 수많은 여진족 군사들의 후원으로 홍건적과 왜구를 물리치며 고려의 국난을 극복해 나갔다. 특히 위화도 결단 이후에 있어서 이성계 장군이 국권을 장악하는 과정에는 여진족 군사들이 결정적인 일을 했다고 생각된다.

당시 이성계 장군의 위화도 결단 소식을 접한 여진족이 함경도에서 밤낮을 가리지 않고 1천명이 넘게 달려왔다는 기록은, 이성계 장군의 집권이 여진족에 의했음을 뜻한다. 생각하면 조선초기의 정권형성은 곳곳에 함경도에서 내려온 여진족을 중심으로한 이민족이 포진한 것이었고, 그러한 확실한 흐름이 있었기에 국가개창이 있을 수 있었다고 하겠다.

특히 유의할 것으로서 공민왕 무렵에 쳐들어 왔던 여진족 지휘자인 삼선(三善)과 삼개(三介)의 어머니가 이성계 장군의 고모였으며, 그들은 이성계 장군의 사촌들이었다는 점을 어떻게 이해해야 하는가 하는 것이다. 그리고 태조실록에 보면 이성계 장군이 등극하여 임금님이 된 뒤에, 그는 함경도 순수(巡狩)를 떠났다. 당시로서는 국경 밖이고 만주땅이었던 그 먼 곳을 몸소 찾아야 했던 외교행태를 주목해야 하겠고, 당시 여진족들의 열렬한 환영을 받았던 바를 확실하게 유의해야 할 것이다. 조선시대는 사실상 여진족 이성계 장군이 중심이 된 여진족의 정권인수였음이 분명하다.

3. 태조 고황제의 묘지형태

태조 고황제의 건원릉은 정치인류학적으로 매우 주목되는 모습을 보이고 있다. 그의 무덤은 국내에 현존하는 것으로서, 당시의 정치문화를 읽을 수 있는 결정적이고 유일한 증거로서 정치인류학적으로 매우 중요한 존재이다.

특히 태조 고황제의 건원릉은 만주땅 심양에 있는 여진족 청태종인 홍타이지(皇太極)의 무덤과 비교하면 매우 시사하는 바가 크다. 청태종릉은 건원릉에 비하면 약 3백년 이후에 나온 것인데도 불구하고 건원릉과 매우 비슷한 점을 보이고 있다. 두 무덤은 정치사적으로 확실하게 증명될 것으로서, 당시의 정치문화와 정치의식을 읽을 수 있는 가장 확실한 증거물이면서 유사성이 높다는 점은 매우 중요한 것을 말해준다. 두 무덤을 비교해보자.

우선적으로 두 무덤은 벌초를 하지 않는 점에서 공통점을 갖고 있다. 우리민족은 벌초제도를 너무도 중요하게 생각한다. 그런데도 건원릉은 벌초를 하지 않는다. 아마도 한국땅에서 벌초를 의도적으로 하지 않는 유일한 무덤이 건원릉일 것이다. 생각컨대 우리민족의 벌초풍습은 고려말에서 혹은 조선시대에 들어서부터 시작되었을 것이다. 불교의 전성기였던 고려시대에는 벌초는커녕 일반적으로 무덤이 없이 화장을 했을 것이며, 고려말에 유학이 다시 성해지면서 언젠가 벌초가 시작되었으리라고 본다. 조선시대 임금님릉에 있어서 유일하게 건원릉만이 벌초를 하지 않는다는 것은, 그 무렵에 이미 조선사회에는 벌초제도가 시작이 되었는데 태조 고황제만은 옛부터의 양식을 지켜달라고 했으리라는 생각이 든다.[10)]

태조 이성계장군의 특이한 건원릉
건원릉은 우리나라에서 유일하게 공식적으로 벌초를 하지 않는 묘소이다. 동구릉 참배는 문화인류학적으로도 의미가 크다고 생각된다.

10) 일반적으로 알려지기는 태조 고황제가 고향의 억새풀을 심어 달라고 유언을 해서 건원릉만은 벌초를 하지 않는다고 되어 있다.

분히 풍수지리적 성향을 보이고 있음에 비하여, 청태종릉은 많은 부분이 한족화(韓族化)된 모습을 보인다. 그리고 건원릉은 만주땅의 순수한 모습을 많이 보이고 있으나, 청태종릉은 벌초제도 등의 핵심적인 면을 빼고는 본모습을 많이 잃고 있다고 생각이 된다.

4. 조선시대 임금님릉 양식의 특이성

조선시대 임금님들의 능은 매우 독특한 모습을 보인다. 그것은 크게 두 가지로서 동역이강(同域異岡) 양식과 동원상하봉(同原上下封) 양식이다.[13)]

동역이강 양식은 5대 문종의 현릉에서 시작하여 7대 세조 임금님의 광릉에 곧이어 등장하며, 다시 예종의 창릉, 덕종의 경릉, 성종의 선릉, 선조의 목릉에 연속하여 등장한다. 동역이강 양식은 그러므로 조선초기의 뚜렷한 특징이라고 생각된다. 그것은 무엇을 말하는가?

동역이강이라 함은 임금님릉에 있어서 사실상 부부가 따로 무덤을 쓰는 것을 말한다. 같은 지역에 있는 다른 무덤이라는 것과도 같다. 그런데 이러한 양식은 5대 문종에서 시작되는 것이 아니라 태조 고황제도 사실상은 똑같은 양식이라고 하겠다. 고황제의 첫 부인과 둘째 부인은 정치사회적 이유가 있어서 따로 떨어져 무덤을 썼다고 말하지만 원초적 동역이강이 분명하다.

그런데 이러한 양식의 뿌리는 바로 현존하는 조선황실의 최고 조상묘가 있는 삼척에 존재한다. 이성계 장군의 5대조인 양무 장군의 부부묘인 준경묘와 영경묘는 산 하나를 사이에 둘 정도로 아주 멀리 떨어져[14)] 있다.[15)] 이

13) 장영훈, 왕릉풍수와 조선의 역사(서울: 대원미디어, 2000) 참조.
14) 안천, 황실은 살아있다 상권(서울: 인간사랑, 1994), Pp. 123～132.

러한 양식은 바로 우리의 고대 무덤 양식을 보여주는 것인데, 옛 시대에는 우리민족이 부부의 무덤을 따로 썼음을 유의해야 제대로 이해가 되는 일이다. 그런데 그것이 한국에서는 변했는데 만주땅에서는 비교적 후대에까지도 그대로 이어졌고, 태조 고황제를 비롯한 조선황실에는 그 잔재가 분명하게 남아서 내려옴을 보이는 것이 동역이강 양식이다.

동역이강 양식은 조선황실의 뿌리가 만주 땅임을 강하게 웅변하는 증거물이다. 동역이강 양식은 당시의 여진족 풍습이 강하게 남아서 조선시대에는 중간 형태로 타협된 모습을 보인다고 생각된다. 이것은 인조의 릉을 보면 쉽게 이해가 되는데, 인조의 장릉도 원래는 동역이강이다가 83년 후인 영조 때에 천장을 하며 옮길 때에 합장을 하여 오늘에 이르는 점에서 쉽게 이해가 된다.

그런데 조선시대의 후반부에 와서는 다시 동원상하봉이라는 독특한 양식으로 새롭게 변한다. 그것은 임금님릉이 위에 있고, 그 부인의 릉은 바로

경종임금님릉의 동원상하봉
경종임금님릉은 부인의 릉을 임금님릉의 앞에 두는 독특한 모습이다.

15) 최영주, op. cit., pp. 233～240 참조.

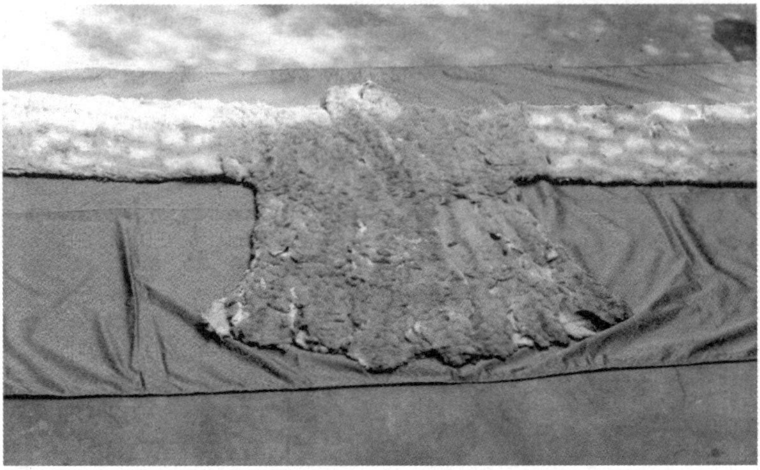

효종임금님의 방한복(서울시 민속자료 26호)
효종임금님이 북방정벌 때에 입으려고 만든 털옷으로서 조선시대의 북방정신을 상징하는 옷이다. 효종은 그의 뜻을 적극 보필한 송시열에게 이 옷을 하사하여, 현재는 그 후손이 보관하고 있다.

쟁터에서 성장한 사람이나 마찬가지다. 그렇기에 그는 북방문제를 떠나서는 정치적 위상이 정립될 수가 없었다. 그의 정치적 세력권인 함경도와 두만강 지역은 그의 등장과 함께 당연히 귀속될 수밖에 없는 것이었다. 그러한 측면에서 볼 때에 이성계 장군의 등장은 지난 1천년 역사에 있어서 가장 우리민족에게 큰 이득을 안겨준 중대한 역사였다.

태조 고황제가 집권을 하게 되자, 당시의 여진족 지도자인 우량하, 오도리 등이 직접 내알하기까지 했었음은 당시의 만주땅 분위기를 말해주는 것이다. 그런데 태조 고황제는 이 지역의 요지인 공주(孔州)와 갑주(甲州: 갑산)에 성을 쌓게 하고, 공주를 경원이라고 고쳐 부르며 이를 부(府)로 삼았을 만큼 자연스레 흡수통합 정책을 시도해 나갔다. 다만 태종 때에 여진족의 침입으로 약간 후퇴하기도 했었지만, 그곳은 조선초 집권층으로서는 양보할 수 없는 결정적 중요성을 갖는 땅이었다. 그리하여 세종 16년부터 북방에 대한 적극정책을 써서 10여 년간에 6진을 완전히 개척하였고, 두만강 남쪽은 완전하게 우리 영토가 되게 만드는 쾌거를 이루었다.

또한 압록강지역은 태조 이성계 장군이 토대를 닦은 바탕에다 태종 초에 강계부, 여연군(중강진)을 설치하여 압록강 이남의 영토를 완전하게 수복하였다. 그런데 여진족이 계속 쳐내려와 세종시대에는 강력하게 우량하토벌정책을 썼으니 4군의 설치를 보게 되었고, 이리하여 오늘날의 북쪽 국경이 만들어진 것이다. 조선초의 북방정책은 한마디로 태조 고황제의 정치적 세력권을 하나로 통합한 것과도 같았다고 하겠다.

끝으로 특히 우리가 여기서 유의할 사항으로서 태조 이성계 장군이 왜 국호를 조선으로 택했는가 하는 점이다. 그런데 그것은 태조 이성계 장군이 고조선의 법통을 이었다는 정통성을 선언한 것이며, 고조선을 이어서 고구려가 탄생된 점을 고려할 때에 북방 민족의 재탄생을 선언한 바라고 생각된다.

본 논문에서 지금까지 논술한 바를 종합해 볼 때에, 태조 이성계 장군이 조선을 국호로 선택한 것은 만주땅에서 발원한 고조선, 고구려의 흐름을 강조한 것이고, 그의 집권은 사실상 만주땅 인맥에 의한 고조선과 고구려의 재기라는 점을 확고히 한 것이라고 생각된다.

조선초기에 강력하게 북방을 개척하며 4군 6진을 경략한 것은 고조선의 재탄생, 고구려의 재기를 강력하게 실천해 나간 것이 분명하다. 요컨대 조선시대는 이성계 장군을 중심으로 한 고구려계의 재탄생이요, 다시금 우리민족의 옛 뿌리인 고조선의 북방의지를 재천명한 것으로서, 지난 1천년 역사상 가장 확고한 민족혼의 실천이라고 확신된다.

순조 임금님릉의 처참한 모습
세종임금님의 폐릉터에 내버리듯 묻힌 허망한 존재의 임금님을 보면, 조선황실의 마지막을 만든 장본인들이 그대로 드러난다.

것이다. 이런 사례는 현대시대에도 유례를 찾기가 전혀 불가능할 정도이며, 그것이 하물며 조선시대의 임금님릉에서의 사례라고는 누구도 상상하지 못할 것이다.

순조 임금님 이후에 끊임없이 정치적 격변을 겪다가 경술국치를 맞은 것은 결코 우연이 아니라고도 생각된다. 안동김씨의 세도정치가 얼마나 방자했는가는 순조, 헌종의 임금님릉 모습을 보면 언제라도 적나라하게 드러난다.[24] 그렇게 도탄에 빠진 나라를 대원군이 잠시 바로 잡았다가, 10년만에 다시 명성황후가 주도권을 쥐며 여흥민씨 세도정치로 경술국치를 맞게 되는 것이다.

그렇다면 세도정치란 무엇을 뜻하는가? 그것을 단지 임금님의 외척세력들의 발호라고 간단히 말할 것인가? 역사는 지금까지 그렇게 말해 왔지만, 세도정치의 등장은 바로 조선초에 있었던 북방정신의 소멸을 말해주

24) 이런 곳은 임금님릉이었다가 파묘하고 옮긴 빈터로서, 그 혈(穴)이 파괴되어 어떤 무덤도 쓸 수 없는 파혈(破穴)된 곳이다.
장영훈, op. cit., p. 289.

는 것이다.

정치문화적으로 뚜렷한 증거물인 임금님릉을 예로 들어 분석해 보면, 태조 고황제로부터 조선초기에는 확실하게 만주땅의 원초적인 북방문화가 존재하고 있었다. 그러나 그것이 동역이강에서 동원상하봉으로 바뀌고, 다시 단릉이나 쌍릉으로 변하면서 끝내는 순조, 헌종과 같은 쓰레기형 무덤으로까지 전락한 것이다. 특히 순조 임금님릉의 비참한 모습을 보면 조선 후기의 정치상황은 논할 필요가 없다.

순조 임금님릉을 당시의 안동김씨들은 인릉(仁陵)이라고 시호를 붙였다. 그러나 그들은 순조를 어진 분이라고 인릉이라고 붙인 것이 아니라, 바보 임금님이라고 부를 수는 없었기에 그렇게 붙였다고 생각된다. 생각하면 순조는 사실상 바보 임금님에 가까웠는지도 모른다. 그 주변을 온통 안동김씨들이 싸고서 무서운 세도정치 독재를 하는 속에서 어떻게 제대로 된 임금님 노릇을 할 수 있었겠는가?

순조 임금님릉은 얼마 전까지만 해도 문자 그대로의 쓰레기 무덤의 모습이었다. 세종 임금님릉으로 만들 때에 남겨진 헌 석물들이 최근(1973년)까지 쓰러져 그대로 나뒹굴고 있었다.[25] 그런데 현대시대에 들어서 세종 임금님 기념관을 만들며 그 석물의 일부를 옮겨가고, 다시 단국대학교에서 나머지 석물을 가져간 뒤에 나름대로 단장을 해놓아 그렇지, 그냥 두었으면 사실상 쓰레기통 그대로였었다. 생각하면 어차피 순조 임금님릉을 내곡동에 지금처럼 모시려면 나뒹굴던 석물들도 어지럽게 그대로 두면서 후손에 대한 역사교육장으로 썼어야 옳지 않았을까 생각되기도 한다.[26]

순조, 헌종, 철종 임금님은 북방세력이었던 조선초 집권층이 토착세력

---

25) 1973년에 아무렇게나 뒹굴던 상석, 장명등, 망주석, 문인석, 무인석, 신도비 등을 서울시 청량리의 세종기념관으로 옮겼다.
한국문원 편집실, 문화유산: 왕릉, 2001, p. 62.

26) 순조 임금님릉인 인릉은 요즘에도 물이 많이 흘러 내린다. 묘지 아래쪽에는 언제 가 보아도 항상 물길이 나 있을 정도이다.

Ⅰ. 문제제기: 잃어버린 사회과교육혼(社會科敎育魂)

①

사상은 인간의 생각을 체계화한 것이다. 그러므로 인류는 사상을 만드는 힘을 공유하고 있다. 다만 사상을 보다 수준 높게 만드는 능력을 가진 민족이 있는가 하면, 그렇지 못한 민족이 있을 뿐이다.

우리민족도 먼 옛날부터 사상을 만들면서 오늘에 이르렀다. 그 사상들은 보다 잘 가꾸고 북돋아 주었다면 매우 의미있게 성장이 되었을 텐데, 오늘날에는 사실상 옛날과 단절된 상태에 있다고 함이 옳다. 우리민족의 고대사상의 형성은 현재로서 그 편린들만이 남아 있다고 할 상태이며, 시간이 흘러 조선시대에 들어서는 나름대로 생각할 때에 매우 고도화된 사상체계가 남아 있다고 하겠다.

그런데 여기서 우리가 유의할 것은 해외에서 수입된 사상과 고유사상에 대해 구별하는 안목이 필요함이다. 우리는 해외에서 수입된 사상에 있어서도 현대시대에 수입된 것이 아니면 고유사상이라고 하나, 그것은 전통사상화된 해외사상이지 결코 고유사상은 아니라고 하겠다.

첫째로 불교사상(佛敎思想)은 우리민족과 옛부터 매우 인연이 깊다. 삼국시대에 이미 우리땅에 들어와 우리민족의 생활 속에 깊숙하게 내재화된 사상이다. 그리하여 이제는 사실상 고유사상과도 같이 변모된 존재이며, 우리의 삶에서 떼어내기 어려운 정도까지 되었다. 그러나 불교사상이 아무리 우리의 생활 속에 깊게 뿌리를 내렸다고 해도, 그것은 결코 원초적인 고유한 사상은 아니다. 그것은 전통사상화된 해외사상의 대표적인 존재로서, 그 뿌리는 인도에서 출발된 것이다.

둘째로 유교사상(儒教思想)도 우리민족과는 매우 인연이 깊다. 그것은 사실상 고대시대부터 꾸준하게 유입이 되었으며, 조선시대에는 국가의 기본적 중심사상으로까지 대우를 받는 위치에 이르게 되었다.[1] 그리하여 매우 돋보이는 거물 유학자들도 다수를 배출하고, 생각하기에 따라서는 우리의 삶을 전반적으로 지배하는 고유사상과도 같은 위상을 갖게 되었다. 그렇지만 유학이 우리의 고유사상이 아닌 것은 분명하다. 그것은 불교사상과 마찬가지로 해외에서 수입된 사상이요, 수입된 정신이다.[2]

셋째로 가까운 시대에 수입된 기독교사상(基督教思想)을 빼놓을 수는 없다. 기독교사상은 서구세력의 막강한 힘을 배경으로 현대시대에 집중적으로 쏟아져 들어와서, 현재는 오히려 자기가 중심사상인 듯이 곳곳에서 행세를 하는 수준으로 자리를 잡고 있다. 그렇지만 기독교사상이 매우 이질적인 존재로 최근세에 들어 왔으며, 우리의 고유사상이 아닌 것은 명명백백한 일이다. 불교나 유교사상이 우리에게 체질화된 사상에 가깝다면 기독교사상은 그렇지 못한 면이 많다고 하겠다.

②

한국의 사상체계는 교육적으로 매우 곤혹스러운 면이 있다. 그리하여 학생들에게 학교에서 사회과교육 수업을 진행시키면서 끊임없이 수입사상에 몰입하라고 강변하는 교실이 많거나,[3] 우리의 사상체계를 부정하거나, 애착을 갖지 못하는 상황도 많이 나타난다. 경우에 따라서는 우리의 고유한 사상은 없다거나, 체념적인 자기부정의 얘기를 하는 경우도 나타난

1) 최봉영, 조선시대 유교문화(서울: 사계절, 1997), p. 29.

2) 고동영 옮김, 신단민사(서울: 한뿌리, 1992), pp. 109～114 참조.

3) 한국의 사회과교육은 아직 본래적인 학문적 역할을 수행하지 못하고 있다.
강환국, 한국사회과교육회의 연구동향 분석, 한국사회과교육회, 사회과교육 제20호, 1987, p. 318.

다.[4] 그 까닭은 무엇인가?

그것은 우리가 고유사상을 살찌우고 가꿔 온 흐름이 허약하기 때문이다. 우리민족도 최소한 반만년 이상의 역사가 존재했다고 하면 분명하게 우리의 사상을 낳고 키운 흐름이 있으련만, 그것을 가꿔 나가려는 노력이 부족하다 보니까 사실상 고유사상을 잃은 듯한 분위기가 만들어진 것이다. 먼 옛날부터의 우리의 삶을 면밀하게 검토해 보면서 우리의 역사 속에 존재했던 사상의 맥을 찾아보면, 그 속에는 틀림없이 우리의 사상체계가 자리잡고 있다는 신념을 갖고서 진지하게 파고 들어가는 자세가 긴요하다.

본 논문에서는 먼 옛날부터 존재했던 것으로서 우리의 민족정신에 토대가 될 요인이 무엇인가를 찾으면서 그것을 체계화하고자 한다. 우리의 옛 역사 속에는 사상적 보물들이 적지 않게 존재하고 있다. 그것을 체계화하고 가꾸면 그것이 바로 우리의 고유사상일 것이다. 그간 우리는 그런 노력은 없이 해외에서 수입된 사상에만 빠져서 자기 자신을 잃고 자기의 고유사상을 부정해 왔던 흐름을 철저히 반성해야만 하겠다. 그 나라의 인간상을 만드는 사회과교육을 가르치는 교실에 있어서 중심사상은 분명히 우리의 뿌리 속에서 찾아야 되겠다.

4) 한국의 사회과 교실에서는 그간 가르칠 내용이 무엇인가에 대한 생각이 없이 아무 것이나 가르친 성향이 컸다.
조광준, 사회과 내용학의 기초, 대한사회과교육학회, 수선사회 제10집, 1999, pp. 1～21 참조.

Ⅱ. 민족사상의 기저

1. 조선건국의 사상적 의의

격동했던 조선건국의 시기는 한국사상사에 있어서 사상적 르네상스가 만들어진 전환기였음을 뜻한다. 많은 경우에 조선건국을 외형적인 정치적 해석에 의해서 이해하는 것이 일반적인데, 조선건국을 사상적 측면으로 풀이해 볼 때에 있어서 조선건국은 결코 우연하게 나타난 역사적 흐름이 아니었다. 사상적으로 볼 때에 조선국의 건국은 필연적인 것이고, 고려시대가 당연히 조선시대로 이어지게 되어 있었다.

그 까닭은 고려시대의 사회발전이 조선건국을 당연하게 만들어 나가고 있었음을 뜻한다. 생각컨대 고려시대는 삼국시대를 정리한 바탕 위에서 새롭게 등장했다. 그러나 이것은 고려시대가 삼국시대를 승계한 것이며, 특히 신라의 맥을 강하게 이으면서 고려시대의 역사를 만들어 나간 것이다. 그러므로 고려시대는 고대 삼국시대의 흐름을 창조적으로 발전시키려는 노력이 부족할 경우에 당연히 역사흐름의 장벽을 만나게 된다. 그 장벽이 바로 무신정권의 등장으로 나타난 것이다.

고려말의 무신정권 등장을 그간 역사해석에 있어서는 문신독주에 대한 무신반란으로 해석해 왔다. 그러나 그것은 외형적이고 표피적인 해석일 가능성이 크다. 그 내면을 흐르는 바는 문신세력의 독주라기보다는, 머나먼 옛날의 신라 때부터 이어 내려온 신라정권의 성골, 진골을 포함한 골품제의 흐름을 그대로 계승하며 권력체계 속에 편안히 안주해 온 고려국 집권층에 대한 반란이었던 것이다. 고려시대는 송악(개성)을 중심으로 한 해상세력의 왕건과, 머나먼 옛날부터의 고대시대 흐름을 이어온 신라 토착

세력인 경순왕 세력의 타협에 의해서 형성된다.

그러므로 고려시대는 다분히 고대시대의 흐름을 따라서 안주하게 되고 태조 왕건이 중심이 된 집권세력이 애초에는 거창하게 북방정책을 표방하면서 고구려의 드넓은 옛땅을 다시 찾겠다고 선언했으나, 신라 토착세력이 꾸준히 발목을 잡는 흐름에 빠져들면서 현실타협의 길을 갔던 것이라고 생각된다. 그리하여 고려시대는 북방영토회복의 의지는 선언했으되 그것은 구호에만 그친 사실상의 공염불이 되었고, 세월만을 끌면서 내부모순 속에 빠져들게 되었던 것이다. 무신정권의 등장은 이러한 모순을 극복하지 못하고 왕건계와 경순왕계가 야합하여 부패의 길을 걸은 극대점에서 폭발한 것이다.

우리는 역사의 흐름을 예리하게 볼 필요가 있다. 경순왕계의 김부식이 쓴 삼국사기를 정통 역사서로 볼 때에 빠지기 쉬운 함정을 예리하게 보아야 하는 것이다. 삼국사기는 담백하게 삼국사를 썼다기보다는 왕건계와 경순왕계의 타협을 합리화한 성향이 크기 때문이다. 예컨대 김부식의 흐름을 이은 역사가들이 쓴, 궁예를 몰아내고 정권을 쥔 왕건에 대한 역사기술과 고려시대의 모순을 극복하고 정권을 쥔 이성계에 대한 역사기술이 얼마나 편파적인 것인가를 예리하게 보아야 하겠다. 물론 우리는 이러한 편파성을 보기보다는, 궁예의 얘기를 궁예의 입장에서 썼다고 할 경우에 왕건을 그토록 좋게 썼을 것인가를 생각함은 없이, 많은 경우에 역사를 표피적으로 해석해 왔다. 궁예도 인간이련만 궁예는 역사의 악인으로만 자리매김된다.[5)]

생각컨대 무신정권의 등장은 모순과 타락, 안일에 빠진 기득권 세력의 나태와 방종을 징벌하며 새로운 시대를 여는 고려말의 국가적 개혁운동이

5) 특히 유념할 것으로서 이성계에 대한 역사기술도 김부식사관에 큰 영향을 받은 듯함이다. 김부식사관은 신라계를 우대한 왕건을 확실히 옹호하고 궁예를 매도했듯이, 이성계보다는 고려시대를 확실히 옹호했다.

었던 것이다.[6] 그렇기에 무신정권 시대에는 새로운 신진기예 사상가, 학자들이 널리 나타나고 폭넓게 등용된다. 고려말에는 지난 시대와는 전혀 다른 새로운 흐름 속에 사실상 사상적인 르네상스의 신기풍이 나타나는 것이다. 요즘에까지도 널리 알려진 유명한 학자들인 안향, 이제현, 길재, 정몽주, 이색을 비롯하여, 연이어 등장하는 정도전, 정인지, 하륜, 권근, 조준은 물론이고 성삼문, 신숙주, 박팽년을 포함한 다양한 사상가들이 쏟아져 나오는 흐름은 무신정권의 등장이 없이는 불가능한 것이었다.[7] 무신정권이 없었다면 왕건계와 경순왕계의 타협에 의한 어둠의 시대가 계속되었을 것이다.

환구단(圜丘壇)
서울의 소공동에 있는 환구단은 임금님께서 하늘에 제사를 올리는 제천단으로서 환단이라고도 부른다. 그 앞에는 세 개의 돌로 만든 북이 있고, 빼어난 용무늬 조각이 있다.

6) 임용한, 조선국왕 이야기(서울: 혜안, 1998), p. 51.
7) 현대적 표현으로는 군사정권에 의해 등용된 새로운 학자들이 신시대를 여는 사상을 제공한 것이다.

조선시대의 탄생은 무엇을 말함인가? 그것은 바로 고려시대의 어둠을 극복하려는 무인들의 궐기의 종착점을 말하는 것이며, 신진 학자들의 사상적 궐기가 꽃을 피우며 새로운 시대를 열었던 것이다. 그 의의는 그 시대를 우리민족의 역사상 제자백가의 출현기요, 백화제방(百花齊放)의 시대라고 불러도 될 만큼 매우 큰 것이다.

첫째로 조선건국은 어둠의 시대를 끝내려는 역사적 필연성을 나타낸다. 그것은 결코 역사적 필연성을 말하는 것이지 우연적 산물이 아니다. 많은 경우에 조선건국은 이성계 장군의 쿠데타에 의한 정권탈취로 끌어가려는 역사해석이 일반적인데, 조선건국은 이성계 장군의 등장이 아니었더라도 어차피 등장할 역사적인 흐름이었음이 분명하다. 고려시대는 역사적으로 종언을 고하도록 모순의 극대점에 와 있었고, 한계점에 도달해 있었던 것이다.

둘째로 조선건국은 구인물의 시대가 끝나고 신인물이 등장하는 흐름을 뜻한다. 흔히 고려시대는 귀족정치의 시대였다고 말하기도 하고, 호족연합(豪族聯合)의 시대였다고 말하기도 한다. 그러므로 조선시대는 기득권을 가진 이들이 물러나고 새로운 인물들이 대거 등장한 시대를 뜻한다. 정권을 쥐는 이성계 장군부터가 당시로서는 국경 밖인 함경도 지방이요 사실상 만주땅인 변방에서 혜성같이 나타나 새로운 임금님이 되는 것이다. 구시대의 인맥들로서는 도저히 고려말의 국난을 극복할 수가 없게 되었음을 뜻한다. 특히 이성계 장군을 보필하는 군사집단들을 주목하지 않을 수 없는데, 그들은 대부분이 이성계 장군의 개인적인 사병집단이며 국경 밖의 여진(만주)족들이며 심지어는 위그르족까지도 낀 외국인 무사집단인 것이다. 외인부대인 이들이 정권의 전면에 나서는 것이 조선건국의 새로운 의미이다.

셋째로 조선건국은 국가운영의 기본축이 북방정책으로 근본적 변화를 주면서 바뀌는 것을 뜻한다. 그간 중심된 흐름이 남쪽을 지향하고 축소지향적이면서 방어적인 성향이 강했다면, 조선건국에 의해서 북방지향적, 공격적, 확대추구형 국가정책으로 국정운영의 기본축이 근본적인 변화를 갖게 되었다. 이러한 흐름 속에 조선건국의 열매를 얻은 것이 바로 압록강과 두만강까지의 넓은 땅을 획득하고, 오늘날의 국경을 만드는 것이다.

넷째로 조선건국은 고려시대의 문약함을 깨고 강건한 북방의 기백을 다시 회복하는 것이다. 고려시대는 많은 경우에 허약한 시대였다. 거란족, 여진족, 몽골족의 침입을 막아낸 것을 기특하게 생각할 수도 있으나, 고려시대는 수세에 급급하며 졸렬하게 시간을 끌어 나간 시대였다고 생각된다. 무인반란은 바로 이러한 흐름에 대한 분노의 폭발이라고 하겠다. 그간 무인정권 시대를 무식한 무반들의 폭력의 시대로만 몰아간 흐름이 역사해석에는 적지 않았는데, 그것은 다분히 일방적인 것이라는 생각이 든다. 조선건국에 의한 군사개혁이 없었다면 고려말의 국난극복과 북방정책 실천은 불가능했을 것이다.

다섯째로 조선건국은 경제적 사회재구성을 뜻한다. 조준의 전제개혁은 그 시대 사람들이 원하는 절실한 염원을 구현한 것이다. 오랜 세월에 걸쳐서 기득권에 안주하며 경제적으로 풍요를 누려 온 일부 세력에 의한 국가적 부작용을 고치지 않고서는, 고려말의 국난을 결코 극복할 수 없다는 확고한 의지의 표출이 바로 전제개혁으로 나타났던 것이다. 그리하여 구시대의 기득권층은 몰락하고 새로운 사회가 만들어진 것이다.

끝으로 본 논문에서의 핵심이 되겠는데, 조선건국은 사상적으로 신시대가 등장했음을 뜻하는 것이다. 앞에서도 말했지만 무인시대가 없었다면 이 시대의 사상적 르네상스는 나타날 수가 없었다. 무인들이 집권을 하면서 폭넓게 새로운 인물을 등용하고, 기존의 관학파를 제거하고 새로운 학풍을 조성시켜 주었으며, 본인들을 뒷받침해 줄 새로운 인물을 널리 발굴하는 흐름에 의해서 새로운 학풍이 눈부시게 자라난 것이다. 우리는 조선건국을 일개 무인에 불과한 이성계 장군이 칼과 활로써 고려시대를 제압한 것이라고 몰아가는 흐름에 익숙해 왔다. 그러나 결코 나라를 새로 여는 거대한 흐름이 칼과 활만으로 가능할 것인가? 우리는 조선건국을 전후한 1백년 가까운 시기가, 우리의 오랜 역사에 있어서 가장 찬란한 시대였음을 유의해야 한다. 세종대왕 시대가 우연히 나온 것이 아니고, 훈민정음이 하늘에서 그냥 떨어진 것이 아니며, 4군 6진을 심심풀이로 개척한 것은 결코 아니다.

2. 조선건국을 만든 사상적 토대

조선건국을 가져온 고려말의 사상적 활화산은 거대한 흐름을 형성하면서, 이성계 장군을 구심점으로 만들며 역사를 창조한다. 그렇다면 다양한 학문적 배경을 바탕으로, 새나라를 만들려는 웅지를 가진 이론가들이 출현한 토대는 무엇인가? 단지 무인정권에 의한 새로운 인재등용 흐름만이 새로운 사상을 만드는 토대가 되지는 않았을 것이다. 그 흐름은 크게 두 가지로 나타난다고 생각된다.

1) 단군사상

조선건국의 가장 기초적 토대가 된 사상은 단군사상이라고 생각된다. 토착형 고유사상으로서의 우리민족 사상에서 가장 으뜸가는 바는 머나먼 상고사 시대로부터 유래된 단군정신이 분명하다.[8] 그렇기에 몽골족 침입을 맞은 국난 시기에 단군역사에 대한 기록들이 처음으로 나오게 되는 것이다.

단군사상을 조선건국과 연결시켜 생각함은 매우 의미가 있다고 본다.

8) 고동영 옮김, op. cit., pp. 31～35 참조.

그 까닭은 고려의 국난을 맞아서 사상적으로 새로운 길을 걷게 되는 출발점이 단군사상에서 비롯된다고 하겠기 때문이다. 단군사상에서 씨앗이 놓여지면서, 차츰 고려말의 다양한 사상이 자라나며 사상적 르네상스를 낳는 흐름이 만들어지므로, 단군사상은 조선건국의 원초적 토대라고 보아야 옳다.

단군사상이 조선건국의 원초적인 밑바탕이 됨은, 조선말기에 가서 왜적의 침략에 의한 국난을 맞게 되자 다시금 단군정신이 호국항쟁의 선두에 등장함을 보아도 맞다고 생각이 된다. 조선말기에는 단군대종교라는 종교결사체의 형태로 단군사상이 등장되는데, 특히 이 결사체를 주도한 세력들이 조선말기의 대표적인 지식인층이라는 점에서 주목되는 바가 있다. 나철, 김교헌과 같은 당대 최고수준의 지식인들이 중심이 되어 항일전쟁을 선도적으로 이끌어 나간 것이다. 항일전쟁의 전개과정을 볼 때에 그 핵심주류는 단군대종교 집단이었음이 분명하며, 단군사상의 중요성은 계속하여 강조되어야 옳다.

2) 고구려정신

조선건국의 사상은 결코 비약적으로 새롭게 나왔다고 볼 수는 없다. 앞의 단군사상이 토대가 되고, 이를 밑바탕에 두고서 삼국시대의 사상이 추가된 것이 조선건국의 기저가 된 정신적 흐름이라고 보겠다. 삼국시대의 사상에 있어서는 무엇보다 우선적으로 고구려정신이 중요하다. 그 까닭은 무엇인가?

첫째로 조선건국의 초석을 놓은 집권세력은 고구려의 옛터인 만주땅의 세력들이었기 때문이다. 조선건국은 사실상 북방 고구려계의 재기라고 할 수도 있다. 오늘의 함경도 지방이 중심이 되긴 했지만, 그곳은 고려말에는 국경 밖의 만주땅이었다. 그리고 그곳에는 고구려와 발해의 유민들이 고구려정신을 강하게 간직하고 살아왔기에, 만주땅에서 거란, 여진, 몽골이라는 강한 민족이 나왔고 이성계 장군이 등장하여 조선건국을 이룬 것이다.

둘째로 다음의 제3장에서 살펴볼 '천상열차분야지도'가 바로 고구려의 별자리표를 기초로 작성되었음은 매우 의미있는 바라고 하겠다. 조선건국의 정신을 상징하는 제1순위의 자료가 고구려에서 비롯될 수 있었다는 것은, 조선건국의 밑바탕 정신에는 고구려정신이 도도히 흐르고 있음을 말하는 것이다.

(1) 집안사상

고구려정신에서 가장 최초로 지적할 사항은 집안(集安)정신이라고 하겠다. 우리는 통상적으로 생각하길 집안은 고구려의 수도를 말하는 땅이름으로만 보아 왔다. 그러나 집안은 단지 땅이름만이 아니라 고구려정신의 핵이라고 생각된다. 고구려 사람들은 집안을 사실상 깊이 있는 사상적 경지에까지 끌어올린 생각을 견지하고 있었다고 보아야 되겠다.

고구려는 처음에 흘승골(紇升骨)에 도읍을 정했다. 그리고는 그곳을 졸본(卒本)이라고 불렀다. 그리고 다시 집안(集安)으로 옮겨서 장수왕 때까지 고구려의 수도가 된다. 그런데 여기서 그 도읍지의 의미를 분석해 보면 고구려에서는 집안을 매우 의미있게 썼음을 알 수 있다.

우선 졸본을 한족(漢族)말로 읽으면 '쯔번'이 된다. 쯔번은 그러므로 오천여년전의 토착발음으로서 쯔번 → 즙언 → 즙안 → 집안으로 변하는 흐름에서 원초적인 첫번째의 호칭임을 알 수 있다. 그리고 옮겨간 집안은 처음에 한자로 널리 쓰이길 집안(輯安), 즙안(輯案) 등으로 쓰였는데, 현재의 중국에서는 집안(集安)으로 통상화시켰다. 따라서 집안은 순수한 우리말로서의 여러 가지 집안의 음차글에 의한 이두식 지명임을 알 수 있다.

그리고 집안은 소리나는 대로 쓴 소리이두임에 비해서, 이를 다시 한자로 번역한 것이 국내성(國內城)이 되었음을 유의해야 되겠다. 집은 뜻으로 번역하면 통상적으로 생각하길 가(家)로 번역되리라고 볼 수 있으나, 이를 고구려에서는 국(國)으로 번역했다. 그리고 '안'은 내(內)로 번역하여 오늘날과 같다.

생각하면 집안을 가내(家內)로 번역시키지 않고 국내(國內)로 번역한 고구려 사람들의 삶에 있어서, 집안은 사상적으로 수도(首都)를 뜻하고 핵심지, 중앙지를 뜻하는 생활화된 사상이라고 하겠다. 그렇기에 그들은 최초의 집안인 졸본성에서, 두 번째 집안인 국내성으로 옮기면서도 집안을 그대로 쓴 것이 확실하다.

(2) 가우리 사상

고구려는 국호부터가 매우 사상성이 높은 존재이다. 고구려(高句麗)나 고려(高麗)는 원래 같은 것이다. 고구려 때에 있어서도 고구려라고 부르기보다는 고려라고 더 많이 불렀는데, 김부식이 삼국사기를 쓰면서 고구려를 고려와 구별되게 완전히 고구려로 써서 그렇게 된 것이다. 고구려가 고려와 같다는 것은 무엇이고, 왜 그것은 사상성이 높은가?

고구려(高句麗)는 한족(漢族)말로 된 음차글(이두식문자)이니 한족말로 읽으면 '가우자리'가 된다. 여기서 '가우'는 '가웃'의 순우리말 어근이고 '가운데'를 뜻하는 것이며, 자리는 우리말의 자리를 뜻한다. 따라서 가우자리는 '가운데 자리'를 말한다. 또한 고려(高麗)는 한족말로 읽으면 '가우리'가 되니 그것은 '가우'에 '리'를 붙인 것으로서 가우자리와 마찬가지로 가운데 자리를 뜻한다. 따라서 고구려와 고려는 같은 것으로서 고구려 시대에도 고려를 더 많이 썼으니, 고려는 고구려 초기부터 고려말까지 길게 쓰여진 우리의 국호이고 우리의 민족호칭이다. 한족들은 우리나라를 옛부터 가우리로 불렀고, 우리민족도 스스로를 가우리로 불렀다.[9)]

그런데 옛부터 우리민족의 동족계열에서 쓴 가우리가 지금도 쓰여지고

---

9) 안천, 거시국토통일론: 만주는 우리땅이다(서울: 인간사랑, 1994), pp. 287～293.

있는 신기한 곳이 있다. 그곳은 몽골로서 몽골의 동부지역에서는 지금도 우리나라 쪽을 가리키며 '가우리'라고 부른다. 그런데 이 곳에 가까운 북만주의 홍안령산맥 마을에서는 몽골을 '먼 가우리'로 부르고 있다. 먼가우리 → 멍가우리 → 멍고리 → 몽골로 변했음을 쉽게 확인할 수 있는 것이다. 현재 몽골정부에서 만든 안내책자에는 몽골의 뜻을 '세상의 중심'이라고 소개하고 있으니, 그것은 바로 가운데 자리를 뜻하는 가우리의 뜻 그대로이다. 더군다나 우리가 특히 유의할 것으로서 우리가 통상 부르는 '몽골'을 몽골말로 정확히 발음하면 '몽가우리'이니 이는 먼 가우리가 분명한 것이다.[10)]

생각하면 가우리는 우리민족을 부르는 최고 수준의 가장 역사성이 있는 이름이며, 현재는 세계적으로도 코리아(Korea)라고 불러서 온 세계에 알려진 이름이 되었다. 그런데 가우리는 뜻도 매우 좋아서 '가운데 자리'를 뜻하는 것이니, 우리민족이 온 세계와 우주의 가운데에 존재하는 가장 첫번째 민족임을 뜻하는 것이다. 이웃의 한족들이 스스로를 중국(中國)이라고 부른 것은 우리민족에 비하여 매우 늦었고, 우리민족은 최소한 오천여년 전부터 공식적으로 국호를 가우리로 불렀던 것이다.

(3) 모두루 묘지명

모두루묘는 만주땅 집안에 있는 모두루 장군의 묘지이다. 광개토대제의 부하 장수로서 모두루라는 이름을 가진 장군의 묘지인데, 압록강가에 있으며 중급정도의 묘지 크기를 갖고 있다.

모두루 묘지는 우리의 민족사상을 논함에 있어서 가장 중요한 역사적 기념물이며, 고구려정신을 말하는 가장 빼어난 위치에 놓여 있다.[11)] 모두

---

10) 몽골의 정확한 발음은 '몽가우리'이다. 몽골인들은 '몽골'을 '몽'과 '골'의 합성어로 보고 있는데, 여기서 '골'은 중심, 중요함, 축이란 뜻이다.
신현덕, 아내를 빌려주는 나라(서울: 도서출판 강, 1996), p. 106.

루 묘지는 다른 고구려 묘지가 그렇듯이 완전하게 도굴을 당해서 부장품은 전혀 없으나, 고구려 옛 무덤으로는 유일하게 벽면에 묘지명이 확실하게 기록되어 있어서 사상적인 유적으로 거의 최고봉을 자랑한다. 아마도 현존하는 민족사상적 유적으로는 가장 높은 위치에 있다고 보인다.

그 까닭은 이미 1,600년쯤 전의 옛날에 이미 고구려가 당당하게 가우리 사상을 가진 존재임을 분명히 표현하고 있기 때문이다. 모두루묘에는 첫째로 고구려 사람들이 자랑스런 조상인 하백(河伯)의 자손임을 선언한다. 하백은 물의 신이라고 볼 수도 있고, 경우에 따라서는 하박(河泊)으로 읽어서 성스러운 태양과 광명의 붉사상을 뜻하는 매우 철학적인 사상적 용어라고도 볼 수 있다.

둘째로 고구려 사람들이 그들을 일월지자(日月之子)라고 뚜렷이 말하고 있으니, 그것은 그들이 태양의 아들이며, 달의 아들임을 명쾌히 밝힌 것이다. 일월지자(日月之子)라고 분명하게 선언할 수 있는 위상을 가졌다고 확신하기에 그렇게 쓸 수 있는 것이다.

셋째로 온세계가 고구려의 위상을 확실하게 인지하고 있음을 뚜렷이 밝히고 있다. 모두루 묘지명에 담긴 천하사방(天下四方)이란 용어는, 당시의 천동설을 신봉하던 때에 있어서 고구려가 중앙에 있고 주위의 동서남북에서 고구려를 감싸고 있음을 뜻한다. 그리고 이는 바로 온세계라는 용어로 현대에는 번역된다고 하겠다.

넷째로 고구려가 가장 성스러운 나라라고 온세계가 알고 있다는 표현은 국가철학의 극치를 뜻한다고 하겠다. 감히 최성국(最聖國)이라는 말을 쓰기도 어려운데, 온세계가 고구려를 최성국이라고 알고 있다고 당당히 말하는 수준의 민족사상, 국가사상을 가진 나라가 바로 고구려였던 것이다.

---

11) 고구려 모두루 묘지, 연세대출판부, 고구려사연구Ⅱ, 1988, pp. 1076～1078.

Ⅲ. 민족사상의 발전

한국의 바람직한 사회적 인간상을 형성시킴에 있어서, 한국적 사상의 공백감을 느끼게 되는 결정적 시기는 조선시대이다. 조선시대는 우리의 지난 역사에 있어서 가장 사상적으로 풍부한 듯한 시기이면서도, 민족사상의 실종시대라는 생각이 들 정도로 사상형성의 주체성을 찾기가 어렵다고도 생각이 되어 왔다.

특히 그와 같은 생각이 드는 까닭은 조선건국의 사상을 구체화하는 작업이 그간 부재했었기 때문이다. 많은 경우에 용비어천가 정도를 거론하면서 조선건국에는 사상성이 결여되어 있고, 민족의 본질적 주체성을 찾기가 힘들다고 생각해 왔다. 그렇게 된 이유는 여러 가지가 있겠지만 가장 큰 것은 연구부재의 상태에, 침략일본의 곡필사관에 의한 모함만이 축적되어 조선건국은 부당하다고 몰아가는 흐름이 강해졌기 때문이라고 하겠다. 그러나 실제로는 조선건국의 정당성을 세우려는 예전의 노력이 적지 않았다고 보인다.

1. 감(神)사상: 남해 금산 신화

조선건국의 사상을 논함에 있어서는 본서의 첫째 주제에서 자세히 살폈듯이, 전통적인 감(神)사상이 초석이 된다고 본다. 옛부터 우리민족은 성스러운 감님을 극진히 모셨는데, 지금은 그것이 한자어인 신(神)으로 바뀌어 버리고 사실상 잊혀진 단어와 같이 되었다.

그런데 감(神)은 영감, 상감, 대감 등에 분명히 남아 있고, 신라와 가야의 임금님 성씨가 김(金)씨로서 감님을 받드는 가문이었음을 나타내는 것이 잔재로 남아 있다. 그러나 일본어에는 감님이 그대로 남아서 가미(神)라고 현재도 쓰고 있다.[12)]

그런데 감사상은 고대시대에서부터 우리민족의 기본적 사상이었다고 생각되어진다. 왜냐하면 만주땅을 포함하여 일본땅에까지 감사상은 짙게 남아서 오늘에 이르렀기 때문이다.

첫째로 만주땅에서 생긴 여진족의 금(金)나라를 주목하지 않을 수 없다.[13)] 여진족은 만주땅의 사상을 분명히 인지하고 나라를 일으켰으며, 그들이 세운 나라이름까지도 신이 세운 나라라고 하여 금(金)나라라고 지었을 정도였다.[14)](아마도 금나라라고 부르는 것은 우리의 역사에서 그렇게 부르는 것이고, 원래 그들의 용어는 감나라였을 것이다.)

둘째로 명나라를 이어서 한족을 지배한 청나라도 매우 주목된다. 아골타가 세운 금나라의 계승국가임을 자처한 청나라는, 애초에 누르하치가 나라를 세우면서 후금(後金)이라고 불렀던 것이다. 그러다가 국가체제가 확고해지자 청나라라고 고쳤으니, 청나라에 있어서도 감사상은 확고했던 것이다.[15)]

세 번째로 그런데 조선을 건국한 이성계장군의 건국신화도 매우 주목된다고 생각한다. 이성계장군은 만주땅의 여진족촌에서 아골타와 누르하치의 중간에 나라를 건국한 인물이다. 그런데 아골타와 누르하치는 국호를 감(金)나라라고 했는데, 이성계 장군은 국호를 그렇게 짓지는 않고 황실에 전승되는 전설로서의 건국신화를 남기고 있다. 그 내용은 바로 금산(錦山)

12) 이재숙, 한일 양국어의 동계론(서울: 과학사, 1989), p. 118.
13) 금나라의 시조는 고려에서 왔다고 기록되어 있다.
金史, 권 1세기, 권66 호십문전.
14) 고려사, 권13 예종세가, 권14 예종세가.
15) 누르하치의 시조는 백두산 밑의 무산에 귀화했던 사람으로서 청태조의 6대 할아버지이다.
박성수, 단군문화기행(서울: 서원, 2000), p. 17.

신화로서 감님의 금산에 기도하고 조선건국이 성공했다는 정치신화인 것이다.[16)]

2. 천상열차분야지도

1) 천상열차분야지도의 역사적 재발견

천상열차분야지도(天象列次分野地圖)는 태조 4년(1395년)에 만들어진 것으로서 조선건국의 사상을 말함에 있어서 가장 중요한 존재이다. 조선건국의 모든 사상을 대변하고 있다고 할 정도로 중요한 유물임에도 그간 무시되어 온 것으로서, 현대시대에 들어서야 천문학적으로만 평가를 받는 단계에 이르러 있다고 하겠다. 그러나 이것은 단지 천문학적 유물만이 아니라 조선건국 사상을 말하는 결정적인 위상을 갖는다. 그렇다면 왜 천상열차분야지도는 외면당하며 오늘에 이르렀는가?

첫째로 조선건국의 중요성이 그간 매도되는 흐름이 짙다 보니까 천상열차분야지도에 대한 관심이 없었다고 생각된다. 침략일본의 곡필이 조선역사를 깎아 내리고 흠집을 내려는 상황에서 조선건국의 중요성을 상징하는 천상열차분야지도에 관심이 기울여질 수가 없었을 것이다.

둘째로 조선건국의 중요성을 말함에 있어서, 사상적 연구의 확대 재해석 과정이 박약했던 바에 따라서 관심을 잃게 되었다고도 생각이 된다. 조선건국의 중요성을 높게 평가하던 조선초기에 있어서는, 천상열차분야지도를 만들고 이를 널리 알리던 흐름이 있었으나, 조선의 힘이 허약해진 조선 중후기 이후에는 이에 대한 관심이 흐려저 나가게 되었다고 생각된다.

---

16) 그 내용은 본서의 제1장에 상세하게 수록되어 있다.

사직단(社稷壇)
서울의 종로에 있는 사직단은 땅의 신과 곡식의 신을 모시던 곳이다. 태조 때에 만든 사직단은 광개토대제 이후의 옛 전통을 그대로 이은 것이다.

셋째로 이렇게 중요한 유물을 침략일본이 강제로 반출해가지 않았다는 점에서, 조선 중후기 이후에는 이에 대한 지식이 아주 무식한 단계에 이르지 않았는가 여겨진다. 침략일본은 우리의 국토를 강점하고는 궁궐유물을 대청소하듯 약탈해 갔다. 그런데도 지구상에 두 개 뿐인 석각천문도의 존재를 몰랐다는 것은, 조선 말기에 있어서는 완전히 잊혀진 상태가 되었다고 생각된다.[17] 그러한 상황에서 일제의 식민사관이 만들어졌으니, 이를 완전히 망각하며 오늘에 이르렀다고 하겠다.

2) 천상열차분야지도의 사상사적 중요성

(1) 고구려정신의 승계

천상열차분야지도는 첫째로 고구려정신을 배경으로 하고 있다는 점에

17) 천상열차분야지도는 최근인 1960년대 초에도 창경궁의 명정전 뜰에 방치되어 있어서, 행락객들이 도시락을 먹는 장소가 되었을 정도였다.

서 매우 큰 의의가 있다. 천상열차분야지도를 만들 때에 고구려 때의 것을 숨겨 두고 있던 농부가 바친 고구려시대의 탁본을 기초로 석각천문도를 만들었다고 함은, 이것이 바로 고구려정신의 핵심인 집안정신과 가우리정신을 확실히 밑바탕에 깔고서 만들어졌다는 해석이 가능하다. 따라서 조선건국은 사상적으로 고구려정신을 포용한 폭넓은 배경을 갖고 이루어졌다고 생각해야 되겠다.[18)]

(2) 만주땅의 주인공

둘째로 천상열차분야지도는 조선건국이 고구려를 중심으로 한 만주땅의 흐름을 수용했음을 뜻한다. 고구려의 하늘을 토대로 조선의 하늘을 만든 것이니, 조선의 모든 것은 고구려를 따랐다는 것을 상징적으로 보여 준다. 우리는 통상 고려는 고구려를 이었으나, 조선은 어느 나라를 이었는가를 생각함이 없이 조선이 고려를 쿠데타로 차지한듯이 생각한다. 그러나 태조왕건이 궁예의 태봉을 차지하고 고구려를 잇는다고 한 것이나, 이성계 장군이 고려를 승계하고 조선을 개창한 것이나 사실상 권력승계는 같은 것이다. (아니 왕건보다 이성계는 확실한 북방인맥이며 사실상의 고구려계이다.) 따라서 조선건국이 승계한 것이 어느 시대인가가 매우 중요한데, 그것이 실질적으로는 고구려이며 호칭상으로는 고조선의 국호를 이은 것이다. 따라서 조선건국은 고조선과 고구려를 포용하고 고려를 이었음을 뜻한다.

(3) 천명에 따른 건국

셋째로 천상열차분야지도는 조선건국이 천명(天命)을 따랐음을 선언한 것이다. 하늘의 뜻이 조선으로 옮겨졌음을 만천하에 밝힌 것이다. 옛부터

18) 이용복, 조선의 석각천문도인 천상열차분야지도에 관하여, 황실학논총 창간호, 1997, p. 6.

동양사상에 있어서는 임금님이 하늘의 뜻에 따른 인물인 천자(天子)라고 보았고, 임금님이 하늘의 뜻에 따랐음을 밝히는 핵심존재로서 천문도를 만들었던 것이다. 천상열차분야지도가 존재함은 조선의 건국이 하늘로부터 인정받은 지극히 정당한 것이었음을 뜻한다.

(4) 주체성의 선언

넷째로 천상열차분야지도를 만들었다는 것은 우리민족의 주체성을 세계만방에 알린 것이다. 그것은 바로 조선건국을 통해서 우리민족이 확실한 주인의식을 가진 민족임을 확실히 한 것이다. 그간 사대주의 논쟁이 이따금 나오면서 조선시대에 멍에를 씌우는 경우가 적지 않았는데, 천상열차분야지도의 존재에 의해서 그것은 긴 논쟁을 할 필요가 없다고 생각한다. 우리민족이 당당한 주권국으로서 하늘을 받드는 나라라고 선언한 나라에서 사대논쟁은 공연히 견강부회한 것이 분명하기 때문이다.

(5) 중심국가의 자부심

조선건국은 고구려정신을 이은 가우리정신이 분명한 것임을 천상열차분야지도가 확실히 해주고 있다. 천문도를 만든다는 것은 우리민족이 우주의 중심에 선 나라임을 뜻한다. 그리고 이는 다시 조선건국이 온 세계의 중심국가가 탄생함을 선언한 것으로 표명하는 것이다. 그리고 우리가 바로 세계의 가운데 나라인 가우리임을 확인하는 것이다.

3. 용비어천가

1) 용비어천가에 대한 전통적 관점

용비어천가(龍飛御天歌)는 조선황실의 개창을 송축하는 노래로 만들어졌다. 집현전 대제학 정인지, 집현전 대제학 권제, 집현전 제학 안지의 3인이 주축이 되어 만들어진 이 노래는 전체적으로 125장의 노래로 만들어졌다.

용비어천가는 조선개국에 관련된 문헌 자료로서는 최고의 지위에 있는 존재로서, 온 국민이 두루 알고 있는 드높은 사료이다. 그러나 드높은 명성은 갖고 있음에도 불구하고 오명 혹은 악명을 상징해 온 존재라고도 생각된다. 그 까닭은 무엇인가?

첫째로 용비어천가는 현존하는 가장 원초적인 한글사료로서, 매우 빼어난 명성을 날리는 존재이기에 국민의 거의 모두가 알고 있는 것이다. 고등학교 정도라도 나온 사람이라면 용비어천가를 모르는 사람이 있기 어려운 까닭은 특히 용비어천가가 국어 교과서에서는 필수적 위치에 놓여 있기 때문이다. 그리하여 고등학교를 나왔다 하면 누구나 용비어천가를 알게 되어 있는 것이다.

둘째로 용비어천가는 한글교육의 가치가 높은 데 대한 업보로 악명을 높게 갖게 되었다. 왜냐하면 전국의 국어선생님들이 국어 시간에 철저하게 용비어천가를 평가절하하는 수업을 거의 빠짐없이 계속했기 때문이다. 용비어천가는 한글학적으로는 높게 평가되지만, 매우 민족적 위상을 깎아내리는 존재라고 혹평이 계속 되었기 때문이다. 많은 국어선생님들은 용비어천가가 사대주의적이고, 쿠데타 합리화 성향이 높으며, 맹목적으로 태조 이성계 장군을 칭송하는 문헌이라고 원색적으로 매도한다.

그러나 그간 천상열차분야지도와 같은 귀중자료도 침략일본의 곡필사관이 전혀 역사적 가치를 인정하지 않는 분위기에 더해서, 용비어천가를 국어선생님들이 말하듯 매도하는 분위기를 일본침략지들이 만들었다는 것을 생각해보지 않아 왔음을 유의해야만 하겠다. 용비어천가에 대해서 그간 갖고 있었던 관점은 잘못된 것이다.

2) 용비어천가의 드높은 가치

용비어천가는 일반인들이 상식적으로 알고 있듯이 부정적인 존재가 아닌 매우 정치적 의미가 큰 노래이다. 그것을 상론해 보면 다음과 같다.

(1) 정당성

첫째로 용비어천가는 조선황실의 개창에 정당성을 부여하려는 뜻을 표명하는 확실한 위상을 가진다. 조선의 개국과정을 웅장한 서사시로 묘사한 노래로서, 조선황실의 탄생에 대한 무한한 자긍심과 자신감을 당당하게 표출하고 있다. 생각할 때에 조선황실의 개창이 없었다면 고려는 끝내 역사에서 사라지고 망국의 길을 갔을지도 모르는 것이며, 그 국난을 극복한 것이 조선의 개국임을 선언한 것이다. 수치심이 아니라 무한한 자랑을 노래한 것이다.

(2) 주체성

둘째로 용비어천가는 조선황실의 개창이 갖는 민족적 주체의식을 강하게 나타내고 있다.[19] 그간 용비어천가가 비난을 받는 가장 큰 이유는 민족주체의식이 결여된 사대성 짙은 노래라는 것이었다. 그러나 용비어천가 전체를 내면적으로 음미하며 분석해 보면 사대성보다는 분명한 역사의식을 갖고 중국을 비하하는 흐름을 강하게 나타내고 있다. 옛적 고대사에서부터 우리민족이 중국을 격퇴하고 승리한 내용을 확실히 부각시키면서 조선의 강건함을 뚜렷하게 나타낸 것이다.[20]

---

19) 용비어천가의 용(龍)과 하늘(天)은 바로 우리민족이 세계 제1민족이라는 주체적인 우주관을 상징하는 최고의 존재이다.

20) 김성칠 · 김기협, 용비어천가(서울: 들녘, 1997), p. 439.

(3) 존황성

셋째로 용비어천가는 노래의 이름 그대로 적나라하게 임금님을 받드는 노래이다. 우리의 나라를 개창한 태조를 비롯해서 모든 황실의 존엄함을 노래하고, 우리의 황실이 영원히 무궁하게 이어질 것을 축원한 것이다. 그렇기에 용비어천가는 조선황실이 백성들의 충심에서 우러나오는 존경심의 극치 속에서 역사를 잇길 기원한 것이다.

(4) 천명성

넷째로 용비어천가는 태조 고황제의 등극이 천명(天命)에 따른 것으로서 분명한 정통성을 갖는 것임을 강조하였다. 용꿈의 얘기라던가 금척(金尺)의 꿈얘기와 같은 것을 통해서 하늘의 뜻이 확실하게 전해진 것이었고, 태조 고황제는 하늘에서 낸 인물임을 강조하고 있다. 특히 용비어천가에는 조선개창의 중심세력들이 갖고 있는, 그 무렵의 체계적 천하관이 자리잡고 있어서 국가의 사상적 중심을 밝혀주고 있다.[21)]

(5) 지도성

다섯째로 용비어천가는 태조를 비롯한 태종이나 황실이 매우 뛰어난 정치력을 가진 지도력있는 인물임을 부각시키려 하고 있다. 노래 전체에 걸쳐서 이성계 장군의 빼어난 활쏘기, 남다른 체력, 놀라운 수준의 말타기 등의 우수한 무용담을 우렁찬 서사시로 엮어 나가고 있는 것이다.

(6) 역사성

여섯째로 용비어천가는 당시로는 세계와도 같은 동아시아 전체의 역사를 두루 원용하면서 태조, 태종의 등극이 역사적으로 인정받는 것임을 여

21) 용비어천가는 천상열차분야지도와 합해져서 조선건국이 하늘의 뜻에 따랐음을 웅변하고 있다.

러 사례를 들어서 자세히 밝히고 있다. 특히 앞의 주체성에서도 말했지만 용비어천가는 한족(漢族)만이 아니라 북방족인 돌궐이나 몽골, 거란, 여진 등의 여러 사례를 들어서, 북방족이 중원을 차지한 것을 미화시켜서 추켜세우며 상세히 설명하고 있다. 즉 용비어천가는 사대가 아니라 한족(漢族)을 우습게 알고 조롱하는 의식이 짙게 깔린 역사대(逆事大) 문서에 가깝고, 확고하게 조선개창의 역사성을 규명하려는 것이었다.

(7) 북방성

일곱째로 용비어천가는 태조 이성계 장군의 삶이나 뿌리가 북방의 만주에 깊게 관련되어 있고 여진족과도 강한 연결점을 가진 것을 숨기지 않는다. 아니 숨기는 것이 아니라 태조 이성계 장군이 고조선과 고구려의 정통을 이은 북방계임을 오히려 강조하고 떳떳하게 드러내려고 하고 있다고 할 정도로, 북방에서의 활약을 지나치다고 여길 만큼 극대화시켜 자랑하는 것이다.

(8) 북진성

여덟째로 용비어천가는 이성계 장군의 조선개창에 즈음하여 북진정책을 썼고, 드넓은 북방영토를 끌어안게 되었음을 강조하고 있다. 아마도 광개토대제 이후에 가장 확실한 북방정신의 실천이라고 생각되는데, 용비어천가에는 그것이 우렁찬 노래로 선언되어 있는 것이다.

(9) 개혁성

아홉째로 용비어천가는 태조가 조민수와 함께 과감한 경제개혁 정책을 펴고, 균형 잡힌 개혁정책에 의해서 새로운 시대를 열었음을 노래하고 있다. 고려말의 고루한 반동정치와 부패를 척결하고 새로운 시대를 만든 것은 매우 칭찬할만한 일이라 하겠다.

(10) **위민성**

열번째로 용비어천가는 조선개창이 백성을 아끼고 사랑하는 위민(爲民)정책의 표현임을 뜻한다. 과전법의 시행이나 훈민정음의 반포와 같은 것은 결코 우연한 일이 아니었고 백성을 갸륵히 생각하는 깊은 마음의 표현이었던 것이다.

Ⅳ. 세계사상으로의 확대: 아사달(朝鮮) 사상

조선건국의 사상은 아사달 사상으로 꽃을 피운다. 조선시대는 지금까지 논한 여러 사상적 토대를 바탕으로 개창되는데, 조선은 바로 아사달을 뜻하기 때문이다.

1. 아사달 사상의 출현

조선은 고려와 함께 우리의 민족사를 수놓은 가장 유서깊은 국호이다. 우리의 민족사는 그간 여러 뜻깊은 국호가 명멸하며 역사를 이어 왔으나, 고려와 조선만큼 확고한 위치를 갖는 것은 없다.

우리의 역사상 조선이란 국호는 가장 뿌리가 길고 대표적이며 의미도 좋다. 단군께서 나라를 처음으로 열 때에, 이미 국호를 조선이라고 지어서 매우 오랜 세월을 사용해 온 국호임은 누구나 아는 사실이다. 이를 우리는 통상 옛 고(古)를 붙여서 고조선이라고 하지만, 그것은 역사적 편의상 그렇게 부르는 것이고 고대시대에도 명칭은 그냥 조선이었다.

그런데 그렇게 훌륭한 국호인 조선을 고조선시대가 끝나고서는 사용하지 않고 있다가, 이성계장군이 다시 나라를 열면서 다시금 사용하게 된 것이다. 그러니 옛적에 사용하던 보물을 잘 보관해 두었다가 다시 꺼내서 쓰는 것과 같이 된 것이다.

관천대(觀天臺)
관천대는 경주의 첨성대, 고려 만월대에 있던 첨성대의 전통을 잇는 것으로서, 서울의 원서동에 있던 옛 관상감터에 그대로 있다. 관천대는 단순히 천문학을 연구함이 아니라, 조선황실의 근본적 존재의의를 밝히는 하늘의 뜻을 살피는 곳이었다.

통상 우리는 조선시대가 개창될 때에 옛부터의 조선과 화령(和寧)의 두 가지를 갖고서, 이웃의 명나라와 상의하여 조선이라고 했다고 알고 있다. 그리고 그것은 매우 사대성이 있는 행태였다고 말해지고는 한다.

그러나 그것은 오히려 외교행위의 이면이 거꾸로 크게 부각된 감이 크다. 당시에 국호를 새로 정하려다가 예의상 두 가지를 갖고 명나라와 논의하려니 화령과 함께 두 가지로 논했다는 것은 결코 논리적 정당성이 높지 않다. 왜냐하면 조선이라는 확고한 호칭에 대해 화령은 단지 이성계장군의 고향이라는 사소한 명분 외에는 큰 의미가 없기 때문이다. 말하자면 황소와 병아리를 놓고서 좋은 것이 무엇이냐며 고르자고 상의하는 수준의 것이었기 때문이다. 당시 조선에서는 조선을 이미 정해 놓고 외교상 명나라와 형식적 협의를 했다고 생각이 드는 것이다. 아니 조선을 명나라에 통보한 것과 같은 것이다.

2. 아사달 사상의 의미

조선은 우리말로 고치면 아사달(阿斯達)이다. 아니 원래 아사달로 쓰던 것이었으나 훗날 한자글로서 조선으로 쓴 것이 맞다고 생각된다. 그러면 아사달이란 어떤 의미를 갖는 것인가?

먼 옛날 우리는 아침을 '아사'라고 불렀다. 그것은 고문헌에 아사를 아침이라고 뜻한다고 되어 있기 때문이다. 그런데 묘한 일은 우리민족은 현재 아침을 아사로 쓰지 않고 있는데, 일본에서는 아사로 쓰고 있음이다.

그렇다면 '달'은 무엇인가? 그것은 현재로서는 양달, 응달과 같은 데에 약간씩 잔재로만 남아 있는 우리말인데 땅을 뜻하는 것이다.[22] 그러므로 아사달은 아침땅을 뜻한다고 해석된다. 조선은 그러므로 아침땅을 뜻하는 한자어를 쓴 것이라고 볼 수 있다.

3. 아사달 사상의 국제성

우리민족의 옛사상에 있어서 국제성 혹은 세계성을 추적할 단서는 결코 쉽게 발견되지 않는다. 다만 아사달이 국제성을 말하는 것으로서, 가우리와 쌍벽을 이루는 존재라고 하겠다.

1) 가우리: 중심적 국제성

가우리는 앞에서 살폈듯이 우리민족의 국제적 세계관을 니티내는 대표

---

22) 평양의 단군릉이 존재하는 산이름은 대박산(大朴山)인데, 이 박산(밝산)을 옛날에는 박달(朴達)이라고 불렀다.
이형구 엮음, 단군을 찾아서(서울: 살림터, 1994), p. 27.

적 민족사상이다. 우리민족이 우주의 중심을 차지하고 있고 온누리가 우리를 감싼다는 세계의식을 선언한 것이며, 모두루 묘지명은 그것을 가장 잘 표현하고 있다.

2) 아사달: 역동적 국제성

아사달은 우리민족의 힘있는 역동성을 표현한다. 옛 역사서에 말하되 우리민족은 해뜨는 동쪽땅인 아사달을 찾아서 움직이는 민족이라고 되어 있다. 이것은 우리민족의 동태적 세계관을 말해주는 가장 의미있는 사례이다.

생각하면 우리민족은 아시아의 동쪽에 자리잡고 있다. 우리민족의 위치를 우리가 보기에는 우주의 중심이라 가우리라고 부르나, 서양인의 시각으로 보면 동쪽 끝이라고 하여 극동이라고 부르는 위치에 있다. 생각하면 그간 우리는 극동이라는 말도 적지 않게 썼는데, 그것은 전혀 우리의 용어가 아니라 서양인 중심의 용어이며 사실상 부끄러운 것이 확실하다.[23]

어떻든 우리민족은 해뜨는 동쪽을 향해 이동해 온 민족이다. 그것은 우리민족의 세계관이나 국제관을 특징지워주는 핵심인자라고 생각된다. 우리민족의 전통적 세계의식은 무엇일 것인가? 그것은 아마도 광명성, 기동성, 진취성, 적극성 등을 뜻하는 것이라고 하겠다.

특히 유의할 것으로서 태조 이성계가 조선(아사달)을 국호로 택한 것은 바로 고조선 옛터를 다시 찾자는 뜻을 선언한 것이다. 우리는 태조 왕건이 고려를 택한 것을 북방의지의 표현으로 강조하면서도, 태조 이성계 장군의 조선 선택은 무시해 온 오도된 흐름이 왜 나왔나를 예리하게 살펴야 한다. 이성계 장군의 등장은 왕건임금님보다 더 확실한 북방정책의 실천을

---

23) 영국인들이 그들의 입장에서 동양과 서양으로 구분하여 나눈 개념은 앞으로 쓰지 말아야 할 것이다. 우리는 동양에 있는 나라가 아니라, 우주의 가운데인 가우리에 있는 나라이다.

말하는 것이며, 북방인맥이 만주땅을 중심으로 새누리(新世界) 신시대(新時代)를 열겠다는 것을 선언한 매우 역동적이고 적극적인 국제의식의 극치라고 생각된다.

V. 맺는 글

한국사회에 맞는 바람직한 인간상은 무엇인가? 우리사회에 맞는 제대로된 인간상은 존재하는가? 이러한 답변에 대해서 우리는 그간 상당히 공허한 답변을 할 수밖에 없었다. 그간 바람직한 우리사회의 실체는 물론이고, 우리사회에 맞는 인간상을 찾기도 매우 어려웠기 때문이다.

그 까닭은 우리의 인간상 형성 과정에 투입되는 여러 변인이 우리 고유의 것이 아닌 수입된 것이었기 때문이다. 무엇보다도 우선 현재의 교육계를 지배하는 근본적 흐름이 우리와는 전혀 이질적인 문화에서 나온 서양식 교육이론이기 때문에, 우리민족다운 인간상 형성이 어려운 것이다. 의식주의 근본이 민족의 본모습을 잃고 있을 뿐만 아니라, 지극히 미세한 여러 분야에 있어서까지도 우리 것을 찾기가 어렵게 된 것이다.[24)]

그런데 서양흐름의 열풍을 극복하려는 방안을 불교, 유교, 기독교와 같은 데에서 찾는 것도 어렵다. 이들은 근원적으로 한국정신의 형성과는 다른 것이기 때문이다. 그간 우리 사회에 그토록 종교가 넘쳐도 정신고갈이

---

24) 사회과교육의 본질인식 및 철학의 빈곤 속에서, 외국의 경향에 너무나 추종하고 모방으로 일관된 것이 그간의 한국 사회과교육 흐름이었다.
박환이, 국민학교 사회과 교육목표의 변천, 한국사회과교육연구회, 사회과교육 제10집, 1977, p. 15.

광무황제 칭경기념비

서울의 광화문에 있으며 광무제가 즉위 40년이 되는 때에, 황제국으로서의 당당한 국가정신을 내외에 과시한 기념비이다. 앞의 철문은 일제강점시에 일본인이 떼어다가 개인집 대문에 달았던 것을 다시 떼어다 달은 것이니, 침략일본의 무엄함이 어느 정도였는가를 웅변하는 문이다.

날로 심화된 까닭이 있는 것이다. 이들은 결코 우리민족의 근본적 심금을 울려줌에 성공하지 못하는 것이다. 기독교는 가장 거리가 멀고 유교와 불교도 우리의 뿌리와는 근본적으로 가깝지 않다.

그렇다면 그 해답은 무엇인가? 그러나 그 해답은 그간 밖에서 찾아온 것을 극복함에서 찾아야만 되리라고 본다. 우리 스스로 한국인상을 형성할 확실한 철학을 만들어야 될 것이다.[25] 스스로의 본 모습을 돌아봄이 없이 남의 사상을 흉내낸 악순환이 인간실종 현상을 낳았음을 숙지하고, 우리

25) 이영춘, 한국인상에 대한 소고, 한국사회과교육연구회, 사회과교육 제8호, 1975. 8, pp. 36~47 참조.

속에서 우리의 본 모습을 찾아야 될 것이다.

그간 우리는 우리의 사상을 만들고 인간상을 형성할 근본변인을 너무 무시해 왔다. 최초의 조상인 단군을 허황된 우상이라고 매도하거나 가공의 허상이라고 몰아치는 속에서, 천상열차분야지도는 망각의 존재로 오늘에 이를 수밖에 없었으며 용비어천가는 가혹한 매도의 대상일 수밖에 없었다.

우리민족의 내일을 이끌 근본적 민족사상과 세계사상은 망각된 천상열차분야지도를 다시 찾고, 땅에 떨어진 용비어천가의 명예를 회복함에서 다시 세워야 될 것이다. 그것이 새로운 시대를 열어갈 사회인을 만드는 사회과교육의 근본적인 사상적 지표가 되어야 할 것이다.

요컨대 우리의 임금님을 모시고 당당하게 역사를 열어 나가던 때의 뿌리있는 인간상의 회복이 없이, 서양혼에 묻혀서 잃어버린 인간상이 되어 방황하는 현대의 학교교실은 근본적으로 고쳐져야 한다.

다섯번째 주제

종교 항일 전쟁사

종교를 통한 민족정통성의 수호

Ⅰ. 들어가는 글: 현존 종교의 역사적 정당성은 어떠한가?
1. 항일전쟁시대와 종교
2. 정치사 인식의 새로운 눈

Ⅱ. 항일전쟁 창의의 깃발 – 의병(義兵)
1. 전기(前期) 의병
2. 후기 의병

Ⅲ. 유림 항일전쟁의 전개
1. 의병 항쟁의 처절한 최후
2. 유림 항일전쟁의 새로운 전개

Ⅳ. 대종교·천도교와 청산리전투
1. 대종교(大倧敎)
2. 신흥무관학교와 청산리전투
3. 천도교와 3·1만세항쟁
4. 후기 항일전쟁의 전개

Ⅴ. 일제의 종교탄압 정책
1. 단군대종교 - 철저탄압, 박멸정책
2. 유교 - 극단적 비방, 철저탄압
3. 동학천도교 - 탄압 및 회유, 이이제이(이간) 정책
4. 개신교 - 탄압 및 무시, 이이제이(이간) 정책

Ⅵ. 맺는 글

Ⅰ. 들어가는 글: 현존 종교의 역사적 정당성은 어떠한가?

1. 항일전쟁시대와 종교

정치를 떠난 인간이 없고, 인간이 있는 곳에 정치적 삶은 꼭 존재한다. 마찬가지로 종교와 인간도 끊으려 해도 끊을 수 없는 깊은 관계를 맺고 있다. 종교를 떠난 인간사회가 없고, 인간의 정치적 삶에 종교는 곳곳에서 깊게 연결되어 있다. 생각해 보면 종교는 다분히 정치성을 띤 존재라고 하겠는데, 이것은 우리의 항일전쟁(抗日戰爭) 시대의 역사에 있어서도 꼭 같다. 일제침략의 시작에서부터 전개과정의 곳곳에 종교변인(宗教變因)이 없는 곳이 없다. 지금까지 그에 대한 본격적 논의가 부족했었는데, 침략자가 물러가고 반세기가 지난 오늘에는 그것이 분명히 정리될 때가 되었다고 하겠다.

항일전쟁사에 있어서 종교적 시대구분을 어떻게 보아야 할 것인가? 그것은 크게 3단계로 나눠서 분석되어야 하리라고 본다. 물론 3단계의 시대구분이 칼같이 명쾌하게 자를 수 있는 것은 아니며 중첩되고 불명료한 부분도 있을 수는 있겠으나, 대체로 뚜렷하게 굽이가 확연하게 드러나는 것이 우리의 항일전쟁사이다. 항일전쟁의 시작에서부터 침략자가 제2차 세계대전에 패하여 물러날 때까지의 전체를 시간적으로 분석하면 종교변인이 사실상 명쾌하다고 할 정도로 부각되기 때문이다.

항일전쟁 제1기의 역사는 확실하게 유림(儒林)의 세력이 주도하는 항일전쟁시대이다.[1] 일본제국주의자들의 함포외교에 의한 강화도 강제수호조

1) 이태룡, 의병 찾아가는 길(서울: 다물출판사, 1992), pp. 55～77.

약 체결로부터 비롯되는, 일본의 제국주의적 침략에 최초로 나서서 처절히 항전한 종교는 유교였다. 유교는 당시의 지도세력인 양반층을 대변하는 종교였고, 당시의 시대를 이끄는 기본이념으로서의 종교였다. 그러니까 유교는 조선시대의 국교로서의 위상을 갖는 종교였다. 유교는 조선시대를 이끌었던 만큼 당시의 중추적 최고 인맥을 형성하던 종교였고, 당시의 나라를 이끄는 기본철학이었다. 그러한 위상을 갖는 종교답게 유림층이 일제침략에 맞서서 싸운 바는 가히 의롭고 장쾌한 애국 서사시라고 해도 될 듯하다. 그간 유림층이 항일 혈투 속에 장렬하게 죽음을 맞으며 사라지고 나니까, 유교의 역사를 제대로 써 준 바가 거의 없는데, 항일전쟁사의 대부분을 종교라는 변인으로 분석할 경우에는 거의 모든 핵심주류가 일관되게 유교의 애국활동이었음이 분명하다.

항일전쟁 제2기의 역사는 천도교의 항일애국이었다. 천도교는 동학에서 탄생된 만큼 동학과는 끊을 수가 없는 종교로서 차라리 동학천도교라고 부르는 것이 옳은 종교이다. 천도교는 평민층을 대변하는 종교였는데, 그 교리가 내세우는 바가 유불선(儒佛仙) 3교를 종합한 자생적 민족종교였다. 그러나 여기서 3교를 합했다기보다는 차라리 조선의 시대정신을 바탕으로 한 토착형 자생종교라고 함이 옳겠다. 따라서 유교를 밑바탕에 깐 종교로서, 옛부터의 불교나 선교(仙教)를 포용한 조선시대의 정신을 대변하는 종교라고 해석되어야 하겠으며, 유교의 토착화 형태 혹은 유교의 민중형이라고 하겠다. 동학천도교의 항일애국은 3・1만세항쟁에서 두드러진다. 3・1만세항쟁은 거의 모든 것을 동학천도교가 주도하면서 이끌었다고 해도 되는 위대한 애국의 금자탑이었다.[2)]

항일전쟁의 제3기는 망명애국자들에 의한 항일혈투였다. 그런데 망명애국자들의 종교적 성향은 이제부터 다양한 양상을 띤다. 그러나 제3기에

---

2) 안천, 일월오악도 제1권(서울: 교육과학사, 1998), pp. 402～412.

있어서도 러시아 연해주나 만주땅과 같은 항일전쟁의 제일선 최전선에 있어서는 유교를 믿는 정통 양반 애국자들이 중심축을 이룬다.[3] 그리고는 3・1만세항쟁을 하다가 망명한 천도교, 개신교(기독교) 계통이 망명 인맥에 합류를 하게 된다. 특히 이 무렵부터 국내에는 침략자들의 비극적 강점(强占) 상태가 이뤄지면서 일제의 신사참배가 강요되고, 이에 따라서 개신교 계통의 망명 인맥이 만주나 상해 등으로 이어진다. 그리고 미주대륙에서의 항일애국이 있었는데, 이들은 당연히 개신교일 수밖에 없었다.

2. 정치사 인식의 새로운 눈

항일전쟁시대의 정치사 인식에는 각별한 안목이 필요하다. 당시의 사료를 피상적으로 읽거나, 부분과 전체를 보는 시각이 결여되어 있거나, 오도된 사료를 수용하는 일이 많을 수 있는 때가 바로 항일전쟁시대의 역사이기 때문이다. 우리는 그간 항일전쟁시대의 역사를 보면서, 때로는 당혹감을 갖고 때로는 허망함을 갖고 역사의 실체를 파악해 들어가게 되는데, 그 까닭은 그 시대의 역사를 쓴 주체가 바로 침략일본이기 때문이다. 그러므로 그들에 의해서 잘못 쓰여진 역사 속에서 진실을 찾는 길은 매우 힘든 가시밭길이 되겠는데, 본 논문에서 다룰 종교변인에 의한 항일전쟁사도 전형적인 가시밭길에 해당한다고 하겠다.[4]

첫째로 항일전쟁시대의 종교변인에 대한 전체적인 균형감을 회복하는 것이 항상 강조되어야 하겠다.

지금까지의 연구들은 많은 경우가 특정 종교의 특정한 시대를 중심으로

3) 그 까닭은 망명집단의 형성이 주로 의병항쟁을 하던 인맥에 의해 만들어지고 있었기 때문이다.

4) 안천, 일월오악도 제2권(서울: 교육과학사, 1999), pp. 17～22.

지엽적이고 부분적이며, 심지어는 편파적인 연구를 진행하면서도 그것이 바로 당시의 역사를 그대로 반영하는 듯이 쓴 경우가 허다하다. 생각하면 항일전쟁시대의 역사에 있어서 후손을 잘 두거나 특정 지원조직이 있는 사람의 인물사는, 과잉으로 미화가 되고 지나치게 부각이 되었다. 따라서 항일애국자의 평가는 적지 않게 균형감을 잃고서 중구난방식 역사가 되었다. 종교에 있어서도 마찬가지였다. 그리하여 지엽말단이나 부분의 역사를 말함으로써, 전체를 통관하는 거시적 시각을 갖지 못하게 한 기존의 항일시대 종교평가는 사실상 많은 부분이 엉터리 역사라고 해도 된다. 이것은 바로 종교 사이의 총체적 균형감을 상실한 역사였기 때문이다.

둘째로 일제침략자들의 오도된 역사 서술의 피해를 철저히 입은 만신창이 역사의 대표적인 변인이 종교영역이다.

예컨대 우리의 학교에 있어서도 최고 일류 대학이나 일류 고등학교라고 말해지는 학교의 거의 대부분은 친일영합 혹은 친일매국의 학교였다. 그리고 소위 깡패학교라고 했던 학교는 애국의 학교였다. 일제 침략당국은 그들의 말을 잘 따르는 학교는 모범학교라고 했고, 항일애국의 학교는 깡패학교라고 했기 때문이다. 그리하여 오늘날에 있어서도 적지 않은 다수의 우수한 학생들은, 침략자들에 영합하며 국가와 민족을 배반하고 사리사욕에 젖어 호의호식하던 비열한 흐름의 학교에 들어가 궁극적으로 쓸모없는 인간이 되어 버린다. 삶에 대한 정당한 가치판단이 없이 오로지 출세지향주의에 빠져서 수단과 방법을 가리지 않고 벼슬을 찾고서, 심지어는 매국, 아니 망국의 길도 서슴없이 찾아나가는 인간을 만드는 세칭 일류학교를 나와서 지난날을 후회하는 일생을 보내는 사람이 한 두명인가?

마찬가지로 종교변인도 학교변인과 꼭 같아서 소위 모범종교라고 했던 종교는 친일매국의 종교였고, 몹쓸 종교라고 왜놈들이 탄압했던 종교는 진짜로 좋은 종교였다. 현대시대의 우리 사회는 이승만 시대 이후에 친일전통의 학교를 나온 인맥이 친일 전통의 종교에 다수가 몰려들면서, 종교에 있어서도 일본이 원하는 상태의 기막힌 나라가 되었다. 친일 매국행위를 했거나 조용히 침묵했던 종교는 날로 교세가 확장되었고, 애국의 길에 앞장섰던 종교는 쇠퇴의 길을 갔다.

셋째, 해외 흐름에 기대어 외국적 시각에 의해서 역사를 해석한 바에 따른 종교변인 왜곡에 대해서도 날카롭게 주목을 해야 옳다.

우리 땅의 곳곳에는 해외침투 종교의 성지라는 곳이 있다. 그러나 그곳이 정말 성지인가를 엄밀히 분석해 본 경우는 드물다. 오로지 그 종교 측에서 스스로 성지라고 갖다 써 붙인 것이다. 그런데 그 종교의 성지란 무엇인가?

그것은 조선시대 후반기 이후에 외세침투의 전형적인 흐름을 대변하는 것으로서, 당시의 국법을 어기고 나라를 뒤흔들어 조선시대가 일제침략을 받는 토대를 마련한 종교가 바로 그 종교이다. 조선 정부는 애초에 그 종교에 대해 너그러웠으나, 계속 국헌을 문란시키고 심지어 임금님 할아버지의 묘소를 파내고 외국군대에게 쳐들어와 달라고 청원을 하는 등, 당시로서 최고의 범죄집단이 되자 나라에서 처벌을 할 수밖에 없었다.

그런데 그것을 순교라고 할 수 있는가? 그것은 그 종교를 위한 종교이기적 차원의 성지는 될 수 있어도 사실상 우리민족과 역사를 조롱하는 것이다. 이 나라를 얼마나 가소롭게 알면 곳곳에 성지라고 써 놓는가? 이 나라는 체통도 자존심도 없는 나라인가? 그 종교의 침략에 의해 무너진 조선황실은 요즘 어떻게 되었는가? 지난 100여년 역사에서 얼마나 많은 동포가 희생되었으며 역사의 제물이 되었는가? 그 종교는 현재 전국적으로 교세가 기세 등등하나 조선황실은 사라졌다. 그리고 우리민족은 지난 100여년 역사에서 수없이 고통의 역사를 이어오게 되었다. 누가 피해자이고 누가 순교자인가? 그 종교에서 아전인수 형대로 주장하는 성지는 위선의 성지가 분명하다.5)

---

5) 이와 같은 현상이 나타난 근본적인 이유는 우리의 근현대사가 독립운동사가 주류가 되지 않고, 사실상 친일왜곡사가 내면으로 확실하게 자리잡고 있기 때문이다.

특히 유교나 천도교와 개신교 측에서는 애국을 위해서 수없이 죽었고, 조국을 위해 순교다운 순교를 한 인물이 수두룩하나 성지를 세우지 않고 있다. 진짜 뜻깊은 순교를 한 종교는 조용히 있는데 우리민족을 침탈한 종교는 오히려 탄압이니 뭐니 하며 떠들고 있다. 민족 모독! 정말로 우리민족에 대한 모독이다. 이런 기막힌 종교이기주의의 발호는 재고되어야 한다. 지난 근현대 시대의 애국지사들은 모두가 정통 순교자들이고 거의 모두가 유교, 천도교, 개신교 신자들이다. 이에 반해 순교성지를 만든 특정종교에 의해 이 나라의 역사가 얼마나 왜곡되었고 오도되었는가? 현재의 종교 상황과 종교 역사는 정말 친일영합형 민족기만의 침략 미화 역사가 분명하다.[6]

Ⅱ. 항일전쟁 창의의 깃발 - 의병(義兵)

항일전쟁 최초의 봉화는 유림층에서 올려졌다.[7] 요즘 우리 사회는 해외에서 들어 온 민주주의나 사회주의의 평등사상에 과도하게 감염되어 조선시대의 양반층은 썩은 탐관오리들만 있는 줄로 아는 경직된 사고를 갖게 되었는데, 일제침략을 맞아 국난에 정면으로 대처하면서 애국의 깃발을 올린 계층은 양반 유림세력이었다.

흡사 요즘에는 과거에 조상이 양반이었던 가문은 전혀 없는 듯이 양반을 비방하고 매도하는 풍조가 만연되어 있는데, 일부 몹쓸 양반이 있었을

김준엽, 장정 제1권: 나의 광복군시절(서울: 나남, 1993), p. 8참조.

6) 안천, 사회과교육에서의 친일성 극복에 관한 연구, 한국사회과교육연구학회, 사회과교육학연구 제5호, 2001, pp. 31～33.

7) 박성수, 독립운동사 연구(서울: 창작과 비평사, 1993), p. 45.

뿐이지 다수의 정통 양반 지도층은 건실한 집단이었고 국난을 맞아 정면으로 애국을 한 살신성인의 집단이었다.

후세의 사가들은 초기 항일전쟁에 몸바친 애국자들을 의병이라고 부르는데, 조국을 살리려는 애국의 제단에 모든 것을 바치고 순교한 애국지사들이 줄지어 나왔으니 그들이 바로 의병이다. 그리고 그들의 대다수가 양반출신이었다.

1. 전기(前期) 의병

의병 봉기가 확실히 일어난 최초의 사건은 동학란이었다. 그간 동학에 관한 연구는 많이 진행되었다. 그리하여 동학을 동학농민전쟁, 동학항쟁 등으로 바꾸어 부르기도 했다.

그러나 동학농민전쟁은 애초에 틀린 말이 분명하다. 동학도들이 반정부 항쟁을 한 것을 전쟁이라고까지 표현한 것은 논리의 비약이다. 그리고 지난 20여년 간에 걸쳐 동학이 미화되며 동학항쟁으로까지 불려졌는데, 그것도 옳지 않다고 생각된다. 당시는 조선시대였고 우리의 임금님이 확고히 계시던 때였는데, 어차피 동학란으로 부르던 기존의 호칭이 옳지 않을까 한다.

조선시대가 외세의 침략으로 무너지고, 많은 역사를 해외의 논리로 쓰다 보니까 반정부는 민주항쟁으로 무조건 미화되는 흐름이 있는데 그것은 불식되어야 하리라고 본다. 당시의 조선정부는 우리민족의 정부요 우리민족이 사랑하고 보호힐 우리의 나라와 나랏님이 분명한데, 그간 조선시내를 깎아 내리고 헐뜯던 일제침략의 식민사관에 감염되어 이런 치우친 역사평가가 횡행하게 된 것이다.[8] 특히 요즘 들어 동학란을 민중항쟁으로 미화시키는 흐름이 강한데 그에 의해서 우리 땅이 청일전쟁의 전쟁터가 되고, 일제침략의 토대를 놓아주게 되어 국가기반이 밑바탕부터 흔들리게 되었다는 점을 간과해 버리게 하였다.

전기 의병은 완전히 양반 유림층에서 주동하여 애국적인 거병을 함에서 비롯되었다. 존황양이(尊皇攘夷), 위정척사(衛正斥邪), 국수보복(國讐報復)을 기치로 내걸고서 나라와 나랏님을 지키려는 의병이었다. 일제침략이란 미증유의 국난을 맞아, 조국을 지키고자 살신성인의 순교자가 되는 길을 택한 유림층의 투쟁은 가히 거국적인 흐름이었다. 그간 친일사학에 오염된 역사연구가들에 의해, 일본에 항거한 의병항쟁이기에 가급적 덮어두고 희석시켜서 없어지듯 퇴색된 느낌이 짙은데, 당시를 진동시킨 동학란보다도 큰 항쟁이 분명했다. 다만 일본 침략자들에게 있어서 동학은 반정부 성향이 더 높은 것이라 그들의 침략에 명분을 주는 것인데 반해, 의병은 철저한 항일 집단이었기에 가급적 철저히 은폐시키게 된 흐름이 있었을 뿐이다.

전기 의병은 강릉의 이희원, 안악의 안태훈, 고창의 임병찬, 영양의 김도현, 지평의 안승우와 맹영재, 홍주의 이승우, 나주의 정석진, 안동의 서상렬, 정산의 안창식, 상원의 김원교 등이 뚜렷한 활약을 보였고, 전국적으로 군사를 일으켰다. 이들의 특징은 철저히 충군(忠君) 애국의 길을 가는 것으로서, 동학란에 반대하고 항일항쟁을 하는 나랏님을 위한 애국이었으며 주류는 당시의 지도층인 유림 양반층이었다.

특히 일제침략자들의 간악한 만행에 의해 명성황후가 시해된 을미 왜적만행과 곧이어 단행된 단발령에 항거하는 의병항쟁은, 타는 불에 기름을 부은 듯 충군의 항일의병이 전국적으로 번져가게 되었다. 즉 이건창, 홍승헌, 정원하, 이남규의 상소가 올라가고, 전국 각처에 일제만행을 규탄하는 격문과 방(榜)이 나붙자, 보은에서 문석봉이 군사를 일으킨 것을 계기로 전국적으로 의병항쟁이 번져가게 된 것이다.

8) 요즘 친일곡필사관을 바로 잡는다고 아무 곳이나 칼을 대고 수술을 한 역사해석은 재고되어야 한다.

당시 의병의 공격대상은 일본군과 일본 관리, 일본인으로서, 의병장은 당연히 위정척사를 외치는 유학자들이었고, 의병부대원은 농민, 산포수 등으로서 모두가 사실상 유림들이었다고 하겠다. 주요한 의병으로서는 남한산성을 점령한 이천의 김하락, 안동의 권세연, 강릉의 민용호, 춘천의 이소응, 유홍석, 홍주의 김복한, 이설, 안병찬을 들 수 있다. 그리고 의병사에 길이 남을 의병장들이 나오는 바, 영월의 유인석을 들 수 있으며, 그에게 지평의 이춘영, 안승우가 합류하고, 선산의 허위, 문경의 이강년같은 거물급들이 등장한다. 이들은 지방의 저명한 유생들로서 유림의 대표적 중진들이었다.

이리하여 친일 관리들의 다수가 전국적으로 처단되고, 일본인들도 다수를 처형시켰다. 심지어 친일내각의 김홍집, 정병하는 서울시내에서 군중들에게 살해될 정도였고, 어윤중은 변장하고 시골로 가다가 농민들에게 참살당하였으며, 유길준, 조희연은 일본으로 도망을 가야만 했다.[9]

2. 후기 의병

후기 의병은 을사늑약(乙巳勒約)이 체결되면서 다시 폭발적으로 창의의 깃발을 들게 되었다. 당시는 러일전쟁의 전시체제가 계속 되다가 일본이 전쟁에 이기게 되면서, 전국적으로 살벌한 군사 독재체재가 구축되면서 보호조약이라는 미명하에 을사늑약을 강제로 체결하는 상황이었다. 그러한 극도의 공포 분위기 속에서 황성신문의 장지연 주필의 비장한 사설이 나오고, 이상설의 상소에 이어서 전국의 유림이 경운궁에 몰려와 조약무효의 상소를 집단적으로 올리게 되었다. 또한 조병세, 민영환, 홍만식,

9) 이태룡, op. cit., pp. 55～63.

송병선, 이상철 등의 우국지사가 자결하여 목숨을 끊는 비통한 사태가 이어졌다.

이 무렵에 김성삼, 이춘근, 안순서 3의사가 철도파괴 혐의로 체포되어 사형을 당했고,[10] 전국 곳곳에서 수많은 의병이 일어났다. 당시의 대표적인 의병은 홍주의 민종식, 영해의 신돌석, 영양의 김도현, 태인의 최익현, 임병찬 등을 거론할 수 있다. 후기 의병에 들어서는 의병의 주창하는 바가 차츰 '위정척사'에서 '국권회복'으로 바뀌게 되었다. 그러자 일제는 항일의병의 핵심인 유림세력에 치명적 공격을 가한다. 그것은 과거제도를 폐지한 것이니, 이로써 조선사회의 기본 틀이 무너지게 되었고, 항일의병의 주체인 유교세력의 토대를 근본적으로 흔들게 된다.

일제는 이 무렵에 대한제국을 없애고 강점하려는 야욕을 노골화하게 되고, 그것을 이룩함에 있어서 최대의 장애물이 양반층과 유림세력임을 간파하게 되었다. 이에 일본은 일차적으로 과거제도를 없애고 차츰 친일파를 위주로 하여 마음대로 관직을 구성할 체제를 만드는 것이다. 그리하여 갑오경장이라는 미명을 앞세워 그들의 침략을 향한 정지작업을 다양하게 전개하는 과정에서 과거제도를 폐지하게 되는데, 이것은 유림세력의 기반을 총체적으로 흔들어서 무너뜨리려는 공격이었으며, 모든 관직을 친일인맥으로 채우기 위한 체제구축의 준비과정이었다.[11]

그간 우리 역사책에는 과거제도 폐지를 침략일본의 논리에만 따르면서, 구시대의 잘못된 제도를 없앤 것이라고 했다.[12] 그러나 과거제도를 없앤

---

10) 서울의 공덕리에서 있었던 항일의거인데, 서울의 마포구에는 기념비라도 건립되어야 옳지 않을까 생각된다.

11) 현재도 여러 역사책은 침략일본이 과거제도 폐지를 자행하려고 거짓된 선전을 한 왜곡 논리를 그대로 수용하고 있다. 그리하여 과거제도가 부패했다는 것만 과잉으로 강조하는 기막힌 교육을 시행하고 있다.

12) 물론 과거제도가 혼탁해 있던 것은 사실이었다. 그러나 과거제도를 완전히 없애는 것은 전혀 논리가 다른 것으로서, 침략일본의 침략을 합리화하는 논리였다.
박성수, op. cit., pp. 50～59 참조.

것은 침략 일본이 갑오강제개혁을 단행한 핵심 중의 핵심이고, 그것을 통해서 우리민족의 중심축인 유림 양반층을 붕괴시키려는 침략정책이 분명했다. 왜 침략일본이 쓴 역사책에는 조선시대의 과거제도를 깎아 내리고 헐뜯는 것이 극대화 수준으로 부각되었는가? 조선시대의 위대한 인물들은 과거제도가 배출한 것이었고, 과거제도는 조선의 힘을 과시하는 제도였다는 점을 유의해야 할 것이다.

우리는 그간 조선의 중심적 지도층인 양반을 일방적으로 공격하는 가혹한 심리공격의 피해를 많이 입어 왔다. 일제침략자들이 조선역사를 식민사관의 곡필로 꼬여서 서술하면서, 양반층을 끊임없이 부패하고 몹쓸 악행만을 일삼은 추악한 존재로 만들어 놓은 바에 대한 근본적 연구가 그간 너무 없었다. 조선시대 양반층의 우수한 측면을 부각시키면서 양반의 훌륭함을 찾는다면 수없이 나올 것이다. 그것은 임진왜란은 물론이고 조선말의 일제침략에 있어서 침략자와 혈투를 벌이며 줄줄이 죽어간 양반 지도층을 보면 백번 이해가 되는 일이다.

그런데 양반층은 일제의 심리침략에 더해져 사회주의 심리침략에 의해서도 심각한 공격을 받는다. 예컨대 소설 임꺽정을 보면 양반은 천하에 없을 몹쓸 집단같이 만들어졌다. 그러나 임꺽정은 실제로 명종 때의 흉악한 도둑놈에 불과하다. 소설가 홍명희의 사회주의화된 붓끝이 흉악범은 영웅으로 만들고, 양반층은 몹쓸 인간들로 만든 것이다. 홍명희는 소설을 쓰면서 사회적 책임이 아니라, 본인이 생각하는 의도된 붓끝을 갖고 사회를 오도한 것이다.

그러한 사례는 오늘날에도 적지 않다. 요즘 인기있게 읽혔던 소설 태백산맥도 6・25전쟁의 참모습을 제대로 이해하지 않고, 시실상 의도된 생각을 갖고 붓끝을 놀리면서 흡사 전라도 남쪽 일원을 빨갱이 소굴같이 오해하게 묘사해 놓았다.13) 그리고는 사회를 사실상 본인이 의도하는 방향으로 이끌어 묘사를 해 놓았다.

조선시대의 양반층은 일제침략과 사회주의 침략에 의해 극심한 심리 공격을 받았다. 흡사 악의 상징과도 같이 몰아쳐 졌다. 그러나 일반인들은 정치논리의 본질은 모르고 심리공격의 결과만을 표피적으로 받아들이는 경우가 많다. 왜 일제침략자나 사회주의자는 양반층을 철저히 공격했는가? 그것은 양반층이 무너져야 침략이 이뤄지고, 그들이 정권을 쥐겠으니까 그랬던 것이다. 지난 백여년 사이에 있어서 전통적 지도층인 양반층은 철저히 공격을 받으며 무너져 내렸다. 일제의 과거제도 폐지는 양반층을 무너지게 한 결정타였던 것이다.[14)]

그런데 과거제도 폐지로 공직사회를 붕괴시킨 침략자들은 이어서 곧 군대를 붕괴시켜서 우리의 국가체제를 무력화시키는 조치를 취한다. 양반층 해체, 공직자 해체, 군대 해산의 3가지가 이루어지면 이 나라의 근본 뼈대는 없어지는 것이다.[15)] 그간 조선 후반기 역사를 정리하며 일본의 침략 의지를 그대로 옮겨 쓰면서, 양반욕을 하고 과거제도를 비방하고 군사제도가 엉망이었다고 하는 흐름이 횡행했는데, 그것들은 모두가 침략일본의 침략 논리였다.

군대 해산령이 내리자 박승환 대대장이 자결하고, 해산되는 군인이 전국에서 봉기하여 전국적으로 의병이 다시 확산되었다.[16)] 당시 대표적인 궐기는 원주 진위대의 김덕제, 민긍호가 이끄는 군대였으며, 수원 진위대와 강화 분견대의 봉기도 세력이 높았다.

이 무렵부터 의병은 사실상 정규군에 맞먹을 수준의 조직적 항쟁을 하게 되었다. 대표적 의병장은 강원도의 이인영, 민긍호, 지용기, 경기의 허위, 강기동, 연기우, 신태식, 전남의 안규홍, 전해산, 고광순, 심남일, 기삼

---

13) 안천, 사회과학 쪽에서 본 분단문학: 태백산맥을 사례로 들어, 한양대학교 한국학연구소, 한국학논집 제24집, 1994, pp. 367～397.
14) 박은경, 일제하 조선인관료 연구(서울: 학민사, 1999) 참조.
15) 과거제도 폐지는 군대해산, 학교해산의 전 단계였다고 생각된다.
16) 박성수, op. cit., p. 146.

연, 김태원, 경북의 신돌석, 정환직, 정용기, 충북의 이강년, 김상태, 권용일, 백남규, 전북의 문태서, 평북의 이진룡, 채응언, 함경도의 홍범도, 차도선, 황해도의 김수민, 우동선의 군대가 세력이 컸다.

이 무렵의 일본측 기록만 보더라도 하루에 평균 30건의 교전이 있었고, 1년 간에 1만9백76건의 교전이 있었을 정도였으니 전국적인 총궐기가 분명한 것이었다. 그러나 의병들은 점차 강력한 화력을 갖춘 일본군에 밀리면서 만주지역으로 후퇴하게 된다. 만주에 있어서는 유인석, 최재형, 안중근, 이범윤, 이상설 등이 중심인물이 되었고, 전국에서 밀려오는 의병들과 합세하여 점차 독립군으로 변하게 되었다.

후기 의병의 특징은 전기 의병과 같이 당시의 지도층인 양반 유림세력이 주축이 될 것은 당연하다. 그러나 후기 의병의 새로운 모습은 차츰 관직에서 밀려난 인물이나 군대 해산에 의해 군인에서 밀려난 인물이 합류하게 되었다는 점과, 농민, 상인은 물론이고 점차 하층민까지도 합류하게 되었다는 점이다. 그러나 분명한 것은 후기 의병에 있어서도 중심된 세력이나 지도급은 유학을 배운 당시의 지식층이요, 양반세력이 선두에 섰었다는 점이다.[17)]

Ⅲ. 유림 항일전쟁의 전개

전후기의 장기간에 걸쳐서 전국적으로 일어나 일본군의 침략행위에 맞섰던 의병항쟁은, 일제 강점이 현실화되면서 다시금 새로운 양상을 띄게

---

17) 이태룡, op. cit., pp. 63～77.

된다. 이 무렵에 있어서도 항일전쟁의 선봉에 선 종교는 사실상 유교뿐이라고 할 정도로 유림세력은 왜적을 향해 고군분투하며 혈전을 벌인다.

불교는 시종일관 중립적 입장에 섰고, 그 교리 자체가 개인의 안심입명과 득도에 있는 만큼 논외라고 하겠으나, 천도교와 개신교도 아직은 크게 항일전쟁에 두각을 나타내지 못했다.

1. 의병 항쟁의 처절한 최후

거세게 의병을 공격해 오는 일본 침략군에 의해 서서히 의병전쟁은 종말을 맞게 된다. 그리하여 국내에 있어서는 사실상 항일전쟁이 3·1만세 항쟁이 일어나기까지 장기간에 걸친 잠복기가 될 수밖에 없었다. 의병 항쟁의 처절한 최후는 3인의 애국자에 의해서 장식된다고 하겠는데, 모두가 정통 유학자로서 최고 지식인이며 당시의 지도급 양반층이다.

1) 최익현

최익현은 조선시대 항일전쟁을 이끈 지도자들의 정의로운 정신을 철저히 대변하는 인물이다.[18] 최익현은 사실상 학문적으로 대성한 인물은 아니다. 그러나 최익현은 항일애국의 길에 정면으로 나선 최후의 의병 가운데 제일의 상징적 인물에 해당된다고 할 인물이다.

생각하면 최익현의 생애는 한편으로 고루하고 경직된 학자의 삶이라는 비판을 받을 정도로 전통적인 유학에 충실했다.[19] 우리는 학문을 하되 시대사조의 변화나 세계 조류를 유연하게 받아들이는 트인 자세를 갖고 공

---

18) 박성수, op. cit., p. 49.
19) 신동일, 최익현의 위정척사론과 의병운동, 인하대학교 교육대학원 석사학위논문, 1987 참조.

부를 해야 한다. 시대가 변하면 학문의 해석은 그 변화에 따라야 하고, 학문 자체가 폭넓고 신선한 경륜을 가져야 한다. 그러나 최익현의 삶은 위정척사의 외길을 철저히 걷는 한 가지 길에 충실했을 뿐이다.

위정척사 항일애국의 외길! 우직할 정도로 하나의 길을 걸은 삶! 최익현의 삶은 학문의 존재가치를 평가하는 중요한 기준이 될 수 있다. 학문을 해서 개인의 입신양명과 이기적 출세를 위한 방편으로 쓰여지는 삶이 있다. 그리고 다른 한편으로는 학문을 해서 국가와 민족의 발전에 헌신하고 의로운 길을 향한 드높은 눈을 갖게 되는 삶이 있다. 최익현의 삶은 학문을 해서 옳게 쓰여지는 길이 무엇인가를 보여준 전형적인 것이다. 학문을 한다는 것의 진정한 의미가 무엇인가를 행동으로 보여 주었다고도 생각된다.

최익현의 입장에서 보았을 때에 기울어져가는 나라를 보고 취할 행동은 여러 가지가 있었을 것이다. 조용히 은거하면서 자신의 안전을 취하는 길, 시류에 따르면서 사태를 관망하고 있다가 본인에게 유리한 방향을 택하는 길, 힘센 자에 붙어서 불의에 합세하면서 개인의 영달을 꾀하는 길 등의 여러 길이 있었을 것이다. 그러나 최익현은 가장 어려운 가시밭길을 택했다. 나라가 흔들리고 나랏님이 위급한 국난을 맞아서, 본인의 안일을 단호하게 접어 두고 용기있게 민족과 국가를 구하는 길에 모든 것을 바친 것이다.[20)]

최익현의 삶은 학문을 해서 옳게 사는 길이 무엇인가를 보여준 모범이라고 생각된다. 일제침략자들이 우리의 국토를 강점하고서 취한 교육정책은 바로 최익현과 같은 인물이 나오지 않게 만드는 것이었다. 그리하여 첫째로 최익현이 배운 유학을 공격하고, 둘째로 최익현 같은 못된 인간이 되지 말라고 강변하는 교육을 실시했고, 셋째로 펜대 굴리며 편하게 살고 입신양명하라는 달콤한 꼬임의 교육을 했다. 그리고 가급적 혼(魂)을 상실한 침략 하수인(下手人)을 만드는 교육을 했던 것이다. 요즘 우리 사회에는

---

20) 북악사학회, 한국근현대인물(서울: 백산출판사, 1997), pp. 13～20.

일제의 이와 같은 어둠의 교육정책에 의해 만들어진 어둠의 인간들이 수없이 널려 있다. 우리의 현대시대 교육정책은 바로 그것을 극복하는 것이어야 할 것이다.

생각컨대 최익현은 일제침략이 있기 전까지는 사실상 숨겨진 인물이었고 역사에 부각된 바가 없다. 철종 6년에 명경과에 급제하여 호조참판에 오르기까지 18년의 젊은 시절을 관직에서 보냈다. 성실하게 조용히 관직생활을 한 그가 40세 무렵에 상소를 올린 것이 계기가 되어 제주도와 흑산도에 유배되었고, 풀려나서는 또 20년간을 은둔하며 침묵의 세월을 보냈다. 그러다가 62세의 노년에 을미왜변이 일어나고 국가가 흔들리자 항일의 길에 나서면서 역사에 빛나는 삶을 살게 된다. 그러므로 최익현은 학문이나 관직생활이 아닌, 항일의병사에서 빛나는 별이라고 하겠다. 최익현이 높은 평가를 받고 역사적 인물이 되는 것은 침략하는 왜적을 막으려는 말년의 삶의 숭고함 때문이다.

첫째로 그는 을사늑약의 무효를 주장하며 을사오적의 처단을 주장하는 상소를 통해 여론을 이끄는 일을 한다. 을사늑약에 직면하여 청토오적소(請討五賊疏)와 재소를 올려서 조약의 무효를 국내외에 선포할 것과 매국조약에 참여한 박제순 등 오적을 처단할 것을 주장하였다. 이 사건을 계기로 언론수단에 의한 위정척사 운동이 격렬한 집단적 의병봉기로 다시금 폭발하게 되는 것이다.[21)]

둘째로 전라북도 태인에서 몸소 의병을 일으켜 정면으로 항일전쟁에 몸을 던진다. 그는 '포고팔도사민'의 포고문을 돌리고, 일본침략자들에 대한 문죄서인 '기일본정부(寄日本政府)'를 발표하였다. 그리고는 정면으로 의병을 이끌고 항일전쟁에 나선 것이다.

그리고 끝으로 그는 74세의 고령으로 대마도에까지 끌려가 왜놈의 곡식

21) 현대시대에 있어서 사상계에 실렸던 시인 김지하의 오적(五賊)시와 같은 상소를 했던 것이다.

한 알도 먹을 수 없다면서 항거하는 철저한 단식 투쟁 끝에 처절히 생애를 마감한다. 그리하여 일제침략자들이 우리를 침략하면서 우리나라에서 가장 못되고 지독한 성씨가 최씨라고 생각할 정도로 엄청난 놀라움을 주었고, 침략자들에게 경종을 울린 최씨고집의 신화를 남기고 장렬한 최후를 맞는 것이다. 최익현은 마지막 유림의 무서운 최후를 보여준 최고의 상징이다.

2) 유인석

유인석은 최후의 의병을 이끈 최후의 장군이다. 유인석은 국내 의병의 최고 지도자로서, 일제침략에 의해 조국이 강점을 당하자 만주땅에 가서 마지막 항전을 하며 생애를 마친다. 그러므로 유인석은 의병에서 독립군으로의 징검다리와 같은 위치에 선 인물이며, 의병사의 마지막을 독립군사로 전환시켜 주는 뜻깊은 인물이다.

을미왜변과 단발령을 계기로 의병봉기를 시작한 유인석의 군대는 한때 3천명을 넘는 대군이었다. 제천, 충주, 단양, 원주 등지를 중심으로 한 중부지역 일대를 석권하면서 친일 관리와 왜군을 처단하여 기세를 크게 올렸다. 그러다가 관군의 총공격에 최후의 거점인 제천성을 잃고서 황해도, 평안도의 서북지역으로 옮기게 되었다. 그 후 서북지역 항쟁도 곤란해지자 압록강을 건너 서간도로 갔으나 그곳에서 오히려 무장해제를 당하고 만다. 의병부대 해산 후에 그는 통화현 오도구에서 여러 동포들과 정착해 있다가 광무황제의 부름을 받고 일시 귀국하였으며, 그 후 다시 망명을 하였다. 이 때에 광무황제의 뜻을 확실하게 전해 받게 되었으리라고 생각된다.

그리하여 유인석은 곧 다시 망명길을 떠나니 통화현 팔왕동에 다시금 거점을 마련해가고 있었다. 그러나 다시 그곳에 의화단의 난이 밀려오게 되어 귀국하여 서북지방을 돌며 항일정신 고취에 힘썼다. 그리하여 이진룡, 백삼규 등의 의병장을 배출하게 된다. 그러다가 광무황제가 강제로 퇴위되고 국운이 급격히 기울자 연해주 블라디보스토크로 망명하여, 이상설, 이범윤 등과 항일세력 재구축에 진력하였으니 13도 의군(義軍)을 창설하게 되고 총지도자로서의 도총재(都總裁)로 추대된다. 그러나 국내는 곧 경술국치를 맞게 되고 일제는 러시아를 통해 외교압력을 가해 오게 되었으니, 그의 군대는 다시 서간도의 봉천성으로 옮기게 되고 그는 거기서 얼마 후에 숨을 거둔다. 항일의병사의 최고 거목이 사라지게 되는 것이다.[22]

그러나 유인석은 원래 군인이 아니라 당대 최고 수준의 학자였다. 유학을 배운 유림의 태두로서 널리 후학들의 존경을 받는 인물이었는데, 나라가 존망지추의 위기를 맞자 흔연히 군사를 일으켜 항일전쟁의 길을 간 인물이다.

유인석은 광무황제의 밀지를 받고서 의병을 일으켜 구국의 길을 갔으니, 사실상 황군(皇軍)의 최고 지도자였지 의병이라고 부르기도 어렵다. 임금님의 뜻을 받들어 구국의 군사를 일으킨 그는, 당시의 의병장 가운데서도 거의 최고 수준의 구심점에 해당하는 장군이었으니 의병군 사령관에 해당할 거물이라고 하겠다. 유인석은 의병사에 있어서 최고 제일의 인물에 해당하는 역사적 존재이다. 유인석의 공로는 다음과 같이 정리될 수 있다.

첫째로 그는 조선시대 말기의 지식인의 참모습을 보여준 전형적 인물이다. 유학을 배운 당대의 진짜 지식인들은 결코 사리사욕을 탐하지 않는, 멸사봉공의 애국자들이었는데 그 최고의 모습을 보여준 것이다.

둘째로 전국 곳곳에서 우후죽순같이 일어난 의병을 자연스럽게 조직화하고 뭉치게 하였다. 단군이래 최악의 국난을 맞아 전국 방방곡곡에서 일어난 자연발생적 의병을 사실상 전국적인 조직이 되게 이끌었다.

셋째로 의병을 단순한 민간조직이 아니라, 국난시의 정규군이 되는 명분을 만들었다. 광무황제의 뜻을 받든 의병의 위상을 만듦으로써 사실상

22) 박환, 만주지역 항일독립운동 답사기(서울: 국학자료원, 2001), pp. 41～45.

의 관군, 아니 황군(皇軍)이 되게 만들었다.

넷째로 만주땅 통화에 최초로 망명 군사기지를 만들고, 블라디보스토크에서 항일전쟁을 진두 지휘하는 등 독립군 양성의 최초의 씨앗을 뿌렸다.

3) 안태훈

안태훈은 항일의병사에 있어서 금자탑을 세운 뛰어난 애국자이나, 그의 아들이 너무 유명하여 사실상 가려진 인물이었다.[23] 안중근 의사가 항일전쟁시대 제일의 애국자로 전국민적 추앙을 받다보니, 그의 아버지인 안태훈이 거목의 그늘에 가려서 숨겨진 상태가 되었던 것이다. 그러나 안태훈은 유인석과 비견될 정도로 그 당시를 대표하는 선각자이다. 다만 유인석은 보수적 진영을 대표했다고 하면, 안태훈은 개화파를 대표하는 인물이다.[24]

안태훈은 개화파 인물을 대변하는 의병장이듯이, 최익현과는 다르게 유연한 자세로 항일전선을 구축한다. 황해도 안악에 항일전쟁 기지를 만들고 가문 전체가 나서서 구국의 길을 걷게 되는데, 첫째로 서구 문물을 본격적으로 받아들이고, 최신 무기를 구입하여 훈련을 할 정도로 선구적 자세를 보인다. 당시 개화파를 대변하는 김옥균, 서광범, 홍영식 등의 갑신봉기는 역사상 여러 의미를 갖는다. 명성황후를 비롯한 수구파의 세력이 워낙 강하고, 심지어 고루한 성향을 띠고 있던 때에 젊은 개화세력이 대항하는 길은 쿠데타가 최선이었는지도 모른다. 그러나 갑신봉기가 3일천하로 끝을 맺게 된 뒤에 국정은 완전히 수구반동적인 흐름으로 가게 된다. 안태훈은 개화파의 잔류세력으로서 왜 그가 전 가족을 이끌고 해주에서 안악의 산골 청계동으로 옮기고 그곳에 의병기지를 만들 수밖에 없었는가가 이해

23) 안태훈은 과거에 급제하여 성균진사였다.
나명순, 조규석, 대한국인 안중근(서울: 세계일보사, 1993), p. 40.

24) 안천, 일월오악도 제2권, op. cit., p. 83.

되는 일이라 하겠다. 당시 서양에서 종교개혁으로 쫓겨나 동양에 거점을 마련하려고 강력하게 침투해 오던 프랑스 천주교회가, 그들의 전략거점으로 안태훈의 청계동을 택할 정도였다는 것은 안태훈의 역사적 의의를 크게 말하는 것이다. 안태훈은 다른 고루한 의병들과는 다른 유연한 열린 유학자였고, 조국을 구하는 길을 찾는 철학이 남다른 바가 있었다.

둘째로, 안중근, 안명근 같은 희대의 애국자를 배출하고, 본인의 구국 요새지를 쳐들어 온 동학접주 김구를 포섭하여 항일부대를 만든다. 안태훈의 문하에서 항일전쟁사의 거대한 인물이 줄줄이 나오게 되었다는 것은, 안태훈을 오늘의 역사에서 다시 평가할 중요한 이유가 되겠다. 요즘의 우리나라에는 친일인맥이 발호하여 자식을 군대에 보내지 않고, 국가와 민족을 저버리고 개인의 사리사욕이나 호의호식만을 생각하는 흐름이 적지 않다. 그런데 안태훈은 본인의 아들 삼형제와 조카들을 포함한 대가족을 직접 항일의병의 선두에 세웠다. 그리고 전재산을 바쳐 포수를 고용하고, 쳐들어온 동학접주 김구를 생포하여 항일애국의 길을 가게 가르쳤다. 안태훈의 지도에 따라서 안중근, 안명근, 김구, 그리고 안정근, 안공근, 안경근 등의 항일전쟁시대의 대표적 인물들이 나오게 된 것은 결코 우연이 아니다. 애국적 개화파 유학자의 정신이 표출된 가장 전형적인 사례가 분명하다.

그런데 안태훈 전술은 항일전쟁의 새로운 활로를 열게 되는데, 정면 특공전술이 바로 그것이다. 그의 아들과 조카인 안중근, 안명근을 비롯하여 김구 등이 이 전술을 전개하게 된다. 특공 유격전은 항일전쟁시대에 있어서 독립군 활동의 전형적 공격술을 새로 개발한 것인데, 그것이 바로 항일시대의 대표적 애국활동으로 역사에 남게 되었다.

생각하면 전기와 후기 의병이 일제 침략을 받고 무너진 뒤에 있어서 안태훈 사단에 의한 안중근, 안명근, 김구의 특공전술이 없었다면 항일전쟁사는 무의미한 것이었는지도 모를 일이다. 안태훈 사단에 영향을 받아 김원봉의 의열단(義烈團)이 나오고, 신채호, 이회영이 이끄는 북경의 다물단(多勿團) 등이 연결되어 특공전술이 빛을 발했지, 다른 것은 두드러진 것이 적었기 때문이다.

안태훈의 개화파 유림인맥에 의해서 특공애국전술이 나올 수 있었음은, 유교의 개화된 모습을 보여주는 중요한 사례라 하겠다. 어떤 사상이나 학문도 시대변화에 맞춰 발전을 못하면 썩는 것이니, 중세의 일천년 암흑시대를 만든 기독교나 고려말의 불교가 그랬었다. 유교에 있어서도 안태훈의 선각자형 깨달음이 항일전쟁의 금자탑을 세운 것이다.

2. 유림 항일전쟁의 새로운 전개

조국이 강점되고 의병활동이 국내에서 불가능한 비극적 상황이 되자, 유림의 항일전쟁은 새로운 양상을 띠게 된다. 그러나 이러한 현상은 항일의병이 국내에서 사라지고 나타난 현상이라기 보다는 유림측 구국활동의 다양한 전개 과정이, 의병이 사라지면서 보다 부각된 것이라고 생각된다.

1) 파리장서(巴里長書) - 김창숙

파리장서는 유학을 믿는 유교 신도들의 3 · 1만세항쟁 때의 애국형태이다.[25] 온 세상에 널리 알려졌듯이 3 · 1만세항쟁 때의 독립선언서에 서명한 33인은 천도교, 개신교, 불교의 3개 종교였다. 물론 천도교가 모든 것을 주도한 것이고, 개신교, 불교가 함께 서명한 것이었다.

이에 유림측에서는 3 · 1만세항쟁의 핵심부에서 떨어져 있었던 것이 되었고, 거국적 항일항쟁에서 일탈된 느낌을 주는 것이었다. 그러나 이것은

25) 심산사상연구회, 김창숙문존(서울: 성균관대학교출판부, 1993), pp. 191～217.

서울 문묘(文廟)
유림의 상징인 문묘는 성균관의 핵심위상을 가진다. 항일애국의 초석이 놓여진 건물이지만, 친일흐름이 지배하는 이 나라에서는 사실상 망각된 건물이다.

꼭 그렇게 속단할 일은 아니라고 하겠다. 당시 유림측은 전기 의병으로부터 후기 의병에 이르기까지 일본 침략군과 혈투를 벌이며 정면 대결을 벌이고 있었고, 3·1만세항쟁 때에는 유림의 핵심부가 만주땅에 망명되어 있었기에 참여를 할 수가 없었던 것이다. 만주땅 곳곳에서, 그리고 연해주에서 격렬한 항일시위를 일으킨 것은 모두가 유림측이었다고 해도 과언이 아니라 하겠다. 다만 이때부터 개신교가 서서히 만주 망명에 참여하게 된다. 개신교는 일제침략의 강점상태에서 신사참배 등이 강요되자, 서서히 신사참배에 반대하면서 항일의 길을 가고 있었던 것이다.

그런데 당시에 서울로 상경하여 만세를 부른 거의 대다수는 유림들이었다. 의병이나 독립군이 되지 않은 국내 잔류상태의 유교 신도들의 다수가, 유학의 가르침에 따라 나랏님의 마지막을 조문하고 치욕의 강점상태를 통곡하는 국상에 참여하고 있었다. 이 상태에서 김창숙이 주동이 되어, 33인의 독립선언이 국내에서 선언된 것임을 감안한 가운데, 국제적인 독립선언을 하려고 한 것이 바로 파리장서이다. 당시 유림의 최고 지도자였던 곽종석 등이 주동이 되고, 전국의 유림 대표자 137명이 서명하여 '파리에 갖고 갈 긴 문서'가 완성되었다.

'파리장서'는 김창숙이 휴대하고 망명하여 상해에 도착한 뒤에 서양어로 번역, 인쇄하여 '파리평화회의'에 우송하고, 상해의 각국 대사, 공사, 영사관 및 중국의 정계 요인, 그리고 해외 동포들에게도 널리 뿌려졌다. 이렇게 되자 일제 침략자들은 국내에서 곽종석을 비롯한 5백여 명의 유림을 체포하여 감옥에 넣는 등 가혹한 탄압을 가하게 되었다. 파리장서는 3·1만세항쟁 때에 유림이 따로 항일선언서에 서명을 하고 구국항쟁을 한 것이니, 항일전쟁사에서의 가치는 33인의 독립선언서에 맞먹을 정도의 대단한 것이라고 하겠다.

일제 경찰은 천도교를 중심으로 한 3·1만세의 격렬한 불을 끄느라고 혈안이 되어 있었고, 그 불을 끄기만 하면 되는 줄 알았다가 유림의 파리장서가 나왔으니 경악할 일이었다. 더구나 3·1만세항쟁은 우리민족이 몰려 있는 국내와 만주, 연해주가 중심이었으나, '파리장서'는 세계 각국의 공관에 우송되고 파리의 평화회의에까지 우송이 되었으니, 그 국제적인 파급효과는 놀라운 것이었다.

김창숙은 최익현, 유인석, 안태훈 등의 최후의 의병장들의 뒤를 잇는 차세대 유림의 기수였다. 상해와 북경을 넘나들면서 항일구국에 헌신하다 일제경찰에 잡혀와 감옥에 갇혀 있다가, 일제가 패망한 뒤에야 두 다리를 못쓰는 불구의 몸으로 풀려나 성균관 대학을 창립하고 교육, 정치에 몸바치다 일생을 마쳤다. 김창숙의 생애가 갖는 의미는 매우 크다.

첫째로 파리장서에 의한 항일운동으로 3·1만세항쟁의 가치를 배가시켰다. 3·1만세항쟁이 33인의 독립선언과 민족차원의 만세운동으로만 이어졌다면 그 의미가 축소될 수 있을지도 모른다. 그러나 파리장서에 의한 유림세력의 종합적 거사라는 새로운 국면을 제공하여, 민족운동으로서의 3·1만세항쟁을 매우 뜻깊게 발전시켰다.

둘째로 전후기 의병과 독립군에 있어서 주류가 유림세력이었고 항일전쟁의 대들보 구실을 하였다. 그런데 아직도 다수의 유림이 국내에 잔류해 있었다.(당시는 국민들의 다수가 유교를 믿고 민중세력이 불교와 천도교를 믿었으나 기독교는 아직 교세가 약한 때였다.) 그러니까 김창숙은 국내에 잔류해 있던 유림의 항일운동을 폭발시킨 구심점이었고, 만주와 국내를 연결하여 유림이 총체적 단결에 의한 항일운동을 했음을 표징하는 인물이 바로 그였다.

셋째로 김창숙은 본인 개인으로서도 북경과 상해를 넘나들며 유림세력을 대표한 항일전쟁에 진력하였다. 신채호와 함께 독립운동지인 천고(天鼓)를 발행하였고, 박은식과 사민일보(四民日報)를 발간하는 등 많은 활약을 하였다. 그 후 서로군정서 군사선전위원장으로 큰 활동을 했고 임시정부 의정원 부의장으로 있다가 일본영사관원에 잡혀 국내에 압송되어와 14년의 감옥생활을 하였다. 일본옥리의 고문으로 두 다리를 못 쓰게 되자 풀려나게 되었다. 일제가 물러난 뒤에는 이승만에 대한 반독재 투쟁에 진력하였다. 김창숙이 이승만 반대의 선봉에 서고, 존황정신의 산실인 성균관대학을 재건한 것은 김창숙의 삶을 볼 때에 당연한 것이었다. 황실입국의 외길을 걸은 김창숙은 황실을 짓밟은 이승만을 절대로 용서할 수 없는 것이었다.

넷째로 유학의 학문적 전통의 계승을 위한 노력에 힘을 쏟았다. 민족 전통의 학문이었던 유학을 오늘에 이어서 현대화시키는 토대를 놓음에도 큰 기여를 했다고 생각한다.

다섯째로 민족학문의 본산인 전국 향교재단을 규합하여 성균관대학을 만들었다. 친일 혹은 친일영합의 학교였던 학교가 소위 일류학교라는 기막힌 나라에서, 민족전통의 최고 국립대학이었던 성균관을 비록 사립대학으로나마 재건한 공로는 대단한 것이다. 교육기관의 역사를 되찾는 쾌거로서, 성균관이 존재한다는 것만으로도 민족정기의 기초를 찾는 일이라고 하겠다. 그런데 여기서 특히 유의할 바는 김창숙이 성균관을 부활한 궁극적인 뜻은 존황입국의 최고교육기관을 되살리려는 것이었다는 점이다. 전국의 향교를 바탕으로 성균관대학이 다시 선 참뜻을 진실되게 헤아림은 김창숙의 생애를 이해하는 핵심이 될 것이다. 성균관과 향교는 지난 역사에서 끊임없이 임금님 모시기의 첨병이 아니었던가?

2) 이제묘(二帝廟) – 최상길

이제묘는 현재 대구시 동구 평광동에 위치해 있다.[26] 이제묘란 두 황제를 모시는 사당이라는 뜻이니, 광무황제와 융희황제를 받드는 곳이라는 뜻이다. 이제묘는 현재 세인의 주목을 끌지 못하고 잊혀진 상태에 있으나, 3·1만세항쟁의 유적이 완벽하게 남은 대표적인 곳이다. 특히 이제묘는 당시 전체 국민적인 수준의 위상을 갖던 유림층의 항일애국 활동이 남은 전형적인 곳으로서, 유교의 대표적인 항일 성지라고 하겠다.

우리는 80년 전에 일어난 3·1만세항쟁을 막연히 생각하길, '일제 침략에 항거하면서 단순히 만세 항거만을 한 것'이라고 간단히 생각해 버린다. 그러나 당시 유교 윤리가 전국적으로 확고히 자리잡은 때에, 특히 유림층이 주도하는 항일거사는 그렇게 단순한 것이 아니었다.

당시 국상을 맞아 전국에서 몰려온 유림이 서울에 커다란 군중을 이룰 정도였는데, 그들은 무조건 서울에 온 것이 아니었다. 그들은 국상의 소식을 접하고서, 그것도 침략자들에게 임금님이 독살 시해되있다는 경악할 소식을 접하고서, 전국적으로 곳곳에 단(壇)을 쌓고 한양(서울)땅을 향해

26) 안천, 이제묘 존황항일 독립운동에 관한 연구, 한국황실학회, 황실학논총 창간호, 1997, pp. 49～98.

눈물과 통곡의 제사를 올렸는데 그것을 망곡단(望哭壇)이라고 불렀다. 망곡단은 안동, 상주, 합천, 진주, 함양, 산청 등지의 깊은 산골 오지에 특히 많았다고 하는데, 유림 선비들의 항일정신의 상징으로서 대체로 왜놈 순사가 오지 못할 깊은 산 속에 숨겨져 있었다고 한다.

그러므로 망곡단은 나랏님에 대한 충성과 나라를 다시 찾으려는 결의를 맹세하는 비밀 결사 장소와 같은 것이었다고 한다.[27] 그런데 그 유래는 광무황제의 국상에서 비롯된 것이니, 당시 전국 곳곳의 유학자들은 망곡단에서 한양땅을 향해 망곡을 하고서 상경하여 국상에 참여하였고,[28] 거기서 만세항쟁을 벌였던 것이다.[29] 그런데 대구 팔공산 뒤의 이제묘는 망곡단 애국행사가 거의 유일하고 완벽하게 남아서 오늘까지 전해져 내려오는 대표적인 곳이다.

이제묘를 지은 인물은 최상길이다. 전통 유학자인 그는 '제향항일'이라는 독특한 형태로 국난의 35년을 지낸 유림 애국자의 전형이다. 만주 망명까지 했다가 귀국하여 평생을 이제묘 건설에 바쳤으니, 이제묘는 충군애국의 유교성지로서 오늘날에도 완벽한 모습을 자랑하고 있다. 유교를 믿는 당시의 지식인들은 항일운동도 법도 있고 수준 높게 전개했음을 보여주는 의미있는 애국성지가 바로 이제묘인데, 다시금 그곳이 올바르게 빛을 보게 될 날을 고대해 본다. 이제묘의 역사적 가치를 몇 가지로 정리해 보자.

첫째로 국난에 처한 항일전쟁의 시기에 해외에 망명한 애국인사들만이 아니라, 국내에 잔류해 있던 인사들도 단호한 애국정신을 갖고 있었음을 뜻하는 중요한 유적이다. 곳곳에 친일파와 매국노가 있기도 했으나, 말없는 다수의 인사들 속에는 철저항일의 단호한 기상이 생생하게 살아 있었

27) 이제묘도 사실상의 의병조직에 가까운 모임을 결성했었다.

28) 3 · 1만세항쟁은 전통적인 제사양식이 발전한 만세항쟁으로 나타난 것이다.

29) '만세'는 황제에게만 붙이는 것이었다. 따라서 만세항쟁은 바로 존황만세라는 항거형태였던 것이다.

던 것이다.

둘째로 광무황제와 융희황제의 두 황제(二帝)를 민족의 구심점으로 하여 철저히 뭉쳐 있었음을 보여주는 전형적 사례가 되겠다. 나랏님을 향한 일편단심으로 살았던 전통적 유림세력의 삶이 생생하게 살아 있는 핵심유적이 되겠다.

셋째로 3·1만세항쟁의 기본형이 살아 있는 유일한 곳이다. 맹목적으로 만세를 불렀던 것이라고 생각하는 오늘날의 3·1만세항쟁 교육을 바로잡는 중요한 유적이 되겠다. 그리고 앞으로 삼일절 행사는 각급 학교에서부터 망곡단 정신을 살려 이제묘 방식으로 진행되어야 하겠다. 민족적 법도가 되살아나야지, 모든 법도가 무너진 사실상의 천민국가가 오늘날 우리의 모습이라면 큰 반성이 있어야 하겠다.

넷째로 변절을 모르는 단호한 매운 정신으로 민족의 체통을 지킨 곳이 이제묘이다. 국내에 있었기에 일제침략의 탄압을 더욱 가혹하게 감수했던 곳이 이제묘였다. 그러나 최상길과 그 동지들은 단 한 번도 절개를 버린 적이 없었다.

다섯째로 오늘날에 있어서도 '융희' 연호를 그대로 쓰는 유일한 곳이다. 단군기원은 커녕 서력기원을 쓰는 기막힌 나라가 된 오늘에 있어서도, 융희황제의 연호를 쓴다는 것은, 무서운 일제강점 시대에도 변동이 없었던 그들에겐 오히려 이상할 것이 없다고 하겠다. 백여년 가까이의 긴 기간을 이어서 현재까지 융희연호를 쓰는 신기한 곳이 있음은 누가 보아도 놀라운 일이다.[30] 그러나 그토록 귀중한 항일유적을 찾는 사람은 거의 없고, 오늘날에는 그 후손들만이 외롭게 제향을 모시고 있다. 주말 여행지로, 효도여행지로, 자식들의 교육을 위해서도 매우 소중한 유적지가 크게 각광을 받을 날을 기대해 본다.

30) 이제묘에서는 지금도 대한유민(大韓遺民)의 생각으로 이제묘를 지키고 있다. 절대로 대한민국 국민이 아니다.

3) 민족사학(民族史學) – 신채호

신채호는 김창숙과 함께 성균관을 상징하는 대표적인 인물이다. 성균관 박사로서 당시 지성을 대표하던 유학자 신채호는 일제침략을 받는 전대미문의 국난에 처하여, 망명을 떠나면서 안정복의 동사강목을 가슴에 안고서 만주땅을 향한 놀랍도록 존경스런 인물이다. 최고의 국난으로서의 절대절명의 비극적 순간에 국사책을 끌어안고 망명을 떠날 인물이 앞으로도 얼마나 있을 것인가? 쉽지 않을 것 같다.[31)]

신채호는 당대 유학을 대표하는 젊은 지성으로서 학문과 행동을 겸비한 최고 수준의 인물이었다. 생각컨대 보통의 지식인들은 나약한 경우가 많다. 심지어는 비굴한 삶을 사는 경우도 적지 않다. 그러나 최고 지성에 걸맞는 최고의 실천성을 가진 인물이 신채호였다. 만주땅을 헤매며 항일정신을 고취시키고, 상해에 모인 독립지사의 소금이 되고자 몸바쳤던 지행합일(知行合一)의 인물이 신채호였다.

신채호는 이회영, 김창숙 등과 함께 상해를 등진 대표적 인물이었다.[32)] 애초에 3・1만세항쟁의 격랑 속에 상해로 몰려 든 애국지사들은 깊은 철학이 없었다고 생각된다. 중심된 방향이 없이 무작정 애국을 하겠다고 망명을 해서, 일제 침략자와 싸우기보다는 자기들끼리 계속 파벌싸움이나 벌이다가 한두 해가 지나면서 거의 모두 흩어져 버리게 된다.

반상해(反上海)의 흐름을 이끈 핵심은 신채호,[33)] 이회영, 김창숙으로서, 이들 3인은 상해가 유명무실하게 끝날 것을 예견하고 북경으로 가서 항일운동을 전개한다.[34)] 반상해파 3인이 북경행을 선택한 핵심적 이유는 상해가 가진 존황정신 상실에 있었다. 전 민족이 광무황제의 국상을 맞아 통곡

---

31) 임중빈, 선각자 단재 신채호(서울: 형설출판사, 1986), p. 173.
32) 오장환, 한국 아나키즘운동사 연구(서울: 국학자료원, 1998), p. 169 참조.
33) 최갑용, 황야의 검은 깃발(서울: 이문출판사, 1996), p. 75 참조.
34) 이규창, 운명의 여신(서울: 보련각, 1992), pp. 14～213.

하면서 나랏님과 나라의 비극을 절규하듯 슬퍼하는 가운데, 망명객들이 임금님을 저버리고 임시정부를 세워 새출발을 한다는 것에 동의할 수 없었기 때문이다.[35)]

상해는 일본이 끊으려는 황통(皇統)을 스스로 알아서 끊겠다는 역적 성향을 짙게 갖고서 항일운동을 출발했고, 그렇기에 도덕성을 강하게 갖지 못해서 민족의 구심점이 될 수가 없었다.

당시 광무황제의 국상 중에 상해 망명객들이 역적 성향의 임시정부가 아닌, 예컨대 팔레스타인 게릴라의 PLO(팔레스타인 해방기구)같은 것을 만들었다면 만주나 연해주에 망명한 애국자들이 상해에 널리 합류했을 것이다. 그러나 많은 독립운동가들은 상해를 백안시하고 심지어 인간 취급을 하지 않았다. 최소한 임금님의 3년상이라도 치르고 나서 역적심서를 가졌다고 해도 이해하기 어려운데, 국내와 만주, 연해주의 전 민족이 나랏님의 비극적 시해에 절규하며 만세를 부를 때에 상해와 같은 행태가 나올 수가 있는가? 당시 유림의 대표였던 김창숙과 성균관의 상징인 신채호, 항일애국의 대부인 이회영 같은 최고의 지성들이 상해를 떠나지 않았다면 오히려 이상한 일이다.

신채호를 일반적으로 민족사학의 태두로 부른다. 그러나 신채호를 꼭 그렇게 부르지 않는 것이 그에 대한 예의라고 생각된다. 신채호는 명실상부하게 존경받을 민족사학의 최고봉이다. 그러나 신채호는 역사학자 하나로 부르기에는 너무도 큰 실천적 애국자였다.[36)] 망명 애국자들의 정신적 지주였으며, 아울러 그 자신이 항일의 선두에 섰던 너무도 큰 애국거목이기에 그를 단순히 역사학자라고 부른다면 너무도 그를 작게 축소하는 잘

---

35) 항일전쟁을 이끈 기본정신은 임금님을 향한 존황정신이었다.
박성수, op. cit., p. 330.

36) 신채호가 쓴 역사는 침략일본에 의한 오염 이전의 역사체계였다는 점에 있어서도 가치가 크다.

못을 범할 수 있게 된다.

신채호는 그 시대의 최고의 유학자로서, 안정복을 정신적 스승으로 모신 실학파 계열의 최고봉이라고 하겠다. 그는 국난의 시기에 있어서 구국의 유학 연구가 지향할 핵심은 바로 민족사를 제대로 잡고 민족혼을 정립하는 것이라고 간파하였으며, 그의 학문연구를 그곳에 집중시켰다. 그것은 훗날 백번 옳은 판단이었음이 증명되었다. 일제 침략자들은 우리의 국토를 강제 점령한 뒤에, 우리의 역사를 끊임없이 만신창이 역사로 훼손했기 때문이다. 대한제국 말기 최고의 지성인으로서 성균관의 상징이었던[37] 신채호가 세운 민족정신은 길이길이 민족사의 빛이 될 것이다.

Ⅳ. 대종교 · 천도교와 청산리전투

1. 대종교(大倧教)

대종교는 일반적으로 알려져 있길, 창시자 나철에 의해서 만들어진 종교라고 한다. 그러나 대종교는 단순한 종교가 아니다. 우리민족사에 길이길이 빛날 큰(大) 종교로서의 대종교가 분명하다. 그간 역사에서 대종교가 정당한 대접을 받지 못하고 숨겨져 있어서 그렇지, 우리민족사 전체를 꿰뚫어서 아무리 살펴보아도 대종교 만큼 숭고한 애국의 종교는 없었다.

대종교는 출발부터 순수한 민족종교를 기치로 내걸고서 출발된 종교이다. 그리하여 대종교는 단군교(檀君教)라고 불릴 정도로 단군숭배 사상을

---

37) 임중빈, op. cit., pp. 76～81.

기본이념으로 내세우는 종교이다. 따라서 대종교는 그냥 대종교라고 부르기보다는 단군대종교라고 불러야 하는 종교이다.[38]

그렇다면 왜 대종교가 이 시기에 탄생되었고, 왜 단군을 숭배함을 기본적 종교 이념으로 하였는가? 그것은 먼 옛날부터 내려오던 단군숭배 이념이 고려말에 몽골족이 침입해 옴에 따라 부각되었고, 국난을 맞아 민족을 하나로 뭉치게 해서 나라를 지켰던 점을 되돌아 생각해 보면 쉽게 이해가 될 것이다. 단군 역사는 먼 옛날부터의 문헌에 존재하고 있었던 듯하다. 그러나 모든 역사서가 없어져 버리고 고려말에 삼국사기, 삼국유사 정도가 가장 오래 된 수준의 역사서로 남아 있는데, 바로 삼국유사에 단군역사가 나오는 것이다. 그것은 옛부터의 단군사상이 국난기에 더욱 부각된 것이라고 생각된다.

마찬가지로 대종교는 조선시대 말기 대한제국의 국난시기에 강력하게 다시 등장한다. 단군은 먼 옛날부터 우리민족의 가슴에 계속하여 살아 있다가, 어려운 일을 당할 때면 민족을 이끄는 샛별이 되고 태양이 되며 뚜렷이 나타나는 것이다. 그런데 단군대종교는 역사에 부각되는 수준이 아니라, 철저한 신앙체계로서의 민족종교가 되어 나타났던 것이다.

대종교는 그렇기에 꼭 종교단체라고 간단히 말하기 어렵다. 왜냐하면 대종교는 당시 국난을 맞아서 애국심에 불타는 지성인들이 구국의 비밀결사 단체로 만들되, 그것을 일종의 종교형태로 바꾼 것이라고 하겠기 때문이다. 그러므로 대종교는 흡사 팔레스타인 해방기구(PLO), 하마스, 체첸반군과 같은 항일구국 결사대였다.

대종교를 창시한 나철을 보면, 그것이 쉽게 이해된다. 그는 당시 빼어난 젊은 유학자였으니, 29세 때에 문과에 장원급제하여 부정자(副正字)로서 종구품관(從九品官)의[39] 벼슬을 하고 있었다. 그러다가 33세 때에 징세서

---

38) 이형구, 단군을 찾아서(서울: 살림터, 1994), pp. 99～104.

34) 부정자는 홍문관, 승문원, 교서관의 종9품 벼슬로서, 정9품의 정자(正字) 다음가는 벼슬

장의 발령을 받았으나 사퇴하고 구국의 길로 나서게 된다. 그리하여 8년후 41세 때에는 애국운동을 위해 유신회(維新會)를 조직하였고, 동양평화를 위해 협조하라는 의견서를 일본정계에 전달하고 일본 궁성 앞에서 3일간의 금식항쟁을 결행하였다.

그러던 중 을사늑약이 맺어지는 비통한 상황을 목격하고 동지들과 을사오적을 직접 저격하였으며, 전라남도 무안군의 지도(智島)에 유배까지 되었으나 광무황제의 특사로 곧 풀려났다. 돌아와서 융희 3년(1909년) 음력 1월 15일에 서울에서 대종교를 처음으로 포교하니 그 날이 중광절(重光節)이다. 그는 교세확장에 주력하여 융희 4년 6월에는 서울에 2748명, 지방에 1만 8791명의 교인을 확보할 정도로 교세가 확장되었다. 그는 종교를 통한 항일의 토대를 쌓다가 7년후(1916년)에 구월산 삼성사에서 일본의 폭정에 통분하는 비장한 유서를 남기고 자살하였다.[40]

나철이 대종교를 세운 뒤에 나라가 일제침략자에게 강점을 당하자 제2대 교주 때에는 대종교의 본사(本司)를 아예 만주땅의 간도지방에 있는 화룡현(和龍縣)으로 옮겼다.[41] 그리고는 대종교의 모든 힘을 쏟아서 항일독립 전쟁을 수행하였다.[42] 대종교는 그렇기에 종교의 형태를 띤 결사체였으나, 사실상 조국애로 뭉치고 단군숭배로 똘똘 뭉친 항일전쟁의 비밀사령부와 같은 것이었다. 그리하여 그 후 만주땅에서 전개되는 항일전쟁의 엄청난 자금이 바로 대종교에서 조달되었고, 독립군들이 가진 최신무기인 기관총, 장총의 많은 숫자가 대종교의 지원에 의해 구입이 되었다. 오죽하면 일제는 대종교 금지령을 내리고 철저히 토벌작전을 전개했겠는가?

이었다.

35) 나철에게는 1962년 3월 1일에 대한민국 건국공로훈장 단장(單章)이 수여되었다.

41) 당시 북간도의 항일애국은 단군과 깊게 연결된 것이었다.
김주용, 북간도의 3・13항일독립운동과 비밀결사단체, 한국황실학회, 황실학논총 제5호, 2001, p. 78 참조.

42) 박환, op. cit., pp. 145 ~ 157.

대종교는 지도인물의 대다수가 대한제국시대의 최고지식인 집단으로서의 유생 혹은 유생의 후예, 그리고 의병들이었다. 그러니 만주땅을 넘나든 애국자의 대다수는 바로 단군대종교의 신도였으며, 기라성같은 애국인맥이 모두 하나로 뭉쳐 있었었다. 생각하면 단군대종교는 유교를 믿는 유학자 가운데서도 애국정신에 투철한 정통 유림의 결사체였고, 조선시대 양반 지도층 지성인의 명예를 상징하는 단체였다. 일제의 극심한 탄압을 받아서 교세가 끊어질 정도의 피해를 입었고, 요즘에는 유림에서도 대종교는 다른 교파인 줄로 착각하는 흐름까지 있는데 사실은 같은 종교이다. 앞으로 단군대종교와 유교가 합해져 단군유교 정도로 통일된 길을 걸어야 옳지 않을까 한다. 유교의 영광을 상징하는 것이 단군대종교이고, 단군대종교의 뿌리가 유교임이 언제라도 강조되어야만 우리의 항일전쟁사가 제대로 보이게 될 것이다.

단군대종교의 2대 교주 김교헌은 정3품의 대사성(大司成)을 역임하였으니, 성균관의 최고관으로서 유학을 가르치는 일을 맡았던 당대 최고의 학문 수준을 자랑하는 인물이었다. 요즘에는 성균관이 사립대학이 되었으나 고려말에서부터 시작하여 조선시대로 이어온 정통 국립대학이요 민족지성의 상징이었던 성균관에서도 제일로 치는 학자(교수)였던 그가 쓴 역사책인 신단민사(神檀民史), 신단실기(神檀實記), 단기사고(檀記事故)는 그의 높은 학문을 뜻하는 저서로서 만주 독립군과 그 자제들의 기본 교과서였다.[43)]

2대 교주 김교헌은 나철보다 5세 아래이다. 그러나 김교헌도 문과에 급제하고 한림옥당, 병조참의, 예조참의, 성균관 대사성을 역임한 거물이다. 더구나 독립협회 대표위원으로 만민공동회를 열 정도의 인물이다. 나철이

---

43) 김교헌은 일제침략 이전의 최고지성인으로서, 그가 쓴 역사책은 기본적 접근부터 모든 체계가 오늘날의 것과 다르다. 침략 일본이 훼손한 역사 이전의 모습이 아닐까?
고동영 옮김, 김교헌 지음, 신단민사(서울: 한뿌리, 1992) 참조.

5세 연상이지만, 또 장원급제한 뛰어난 인물이지만 하급관직에서 일찍이 물러난 인물의 뒤를 이어 대종교의 기본교리를 만들고, 폭넓은 독립운동에 나선 것을 보면 두 인물의 관계나 그릇이 짐작되고도 남을 일이다.

만주에 옮겨간 대종교는 김교헌의 이끌음에 따라 군관학교를 설립하고 독립군 양성에 진력하였다. 대종교에서는 3・1만세운동이 일어나기 전 해(1918년)에 이미 39인이 서명한 무오독립선언서(戊午獨立宣言書)를 작성 발표하여 3・1운동의 씨앗을 뿌렸다. 그리고 비밀결사 단체인 중광단(重光團)을 조직하여 북로군정서로 발전시켰으니, 서일 장군의 지휘 아래 김좌진, 나중소, 이범석이 청산리 전투에 참여하여 큰 전과를 올리게 된다. 서일 장군은 대종교의 최고 지도자인 백포종사(白圃宗師)로서 역사상으로 유명한 장군들인 김좌진, 나중소, 이범석이 그의 지휘를 받았다면 그가 어느 위상을 갖는가를 웅변하는 것이다. 서일은 김교헌의 뒤를 이어 3대 교주가 될 인물이지만 항일전쟁의 진두지휘에만 전념하다가, 청산리전투에 대한 보복으로 일본군이 경신대토벌 작전을 전개하여 수많은 동포를 살해하자 식음을 전폐하고 이 세상을 떴다. 서일은 청산리 전투에 직접 참여함은 물론이고 그 많은 무기와 군수물자를 댄 엄청난 공로가 있으니, 모두 대종교의 뒷받침을 뜻하는 것이다.

3대 교주 윤세복은, 김교헌이 8년만에 수많은 동포들이 일제의 총칼에 희생됨에 통분하다 별세하자 단군대종교의 대통을 잇는데, 3대 교주를 맡을 만큼 위대한 애국자였다. 그는 안희제, 서상일 등과 대동청년당을 조직하여 구국운동을 전개했고, 만주로 건너가 포수단을 조직하여 홍범도, 조맹선 등과 왜적에 정면으로 맞선 인물이다. 이 무렵에 있어서 만주 독립군의 대다수는 대종교의 신도가 되었으니 윤세복 같은 인물이 3대 교주가 됨은 전혀 이상할 것이 없는 일이었다.[44]

---

44) 강용권, 만주항일유적지 답사 제1권(서울: 장산출판사, 1996), p. 25.

2. 신흥무관학교와 청산리전투

신흥무관학교는 만주땅 항일전쟁사의 금자탑이다.[45] 단군대종교가 정통 유학자 지식인의 결사체로서 항일전쟁의 정신적, 물질적 토대가 되었다면, 신흥무관학교는 정면으로 독립군을 양성한 자랑스런 역사이다. 당시 만주땅에는 여러 갈래의 독립군 양성의 흐름이 있었다. 그런데 그 가운데에서 가장 확실하게 대량으로 독립군을 양성한 경우가 신흥무관학교이다.[46]

신흥무관학교는 항일전쟁시대의 대부(大夫)이며 사실상의 영의정이라고 불리는 이회영의 노력에 의해 만들어진 것이다. 이회영 가문은 조선시대 재상으로 유명한 이항복의 직계손으로서, 그 유명한 가문답게 후손들도 모든 것을 항일전쟁에 바치고 명예를 지켰다. 이회영은 6형제 전원이 전재산을 갖고 남녀노소 전가족을 합해서 만주땅 통화에 망명하여 독립군을 양성함에 아낀 바가 없었다. 엄청난 재산을 갖고 망명하여 10년에 걸쳐 약 3,500명의 독립군을 양성한 뒤에 본인들은 굶어 죽고, 일제와 싸우다 죽고, 다치며 약간의 가족만이 만신창이 상태로 귀국하였다.[47]

이회영 가문은 조선시대 최고의 명문가로서 나라와 나랏님께 모든 것을 바치고 애국을 한 전형적 가문이라고 해서 틀릴 것이 없다. 특히 이회영은 당대 제1수준의 지식인이요 빼어난 유학자인 이상룡을 교장으로 초치하고 유명한 장군들을 교관으로 모셔와, 만주 독립군의 위상을 어디에 내놓아도 부끄러움이 없게 만들었다.[48]

---

45) 안천, 신흥무관학교(서울: 교육과학사, 1997), p. 179.
46) 박환, op. cit., pp. 70～83.
47) 서중석, 신흥무관학교와 망명자들(서울: 역사비평사, 2001), pp. 55～214.
48) 윤병석, 독립군사(서울: 지식산업사, 1990), pp. 73～81.

이회영, 이상룡이 앞장서고 이청천, 김광서, 신팔균 등의 명장들이 길러낸 독립군이, 서일, 김좌진, 홍범도, 안무, 최진동 장군의 부대와 합해져 청산리대첩에서 일본군을 통쾌하게 격퇴한 것은 전혀 놀랄 일이 아니다. 당연히 이기게 되어 있을 정도였다. 당시 우리민족을 대변하는 지성인으로서, 유림 최고의 지식인들이 이론과 사상을 심고, 당대의 최고 명장들이 군사훈련을 시킨 데다가, 대종교의 자금이 대폭 투입되었으니 대승을 거두는 것은 분명한 것이었다.

청산리대첩은 구국의 결의를 다지며 모든 것을 희생한 당대의 애국자들의 뜻을 받든 것으로서, 당시의 지도층 양반사회를 반영하는 유림의 핵심들의 정성과 피눈물로 범벅된 애국의 씨가 뿌려지고 자라서 맺은 보람찬 열매가 분명하다. 신흥무관학교의 역사적 위상은 어떤 것인가?

첫째로 신흥무관학교는 나라가 무너지고 침략자가 국토를 강점할 경우에 애국을 한다는 것의 참된 의미가 무엇인가를 보여준 상징물이다.[49] 뜻있는 애국인사들이 스스로 모든 재산을 바치고 목숨을 내 놓고서 구국의 군인을 길러낸 신흥무관학교, 언제라도 숙연한 자세로 옷깃을 여미고 고마운 마음을 갖게 후손들의 심금을 울려주는 항일전쟁시대의 제1상징물이다. 요즘 우리 주변에 값싼 애국을 하고서 천박한 행태를 보이는 사람이 적지 않다. 고통받는 이웃을 돕는다고 계산된 자선행위를 하고는 신문에 이름내기에 급급한 사람도 흔하다. 그러나 신흥무관학교로 달려간 모든 사람들은 그런 치기어린 사람들이 아니었다. 신흥무관학교는 완벽한 절대애국(絶對愛國)의 표본 그대로이다. 전재산을 팔아서 눈 덮인 청천강, 압록강을 건너 혹한의 황야에 가서 옥수수밥에 좁쌀 죽을 먹으며 목숨을 내놓고 구국의 군인을 기르는 일은 언제라도 후손에게 들려 줄 거룩한 전설 그대로이다.

---

49) 노희상, 잃어버린 역사를 찾아서(서울: 다물출판사, 1996), pp. 96～98.

둘째로 이석영, 이회영, 이시영 등의 존경스런 6형제나 이상룡, 이동녕 같은 망명 지도자는 모두가 정통 유학자들이었다. 공부를 했다는 사람들이 국난시에 해야할 일을 행동으로 보여준 인물들인 그들은 유림의 핵심이고, 양반 지도층의 핵심이다. 요즘 우리 사회에는 배운 사람들인 지식층에 지탄받을 인물이 적지 않다. IMF국치를 맞아서 지도급 인사들이 보여준 행태는 부끄럽기 짝이 없다. 국가파탄, 지불유예 직전의 경제난국을 만들어 놓아 국고가 바닥이 나고, 수많은 기업이 쓰러지고, 길거리에 실업자가 넘쳐나는 비극을 만들어 놓고서 그 누가 겸허하게 반성하는 모습을 보여 주었는가? 일제침략시 같으면 매국노가 되고도 남을 인간들이 국정의 요직을 차지하고 나라를 망치고 있는 것이다. IMF국치 상황을 보건대, 현대 학문에는 혼(魂)이 없고 뼈대가 없다. 단순히 숙달된 지식 기능공을 만드는 것이 현대 학문이기에, 그것은 진실로 학문을 한 것이 아니요 그렇기에 IMF국치를 맞은 것이 분명하다. 조선시대의 정통 유학자요 지도층인 양반은 IMF국치와 같은 일을 저지르고서 하늘을 똑바로 보고 가슴을 펴고서 살 사람은 없었다. 그런 올바른 지도자들이기에 모든 것을 버리고 혹한의 만주땅을 찾아갈 수 있었던 것이다.

셋째로 국방철학의 참모습을 보여준 것이 신흥무관학교였다. 나라를 수호하려는 국방철학은, 근본이 철저한 정신무장이라고 하겠다. 그런데 당시의 유학은 바로 국가를 위한 정신무장의 모든 것을 갖춘 것이었다. 전후기 의병에서부터 독립군으로의 흐름은 모든 것을 유림층이 주도했었다. 생각하면 일제침략의 국난을 맞으며 제대로된 우리민족의 정예는 차례차례 조국에 목숨을 바치고 죽어갔다고 하겠는데, 쓸만한 애국인사의 절대 숫자가 죽고 난 뒤에 경술국치가 왔다고 보면 되겠다. 그러나 일제강점의 비극의 시대에 있어서도 만주땅에는 신흥무관학교의 올곧은 정신을 이은 정통 애국혼이 넘치고 있었다. 그 드높은 정신이 침략자에게서 조국을 탈환할 때까지 독립군 정신으로 이어졌던 것이다.(만주의 조선족은 6·25전쟁을 겪으며 직간접적으로 국내와 교류가 많았다. 6·25전쟁에 참전한 팔로군은 많은 숫자가 정통 독립군이었고[50] 중국 내전에서도 수많은 독립군이 죽었다. 그리고 문화혁명 때에 핵심 지도자는 거의 모두가 죽임을 당했을 정도로 피해를 입었다. 만주의 조선족은 사실상 정예 지도층이 거의 완전히 사라졌다고 보아도 좋을 정도이다. 그러나 옛 소련지역의 고려인들은 우리민족의 우수한 흐름을 잇는 정통 애국혼을 간직한 인맥이 사실상 그대로 남았다. 러시아, 카자흐스탄, 우즈베키스탄에를 가보면 고려인들에게서 진짜 우리민족의 우수한 옛모습을 쉽게 느낄 수 있다. 독립군들의 애국혼이 남아 있는 동포들이란 생각이 뿌듯하게 드는 사람들을 쉽게 만날 수 있다.)

넷째로 군인이 무엇인가 하는 바른 대답을 해주는 곳이 바로 신흥무관학교이다. 요즘 우리 사회에는 군인을 보는 야릇한 흐름이 있다. 그것은 아마도 일제침략 교육의 상처에서 비롯되었다고 생각된다. 일제는 당시 우리민족이 독립군이 되지 않게 하려고 혈안이 되어 있었다.(일제의 강제징병은 그들이 패전하기 직전 한 두 해에 불과했었다. 전쟁 말기에 가서 수없이 많은 군인들이 죽게 되자, 우리민족도 강제 징병한 것이지 그 이전에는 그렇지 않았다.) 일제는 독립군이 범죄자들이고 흉악범이라고 선전했고, 군인이 되어 애국을 하는 것을 바보같이 몰아가다가 패전을 했었다. 그들은 골수 친일파만을 일본군에 넣었고 군인에 대한 야릇한 입장을 일반인에게 전파했다. 그런데 현대에 들어서 군부통치의 시대가 있었고 군부정치를 비판하는 흐름이 강조된 때가 있었다. 그리하여 군인을 야릇하게 보는 흐름이 강화되었다. 그러나 군인은 성스러운 직업이다. 군인이 없기에 침략자들에게 나라를 빼앗기고 재산을 징발당하고 노예같이 하급 밑바닥 삶을 살며 징용, 징병, 정신대로 끌려갔었던 것이다. 요즘도 정신대 할머니

50) 김중생, 조선의용군의 밀입북과 6·25전쟁(서울: 명지출판사, 2000)참조.

의 한(恨)을 말하는 소리가 높은데 그 모든 것은 군인이 없었기 때문이다. 신흥무관학교는 군인의 소중함을 웅변하는 거대한 상징물이다.[51)]

3. 천도교와 3 · 1만세항쟁

동학천도교는 동학에서 비롯된 종교로서 3 · 1만세항쟁의 주도 세력이다. 3 · 1만세항쟁에는 독립선언서에 천도교, 불교, 개신교가 공동으로 선언하였으나 당시의 국민들이 널리 참여한 것이었고, 유림측에서도 대거 광무황제의 국상에 참여하여 대대적으로 만세항쟁에 나섰기 때문에 유림도 공동으로 일으킨 것이었다. 특히 3 · 1만세항쟁에 맞춰 파리장서에 137명이 서명하고 항거한 것은 독립선언 33인보다도 파급효과가 적지 않은 것이었다.

그럼에도 불구하고 동학천도교와 3 · 1만세항쟁의 관계는 매우 강력한 위상을 갖는다. 그 까닭은 3 · 1만세항쟁의 씨앗을 뿌리며 기획을 하고 전개시킨 중심적 일은 거의 모두 동학천도교에서 주도했기 때문이다. 그러므로 3 · 1만세항쟁의 최대 공로는 천도교에 있다고 해도 틀림이 없다.[52)]

천도교는 어떤 성향을 갖는 종교인가? 그것은 일단 창시자 최제우를 분석함에서 나타날 것이다. 최제우는 몰락 양반가문의 후예로서 어려서 유학을 배운 인물이다. 그는 서학(西學)인 기독교에 대항하여 동학(東學)을 만들고 민족고유의 새로운 종교를 만든 것이다. 그런데 그는 동학의 기본 뿌리를 유교 · 불교 · 선교(仙教)에 두고 유불선(儒佛仙) 3교에서 좋은 점을 뽑아 민족종교를 만들었다고 했다.

그러나 유불선 3교라는 것은 엄밀히 말해서 조선시대의 토착 사상을 말

51) 박도, 민족반역이 죄가 되지 않는 나라(서울: 평단문화사, 2000), pp. 154～199.
52) 안천, 일월오악도 제1권, op. cit., pp. 402～405.

봉황각(鳳凰閣)
봉황각은 서울의 우이동에 있으며, 손병희 선생이 독립운동의 지도자를 양성한 특별 교육기관이다. 3·1만세항쟁의 민족대표 33인중 14명이 이 곳에서 배출되었고, 3·1 항쟁의 모든 것을 이끈 인물들이 이 곳에서 나왔다.

하는 것으로서, 조선시대는 옛부터의 불교나 선교를 밑바탕 정서로 깔고서 유교의 정신이 중심적으로 이끄는 시대였다고 하겠다. 그러므로 동학천도교는 차라리 유교의 민족적 토착화 종교라고 함이 보다 적절하다고 생각된다.

또한 당시의 시대구조로 보아서 조선시대의 상층부는 보다 유교성향이 뚜렷하고, 농민층이나 피지배층은 유교성향이 상대적으로 약해지면서 토착적 불교나 선교의 흐름이 강한 것이라고도 하겠다. 그러므로 3·1만세항쟁은 이와 같은 당시의 사회성향을 토대로 하여 전개된 것이라고 하겠다.

일제침략이란 처참한 국난을 맞아서 전후기 의병을 거쳐서 만주땅의 독립군을 이끄는 데에 양반 지도세력이 살신성인하며 차례차례 죽어가고 난 뒤에, 국내에 남아 있던 피지배층 유교세력들이 동학천도교의 기치 아래 한덩이로 뭉쳐서 총궐기한 3·1만세항쟁의 의미는, 그 시대의 사상적 흐름을 분석하면 그 저변을 흐르는 성향이 명쾌해지는 것이다. 사실상 평범한 사람들의 유림층이 일으킨 것이 3 · 1만세항쟁이고, 거대한 민족혼 분출의 드라마를 연출한 힘은 예전의 의병봉기부터 꾸준히 유림층이었음을 재차 증명하는 것이다. 3 · 1만세항쟁의 정치사적 의미는 무엇인가?

천도교 중앙교당

손병희 선생이 3 · 1만세항쟁을 총지휘한 본부라고 하겠다. 당시 서울의 3대 건물의 하나였으며, 천도교가 어떤 위치에 있었나를 말해준다.

첫째로 3 · 1만세항쟁은 평범한 다수가 항일의 활화산에 불같이 동참하면서 일어난 항쟁이다. 그것은 우리민족은 하나같이 뭉쳐서 일제침략에 항거했음을 뜻하는 것이다. 일제침략의 잔혹한 흐름에 정면으로 항거한 유림 양반 지도층이 차례대로 죽음을 맞고 만주땅으로 밀려나면서 국내가 일제에 강점당하며 국내는 죽은 듯이 조용한 땅이 된 듯했다. 그러나 3 · 1만세항쟁에 의해서 전체 민중이 다함께 궐기함에 의해 항일전쟁은 지도층만이 나선 것이 아님이 증명되었다.

둘째로 3 · 1만세항쟁은 광무황제의 급격한 시해에 의해 폭발적으로 일어나는 것이다.[53] 나랏님에 대한 지극한 사랑! 그것이 표출된 것이 3 · 1만세항쟁의 가장 큰 특징이었다. 민족의 구심점으로서의 임금님에 대한 끝없는 사랑의 심정이란 특수감정의 존재를 망각한 연구가 그긴 주종을 이뤄 왔는데, 그것이 없이는 결코 민족적 분노가 하나같이 폭발되기는 어려

53) 강용자, 왕조의 후예(서울: 삼신각, 1994), p. 123.

운 일이었다. 당시 국내에 잔류해 있던 다수의 국민들은 만주땅에 망명한 사람들에 비해서는 행동력이나 결심이 뒤지는 사람들이라고 생각될 수도 있다. 그러나 내면에는 침략자에 대한 분노와 갈등이 잠재되어 있었고, 그것이 일시에 분출된 계기가 바로 광무제 시해였던 것이다.[54)]

셋째로 3・1만세항쟁에 참여한 천도교를 중심으로한 민초들의 성향이 논의되어야 하겠는데, 그것은 당시의 사회에 널리 퍼진 유교의 영향에 의해 애국의 봇물이 터졌다고 생각된다는 점이다. 물론 불교나 개신교도 어느 정도의 참여는 있었으나 천도교가 주축을 이뤘고, 3・1만세항쟁에 참여한 민초들은 나름대로 유학에 대해서 어느 정도는 기초적 토대가 형성되어 있었다고 생각된다. 그것은 특히 천도교가 내면에 분명히 유교의 토대를 가진 민중유교의 성향을 갖고 있었기 때문이라고도 하겠다. 애국성향이 높은 유학의 세례를 받은 민중들이었기에 나랏님의 비극에 총궐기를 할 수가 있었지, 그 토대가 없이는 불가능했다고 생각된다.

4. 후기 항일전쟁의 전개

만주땅의 청산리대첩과 국내외에서 벌어진 3・1만세항쟁의 거대한 승리는 역사에서 언제나 칭찬 받을 일이다. 일본은 우리민족이 만 35년 동안에 걸쳐 망했었다고 항상 강조했었다. 그러나 항일애국자들은 결코 망국을 인정하지 않았다.[55)](그렇기에 망국을 인정한 상해임시정부는 그런 측면에서도 정당성이 없는 조직이다. 광무황제의 국상 중에 역적행위를 한 것도 문제지만, 일제의 침략을 사실상 추인한 행위를 한 것이 임시정부 수립이다.)

---

54) 안천, 일월오악도 제1권, op. cit., pp. 391～399.
55) 안천, 신사고 사회과교육론 수정판(서울: 교육과학사, 2001), p. 305.

망국을 인정하지 않는 오기의 민족혼에 의해 청산리대첩을 승리로 이끈 애국자들은, 그러나 엄청난 대군을 동원해서 쳐들어오는 일본침략군에 밀리며 후퇴할 수밖에 없었다. 그렇지만 독립군들은 곳곳에서 밀려나고 곤혹스런 상황이 됨에도 불구하고 일본이 항복할 때까지 끊임없이 항쟁을 계속했다. 흑룡강 연변을 따라서 시베리아 벌판은 곳곳이 독립군들의 기지였다. 그리고 다수가 중공군의 팔로군이 되어 항일전을 폈고 장개석 군대와 공동전선을 펴기도 했다. 그리하여 조국을 다시 탈환한 영광의 날(1945년 8월 15일)을 맞고 개선한 것이다.

조국탈환의 영광의 날에 귀환한 세력은 대다수가 유림층이다. 그것은 보다 세밀하게 말해서 유교, 대종교, 천도교로 대변되는 민족종교 세력이다. 여기에 3·1만세항쟁을 전후하여 일제의 신사참배에 반대하여 망명했던 개신교 세력이 함께 항일운동을 하다가 귀국했다. 개신교 세력들은 신민회의 주축이 되기도 하고 만주땅 항일인맥에서도 중요한 일을 많이 했었다.

V. 일제의 종교탄압 정책

지금까지의 논술 전개를 통해 국난을 맞은 비극의 순간에 나라를 지키고 나랏님을 수호한 가장 중심된 종교는 유교였음이 명쾌하게 드러났다. 단군대종교는 유교와 똑같은 것으로서 유림층에서도 애국심이 가장 뛰어난 지도세력이 만든 비밀 결사체로서 최고 정통 유림의 종교라고 하겠다. 그에 비해 동학천도교는 몰락양반이나 중인, 피지배층의 종교로서 대중적인 유림세력이 표출된 바라고 하겠다.[56)]

따라서 국난을 맞은 위기의 순간에 나라를 지키려고 나선 애국적인 세력은 근본적으로 대다수가 유림세력이었고, 적절한 숫자의 개신교 세력이 합류했었다. 불교는 그 교리대로 중립적으로 산 속에서 수양에 힘썼으니 논외로 쳐야겠다. 그러나 친일의 선봉에 섰던 부끄러운 해외유입 종교가 하나 있었음을 역사는 결코 잊지 않고 있다. 이와 같은 종교행태에 대해 일제침략자들은 어떤 종교정책을 택했는가?

1. 단군대종교 – 철저탄압, 박멸정책

단군대종교는 그 종교 자체가 항일 독립군단의 성격을 갖는 애국종교의 대표적 위상을 갖는 만큼 일제침략의 철저한 피해를 보았다. 일제의 대종교 탄압은 심리적 · 이론적 탄압의 수준을 넘어 서서, 실체적으로 대종교 집단을 범죄집단으로 몰아 살육극을 서슴지 않았다. 대종교는 그리하여 항일전쟁시대에는 일본군에 의해 철저히 색출되어 죽임을 당하는 비극을 겪으며, 조국탈환을 향한 성스럽고 성스러운 순교의 길을 갔다. 만주땅의 독립군은 거의 모두 대종교 신도라고 할 정도였는데, 그 다수가 존경스럽게 조국을 위해 아낌없이 스스로를 바친 순교의 길을 갔다. 그리고 철저히 이론적 · 심리적 공격을 받아서 자유당 시대 이후에는, '단군과 같은 허황한 존재를 믿는 바보들'로 조롱을 받고 외면되며 고통을 겪고서 교세가 철저히 줄어들었다.

일제침략은 요컨대 첫째로 단군대종교에서 가장 숭배하는 단군을 극단적으로 공격하며 신화로 몰아 나갔다. 우리의 역사를 날조하여 고대사는 허황된 것이며 단군은 존재하지도 않는 가공의 신화라고 매도하여 나갔

---

56) 단군대종교와 동학천도교는 사실상 유교에서 분파된 새로운 교파와 같은 것이라고 하겠다. 예컨대 불교에 있어서 태고종, 조계종, 원불교 등으로 나뉜 것으로 이해되어도 옳다고 생각한다.

다. 그리하여 요즘에는 단군을 거론하거나 단군의 존재를 말하는 사람이 매우 이상한 사람인 듯한 기묘한 사회분위기가 만들어져 있을 정도이다.

둘째로 단군대종교는 반국가 단체요, 폭도라고 하며 범죄단체로 규정하고 박멸정책을 펴나갔다. 일제의 만주땅 학살은 역사에 알려진 바도 있으나, 역사에 기록도 되지 않은 잔인무도한 학살극이 끊임없이 이어졌는데, 그들의 학살극은 만주땅에 있는 우리민족의 씨를 말리는 작전에 해당하는 것이었다. 일제는 만주땅에 있는 우리 동포는 무조건 독립군이요, 단군대종교 신도라고 보아서 박멸정책을 폈으니, 그것은 세계사에서 언제라도 규명되고 징벌되어야 마땅한 일이 분명하다. 그리하여 단군대종교는 가혹한 탄압을 받을대로 받고서 오늘날에는 거의 흔적을 찾기 어렵도록 교세가 기울었다. 생각컨대 단군대종교는 일제강점 시대의 침략자들의 눈에 가시와 같은 범죄단체 가운데에서도 최악의 범죄집단이었다.

단군에 대한 역사는 요즘에 들어서 고대사 연구가 활발히 진행됨에 따라 단군실사(檀君實史)로 분명히 정리되는 단계에 다다랐으나, 그간 현대시대에 들어서도 일각의 종교에서 단군을 우상이요, 미신이라고 매도했는데 그것은 일제침략의 종교정책에 2차로 감염된 우매한 일이 분명하다.

단군대종교는 오늘날 교세가 매우 미미하며 거의 흔적을 찾기가 어렵게 되어 있다. 그리고 일제침략의 상처가 너무나 깊어 단군대종교를 믿는 사람이 있다면 흡사 이상한 사람으로 받아들여지기도 하고, 단군대종교를 사이비 종교 정도로 생각하는 기막힌 흐름도 있을 정도이다. 일제침략에 있어 종교침략이 가장 집중되었던 단군대종교를 보면 일제침략이 얼마나 간악하고 잔혹한 것이었는가를 뚜렷이 알 수 있다.

2. 유교 - 극단적 비방, 철저탄압

유교에 대한 공격은 단군대종교에 맞먹을 만큼 가혹한 것이었다. 먼저 유교에 의해서 조선시대가 퇴보하고 썩었다는 논리를 강하게 퍼뜨렸다. 조선시대 역사를 당파싸움 등으로 어둡게만 부각시키면서 그 모든 책임을 유교에다 뒤집어 씌웠다. 세계 곳곳을 보아도 종교는 종교로서의 장단점이 존재함이 널리 증명된다. 세계의 선진국이 많이 믿는 기독교에 있어서도 중세 천년의 기나긴 암흑의 시대가 있었고 수많은 사람이 기독교로 인해서 죽고 다치고 고통을 겪었다. 유교 때문에 조선이 망했다고 하는데, 기독교를 믿는데도 불구하고 망한 나라나 왕조도 많고, 부패하고 못사는 곳도 많다. 그런데도 유독 유교 때문에 조선이 썩었다는 논리는 유교를 공격하는 침략자들의 견강부회적 과잉논리가 분명하다.

그리고 고려시대에 있어서는 불교의 흐름에 과잉으로 몰입되면서 고려시대가 망하게 되었으나, 삼국시대에는 불교가 국가발전에 결정적인 도움을 주면서 고구려, 백제, 신라가 강한 국력을 갖도록 도왔던 것이 사실이다. 불교가 좋은 영향을 준 때도 있으나 고려시대에는 엄청난 해악을 끼쳤다. 유교 자체를 공격하면서 여러 종교 사이의 균형감 있는 비판은 항상 강조되어야 하겠다. 오로지 침략자를 막은 애국종교인 유교만 편파적으로 비방한 일제의 침략논리는 대단히 문제가 큰 것이다.

그들은 또한 유교의 문제점을 공격하면서 당연히 공자의 가르침은 고루하고 시대에 맞지 않는다고 했다. 그러나 옛 성현의 가르침은 항상 그 시대에 맞게 유연한 해석을 해야지 그 가르침에 찌든 해석을 할 수는 없는 것이다. 예수, 마호메트, 석가의 가르침도 모두가 오늘의 시각으로 보면 문제점이 노출되는 곳이 적지 않다. 고루하고 시대에 맞지 않는 점은 어느 성인의 가르침에도 있다. 머나먼 옛날의 가르침이 오늘날에 틀리는 것이 적지 않을 것은 당연한 일이다. 다만 그것을 오늘에 맞게 유연하게 해석하고 실천함이 중요한 것이다. 예컨대 기독교의 성경책도 엄밀히 분석하면 얼마나 비과학적이고 비논리적인가? 그리고 수많은 사람을 죽인 기독교의 마녀사냥이나, 코페르니쿠스의 지동설을 천동설을 주장하는 비과학적 종교교리로 짓밟은 과거의 역사를 두고서 유독 유교만 욕할 수가 있을까? 이런 예를 든다면 수도 없이 많다. 또 이러한 사례는 불교에서도 마찬가지로 들 수 있다.

침략일본은 우리나라 유교의 교조에 해당하는 안향(安珦)에 대해서도 유교를 들여와 나라를 망쳤다고 끊임없이 공격했다. 침략일본은 불교를 들여온 이차돈, 개신교 1호 목사 서경조, 천주교 1호 신부 김대건을 안향에 대한 비방과 같이 하지 않았다. 아니 김대건 신부는 비방은 커녕 최대한 부각시켰다. 생각컨대 중국에서 외국학자에게 자(子)로 높여서 성인 취급을 하는 사례가 거의 없고, 우리민족에서는 유일하게 높여 불러서 안자(安子)로 추앙받는 거대한 유학자 안향을 일제침략자들은 끝없이 모함하고 헐뜯었으니 그것의 진짜 이유는 유교가 너무나 무서웠기 때문이었다.

그들이 유교를 공격한 핵심적 이유는 당시의 지도급 지식인들인 유림세력이 너무도 애국적이고 너무도 훌륭하여[57] 유림이 있으면 그들의 침략이 불가능하기 때문이었는데, 거꾸로 유교를 욕하는 논리만이 오늘날에는 이 땅에 남아있다. 침략일본에 세뇌된 종교침략 논리를 말하는 간교한 흐름은 주로 친일파들이 퍼뜨렸는데, 그것이 오늘날에도 남았으니 기막힌 일이다. 이 나라의 오늘이 친일파들이 주도권을 쥐고서 강한 친일유습에 찌들어 있는 기막힌 사회가 되었음을 뜻하는 것이다. 요컨대 유교를 욕하는 것은 우리의 독립의지를 꺾고 우리를 무력화시키려는 것이었다는 점을 분명히 인식하고서 역사를 보아야 역사가 제대로 보일 것이다. 일제의 유교 공격은 침략적 종교공격의 전형적인 것이었다.

---

57) 금장태, 한국 유학사의 이해(서울: 민족문화사, 1994), pp. 201～225 참조.

특히 일제침략자들이 안향을 공격한 핵심적 이유는 첫째로 안향이 양현고(養賢庫)나 섬학전(贍學錢)을 만들어 인재양성의 기금을 만들었다는 점에 주목한다.[58] 고려말 이후 조선시대 인재양성의 기틀을 만든 인물이 안향이기에, 요즘으로 말하면 국립 장학재단 혹은 학술진흥재단을 만들어 학문을 크게 발전시킨 토대를 놓았다는 점에 유의한 것이었다. 이것은 인재를 양성하고 국립대학인 국자감의 재정적 뒷받침을 확실하게 한 것이니 고려말 이후 조선시대에 걸쳐 우수한 인맥이 나오는 토대를 만든 것이다.

둘째로 안향이 정립한 유교의 학풍은 바로 민족주의 내지 춘추대의(春秋大義)에 의한 정의론(正義論)이 주축이었다고 하겠는데, 일제침략자들은 그것을 예리하게 본 것이다. 안향이 살았던 때의 남송(南宋)의 학풍은 몽골족의 침입에 따른 애국적 정의론의 성향이 높았고, 안향이 살았던 때의 고려말도 몽골족의 침입에 따른 민족주의적 흐름이 강했다. 일제침략자들은 왜 조선 유학자들이 일제에 철저히 항거했는가의 이유를 안향의 유교학풍에서 찾은 것이다.

셋째로 안향의 학문적 수준이 너무 높아서 조선 유학자들의 정신적 기둥이 됨에 주목하였다. 그리하여 안향을 공격하면 조선 유학자들의 구심점 공황이 오게 될 것이라고 생각한 것이다. 주세붕의 백운동 서원이 왜 안향의 고향에 세워졌는가? 최초의 서원이 조선시대의 정신적 스승의 고향에 세워졌음을 뜻한다. 다시 거대한 학자인 이황의 요청에 의해 그곳에 임금님 친필의 소수서원(紹修書院)이 만들어졌음도 중요한 것인데, '소수'란 전통을 잇는다는 뜻이다. 그것은 안향의 드높은 정신을 잇는다는 것이니 '소수'정신이 바로 조선 유학자들의 저항의 원천임을 깨닫고 안향을 끝없이 모함하고 헐뜯었던 것이다. 그래야 그들의 침략에 저항하는 핵심세력을 와해시킬 수 있었기 때문이었다.

58) 김병구, 회헌 안향선생의 생애와 사적(부산: 신지서원), pp. 11～68.

3. 동학천도교 - 탄압 및 회유, 이이제이(이간) 정책

일제는 동학천도교를 일으킨 최제우나 최시형을 철저히 매도함은 물론이고 철저히 탄압하는 정책을 썼다. 그러나 동학천도교에 대해서는 단군대종교나 유교보다는 탄압의 정도를 강하게 하지는 않았다고 생각한다. 어차피 동학천도교는 우리 사회의 최고 지도층이 이끄는 조직이 아니라 민중들의 종교였고, 만주땅에 망명하여 결사항전을 하는 바도 비교적 적었기 때문이라고 하겠다.

그러나 동학천도교는 3・1만세항쟁 때에 극도로 탄압을 받았고 신도들이 무수한 고초를 겪었다. 그런데 동학천도교도들은 단군대종교나 유교와 같이 무장투쟁을 한 흐름이 적다 보니, 점차 회유하고 변절시키는 등의 교활한 종교정책을 썼었다. 또한 동학천도교도들이 주로 국내에 많이 잔류해 있었기에 회유하고 변절시킨 친일세력을 통해 애국세력을 꺾고 내분이 일어나게 하면서 자멸되게 하는 전략도 강하게 썼었다.

4. 개신교 - 탄압 및 무시, 이이제이(이간) 정책

개신교는 일제침략자들에게 묘한 정책이 나오게 만들었다. 개신교의 일부는 확실히 항일을 했는데, 또 그렇지 않은 숫자도 분명히 있었기 때문이다. 그리고 유교나 단군대종교 신도들 같이 결사항전을 하는 성향도 상대적으로 적었기 때문이다. 그리하여 적절히 달래고 탄압하며 무시하는 복합적 정책을 썼다.

그리하여 나타난 기묘한 사례의 하나가 개신교 1호 목사인 서경조인데, 항일애국에 전가족이 나선 훌륭한 가문이고 존경받을 뛰어난 목사인 서경조의 이름을 아는 우리민족이 거의 없다. 천주교 1호 신부인 김대건이 사뭇 위대한 영웅인 듯 억지로 높이고 신격화시킨 듯이 받들어지는 사회에서, 정말로 훌륭한 목사님인 서경조는 완전 묵살되고 말았으니 침략자들의 역사서술이 어떠했나를 말하는 기막힌 사례가 되겠다.

그러나 일제는 한편으로 동학천도교같이 일제에 협조하는 변절세력을 만들려는 노력도 집요하게 경주하였다. 그리하여 개신교에 있어서도 적지 않은 변절자가 나오게 만들었다. 또한 변절세력과 애국세력을 교묘히 조종하여 내분과 알력이 유발되게 하는 흐름도 강하게 조장하였다.

Ⅵ. 맺는 글

①

항일전쟁시대의 역사는 많은 것이 거꾸로 되어 있다. 오늘날에 있어서도 일본인들이 만들어 놓은 것의 가치판단은 거꾸로 해석해야 옳은 것이 많다. 그런데 우리는 흘러간 옛 얘기만 그런 줄로 알고서 식민사관에 의한 오도된 역사를 바로 잡아야 한다고 말한다. 그러나 고쳐야 할 것은 결코 흘러간 역사만이 아니다. 오늘의 삶이 곧 바로잡혀야 할 핵심인 것이 널려 있다.

예컨대 그간 깡패학교라고 했던 여러 학교는 예전에 항일애국의 학교였고 모범학교는 친일파의 학교였었다. 모범학교란 침략일본에 고분고분 따르며 순종하고 개인의 입신양명이나 꾀한 자들이 모인 학교였다. 요즘 소위 일류학교라고 하는 고등학교나 대학에서 빼어난 애국자가 누가 배출이 되었나를 살펴보면 이해가 간다. 우리의 젊은이들이 부끄럽고 치욕적인 전통의 학교를 다니며 일류학교를 다닌다고 믿는 기막힌 나라가 바로 오늘의 우리나라이다. 가치관 전도현상의 전형적인 모습이라 하겠다.[59]

그리고 일제가 우리에게 제일 먼저 세워준 대학이 의과대학이었고 다음이 법과대학이었다. 면밀히 계산하여 학과를 만들어 주고는, 그것도 신원조회를 철저히 거쳐서 입학을 시켰다. 그것은 우리의 젊은이들이 친일파가 되게 만드는 흐름과 함께 독립군이 되거나 첨단 기초과학이 발전되거나 하는 것을 막으려는 저의가 분명히 있었다. 그런데도 요즘의 젊은이들도 공부를 잘하면 무조건 의사가 되거나 고등고시를 보아야 하는 줄로 알고 있으니,[60] 이 나라의 인재배분 왜곡현상은 그 병리적 뿌리가 깊고도 깊다. 이 나라의 발전을 막으려는 침략적 교육정책의 폐해는 지금도 우리 사회의 고질병이 되어 있다.[61]

그러니까 현재의 우리 사회에 있어서도, 우수한 젊은이들을 국가와 민족은 없이 사리사욕적 출세주의에 빠져 개인영달이나 꾀하고 돈벌어 개인만 편히 사는 인간이 되게 만든, 그들의 오도된 교육정책이 강력하게 남아서 맹위를 떨치고 있는 것이다. 요즘 소위 일류대학을 나온 우수한 인물 가운데 대부분이 그런 길을 갔고, 인생을 헛된 가치추구로 초개같이 살고서 늙어서는 후회하며 눈을 감게 만드는 기막힌 흐름인 것이다.

---

59) 종교나 교육이 일제패망후의 조국땅에서는 전혀 사회적 검증이 없이 오늘에 이르렀다고 생각된다. 아래 책에 있는 대학총장 하나의 행태를 그 사례로 눈여겨 볼 필요가 있다. 정화임, 몸으로 쓴 근세사(서울: 자유문고, 1992), p. 244 참조.

60) 요즘에도 전국에 몰아치는 고등고시 열풍은 그 뿌리가 무엇인가를 헤아리고 국가적 대책이 나와야 하겠다.

61) 한국사회에 교육개혁이라는 용어가 많이 나온다. 그러나 많은 경우에 본질은 없고 지엽적 제도로서의 겉껍데기를 다루는 것을 교육개혁이라고 시행하니, 항상 교육에는 고질병적인 문제가 깊게 존재하고 있는 것이다.

②

항일전쟁시대의 역사는 정말로 다시 써야 한다. 생각컨대 항일전쟁시대의 의열단이나 다물단은 일본인의 간담을 서늘케 할 정도로 격렬한 전투를 했었다. 특히 김원봉이 지휘한 의열단은 신채호가 지은 조선혁명선언을 기치로 내걸고서 3・1운동이 일어난 해(1919년)의 11월 10일에 만주 길림에서 창단되어 문자 그대로 항일혈전을 벌였었다.[62]

제1차 밀양 폭탄 공격, 부산경찰서 폭탄 공격, 그리고 제2차 밀양경찰서 폭탄 공격, 조선총독부 폭탄 공격, 상해 황포탄 의거, 김상옥 열사 의거, 동경 이중교 폭탄 공격, 식산은행 및 동양척식회사 기습공격 등의 치열한 항일전쟁을 연이어 벌였다.[63] 이봉창, 윤봉길 의거는 의열단 공격이 계속되는 후기에 나오는 만큼, 의열단의 찬란한 항일위업은 일제강점 시기의 대표적인 특공작전이 분명했다. 그러나 상해임시정부의 한인애국단은 끝없이 칭송되고, 그토록 큰 업적을 쌓은 의열단은 일반인에게 널리 알려져 있지 않다.[64]

그리고 다시 예를 들어 본 논문에서 다룬 단군대종교와 상해임시정부를 일 대 일로 비교해 보자. 우리의 역사가 얼마나 엉터리인가를 분명히 깨달을 것이다. 학생들의 성적표를 매기듯 한다면, 단군대종교는 최고점으로서 A학점이라면 상해임시정부는 비교하기가 어려울 정도로서 아무리 잘 주어도 C학점에나 해당될 것이다. 그러나 역사적 가치가 몇 배나 될 단군대종교는 역사에서 거의 잊혀져 있고, 상해임시정부는 과잉으로 부각되어 있다. 우리의 항일전쟁사는 사실상 거꾸로 쓰여있다는 표현이 맞을 듯하다.

첫째로 단군대종교는 최고의 지성인들이, 그 시대를 이끄는 최고의 지

62) 염인호, 김원봉 연구(서울: 창작과 비평사, 1993) 참조.
63) 송건호, 의열단(서울: 창작과 비평사, 1985) 참조.
64) 한상도, 한국독립운동과 중국군관학교(서울: 문학과지성사, 1994) 참조.

도급 위상을 갖고서 애국을 위한 결사대로서 뭉쳐진 것이다. 유학을 배운 최고 지식인들의 유교 민족주의 단체라고 할까? 그러므로 그것은 결코 종교단체가 아니라 종교단체로 위장된 항일단체로서 요즘의 체첸반군이나 PLO, 하마스 같은 정예 조직이었다. 그러나 상해임시정부는 단군대종교에 비하면 온갖 잡동사니 인물이 뭉쳐서, 많은 시간을 말로만 애국을 한 집단이다. 겉으로 이름만 멋있는 조직에 가깝다.

둘째로 단군대종교는 민족 최고의 어른인 단군을 내세운, 사상적으로 최고 수준의 격조 높은 단체로서 민족애에 불타는 고매한 집단이다. 그러나 상해임시정부는 그 국난의 시기에 새 집을 짓고서, 서로 집주인이 되겠다고 내부 분란만 계속한 것이다. 또 새 집으로서의 임시정부는 대한황실이 망했음을 인정한 것이니, 사실상 일제 침략을 추인한 것이고 정당성을 평가받기도 어렵다고 생각된다.

셋째로 과거시험에 장원급제한 나철, 성균관 최고의 학자인 대사성 김교헌, 청산리의 최고 지도자 서일, 만주 항일운동의 추진자 윤세복을 비롯한 기라성같은 최고 수준의 인물이 이끌고 있는 단군대종교는 유교를 믿는 당시 최고의 애국 유학자 조직이다. 그러나 과거 시험에 7번 떨어지고 미국에서 말로만 애국을 하고 다닌 이승만, 윤봉길이나 이봉창을 죽음으로 내보내고 끊임없이 세월만 보낸 김구는 모두 보통사람 혹은 하층민 출신이다. 당시의 사회로서는 이승만, 김구는 그 위상을 제대로 내세우기도 어려운 사람들이다.

넷째로 단군대종교의 지도자 나철, 김교헌, 서일을 비롯한 수많은 애국자가 철저 항일, 철저 애국의 길을 티없이 걷고 숭고하게 순국했다. 거룩한 순교자들이다. 그러나 상해임시정부의 지도자에 있어서는 단군대종교에 비하면 사실상 부끄러운 일이다. 도대체 무엇을 내세울 것인가?

다섯째로 단군대종교는 만주항쟁의 커다란 밑돌을 놓고, 청산리대첩의 자금, 군대 등의 전반적 뒷받침을 하여 빛나는 승리를 거두게 만든 혁혁한 실적이 있다. 그러나 상해임시정부가 한 일이 무엇인가? 무료하게 시간만 보내다가 제 발로 찾아와 살신성인한 이봉창, 윤봉길이 있을 뿐이니[65] 본인들은 도대체 무엇을 했는가?

여섯째로 단군대종교는 일제침략자들이 본 최고의 항일단체였기에 대종교 포교금지령에 의해 법으로까지 금지된 단체였다. 그러나 상해임시정부는 윤봉길 의거가 있기까지, 긴 기간을 그대로 존치되어 있을 수 있었다는 것부터가 단군대종교와는 현저히 다른 것이다.

요컨대 상해임시정부도 훌륭한 애국단체가 분명하나, 단군대종교를 어찌 감히 좇아갈 것이며, 감히 비교하겠다는 말이 성립되기도 어려운 일이라 하겠다. 그러나 애국에 철저히 헌신하고서 만신창이가 된 단군대종교는 거의 숨도 못쉬게 죽어 가는 수준으로 귀국한데 반해, 상해임시정부는 모든 일을 자기들이 한듯이 귀국했다.[66] 그 이후로 엄밀히 말해서 상해임시정부는 역사를 오도한 것이며,[67] 단군대종교를 생각한다면 겸손해야 할 것이다. 역사의 균형감이 되찾아지며 단군대종교가 제대로 평가되는 때가 꼭 올 것이다.

전성기에는 30만명의 막강한 신도를 갖고서,[68] 만주 항일애국 활동의 전반적 흐름을 이끌었고, 대다수의 정통 항일 애국자가 모두 가입해 있었던 눈부신 실적의 단군대종교를 보는 눈은 분명히 바로잡혀야 한다. 3 · 1 만세항쟁 때에 많아야 일천명 내지 이천명 정도의 사람들이 산발적으로 모여 들어서 분열과 파쟁으로 세월을 보내다가 한두 해 만에 뿔뿔이 흩어져, 단지 몇 사람이 이끌던 이름만의 상해임시정부가 항일애국의 모든 것을 말하는 것같이 된 허망한 역사는 꼭 바로잡혀야 한다.[69]

---

65) 박경석, 오성장군 김홍일(서울: 서문당, 1984) 참조.
66) 임시정부도 귀국시에는 미군에 의해 견제를 받으며, 공인된 자격으로 입국하지는 못했다.
67) 허재일, 정차근, 해방 전후사의 바른 이해(서울: 평민사, 1991), p. 64 참조.
68) 그것은 요즘의 인구 숫자로 환산하면 약 200만에서 300만에 이르는 큰 숫자이다.
69) 임시정부의 허망한 참모습을 생생하게 보여주는 다음 자료는 매우 중요한 것이다.

③

일제침략자들은 유교와 단군대종교가 씨도 없이 사라져 없어지기를 끝없이 추구했고 온갖 교활한 정책을 개발했다. 특히 단군대종교는 완전히 박멸되기를 바랐다. 그리하여 나온 처절한 후유증은 오늘날에도 고질병같이 계속되고 있다.

첫째로 이 나라의 지도층 양반은 모두 썩은 줄 안다. 그리고 옛날에 양반은 모두 몹쓸 인간들만 있었는 줄 안다.

그리하여 요즘에도 무조건 공무원을 부패의 대상이라고 보아 정권을 쥐면 무자비하게 개혁할 대상으로 본다. 그러나 소수의 부패 공직자는 언제나 있는 것이었고, 대다수의 건실한 공직자가 나라를 이끄는 것이다. 정치가들은 정권을 쥐고서 차라리 공직자 보호책을 세워야지, 개혁대상으로 모는 것은 본말이 전도된 것임을 유의해야 한다. 그리고 지도층을 모두 썩은 것으로 보는 공직자관은 일제침략의 상처임을 유의해야 한다. 현재도 이 나라를 이끌어 가는 핵심중추가 누구인가를 면밀히 생각해 보면 당연히 공직자들이다. 건실한 공무원, 군인, 경찰, 교육자 등이 국가의 기둥인데 조선시대에 그 구실을 한 집단이 양반층이었으니, 일제침략은 양반층을 집중적으로 공략할 수밖에 없었던 것이다.

어떤 사회나 그 사회를 이끌어 가는 건실한 중추집단이 존재해야 한다. 그런데 조선시대는 양반층이 바로 그러한 집단이었고, 일본의 침략을 막는 가장 큰 장애집단이었기에 일본은 끝없이 양반을 헐뜯는 이론을 산출해냈다. 조선시대 역사를 쓴 일본학자들이 어떤 시각으로 역사를 썼는가를 예리하게 분석해 보면 명쾌하게 드러나는 일인데, 도대체 조선시대 역사에서 양반층을 칭찬하는 사례를 발견하기가 거의 어렵다. 철저히 헐뜯

장준하, 돌베개(서울: 세계사, 1997), pp. 252～269.

고 철저히 어둠의 비리, 부패집단으로 만든 것이 양반층이다.[70] 그것은 양반층이 침략일본의 침략을 막는 가공할 힘을 가진 집단이고, 항일전쟁의 핵심세력이었기 때문에 그렇게 짓밟은 것이다. 침략일본은 침략을 하고서 이 나라 양반층의 두텁고도 건실함에 너무나 놀랐기에 양반층을 공격한 것이지, 모두 친일 매국노 양반이었다면 공격을 했겠는가?

둘째로 이 나라를 이끄는 경국의 이념으로서의 유교가 무너지지 않고서 침략완성은 불가능하다고 생각한 것이다. 그러므로 유교세력이나 유림층을 무너뜨리는 일에 총력을 기울였다.

그리하여 피해를 입은 대표적 존재가 공자, 안향이었고 유교 자체도 가혹한 공격을 받았다. 그리하여 우매한 일반인들은 공자와 안향이 나라를 망친 인물같이 생각하게 되었고, 유교를 멀리해야 하는 것으로 생각하게 되었다. 일본의 침략정책이 왜 공자, 안향, 유교에 집중이 되었는가는 생각함이 없이 오늘날에도 그것을 앵무새같이 외우는 흐름이 있다면, 그것은 바로 일제침략의 최면술에 걸린 것임을 유의해야 한다.

공자의 가르침은 현대적으로 해석하고 새로운 의미가 만들어져야 한다. 유교의 옛 논리에만 경직되게 따르는 것은 옳은 것이 아니고 유교의 현대화는 항상 강조되어야 하는 것이다. 그러나 한편으로 공자, 예수, 마호메트, 석가의 가르침을 보는 균형잡힌 눈은 언제라도 긴요한 것이다. 모든 종교가 그 종교논리에만 기계적으로 묶여서 찌든 상태가 되면 인간의 창의성을 말살하고 그 사회를 고루하게 만드는 점을 균형감있게 유의해야 한다. 그간 막연하게 종교관을 갖고 침략일본 논리에 사상적 꼭두각시가 되었던 것을 과감히 고쳐야 한다. 그래야 우리의 종교적 주체성이 선다.

---

70) 당시 우리민족의 양반집단의 우수성은, 이미 무너진 청나라 지도층을 보는 눈에서 뚜렷이 드러난다. 예컨대 김창숙은 당시의 청나라를 오랑캐 문화에 오염된 나라로 돌려놓고 개탄을 하면서, 문자 그대로의 공자의 가르침에 충실한다.
심산사상연구회, op. cit., p. 203, 211.

왜 우리나라에는 유독 공자를 비방하고 욕되게 하는 흐름이 그토록 강했는가?(그것은 기독교 국가에 가면 마호메트를 어떻게 말하는가를 생각해 보면 이해가 될 것이다. 그리고 회교 국가에 가면 예수를 어떻게 평하는가를 보면 쉽게 깨닫게 될 것이다. 예수나 마호메트나 똑같은 성자인데 서로 앙숙관계인 회교와 기독교에서는 상대방을 비하하고, 자기측 성인은 극대적으로 추앙하는 것이다.) 우리나라에서는 공자, 예수, 마호메트, 석가가 그 종교를 믿는 사람들에게는 좋게 보일 수도 있으나, 국가적 차원의 종교가 없는 형편에서 누가 더 위대한 성인이라고 말할 수는 없는 상황이다. 꼭 같을 뿐이다. 그러나 저변을 흐르는 강한 흐름이 있으니 유독 공자를 비방하는 그 흐름은 침략일본의 산물이다.

그것은 우리나라에 종교를 시작한 시조에 있어서도 꼭 같아서 천도교의 최제우는 범죄자, 대종교의 나철도 범죄자인데, 유교의 안향은 자타가 공인하는 훌륭한 인격에 조선 유학자들의 최고의 스승이라 차마 공격을 할 수는 없고 '유교를 들여온 바보'라고만 몰아간 것이다. 그러나 개신교의 서경조는 눈감으며 묵살하고 천주교의 김대건만은 최고의 영웅인 듯 역사를 썼다.[71] 침략일본의 교활한 종교정책이 눈에 선하게 드러난다.[72]

우리는 모든 종교를 객관적으로 보면서 역사를 알고, 일제침략자들의 간교한 종교정책을 예리하게 살펴야 할 것이니, 침략일본의 거짓논리가 오늘날에도 생생하게 살아서 우리를 옥죄고 있음을 유의해야 한다. 요컨대 일제가 유교의 항일애국을 막으려고 얼마나 절치부심했는가를 망각할 수는 없는 일이다. 유교가 없어져야 이 나라가 망하겠기에 침략자들이 그렇게 했던 것인데, 이 나라의 현실은 거의 침략자들의 뜻대로 되어 있다.

---

71) 본서 제2권, pp. 337～339 참조.

72) 당시 김창숙은 오히려 상황판단을 거꾸로 하여, 유교가 무너져 일제침략을 당했다고 개탄하고 있다.
심신사상연구회, op. cit., p. 191.

셋째로 단군을 짓밟고 우리의 고대사를 헐뜯으며 역사왜곡을 함에 총력을 기울였다.

단군의 존재를 온전히 둔다면 언제라도 우리의 민족혼이 다시 살아날 것임을 일제는 철저히 유념하였다. 그들은 단군대종교에 대한 연구를 세밀히 진행하며, 정통유학자들이 왜 하나로 뭉쳐서 만주로 망명을 떠나 목숨과 재산을 다 바쳐 애국자가 되는가를 분석하였다. 그 결과로 단군을 주목하게 되었고 단군이 있는 한 우리민족의 완전한 침략은 불가능하다고 본 것이다. 그리하여 나타난 후유증으로 우리민족의 적지 않은 숫자는 아직도 단군을 제대로 알지 못하고 신화니 우상이니 떠들고 있다.

요즘 우리의 국력이 향상되면서 고대사 연구가 꾸준히 최촉되고 있다. 그리하여 단군연구는 나날이 진전을 거듭하고 있다. 특히 주목할 것은 이웃 중국의 요동지역인 요녕성의 심양 근처에서는 매우 찬란한 고대 유적이 발굴되었다. 우하량(牛河粱) 유적이 바로 그곳인데 약 5,500년 된 실물대 크기의 여성상이 발굴되어 학계를 흥분시키고 있는데, 중국에서는 그것을 동양 최고 최대의 여신상이라고 하나 우리측의 입장으로 볼 때에는 고조선의 지도자가 분명하다.[73](세계 4대 문명의 발상지가 황하, 이집트, 메소포타미아, 갠지스 지방이라고 하는 이론도 침략일본이 만든 것이라고 한다.[74] 황하문명과 같은 시대에 같은 수준의 고조선 요동문명이 만주땅에 있었음을 유의한 고대사 이론침략의 전형적인 것이다.)

그리고 여성지도자와 함께 많은 고고학 유물이 대량으로 발굴되었다. 그런데도 요즘의 우리들은 단군의 존재를 못 믿는 사람들이 널려 있다. 일본의 침략 후유증이 너무도 심각한 것이다.(몇 년 전에 이북에서 단군릉을 발견한 것을 보고 무조건 빨갱이의 이론 날조라고 비방한 일각의 흐름도 침략일본의 후유증이다. 이북의 단군릉은 앞으로 더 연구가 되어야 할 것

73) 안천, 여성대통령은 언제 나올까(서울: B · B Books, 2002), p. 348.
74) 안천, 생활화 사회과교육론(서울: 교육과학사, 2001), p. 157.

이나, 옳은 발견이고 옳은 연구일 가능성도 있다는 것이 학계의 여러 의견이다.) 단군연구는 침략일본의 상처를 고치는 시급한 일이나 그 장애물은 너무도 많다. 침략정책의 후유증은 오늘날에도 생생히 우리들의 삶에 살아있다. 일제침략의 후유증을 극복하고 우리민족의 종교사회가 건강성을 찾는 길은 아직도 우리의 많은 노력과 시간을 요구하고 있다.

넷째로 종교적 가치전도 현상이 극도로 심화되고 있다.

그리하여 가장 애국적이고 민족사에 길이 남을 뜻깊은 종교인 단군대종교, 동학천도교, 유교는 너무도 교세가 약화되어 심지어 존재 여부를 모르는 수준이 된 것도 있다. 사실상 자유당 시대 이후의 이 나라는 친일본당이 살아서 그들이 주도권을 쥐는 사회가 되었다. 그러니 애국종교들이 살아남을 까닭이 없다. 친일본당이나 친일영합 세력들이 단군대종교나 동학천도교를 범죄집단 같이 보고, 유교는 철저히 헐뜯고 비방하던 침략일본의 뜻대로 이어서 생각해 주는 기막힌 사회가 되었으니 종교정의(宗教正義)는 전혀 존재하지 않는 사회가 되었다.

산 속에 은거하며 조용히 수양을 한 불교만 해도 거의 침략을 받지 않고 방치해 둔 상태라 요즘 교세가 크다.[75] 그리고 적절히 처세한 일부 세력에다가 미국 등의 지원이 있는 개신교도 교세가 크다. 그러나 비극의 시대에 민족을 배반한 어떤 종교는 요즘 가장 성스러운 종교인 듯이 민족을 기만하고 역사를 우롱하며 교세가 실로 대단하다. 친일본당의 나라가 되었으니 종교상황이 그럴 것은 당연한 일이다. 기막힌 종교상황이 되고 말았다.

앞으로 우리민족에게 다시금 국난이 닥쳐온다고 할 경우에 조국을 지키겠다고 나설 종교는 어디 있겠는가? 친일매국 성향의 종교를 믿는 부끄러운 다수가 어찌 조국을 지키고 애국을 한다며 목숨을 내놓을 것인가? 이

75) 불교는 일본이 불교국가라고 할 정도로 불교가 강한 바에 따라서 피해를 적게 본 측면도 있다. 사실상의 불교국가인 일본이 불교에 대한 비방을 삼갔기 때문에 우리들이 불교를 그리 나쁘게 보지 않게 되었다고도 생각이 든다.

나라의 종교정의를 바로잡는 일은 너무도 시급하고 중대한 일이라 하겠다. 현재의 이 나라는 자유당 이래로 종교정책 부재의 나라가 되었음이 분명하다. 사실상 침략일본의 종교정책이 생생하게 살아있는 부끄러운 나라의 모습 그대로이다.

다섯째로 우리민족의 뿌리를 부끄럽게 아는 나라가 되고 말았다.

우리는 요즘 새롭게 민족사 교육을 강화하고 역사의 참된 모습을 찾고자 국가적 노력을 경주하고 있다. 그러나 그러한 노력들이 많은 성과가 있음에도 불구하고 한편으로는 정곡을 벗어나 겉도는 느낌이 적지 않다. 예컨대 서울의 종로에 있는 종묘를 보면 우리의 자화상을 충분히 알 수 있다. 전래의 국립묘지요 최고의 국가사당으로서, 현재는 세계 문화유산으로 등록까지 된 곳인 종묘 앞을 가보면 우리민족의 뿌리가 기막힌 상태에 있음을 절감하게 된다.

그것은 침략일본에 영합했던 부끄러운 종교에서, 요즘 전국 곳곳에 순교성지를 세워서 억지로 성지를 만드는 것과 대비하면 민족의 치부가 더욱 적나라하게 드러난다. 그 종교를 비롯한 외세와 일제침략으로 대한황실은 거대한 실체 자체가 죽고 사라져 순교한 상태가 되었다. 그리고 나라와 나랏님을 지키기 위해서 단군대종교, 동학천도교, 유교, 개신교 신자가 수없이 죽었으나 순교성지가 어디 있는가?

진실로 순교한 측은 숨을 죽이고 있고, 침략에 동조한 부끄러운 측은 순교를 했다는 이 나라는 사실상 오늘도 정신적으로는 침략자가 다스리고 있는 치욕적인 나라가 분명하다. 그리고 순교의 참뜻도 엉망인 나라가 되었으니, 조국도 민족도 역사도 배반하고 종교이기주의에 따라 무조건 죽으면 순교라는 개념도 너무나 낮은 차원의 것이고, 그것은 사실상 순교가 아닌 위선이다. 진짜 순교를 한 위대한 애국자들의 뜻을 살리고, 역사의 뿌리인 대한황실의 명예를 회복하는 길은 조속히 찾아져야 할 것이다. 그래야 후손들에게 당당한 이 나라가 될 것이다. 현재는 후손들에게 조국을 등지고 이민을 떠나라는 나라와 근본적으로 다를 것이 없는 종교 상황이 분명하다.

여섯째로 조선 정신사의 맥이 끊어지게 되었다.

조선시대의 혼(魂), 아니 단군이래 민족정신의 맥이 끊어진 것이니 학맥(學脈) 단절의 기막힌 현상을 만들게 되었다. 조선시대 학문의 비조(鼻祖)인 안향을 원나라 사람들이 안자(安子)로 높여 불렀다는 것은 안향이 스스로의 창조적 학문세계를 갖춘 대학자였다는 뜻이다. 스스로의 학문세계를 갖춘 학자에게 자(子)를 붙여서 높여 불렀던 것인데, 안향은 우리나라 학문사에 있어서 유일한 인물이라고 하겠다. 그렇기에 주세붕이 안향을 기리는 백운동서원을 세우고, 이황이 안향의 뜻을 잇자는 '소수(紹修)정신'을 학문활동의 기치로 내세웠던 것이다.

일제침략자들이 안향과 유교를 집중 공격함에 의해서 우리는 옛부터의 정신사가 단절되게 되었다. 그리하여 요즘의 젊은 학자들에게는 두 가지의 병이 나타났다. 그 하나는 정신사의 맥이 끊겨 지식 수입에만 몰두하는 것이다. 외국의 발달된 지식을 받아들이되 적극적으로 소화시켜서 우리의 학문을 만들어야 한다. 그러나 맹목적이라고 할 정도로 수입만 하고 소화과정이 없다. 수입된 지식이 어떤 것인가 실체규명도 없이 무조건 수입을 하고 배탈이 나는 경우도 흔하다.

그리고 또 하나는 스스로의 학문세계를 구축하려는 학자가 거의 나타나질 않는다. 말하자면 학문의 벤처기업이 만들어지거나 고도의 창조력을 가진 첨단기업이 만들어지는 것이 아닌, 외국이론을 앵무새같이 외우는 학자들이 양산되고 있다. 일제침략이 안향, 유교, 공자에 집중되었던 후유증을 심하게 앓고 있는 우리 학계에 있어서 그 아픔의 진실을 아는 젊은이들이 얼마나 될까 의아스럽다. 민족정신사의 맥을 잇고 민족학문의 주체성을 찾는 노력이 미완성 항일운동을 완성시키는 차원에서 끈질기게 강조되어야 하겠다.

일곱째로 민족적 법도(法度)와 예절이 무너졌다.

사실상 부끄러운 상놈나라가 되었다고 비판을 들어도 변명의 여지가 없는 나라가 되었다. 전통적 품위와 격조의 상징인 양반층을 몹쓸 집단이라고 몰고, 뜻깊은 삶을 뜻하는 유교를 짓밟은 후유증이 바로 상놈국가가 되었던 것이다.

이러한 입장에서 부락(部落)이란 단어를 생각해 보자. 요즘 전국의 농촌이나 어촌을 가서 얘기를 들어 보면 적지 않은 사람들이 자기들이 사는 곳을 부락이라고 한다. 그런데 부락이란 말은 너무도 경악할 창피한 말이다. 심지어 교육을 받은 점잖은 분들도 생각없이 그대로 쓰는 단어가 그것이다. 그러나 부락이란 단어는 일제침략 이전에는 없던 것이다. 일제침략자들이 우리땅을 침략하여 강제점령한 뒤부터 쓰인 것인데, 부락이란 일본의 천민촌을 뜻하는 것이다.[76)]

그들은 우리를 침략하여 우리를 천민들로 생각했던 것이다. 그것은 그들의 침략정책을 그대로 반영하는 것이다. 그들은 우리의 양반을 썩었다고 끝없이 헐뜯고, 유학이 잘못되었다고 계속 짓밟았으니, 우리 사회가 밑바닥 상놈사회가 될 것은 당연한 것이다. 그들은 우리 사회를 우민화시키는 정책을 철저히 전개시켰다. 우리 사회의 모든 법도와 질서를 짓밟고서 예절 공황사회, 밑바닥 천민사회를 만들고는 모든 곳을 부락이라고 불렀으니 침략자들의 침략상처는 현재도 깊고 깊다.

법도도 모르고 예절도 없이 부락에 사는 천민의 모습을 생생히 갖고 있는 사람이 우리 주변에는 아직도 적지 않다. 일제침략의 상처를 치유하려는 노력은 언제라도 계속되어야 한다. 그래야 우리의 후손들에게 정신적 뼈대를 심고, 자긍심을 주며, 뿌듯한 민족애를 되살려 주게 될 것이다.

---

76) 정광하, 일본의 부락차별현상과 극복대책에 관한 연구, 한국정치외교사학회, 한국정치외교사논총 제21집 2호, 2000, pp. 371～399 참조.

여섯번째 주제

붉은혁명 작곡가 정률성

사회주의 항일독립운동가의 역사적 정통성 논의

Ⅰ. 문제제기: 사회주의자를 어떻게 볼 것인가?
- 1. 역사착인(歷史錯認)에 의한 해석
- 2. 이론착인(理論錯認)에 의한 해석

Ⅱ. 시대배경: 정률성의 탄생시대
- 1. 본격적 항일전쟁의 시기
- 2. 존황사상이 넘치던 시기
- 3. 서구사조가 퍼져오던 시기

Ⅲ. 정률성의 생애
- 1. 출생에서 신흥중학까지
- 2. 망명
- 3. 연안송
- 4. 팔로군행진곡
- 5. 결혼
- 6. 북녘땅에서의 다섯해
- 7. 다시 중국땅으로
- 8. 문화혁명의 어둠을 뚫고
- 9. 마지막 나날들

Ⅳ. 정률성 분석: 위대한 사회주의 음악가의 생애
- 1. 일반적인 역사해석
- 2. 존황사관적 해석

Ⅴ. 결론

Ⅰ. 문제제기: 사회주의자를 어떻게 볼 것인가?

본 논문은 지금까지 우리 학계가 보아온 사회주의자에 대한 시각개선을 목표로 쓰여졌다. 그간 우리가 너무 단순하고 일방적인 눈을 갖고, 혹시 사회주의자들을 잘못 본 것은 아닌가라는 의문을 우리는 많은 경우에 가져왔다. 본 논문은 정률성이란 한 음악가를 통해서 학계가 가진 사회주의관을 점검해 보려는 것이다.

1. 역사착인(歷史錯認)에 의한 해석

현대를 사는 우리는 현대의 사회현상에 친숙하게 익어서 역사를 본다. 역사의 본 모습을 제대로 이해하기 위해서는 철저하게 역사현상의 발생시점에 대한 검증이 선행되고서 역사를 보아야 하는데, 우리는 많은 경우에 현대의 시각에서 역사를 본다. 이렇게 역사해석을 하는 경우에는 당연히 역사착인 현상이 발생하게 된다.[1)]

본 논문에서 다루는 사회주의자들에 대한 역사해석에 있어서도 역사착인 현상은 강하게 작용하고 있다. 그간 침략일본으로부터 조국탈환이 이루어진 뒤에, 우리는 사회주의자를 보는 시각을 확실하게 냉전적 사고체계 속에서 고정시켜 역사해석을 했음이 사실이다. 특히 6・25전쟁이 발발된 뒤에 있어서는 보다 강하게 냉전적 시각이 고착되었고, 사회주의자를 보는 시각은 이성보다는 감성에 의해서 이루어진 경우가 많았다.

1) 안천, 단군할머니론(서울: 민족문화사, 1995), pp. 267～274.

그러나 사회주의자들의 경우에 있어서 우리의 시각은 분명히 이성적 판단을 내릴 필요가 있다. 특히 조국탈환 이전의 항일전쟁 시기에 있어서는 사회주의자를 보는 시각이 전혀 달라야 옳다. 그간 6·25전쟁을 일으킨 김일성집단을 전쟁범죄자로 보는 시각이 있다 보니까, 모든 사회주의자는 악으로 규정하고 역사를 보는데 익숙해왔던 것은 바로 잡혀야 되겠다. 1차로 6·25전쟁 이전과 이후에 있어서의 시각이 달라야 하겠고, 다시금 2차로 조국탈환 이전의 시기와 이후에 있어서의 시각이 달라야 하겠다.

그간 우리는 사회주의자들을 무조건 6·25전쟁 범죄자와 동일시하는 시각을 전제로 사회주의자들을 평가하고 해석해 왔는데, 그에 대한 시각의 교정이 없이는 올바른 역사해석이 불가능한 것이다. 우리는 앞으로 역사해석을 함에 있어서 역사착인에서 벗어나려는 노력이 항존하느냐의 여부를 언제나 따져 보아야 하겠다.

심지어 김일성을 보는 시각도 분명히 역사착인에서 벗어나게 해야 되겠다. 김일성은 개인적으로 같은 사람이지만, 항일전쟁시대에 독립운동을 하던 김일성과 6·25전범 김일성을 뚜렷이 나눠서 보아야지, 무조건 한덩이로 동일시하는 흐름을 갖는 것은 고쳐져야 옳다고 본다. 항일전쟁시대의 김일성은 이념을 논하기 이전에 훌륭한 애국자였다. 그러므로 친일매국의 흐름에서 살던 자들이 김일성을 무조건 빨갱이라고 욕하는 것은 결코 아름다운 모습일 수만은 없다.

2. 이론착인(理論錯認)에 의한 해석

역사착인 현상을 완벽하게 벗어나기 위해서는 이론착인 현상에 대한 논의도 필요하다. 우리는 이론적 선입관에 따라서 역사를 해석하는 경우도 많기 때문이다. 왜냐하면 우리는 이론을 이론으로만 보고서, 이론 그 자체로만 받아들이기 때문이다. 그러나 모든 이론은 사회를 떠나서는 존재할 수가 없다.

사회주의는 이론이면서 이념이고 사상이다. 그런데 사회주의는 사회를 떠나서 존재할 수 없음은 언제나 변함이 없다. 그것이 이론이라고 할 경우는 물론이고, 사상이고 이념이라고 할 경우에 있어서도 결코 사회를 떠나서는 존재할 수가 없는 것이다.

본 논문에서 다룰 항일전쟁 시기의 사회주의 계열 독립운동가를 평가함에 있어서도, 사회주의를 단순히 이론이나 이념으로만 생각하고 독립운동가를 평가하는 잘못을 저지르면 안된다. 그럼에도 불구하고 지금까지의 연구들은 사회주의 계열의 독립운동가를 무조건 사회주의 이론에 의해서만 평가하는 잘못을 계속 저질러 왔다. 우리의 학계에는 항상 이론이나 사상이 우선이고, 사회는 종속변인으로 다루거나 아예 무시해 버린다. 그리하여 사회주의 독립운동가들도 무조건 사회주의 이론에 묶여진 해석으로만 일관한다. 거기에는 고민하는 사회주의자도 없고, 방황하는 사회주의자도 없으며, 오로지 주어진 이론에 기계로 짜 맞춘 듯 꿰어 맞춘 틀에 짜인 인물만이 존재한다.

그러나 항일전쟁 시기의 사회주의 계열 애국자들은 결코 사회주의 이론에만 노예가 된 사람들이 아니었다. 특히 초창기의 애국자들일수록 더욱 그러하다. 그들은 현실이 우선이고 이론은 나중인 사람들이었다. 그들은 풍전등화의 조국땅을 먼저 생각하면서 통곡 속에 애국을 생각했고, 그들이 택한 사회주의 이념은 그것을 해결하는 수단이요 도구에 불과한 것이었다. 그들은 나랏님이신 임금님의 비극적 시해에 가슴을 치며 절규하던 사람들이었고, 나랏님의 비참한 최후에 대해 울며 몸부림치다가 망명을 떠나서 세월을 보내는 중에 사회주의 이념을 만나는 것이다.

그들은 사회주의를 도구요 수단으로 본 사람들이었지, 결코 목적이라고 본 사람들이 아니었다. 그러므로 그들은 소위 자생 빨갱이가 아닌 사람들이었으며, 자생 애국자였을 뿐이었고, 애국을 향해 달리다가 사회주의를 수단으로 택한 사람들이었다. 물론 역사가 흘러가면서 침략일본의 폭압에 시달리면서 자생적 사회주의자들도 생기고, 사회주의를 위해 다른 것을 종속시키는 빨갱이도 생겼지만, 원래의 그들은 무엇보다도 민족과 역사와 전통이 우선한 애국자들이었다.

예컨대 김일성의 개인 의식구조를 보아도 결코 그는 원래부터의 사회주의자가 아니었다. 그는 처음에 이름이 김성주였는데, 항일전쟁에 투신하여 전설적 항일영웅인 김일성으로 바꾸었다. 그가 골수 빨갱이였다면 러시아식 이름으로 바꾸고 사회주의 자체를 위해서 헌신했을 것이다. 그러나 그는 항일을 위해 사회주의를 도구로 썼으며, 사회주의 이전에 민족주의를 생각했던 인물이라고 여겨진다. 그렇기에 전설적 항일영웅 김일성이 되었던 것이다.

김일성이 후계자로 삼은 큰아들 김정일(金正日)의 이름도 곱씹어 볼 사항이라고 생각된다. 사람은 누구나 자기의 자식 이름을 정성껏 생각하여 짓는다. 특히 첫 자식은 더욱 그렇다. 그런데 김일성이 첫아들의 이름을 김정일로 지은 것이다. 김정일의 한자는 표면적으로는 그렇지 않지만, 그 이름은 내면적으로 일본을 정복하려는 정일(征日)의 의식구조가 분명히 터잡고 나온 것은 아닐까 생각된다. 우리가 그간 패배주의 역사에 많이 익숙해 있었고, 이남의 역사학계가 원천적으로 친일사관에 짙게 오염되어 있었지만 항일 애국자들은 그렇지 않았다고 생각된다. 그렇기에 항일애국자들의 본토였던 만주땅에서 성장한 김일성이 정일론(征日論)의 신앙에 투철했고, 그의 아들 이름도 정일이라고 지었다는 생각은 결코 틀린 해석이라고 볼 수는 없을 것이다.

항일전쟁시대의 만주땅은 도처에서 정일철학(征日哲學)이 논해졌고, 정일론(征日論)은 항일전쟁의 기본이념이었기 때문이다. 김일성은 그런 풍토에서 성장했기에[2)] 언젠가 침략일본을 조국강토에서 몰아냄은 물론이고, 힘이 길러진다면 일본점령의 위업까지 이루려는 염원 속에서 정일신앙(征日信仰)을 갖고 항일전쟁에 매진했다고 보아야 옳지 않을까 하고 생각된다.[3)]

Ⅱ. 시대배경: 정률성의 탄생시대

정률성은 삼일만세항쟁이 발발하기 약 7개월 전에 전라남도 광주시 양림동에서 태어났다. 정률성이 탄생할 무렵의 광주시 양림동은 사실상 작은 농촌에 가깝다.

침략일본은 우리의 국토를 강점하고서는, 전국적으로 도시설계나 국토건설에 있어서 우리의 전통을 단절하고 문화의 맥을 끊기에 총력을 집중시켰다. 그리하여 중요한 철도역은 대부분 기존의 대도시를 빗겨서 허허벌판에 만들었다. 전통적으로 큰 도시였던 동래가 아닌 부산, 안동이 아닌 영주, 의주가 아닌 신의주, 그리고 허허벌판 한밭(대전)을 택해서 역을 만들었으니, 전라남도에 있어서도 옛적부터의 큰 도시인 나주를 빗겨서 광주에 역을 만들어서 훗날 광주시가 커지게 된 것이다. 그러므로 정률성이 태어날 무렵의 광주는 사실상 이름없는 농촌이었다. 그렇기에 정률성은 광주시의 원초적 토착 원주민이라고 할 만하다.

---

2) 특히 이러한 해석이 가능한 것은, 러시아는 러일전쟁에서 패전한 원한을 크게 갖고 있었으며 러시아인들이 일본에 대해서 가지고 있는 적개심은 대단하다는 점에서도 그런 생각이 든다. 러시아인들은 언젠가 설욕할 기회를 항상 노리고 있으며, 요즘에도 일본인들을 지극히 싫어하고 있을 정도인데, 김일성은 그런 풍토 속에 있었기 때문이다.

3) 그러나 김일성은 그의 아들 김정일의 큰아들인 장손자의 이름을 김정남(金正男)으로 짓는다. 그것은 김일성이 6・25남침전쟁을 치룬 뒤의 것으로서 정남(征南)철학이 지배한 것은 아닐까? 항일전쟁 때의 위대한 철학과 6・25전범이 된 뒤의 어둠의 철학은 이렇게 다른 것일까?

1. 본격적 항일전쟁의 시기

정률성이 태어난 때는 본격적으로 항일전쟁이 전개되던 때였다. 삼일만세항쟁이 국내외에서 요원의 불길같이 타오르며 펼쳐졌을 뿐만 아니라, 만주땅을 중심으로 해외에서 혁혁한 항일전쟁 신화가 창출되던 시기였다.

유명한 청산리대첩이 만주땅에서 이루어져, 민족사에 남을 항일전쟁 드라마가 만들어진 때도 이 때이다. 그리고 러시아 연해주를 중심으로 하여 신한촌이 만들어지고 중국땅의 북경, 상해를 비롯한 곳곳에서 항일전쟁의 영웅담이 창조되던 때가 바로 이 시기였다.

그러므로 정률성은 자연스럽게 스스로가 항일전쟁의 신화 속으로 빨려들어가는 일생을 살게 되었던 것이다. 물론 당시에도 적지 않은 친일파가 존재했었고, 다수의 비굴한 굴종의 인물들이 있었기에 그런 비열한 길을 갈 수도 있었다. 그러나 정률성은 생각하면 행운의 출생을 했다고 생각된다. 왜냐하면 그의 집안 전체가 본격적인 항일애국의 가문이었기에, 그는 저절로 애국의 길을 찾게 되었던 것이다.

2. 존황사상이 넘치던 시기

정률성이 태어난 때는 존황사상이 극도로 넘치던 시기였다. 특히 그 무렵은 비운의 광무(고종)황제 폐하가 일제에 의해 독살시해를 당해서, 전체 국민들이 거족적으로 들고 일어나 삼일만세항쟁을 벌이던 때인 만큼, 임금님을 사랑하는 마음가짐은 모든 민족에게 골고루 넘쳐 흐르던 시대였다.

우리 사회에는 요즘 역사착인 현상에 의해서, 이 무렵을 흡사 오늘날과 같은 때로 착각하는 경향이 농후하다. 그리하여 그 시대를 오늘날과 같은 공화국 체제에 요즘같은 서구식 의식구조가 넘치는 시대였던 듯이 착각을 하는 흐름마저 느껴질 정도이다. 이러한 현상은 일반인들만이 아니라 심지어 학자들의 글에까지도 강하게 나타나고 있다.

그렇지만 정률성이 태어난 때는 전혀 그렇질 않았다. 조선시대의 의식구조가 확실하게 잔존하고 있을 뿐만 아니라, 우리를 침략한 일본까지도 천황이 존재하는 군주제의 나라였기 때문에, 일반인들이 군주제를 벗어나는 생각을 가질 틈새가 거의 존재하지 않는 시대였다.

3. 서구사조가 퍼져오던 시기

그러나 정률성이 태어난 때는 약간씩 서구사조가 퍼져들어 오던 시기였다. 서구의 다양한 사회사조가 우리에게 들어오면서 약간씩 영향을 미치는 때였고, 이러한 흐름은 일제강점의 암울한 시대에서 때로는 적지 않은 충격을 선사하기도 했다.

그렇지만 이러한 흐름은 아직까지도 우리 사회에 있어서 보편적인 것이 될 수는 없는 상황이었다. 전반적인 중심된 흐름은 아직도 확고하게 전통적인 보수적 흐름이었음이 분명하다.

다만 이러한 서구사조는 해외문물을 쉽게 접할 수 있는 소수의 특수신분의 인물들에게 퍼져온 것이 사실이었고, 이러한 흐름을 타고 항일전쟁의 도구로 인식되는 흐름이 있었던 때이기도 했다. 당시의 일본은 자기들 스스로가 군주제였기에 서구사조를 쉽게 허락하지 않았는데, 우리는 일본에 반대하는 어떠 흐름은 무조건 일단 긍정하는 성향이 생길 수밖에 없는 사회실정이기도 했었다. 서구사조는 그렇기에 항일흐름에 편승하여 들어오는 성향이 컸었다.

Ⅲ. 정률성의 생애[4)]

본 정률성의 생애는 중국측 자료를 토대로 작성된 것이다. 국내 자료가 전혀 없다고 할 정도의 상황에서, 필자가 가급적 국내에 맞게 원자료를 수정보완은 하였으나 정률성의 생애가 확실하게 중국공산당의 흐름이었기에 수정에는 한계가 적지 않았다. 그러나 조선족이 가진 특수한 위상을 전제로 하고서 중국국적 동포들을 이해하는 입장에서 글을 읽는다면, 독자들로서는 제대로 소화시킨 해석이 가능하리라고 본다.

1. 출생에서 신흥중학까지[5)]

산 좋고 물 맑은 아름다운 조국의 남쪽 끝, 예로부터 곡창지대로 불려 온 전라남도의 무등산 아래 영산강벌 북쪽 분지에 광주시가 자리잡고 있다. 정률성은 1918년 8월 13일(음력 7월 7일) 이곳 양림동의 한 순박한 농촌가

4) 정률성의 생애는 다음의 ①번 자료를 기본골격으로 하여 ②번 자료를 합하여 종합하였으며, 필자가 구할 수 있는 다른 자료들을 모아 종합적으로 보완하였다.
① 한창희, 이정문, 이두만, 인민의 음악가 정률성, 중국조선민족발자취 총서 편집위원회, 중국조선민족발자취 제4권 결전(북경: 민족출판사, 1991), pp. 449～468.
② 정설송 엮음, 작곡가 정률성 1, 2(서울: 형상사, 1992).

5) ① 정률성의 생애는 중국측 자료를 기본골격으로 했기 때문에, 필자가 한국화시켜서 고치기는 했어도 기본흐름은 중국측 성향이 높음을 유의해서 읽어야 할 것이다. 따라서 어떤 내용은 국내 독자들이 이해하기에 무리가 되는 것도 있으나, 중국자료임을 감안하고 자료로서 읽는 입장을 가져야 할 것이다. 그러나 이것도 의미는 있다. 왜냐하면 정률성은 망명 항일애국자가 완전히 중국땅에 뿌리를 내려 중국인으로 성공한 사례이기 때문에, 그런 시각을 전제로 살펴보는 것도 의미가 크겠기 때문이다.
② 특히 이 중국측 기본자료는 조선족 동포들이 쓴 것으로서, 조선족의 의식을 분석해 봄에도 좋은 자료가 될 수 있다.

정에서 세상에 태어났다. 그의 아버지는 아홉번째 자식으로 출생한 아들에게 부은이라는 아명을 지어주었다. 그러니까 그의 원래 이름은 정부은이었는데 훗날 망명을 떠나 음악으로 대성하겠다고 률성(律成)으로 고쳐서 정률성이 된 것이다. 정률성의 부친 정해업은 아들 다섯에 딸 다섯을 낳아 열명의 형제가 있었는데, 가난과 배고픔에 시달리며 다섯이 죽고 아들 넷에 딸 하나가 남았으니 정률성이 막내아들이 되었다.

고향의 맑은 샘물을 마시며 자란 정률성은 어려서부터 남다른 총명과 재질을 보여주었다. 그에게는 타고난 고운 목청과 밝은 귀가 있었다. 일제의 강점통치와 가혹한 약탈정책으로 인하여 집안살림이 매우 구차하였지만, 그의 부모는 자식의 장래를 위하여 그를 학교에 보냈다. 학교에서 정률성은 언제나 우등생이었으며 체육도 잘했지만 음악을 특히 즐기었다. 그는 음악선생님에게서 아름다운 동요와 민요들을 많이 배웠으며, 배운 노래들을 집식구와 동네어른들에게 곧잘 불러드리곤 하였다.

정률성이 어린 시절에 음악에 눈을 뜬 것은 외삼촌 최홍종의 영향이었다. 최홍종은 축음기를 갖고 있었는데, 정률성이 음악에 재능이 있음을 알고 수시로 듣게 하였다. 그리하여 슈만의 '환상곡' 그리고 '유모레스크'와 '신대륙으로부터'의 합창곡과 안기영의 독창, 민요 등을 즐겼다.

정률성의 어린시절인 1920년대로 말하면 조선에 대한 일제의 민족적 억압과 가혹한 수탈이 극도에 달하였으며 항일투쟁은 준엄한 시련을 겪고 있는 때였다. 그의 아버지 정해업은 일본침략자들을 위해 일하지 않고 민족적 절개를 지키며 농사를 짓다가 1932년에 병으로 세상을 떴다. 그의 맏형과 둘째형은 1919년 삼일운동에 참가하였다가 일제의 검거선풍을 피하여 중국에 망명해 항일활동을 하였다.

맏형 정효룡은 그 후 조국에 돌아와 독립운동을 계속하다가, 일본 침략자들에게 붙잡혀 8, 9년간 감옥살이를 한 뒤 병으로 1934년에 사망하였다. 둘째형 정인재는 운남강무당에서 훗날 장군이 된 주덕과 동창생으로 군사를 배웠고, 중국공산당에 가입하였으며 국민혁명군 제24군 중좌참모로 일하다가 대혁명 시기에 장렬히 희생되었다. 이같은 항일애국 가정에서 보낸 어린시절의 생활은 그의 가슴속에 침략자를 증오하는 씨앗을 묻어주었으며, 민족의 독립을 이룩하고 광명과 행복을 위하여 굽힘없이 싸우는 정신을 키워 주었다.

1929년부터 1933년까지의 사이에 정률성은 전주시의 사립 신흥중학교에서[6] 공부하였다. 일본사람이 경영하는 공립학교에 들어가 일제의 노예교육을 받지 못하게 한 부친의 고집으로 인하여, 정률성은 신흥중학교에서 조선글을 배우며 애국의 뜻을 키웠으나, 아버지가 별안간 돌아가셔서 학교를 중퇴할 수밖에 없었다. 그리고 큰형도 감옥살이의 후유증으로 사망하였다. 외롭게 남은 정률성은 집에서 둘째형이 남겨 놓고 망명한 만돌린을 타며 노래를 부르고 오선지를 베끼며 세월을 보냈다.

2. 망명

일제의 총검 밑에 삼일운동이 피의 교훈을 남기고 온 강토에 검거선풍이 휘몰아치고 있던 그 당시, 수많은 애국지사들과 열혈청년들이 나라와 민족의 운명을 구원할 참다운 길을 찾아 중국에 망명하였다.

1933년 봄에 항일애국자들이 중국의 남경에서 학교를 꾸리고 학생들을 모집한다는 소식이 조국땅의 남부도시 광주시에까지 전해졌다. 이 무렵 셋째형이 비밀리에 국내에 들러서 누님 정봉은을 남경에 데려가 황포군관

---

6) 신흥(新興)은 신민흥국(新民興國)의 줄임말로서, 신민흥국은 당시 애국자들이 즐겨 쓰는 단어였다. 신흥중학교는 그 정신을 이은 학교이므로 당연히 선각자가 세운 애국학교가 분명한 것이다. 그리고 정률성의 부친이 애써 자식을 그 학교에 보냈다는 것은 부친이 선각자다운 의식을 갖고 있었음을 뜻한다.
안천, 신흥무관학교(서울: 교육과학사, 1997), p. 70 참조.

학교 4기 졸업생 박건웅과 결혼을 시켰다.[7] 그리고 셋째형은 여러 사람을 중국으로 데려갔다. 그리하여 정률성은 특히 셋째형 정의은이 중국 남경 독립군학교의 밀령을 받고 우리민족 청년들을 모집한다는 얘기를 듣고서는 단호히 망명을 결심했다.

그러나 이 얘기를 들은 어머님이 허락을 하지 않고 타일렀다. 아버지와 큰 형이 죽고 둘째형, 셋째형과 누나가 망명을 떠난 집에 너라도 남아야 한다는 당부였다. 그런데 어느날 셋째형이 모집한 청년들을 목적지에 보내고 오다가 정탐꾼에 들켜 순사들에게 잡혀갔다. 물론 셋째형은 상인으로 가장을 했고 외삼촌이 도움을 주어 곧 풀려났으나, 이 바람에 놀란 어머니는 정률성을 즉시 망명시키고 말았다. 사회의 탁류 속에서 갈길 몰라 헤매이며 나라와 민족의 운명을 통탄하던 정률성은, 16세의 어린 나이에 목포에서 '평안환' 배를 타고 셋째형과 함께 일본을 거쳐 중국땅 상해로 망명해 들어갔다.

양자강 아래 기슭에 위치한 큰 도시 남경에서 독립운동가들의 반일단체 의열단이 조직한 조선혁명간부학교에 들어가 항일애국이론을 학습하고 민족재생의 빛발을 보게 된 정률성은, 1934년 겨울 이 학교를 졸업한 뒤 남경에서 강도일제를 반대하는 의열단 비밀활동을 진행하면서[8] 피아노 공부를 시작하였으며, 그 뒤 친구의 소개로 상해에 있는 레닌그라드의 유명한 음악가인 소련교수 끄릴노와를 만나 성악공부를 하였다. 그는 성악교수로부터 이탈리아에 가서 계속 공부하면 위대한 가수가 되리라며 극찬을

7) 박건웅은 평안도 철산 출신으로 황포군관학교를 졸업하고 중국군 장교로 근무한 적이 있으며, 레닌주의 정치학교에서 김원봉과 일을 같이 하였다.
염인호, 김원봉 연구(서울: 창작과비평사, 1993), p. 161.

8) 정률성이 의열단 활동에 기반을 둔 민족운동으로 항일의 길을 갔다는 것은, 김원봉과 신채호 사상의 맥을 잇는 바라고 생각된다. 특히 김원봉은 신채호를 스승같이 존경하였으므로, 신채호 사상이 정률성의 삶을 기본적으로 이끌고 있었다고 하겠다. 특히 신채호는 김창숙과 함께 유림의 맥을 대변하는 임금님 사랑의 핵심이었다.
최갑용, 황야의 검은 깃발(대구: 이문출판사, 1996), p. 80 및 p. 99 참조.

받았을 정도로 뛰어났다. 항일전쟁이 일어나기 전까지의 한해 반 동안에, 그는 남경에서 수백리 떨어진 상해로 매주 한번씩 기차를 타고 다니면서 성악이론을 배웠을 뿐만 아니라, 세계 여러 나라의 많은 명곡을 배워 중국어와 외국어로 부를 수 있게 되었다.

1935년에 중국공산당의 흐름에 따라 북경의 학생들이 "내전을 중지하라!" "일제를 타도하자!"는 구호를 소리높이 외치면서 벌인 12·9운동은 즉시 전국 각지에 파급되었으며, 항일구국의 노래를 부르는 운동이 온 나라 방방곡곡에서 줄기차게 전개되었다. 전한 작사, 섭이 작곡으로 된 '의용군행진곡'은 진군의 나팔 소리와도 같이 거리와 마을, 공장과 광산들에 울려 퍼졌으며, 나라를 사랑하는 수억만 인민들의 심장을 불타오르게 하였다.

이 세차게 굽이치는 노래의 물결 속에 뛰어든 정률성, 그는 시위대열의 앞장에서, 사람들이 붐비는 거리에서 항일구국의 노래를 부르고 가르쳐주었으며, 애국청년들의 비밀모임들에서 언제나 '의용군행진곡'을 목청껏 불러 그들의 가슴 가슴에 필승의 신념과 굽힐 줄 모르는 투지를 안겨주었다.

1936년 봄, 정률성은 한족(漢族)의 진보적 청년들이 조직한 항일문예 단체인 5월문예사에 들어가 핵심요원으로 활약하였다. 그는 문예사 발기자 추취도가 쓴 가사에 곡을 달아 '5월의 노래'라는 노래를 지었는데, 그 즉시 5월문예사의 사가로 인정받고 전체 사원들 속에 퍼지게 되었다. 이 문예사의 활동에서 정률성은 중국의 문예일꾼들한테서 많은 것을 알게 되었고, 그들의 투쟁에서 새로운 희망을 가지게 되었으며 큰 힘을 얻었다.

1937년 7·7사변 후 정률성은 상해에서 대공전지복무단에 참가하여 선전대대 음악대장의 책임을 맡고 열화같이 뜨거운 심정으로 선전선동사업을 진행하였으며, 항일애국정신으로 자기를 더욱 억세게 무장하고 애국적인 음악가들과 사귀었다.

이해 8월 그는 남경에서 빠리음악대학 고급작곡반을 졸업하고 돌아온 선성해를 만났다. 후에 불후의 명곡 '황하대합창'을 창작한 인민음악가 선성해는 중국 국가를 작곡한 섭이와 함께 중국을 대표하는 작곡가였다.[9] 선성해는 그 때 자기가 방금 지은 노래 '구국군가'를 정률성에게 주면서 불러보라고 하였다.[10] 오래 전부터 음악작품을 통하여 선성해를 잘 알고 있으며 흠모해 오던 정률성은, 그의 작품을 받아 쥐자 노래의 격조 높은 선율, 절절한 정서에 매혹되어 저도 모르는 사이에 목청을 돋구어 부르기 시작하였다. 첫 상봉에 이처럼 정열적이고 재간있는 가수와 사귀게 된 선성해는 몹시 기뻐하면서 "우리 함께 합작해 봅시다!"라고 하며 정률성의 손을 굳게 잡아 주었다.

3. 연안송

1937년 여름에 항일전쟁의 포성이 울렸다. 온 나라 여러 민족의 청년들은 일제를 몰아내고 나라를 구원할 진리를 탐구하기 위하여 항일의 중심인 연안에 밀려들었으며, 여기서 항일애국의 사명을 받아안고 또다시 항일전선으로 달려나갔다.

이해 10월 열아홉살이 된 정률성은 그때 항일구국운동의 지도자들이었던 리공박, 두군혜의 고무지지밑에 서안 팔로군행정처 주임 림백거동지에게 보내는 지하공산당원 선협부(조선인, 후에 국민당에 의해 암살당했음)의 소개 편지를 가지고 남경을 떠나 왜적들의 첩첩한 봉쇄망을 뚫고 꿈에도 그리던 혁명의 성지 연안에 들어왔다. 바이올린과 만돌린을 어깨에 메

9) 섭이가 작곡한 것은 의용군행진곡인데 오늘날 중국의 국가가 되어 있다. 정률성의 팔로군행진곡이 국가가 되지 못하고, 중국 제2의 노래인 인민해방군가가 된 것은 정률성이 조선족임에서 연유된 것이 분명하지 않을까?

10) 섭이의 의용군행진곡, 선성해의 구국군가, 맥신의 대도행진곡, 려기의 항일군정대학교가, 하록정의 유격대가는 정률성의 팔로군행진곡과 함께 유명한 노래이다. 그러나 정률성의 노래가 단연 돋보임은 누구도 부정하지 않는다.

고, 세계명곡집을 들고서 연안에 도착한 것이다.

정률성은 어려서부터 음악으로 성공할 결심을 하여 많은 민요와 세계명곡을 익혔고, 배 힘을 키우기 위해 복부에 모래주머니를 달고 호흡훈련을 하였을 정도이니 연안에 도착하는 모습이 그럴 것은 당연한 것이었다. 그는 모든 삶에서 음악을 떼내지 않아 캄캄한 방안에서도 콧노래로 작곡을 했고 잠자리에서도 악곡을 구상했을 정도였다. 땅굴집에 살면서 조밥을 먹는 생활은 고통스러웠지만, 어디에서나 항일애국의 기상이 나래치고 명랑한 노래소리가 울려퍼지는 연안은 말 그대로 민족애의 정열과 청춘의 기백으로 정률성의 심장을 틀어 잡았다. 그는 섬북공학 제1기 7대에서 공부하면서 끓어 넘치는 열정으로 가창활동에 참가하였으며 수천명 대중들의 앞에 나서서 대합창을 지휘하곤 하였다.

그 이듬해 5월에 연안 로신예술학원이 창립됨에 따라 정률성은 섬북공학원으로부터 로신예술학원에 들어가 근 넉달동안 공부하였다.

어느날 저녁 무렵 군중집회가 끝난 뒤 정률성은 몇 명 학우들과 함께 북문 밖에 있는 산기슭에 올라가서 연안성의 전경을 굽어 보았다. 연안의 장엄한 옛성, 석양에 비친 산마루의 보탑, 맑은 연하수, 그리고 동녘에 떠오르는 밝은 달은 예술가의 가슴을 치는 장면이었다. 대열을 지어 보무 당당히 행진하는 전사들, 여기저기서 들려오는 노래소리, 웃음소리, 보탑산 봉우리와 연하강 물결 위에 비친 저녁 노을, 이처럼 장엄하고 황홀한 화폭 앞에서 정률성은 가슴속에 넘치는 격정을 누를 길 없어 '아, 연안!'하고 환성을 올리는 것이었다.

연안에 들어온 뒤 몇 달 동안 이 영광의 도시에 드리는 서정적이며 전투적인 송가의 선율 속에 밤낮으로 갈등을 느끼고 있던 그는 옆에 서있는 문학학부의 여학생 막야에게 "나에게 가사를 써주오!"라고 부탁하였다. 그의 부탁은 즉시 막야의 공감을 불러 일으켰다. 비록 민족은 달라도 하나의 신념과 이상을 품고 새로운 기상이 나래치는 연안의 품에 안긴, 같은 열혈

청년으로서 그들의 생각과 지향은 너무나도 일치되었다. 때문에 막야가 쓴 '연안송'의 가사를 받아 쥐었을 때 정률성은 어린애마냥 기뻐하였으며, 용솟음쳐 오르는 샘물과도 같이 심장의 뜨거운 격정을 쏟아부어 단숨에 작곡을 끝낼 수 있었다. 중국혁명의 역사와 더불어 빛나는 혁명송가 '연안송'은 바로 이와 같이 우리 조선족의 참된 아들 정률성에 의해 작곡된 것이다. 그 한 구절은 아래와 같다.

아, 연안!
장엄하고 웅위한 도시
철벽의 성새(城塞) 승리의 요람
그대 이름 세월과 함께
역사에 길이 빛나리

이 해 봄 어느날 저녁 모택동 주석을 비롯한 중앙지도자들이 참석한 련환모임에 '연안송'이 처음으로 무대에서 불려졌다. 끓어 넘치는 정치적 격정을 담은 정률성의 격앙된 노래소리는 모주석의 박수와 관중들의 열렬한 갈채를 받았다. 공연이 있은 다음날 연안송의 노래원고를 중공중앙선전부에서 가져갔고,[11] 이 노래는 재빨리 광범위하게 퍼져 나갔다. 심지어는 국민당통치구와 동남아의 화교에게까지도 퍼졌다.

송가로서의 정서적 폭과 숭엄한 감정을 잘 살린 노래 '연안송'은 실로 중국인민의 애국투쟁을 승리의 한길로 인도하는 당중앙의 소재지-연안에 대한 열렬한 찬가이며, 침략자를 몰아내고 자유로운 땅에서 행복하게 살아갈 그날을 그리는 희망찬 포부와 혁명적 낭만을 그대로 진실하게 담은 불멸의 송가이다.

---

11) 원래 막야가 작사를 했을 때는 '연안을 노래한다'였으나, 중공중앙선전부가 제목을 '연안송'으로 바꿨다.

이 노래의 창작과 유행 과정에 대하여 정률성은 일찍이 다음과 같이 말하였다.

> 항일전쟁이 진행되던 8년 동안에 이 노래는 정식으로 출판된 적이 없지만 나래가 돋친 것처럼 연안으로부터 전선에로, 해방지역으로부터 국민당 통치지역에로, 심지어는 멀리 동남아세아 지역에까지 날아갔습니다. 실로 이것은 상상밖의 일입니다. 이 노래를 지을 수 있게 된 것은 인민들을 항일투쟁에로 부른 당의 호소가 온 나라 인민의 항일열의를 불러일으키고, 우리 음악예술인들에게 넓은 무대를 마련해 주었기 때문이며, 이 노래가 이렇듯 널리 유행되고 커다란 생활력을 가질 수 있게 된 것은 온 나라 인민들이 혁명의 성지이며 항일의 중심인 연안을 무한히 동정하며 사랑하기 때문이라고 생각합니다.

실로 불멸의 송가 '연안송'은 항전시기 중국의 수천 수만의 청년들을 일제침략자들을 물리치는 영웅적인 투쟁심을 불러일으켰다. 그때로부터 40여년이 지난 오늘도 이 노래를 부르기만 하면 연안시대의 혁명전통을 생각하게 되며 원로 항일애국자들을 그리게 된다. 극악무도한 '4인무리'들이 살판치던 그 살벌한 나날에도, 행동의 자유와 말할 권리마저 빼앗긴 우리 당의 오랜 동지들이 '연안송'을 입속으로 부르면서 서로 고무지지하고 진리를 위하여 용감하게 싸우지 않았던가!

4. 팔로군행진곡

1939년 1월 10일 정률성은 연안항일군정대학에서 중국공산당에 가입하였다. 당조직의 교양과 동지들의 배려 아래, 정률성은 들끓는 항일활동 속에 더욱 깊이 빠져들어 꾸준히 모색하고 탐구하는 과정에, 음악창작에서도 생기발랄한 왕성기를 맞이하게 되었다.

정률성은 항일군정대학의 음악교원으로서 나라의 방방곡곡에서 온 학생들에게 '연안송' 등 애국가요들을 열정적으로 가르쳐 주었다. 그의 노래 소리는 언제나 사람들에게 힘과 용기와 믿음을 안겨 주었다.

이해 8월 정률성은 시인 공목과 함께 연안 남문밖 서산요에 있는 항일군정대학 정치부 선전과의 한 땅굴집에서 생활하였다. 어느날 정률성은 공목에게 "우리도 대합창을 만들어 봅시다."라고 말하였다.

"대합창이라니?"
"물론 '팔로군대합창'이지요!"

선성해의 '황하대합창'이 방금 불려지기 시작한 그 때였으므로 '팔로군대합창'을 창작하자는 정률성의 뜻을 공목은 대뜸 알아차렸다. 원래 전선에서 연안에 돌아온 지 얼마 안되는 공목은 풍부한 전투생활 체험이 있었기 때문에, 불과 사나흘 사이에 '팔로군대합창'의 가사 여덟수를 전부 써내었다. 팔로군에 맞추기 위해 여덟 개로 맞춘 것인데, '팔로군 군가', '팔로군행진곡', '유쾌한 팔로군', '자야강 병사의 노래', '기병가', '포병가', '군대와 인민은 한집안 식구', '팔로군과 신사군' 이 여덟수의 가사는 그 이름으로부터 내용에 이르기까지 모두 정률성의 요구에 의해 씌어진 것이다.

피아노도 풍금도 없는 조건에서 정률성은 방안에서 팔을 저으며 걸음을 걸으면서 작곡했으며, 때로는 산속에 들어가 목청을 돋구어 불러보면서 작곡하였다. 실로 천재 음악가라는 표현이 어울릴 일인데, 동서고금을 털어서 거의 맨손으로 위대한 음악을 창작해 낸 사례는 정률성 외에는 없을 것이다. 단지 21세의 나이의 어린 청년이 제대로 된 작곡교육을 받은 바 없건만, 포연이 쏟아지는 전쟁터 토굴 속에서 지내며 온몸에서 우러나오는 천재성이 용솟음치며 작곡을 했던 것이다.

귀머거리 천재 베토벤을 악성이라고 하나, 이렇게 작곡한 정률성은 악성을 넘어 대악성(大樂聖)이 분명했다. 그는 중국어가 당시 서툴렀다. 그러나 시인 공목을 조르고 다그치며 작사를 재촉하면서 그의 구상을 확실하게 공목에게 전하였다. 기병가를 창작할 때에 말발굽 소리를 가사에 써놓도록 요구하고, 포병가를 창작할 때에는 쿵쿵하는 포소리를 가사에 써넣을 것을 요구하였다. 그리고 행진곡은 긴 구절과 짧은 구절을 섞어 엮고 음율이 조화를 이루게 되며 절주가 강하되 중간에 네글자로 된 구절을 세 개 만들어 넣을 것을 요구하여 공목이 그대로 작곡해 주었다.

정률성은 공목이 쓰는 대로 연이어 갖다가 작곡을 하는데, 피아노도 풍금도 없는 속에서 그저 머리를 흔들며 흥얼거리다가 손으로 박자를 치기도 하고, 때로는 책상 주위를 빙빙 돌며 발구름으로 곡조를 구상하다가 공목이 옆에서 웃고 있으면 움집을 나가 산기슭이나 산비탈에 올라 작곡을 하였다. 그는 늘 피아노 대신 콧노래로 곡을 부르며 고쳐 나갔고 온몸을 바쳐서 창작에 열중하였다. 그는 자기가 지은 노래들을 먼저 작사자인 공목에게 불러주면서 그의 의견을 듣고는 하였다. 이와 같이 작곡하는데서 시간이 좀 걸려 8월말인가 9월초에야 '팔로군대합창'의 작곡이 전부 끝났다.

이 해 12월 당조직의 결정에 의하여 로신예술학원 음악학부에서 성악을 가르치게 된 정률성은 영용한 팔로군 장병들에게 드리는 노래 '팔로군대합창'을 학생과 전사들에게 열정적으로 가르쳐 주었다.

전진, 전진, 전진!
태양을 향한 우리 대오
조국의 대지 위에 섰다.
민족의 희망을 안은
우리 힘 막을 자 그 누구냐?
우리는 싸움의 전위

우리는 민중의 무장
두려움없이 굴함없이 영용하게 싸워
왜놈들을 국경 밖으로 몰아내자
자유의 기치 높이 날리자
아, 나팔소리 울린다.
아, 항전의 노래 우렁차다
동무들 발을 맞춰 항일의 싸움터로
동무들 발을 맞춰 적들의 후방으로
전진, 전진 태양을 향한 우리 대오
나가자 화북벌로! 장성밖으로!

<팔로군행진곡>

인민군대의 영용무쌍한 형상을 창조하고, 인민군대의 백전백승의 영웅적 기백을 심각하게 표현한 '팔로군대합창', 그의 박력있고 장중한 노래들은 누구의 비준도 받지 않았으나 사람들의 입과 입을 통하여 삽시에 연안의 여러 기관과 부대, 학교들에 퍼졌으며 항일전쟁 대오에서 널리 불리게 되었다.

팔로군행진곡은 1939년 겨울에 로신예술학원 음악부에서 등사판 책으로 만들어지고, 1940년 초에 정률성의 지휘하에 로신예술학원 악단과 합창단의 출연으로 '팔로군대합창'의 첫공연이 연안 중앙대강당에서 진행되어 대절찬을 받았다.

이 해 여름 팔로군 총정치부 선전부장 소향영은 정률성과 공목을 식당에 청하여 불고기를 대접하고 '팔로군대합창'의 노래들이 이미 여러 항일근거지들에 퍼져 광범한 전사들의 환영을 받고 있다고 알리면서 그들의 성과를 치하하였다. 그 뒤 '팔로군 군가'와 '팔로군행진곡'이 중공중앙 군사위원회의 비준을 받고 정식으로 '팔로군잡지'에 발표되었다.

지난 항일전쟁의 초연탄우 속에서 이 노래들은 일본침략자들을 때려 엎는 승리의 한길로 우리 군대 전사들을 힘있게 고무한 진군의 나팔로 되었다. 항일전쟁이 끝나고 팔로군이 인민해방군으로 이름이 바뀌어짐에 따라 '팔로군행진곡'은 '중국인민해방군행진곡'으로 고쳐졌다. 1949년 10월 1일 수도 북경에서 성대한 중화인민공화국 창건의식이 진행되었을 때 정률성이 지은 이 명곡은 천안문광장 상공에 울려 퍼졌다. 그 뒤 이 노래는 중국인민해방군 군가로 확정되어 인민군대의 필승불패의 상징으로 되었으며 따라서 정률성의 이름은 전국 인민들에게 널리 알려지게 되었다.

5. 결혼

가혹한 항일투쟁의 길에서 서로 피를 나눈 혈육보다 더 뜨거운 혁명적 동지애로 1938년 가을부터 누구보다 가깝게 사귀어오던 암전하고 어여쁜 처녀, 그 때 항일군정대학 여학생대 대장이었고 후에 섬감녕변구정부 부주석의 비서로 일한 정설송과 깊은 정을 맺고 사랑을 속삭이던 정률성은, 1941년 겨울 연안에서 전우들의 축복의 노래와 웃음 속에 뜻깊은 결혼식을 올렸다. 정률성과 정설송의 결혼은 그러나 순탄하게 이뤄진 것은 아니었다. 중국공산당에서 정설송에게 압력을 넣어 많은 시간을 끌다가 이뤄진 것이었다. 이렇게 시간을 끌 때에 팔로군 포병대장 무정을 만났는데,[12] 무정이 나서서 중국공산당에 그가 정률성의 큰형, 둘째형을 아주 잘 알고, 그의 집안이 애국집안임을 역설하여 결혼이 성사된 것이다.

그때부터 정률성과 정설송은 청춘의 이상도, 개인의 행복도 혁명의 한길 위에서 함께 꽃피워 나갔으며 보람찬 인생길을 함께 걸어왔다.

---

12) 무정(武亭)은 1924년에 보정군관학교 포병과를 졸업하고 중공당원으로 성장하여 1940년대 조선의용군 총사령이 되었고, 조국탈환 후에 이북에서 연안파의 중심인물이 된다. 한상도, 한국독립운동과 중국군관학교(서울: 문학과지성사, 1994), p. 137.

1940년에 정률성은 연안에서 합창곡 '반격을 준비하자'와 '백퇀대전행진곡', '유격전을 발동하자', '벌목가', '아랑에게 드리는 말씀', '항전돌격운동가' 등 노래를 지었다. 이런 노래들은 모두 연안로신예술학원에서 불려졌고 중경에서 출발하던 '음악'잡지에 실려 전국에 소개되었다.

1942년 5월 정률성은 역사적인 연안문예좌담회에 참가하여 모택동주석의 중요한 연설을 직접 들었으며, 이해 8월 당의 결정을 받들고 태항산지구에 가서 조선혁명군정학교 교육장으로 사업하였다. 당시 태항산에 모인 조선청년들은 조선독립동맹, 조선의용군을 조직하고 조선혁명군정학교를 설치하였는데, 무정이 교장을 맡고 정률성이 교육장을 맡았던 것이다.

정률성의 당시 주요 임무는 일본군에서 탈주해 온 우리민족 청년들을 가르치는 일이었다. 그리고 때로는 일본군 강점지대에 들어가서 야간활동을 하면서, 곳곳에 석회와 검댕이로 담벽, 전봇대, 나무에 조선글, 중국글, 일본글로 표어를 쓰고 인민정부의 포고문을 붙이고 선전품을 뿌리며 어린이들에게 노래를 가르쳤다.[13] 이 기간에 그는 화북지역에서 일제를 반대하여 싸우는 조선의용군의 전투 활동에 여러번 참가하였으며 그 과정에 유명한 노래 '조선의용군행진곡'을 창작하였다.

중국의 광활한 대지위에
조선의 젊은이 행진하네
발맞춰 나가자 다 앞으로
지루한 어둔밤 지나가고
빛나는 새날이 닥쳐오네
……

---

13) 박경석, 오성장군 김홍일(서울: 서문당, 1984), p. 224 참조.

6. 북녘땅에서의 다섯해

1945년 8월 항일전쟁의 승리와 더불어 조선은 일제의 강점 쇠사슬에서 벗어나 자유의 새날을 맞이하게 되었다.

이해 겨울 정률성은 당조직의 결정에 의해서 부인 정설송과 함께 그 때 두 살밖에 안되던 딸 소재를 업고 연안을 떠나 천리행군길에 올랐다. 일제는 무조건 항복하였지만 정치정세가 매우 복잡하고 교통이 불편한 어려운 환경속에서 정률성은 화북지구와 동북지구의 높은 산, 넓은 들을 지나 평양에 들어섰다.

10여년만에 찾아온 조국, 사람마다 환희에 들끓고 산천도 거리도 마을도 새롭게만 안겨 왔다. 조국을 되찾은 기쁨 속에 일어서는 조선의 새모습은 정률성의 가슴을 한없이 설레이게 하였다. 그는 조직의 배치에 의하여 1946년 1월 해주에 가서 황해도 당선전부장으로 사업하면서 해주음악전문학교를 꾸렸으며 1947년 봄에는 평양에 돌아와 보안간부훈련대대부 구락부장(즉 문화부장)으로 사업하면서 이해 3월 10일 보안간부훈련대대부 협주단(즉 조선인민군 협주단의 전신)을 조직하고 그 협주단 단장의 중책을 맡아보았다.

북조선인민위원회 위원장 김일성은 1948년 2월 8일, 일제에게서 되찾은 조국의 경제건설을 위하여 훌륭하게 일한 정률성에게 표창장을 수여하였다.

새 조선의 애국적 예술인 대오에 떳떳이 들어선 정률성은 가슴에 차 넘치는 감격과 흥분을 그대로 음악선율에 담아 인민들과 인민군장병들의 사랑을 받는 좋은 노래들을 많이 창작하였다.

우리는 강철같은 조선인민군
평화와 정의 위에 싸우는 전사

불의의 원쑤들을 다 물리치고
조국의 완전독립 쟁취하리라
인민의 자유행복 생명을 삼고
규율과 훈련으로 다진 몸이니
승리의 민주대열 조선의 인민군
나가자 용감하게 싸워 이기자

정률성이 작곡한 '조선인민군행진곡'(박세영 작사)은 조선항일무장투쟁의 빛나는 혁명전통을 계승한 조선인민군의 군가로서 인민군장병들을 승리와 영광의 한길로 고무한 우수한 음악작품이다.

이밖에도 정률성은 '조선해방행진곡'(강승환 작사), '조중친선(김순석 작사)', '조국의 아들'(김우철 작사) 그리고 대합창곡들인 '두만강'(조기천 작사), '동해 어부'(김학철 작사) 등 30여 수의 노래들을 창작함으로써 조선인민의 새 조국건설과 중조 두 나라 인민들 사이의 친선단결에 커다란 기여를 하였다.

음악가 정률성의 자랑찬 성과는 조선 정부와 인민들로부터 높은 평가를 받았으며 1948년 11월 23일 8 · 15조국탈환 3주년기념공동준비위원회의 상장을 수여받았다.

1949년 4월 조선국립음악대학이 창립된 뒤 정률성은 그 대학에 발령을 받아 작곡부장으로서 교편을 잡고 후대양성 사업에 심혈을 기울이는 한편 끓어넘치는 열정으로 조선의 새 가극창작에 달라붙었다. 그는 가극 '막을 수 없는 그의 노래소리'(사량 작사)를 창작하여 1950년 8 · 15 축전무대에 내놓으려고 하였지만 이 해 6월 25일 미제의 조선침략전쟁으로 말미암아 작품을 완성하지 못하고 말았다.[14)]

---

14) 조선족이 쓴 이 글에서 6 · 25전쟁을 미제의 조선침략전쟁으로 규정함은 중국측 시각과 이북측 주장을 그대로 보여주는 것이다. 남침전쟁이 명명백백한 전쟁을 중국측은 거꾸로 선전하고 있고, 오히려 침략자는 스스로이면서도 미국을 침략자라고 하고 있다.

인민의 자유와 행복을 지키기 위한 조선 조국해방전쟁의[15] 불길 속에서 정률성은 농촌에 나가 인민대중들에 대한 조직선전 사업을 진행하면서 '인민공화국의 기치'(석광희 작사), '공군의 노래'(김학철 작사), '우리는 땅크 부대'(박남수 작사) 등 10여 수의 노래들을 창작하여 인민군 장병들을 힘있게 고무하였다. 이 노래들은 대부분이 방공호나 눈보라치는 길가에서 입김으로 만년필을 녹여가며 쓴 것이다.

7. 다시 중국땅으로

중조 두 나라 정부 지도자들의 비준에 의하여 정률성은 1950년 10월에 거의 80세가 되시는 어머님을 모시고 중국에 다시 돌아왔다. 그의 아내와 딸은 이보다 먼저 북경에 돌아와 자리를 잡았다.

강도 일제를 반대하는 성스러운 투쟁에서 아름다운 청춘을 바쳐 싸운 정든 중국땅에 돌아와, 함께 노래하며 생사운명을 같이한 잊지 못할 전우들의 품속에 다시 안긴 정률성은 정식으로 중국국적에 입적함으로써 새로 창건된 중화인민공화국의 공민이 되었다.

그때 중국인민은 모택동 주석의 호소를 심장으로 받들고 '항미원조, 보가위국'의 기치 밑에 중국인민지원군을 조선전선에 파견하여 조선인민의 조국해방전쟁을 피로써 원조하고 있었다. 불타는 조선전선에서 돌아온 정률성은 자나깨나 싸우는 조선인민을 잊을 수 없었다.

1951년 초에 정률성은 유명한 극작가 구양산존 등과 함께 적 비행기들이 갈가마귀 떼처럼 날아들어 줄폭탄을 퍼붓는 위험한 환경을 무릅쓰고

15) 조국해방전쟁은 이북측의 6·25전쟁에 대한 공식용어로서, 이북에서는 남침을 조국해방전쟁이라고 선전하며 미화하고 있다. 그러나 이 용어는 사실상 남침을 인정하는 용어이다. 안천, 남침유도설해부(서울: 교육과학사, 1993), pp. 505~507.

조선전선에 뛰어나갔으며 거기서 또 이름난 작가이며 옛 전우인 류백우를 만났다.

한강 남쪽 기슭 백운산지역에서 한창 처절한 공방전을 벌이고 있던 중국 인민지원군부대를 찾아 그들과 함께 적의 포화와 사나운 눈보라를 헤치면서 서울까지 행군하였다.

그는 끓어오르는 감격을 안고 류백우에게 "용감히 싸우는 동무들에게 노래를 지어 줍시다!"라고 말하였다. 그들은 이따금 불기둥이 솟구치는 전호 속에 들어 앉아서 '중국인민지원군행진곡', '영예로운 지원군', '친애하는 군대, 친애하는 사람', '백운산을 노래하자' 등의 노래들을 지었으며 정률성 자신이 직접 지원군 전투원들에게 이 노래들을 가르쳐 주었다.

조선전쟁의 포연속에서 다시 중국으로 돌아오게 된 정률성은 유일한 소지품으로서 잿더미 속에서 주운 조선궁정음악 악보를 소중하게 간직하고 있었다. 정률성의 음악은 민족정취를 강하게 풍기는 특성을 갖고 있는데, 그의 음악의 근본적 토대는 바로 조선족 정취가 아닐까 생각된다.

정률성의 창작태도는 항상 엄숙하였다. 그는 시류에 좇아서 마음 속에서 내키지 않는 작품들을 쓰는 것을 동의하지 않았다. 그의 작품은 어느 것이나 심사숙고하고 진지하게 창작하는 가운데 이루어져 300여곡의 엄청난 작곡을 이룩하는 것이다. 그는 아부와 굴종의 노래를 거부하였고 무도청에서나 쓰이는 통속적 노래를 쓰지 않았다.

조선전선에서 돌아온 정률성은 조직의 결정에 의하여 세계청년 및 학생 예술축전에 참가하고 소련과 동구라파 여러 나라들을 방문하였다.

여덟달 동안에 걸친 외국방문을 마치고 돌아온 정률성은 1952년부터 북경인민예술극원에서, 그 후에는 중앙악단에서 작곡가로 활동하면서 사회주의 새 중국의 혁명과 건설을 격조높이 노래하는 자랑찬 사업에 자신의 한생을 바치었다.

정직하고 성실하며 명랑하고 정렬적인 성격의 소유자 정률성, 그는 언제나 인민대중 속에 들어가 생활을 체험하고 시대적 선율을 찾았다. 고기잡이와 사냥을 무엇보다 즐긴 그는 언제나 은혜로운 대자연의 품에 안겨 작품을 구상하고 창작하였다. 그는 친구들에게 "내가 낚아 올린 것은 물고기가 아니라 하나하나의 선율이요…"라고 우스개소리를 하기도 하였다.

새 생활 창조의 열의가 부글부글 끓고 있는 공장과 부대, 농어촌과 산… 그 어디에나 정률성의 발길이 닿지 않은 곳이 없었다. 1952년에 그는 사품치며 흐르는 중국남방의 가릉강에 가서 뱃사공들과 함께 생활하며 합창곡 '강위의 노래소리'를 지었으며, 1953년에는 흰눈에 뒤덮인 중국북방의 홍안령 원시림 속에 들어가 벌목공들과 함께 일하며 '채벌가', '홍안령에 눈이 내리네' 등 노래들을 지었으며, 1954년에는 남해의 주산군도에 찾아가 해군전사들의 생활을 체험하면서 '함대행진곡', '포함대대는 떠났다' 등 노래들을 창작하였다. 그 뒤 그는 새 기상이 나래치는 중국 농촌의 새 모습을 노래한 대합창 '행복한 농장' 등을 내놓았다. 이밖에도 그는 해군전사들에게 '바다를 달리는 강대한 함대', 공군전사들에게 '인민의 공군, 앞으로'를 지어주었으며 조국의 미래인 귀여운 어린이들에게 '우리는 행복해요', '푸른 조국', '별노래'를 비롯한 40여수의 노래들을 지어 주었다. 로동자와 농민, 해방군전사와 어린이들을 위한 다방면적 주제의 이런 음악작품들, 생활의 기백과 정열이 넘쳐흐르는 그의 노래들에서 우리는 새 중국의 건설사업과 빛나는 미래에 대한 음악가 정률성의 불같은 사랑과 기대를 가슴 뜨겁게 느낄 수 있다.

20세에 연안송, 21세에 팔로군행진곡이란 작곡을 사실상 맨손으로 완수하여 이름을 드날린 정률성은 놀랍게도 1956년에 피아노를 배우기 시작하여 매일 서너 시간씩 열심히 연습했다. 피아노는 작곡가에게 필수악기라는 신념을 갖고 연습한 그의 좌우명은 '피아노를 칠 줄 모르는 것은 작곡가로서의 수치이다!'였다. 보통의 작곡가는 피아노를 배우고서 수준 높은 이론을 알고 난 뒤에 작곡을 하는데, 천재 작곡가 정률성은 모든 것이 거꾸로 되는 흐름이었다. 위대한 항일애국 작곡가의 위대함은 전혀 상식을 갖고 설명할 수 없는 것이었다.

1960년 중국의 경제형편이 난관에 부딪쳤을 때 정률성은 유서깊은 정강산 혁명전적지에 찾아가서 오랜 적위대원과 연로한 빈농들을 방문하고 혁명기념관을 참관한 뒤 '추수봉기대합창'을 창작하여 간고분투하고 견인분발하는 혁명정신으로 일시적 난관과 애로를 극복하고 나라의 사회주의 건설사업을 힘차게 떠밀고 나가도록 인민을 고무 추동하였다.

음악창작의 길에서 정률성은 실로 지칠 줄 모르는 부지런한 탐구자였으며 정력가였다. 중국의 정치무대에 커다란 변화가 일어나고 있던 1957년과 1958년에 그는 운남성에 여러번 찾아가서 라이족의 민간전설과 음악을 깊이 연구한 기초 위에서 가극 '망부운'을 창작하여 세상에 내놓았다. 그 뒤 1962년과 1963년에 그는 또 현실주제의 새 가극 '설란' 창작에 심혈을 전부 쏟아 부었다. 계급투쟁의 목소리가 날마다 더욱더 높아가고 있던 그 때의 환경 속에서 설란이라는 농촌 지식청년의 형상을 통하여 사회주의 새 사회를 건설하자면 계급투쟁만 할 것이 아니라 생산투쟁과 과학실험을 해야 한다는 불멸의 진리를 강조한 이 가극은 연이어 들이닥치는 정치운동으로 인하여 3장밖에 쓰여지지 못한 채 영원히 빛을 보지 못하고 말았다.

우리민족의 참된 아들 정률성은 유구한 전통을 자랑하는 조선민족의 음악유산을 무엇보다 사랑하고, 거기에 기초하여 민족적 색채가 짙은 많은 노래들을 창작하였을 뿐만 아니라, 한 조상의 핏줄을 이어받은 조선족 인민들을 열렬히 사랑하였다. 1962년 9월 3일, 연변조선족 자치주 성립 10주년에 즈음하여 정률성은 연길시에 찾아가서 조선족의 형제자매들과 함께 이 경사스러운 명절을 기꺼이 경축하였다. 그는 연길시에 도착한 그날로 시교에 있는 이름난 전국로동모범 최죽송을 찾아가, 그 집에 며칠간 머물면서 당의 은혜로운 민족정책의 빛발아래 복된 살림을 꽃피워가고 있는 조선족 인민들의 보람찬 새 생활을 직접 살펴보았으며, 온돌방에 앉아 마을 젊은이들의 노래도 듣고 춤도 구경하였다. 불후의 명곡들을 창작하여 우리민족의 슬기를 온 세상에 떨친 저명한 음악가 정률성을 맞이하게 된 조선족 인민과 예술인들은 다함없는 민족적 긍지를 한가슴에 가득 안고 찰떡을 치고 술을 빚어 그를 따뜻이 대접하였으며 그와 함께 민족애에 넘치는 깊은 정을 나누었다.

이 무렵에 정률성의 어머님이 돌아가셨다. 정률성은 어머님의 유골을 묻지 않고 보존하였다. 조국이 통일되면 전라도 광주땅의 어머님 고향에 묻어 드리겠다면서 눈물로 장례를 치뤘다.

8. 문화혁명의 어둠을 뚫고

인생의 길에는 기쁨도 있지만 슬픔도 있기 마련이다. 중국 인민들이 역사상 유례없는 커다란 재난을 겪고 있던 그 어두운 나날에 정률성은 임표, '4인무리' 놈들의 검은 마수에 걸려들어 몸서리치는 타격과 압제를 받았다.

그는 문화혁명을 지지하는 음악을 작곡해 달라는 요구를 거부하여 암흑의 삶을 살게 되는 것이다. 당시 '4인무리'는 '정률성은 우리 사람이 아니므로 중용할 수 없다'라고 명백히 말했고, 정률성도 역시 '나는 결코 그 자들을 위하여 노래 하나도 써 주지 않겠다'라고 명백히 말하였다. 정률성은 절대 굽히지 않고 바른말을 하여 반당분자라는 죄명을 받게 되었다. 정률성은 소자보(小字報)로 공격당하고, 회의에서 비판당하며, 당간부가 찾아와 개별담화로 지도를 받거나, 당적제명의 위협을 받으면서 살아야 했다.

놈들은 처음에 이른바 '특무'라는 얼토당토 않은 죄명을 들씌워 그를 단매에 쓸어 눕히려고 날뛰었다. 그의 소속단위의 반란파 조직에서는 소위 '조사조'를 내오고 산지사방에서 조사원들을 파견하였지만 역사란 워낙 제멋대로 뜯어고칠 수 없는 것이기 때문에 정률성을 이른바 '특무'로 몰려던 놈들의 범죄적 책동은 파탄되고 말았다. 그러나 일편단심 당과 인민을 위하여 싸워왔으며 '연안송'을 비롯한 불후의 작품을 세상에 내놓은 재능 있는 음악가 정률성을 눈에 든 가시처럼 미워한 '4인무리' 놈들은 갖은 방법과 수단을 다하여 그의 창작을 방해하고 제한하였으며 그의 작품을 발표하지도, 공연하지도, 방송하지도 못하게 하였다.

정률성은 문화대혁명의 와중에서 반혁명이라고 쓴 종이모자를 강제로 쓰게 되었고, 집중훈련반에 가서 학습을 받게 되었는데 이것은 사실상의 감금이었다. 그리고는 멀리 쫓겨났다. 또 '검은무리'라는 글자 위에 붉은 줄로 ×표를 친 개패를 차고 앞줄에 서서 비판을 받기도 했다. 한번은 홍위병인 음악학원 부속중학교 학생들이 20여명의 검은무리를 연습청 바깥 마당에 모아 놓고 심문을 하며 혁대로 후려 갈겼다. 이 때 정률성은 반역자 소리를 들으며 귀통을 철썩철썩 얻어맞아야 했다. 정률성이 감금되었던 방은 변소 아래층으로서 변소 하수도의 굵은 철관이 침대머리로 해서 땅 밑으로 내려가 항상 꾸르륵대는 소리가 나고 철관이 새서 더러운 물이 침대가로 흘러 나오는 곳이었다. 그러나 그는 그런 속에서도 항상 낙천적이었다.

혁명과 대중과 혈연적 연계를 맺고 있는 공산당원이며 음악가인 정률성은 이 준엄한 시련 앞에서 결코 굴복하지 않았다. 극악무도한 임표, 강청따위들이 파쇼적 폭압의 몽둥이를 휘두르며 피눈이 되어 날뛰었고, 수많은 사람들이 고민하고 방황하며 심지어 일부 사람들이 동요하며 무릎을 꿇고 굴복할 때에도, 그는 입을 꾹 다물고 침묵을 지켰으며 '절대로 적들을 떠받드는 하나의 선율도 쓰지 않을 테다'라고 다짐하였다.

'4인무리'는 그의 창작권리마저 빼앗으려고 하였지만 그는 '인민의 조밥을 공짜로 먹을 수 없다'고 하면서 손에서 한시도 붓을 놓지 않았다. 그는 '특무'란 누명을 쓰고 타격과 박해를 당하는 조건에서도 모택동 주석의 시에 곡을 붙이는 작곡사업을 계속하였다. 중국혁명의 매개 역사시기를 예술적으로 반영한 모주석의 시들에 곡을 붙이기 위하여 1958년부터 '모택동선집'과 많은 역사자료들을 연구하고 노농홍군의 2만 5천리 장정길을 따라 답사하면서 작곡사업을 밀고 온 정률성은 1970년에 이르러서야 비로소 모주석의 모든 시들에 대한 작곡을 끝마쳤다. 그는 10여년간의 피나는 노력의 열매인 이 작품들 가운데서 20수를 골라 몇 달 동안 그것을 정성다해 베낀 다음 금박을 씌운 가죽책갑에 넣어 가지고 당 생일날인 7월 1일에 친히 중남해에 찾아가서 모택동 주석께 삼가 드리려 하였다. 그러나 그 때 문화부장의 직을 가로챈 '4인무리'의 졸개 우회영은 정률성의 이 작품들을 압수하고 그것을 발표하지도 공연하지도 못하게 하였다.

1972년 1월 6일 진의가 '4인무리'의 박해에 의하여 서거하였을 때, 정률성은 끝없는 비분과 원한을 가슴에 안고 여러 곳을 찾아다니며 발표되지 않은 진의의 시들을 수집하여 거기에 음악의 나래를 달아 주었다. 이 무렵 정률성의 연설은 대단히 의미있는 것을 말하고 있다. 그는 말하길, '우리는 작곡법을 배워야 합니다. 그러나 작곡법에 관한 책만 보아서는 훌륭한 악곡을 창작해 낼 수 없습니다. 왜냐하면 그것은 남들이 자기의 창작경험에 근거하여 귀납해낸 것이기 때문입니다. 어떤 동무들은 작곡에 관한 책을 보고 그대로 따라 배우면서 가곡을 창작하기에 생명력이 없습니다. 그러므로 그 어떤 예술작품들을 창작하든지 모두가 형식으로부터 출발할 것이 아니라 내용으로부터 출발해야 합니다. 작곡의 이론이 중요한 것이 아니라 작곡하려는 열정과 격정이 먼저입니다.'라고 하였다. 그렇다! 정률성의 작곡은 본질을 파고들어 본질에서 참모습을 찾는 창작이었다.

혁명대오를 집으로 삼았나니
피비린 통치가 끝날 때 있으리라
내 오늘 정의 위해 목숨을 바치거니
인간세상에 자유의 꽃 만발하리라

- 진의, <매령 3장> -

정률성이 진의의 시에 붙인 노래 <매령 3장>은 50여 성상 중국혁명과 중국인민을 위하여 불후의 위훈을 쌓아올린 무산계급 혁명가 진의에게 드리는 음악가 정률성의 추모의 노래이며 원수들의 발광적인 반혁명적 '포위토벌'에 직면하여 억천만번 죽더라도 '인간세상에 자유의 꽃'을 피우려는 음악가 정률성의 굳은 맹세의 노래이기도 하였다.

실로 송죽같이 굳은 혁명의 절개를 굽히지 않고 전투적인 행동으로 '4인무리'의 압제에 도전해 나선 우리민족의 우수한 아들 정률성, 그는 1975년에 자기의 소속단위인 중앙악단 당조직에 다음과 같은 보고서를 제출하였다.

> …금년 10월에 우리는 중국 노농홍군이 2만 5천리 장정을 승리로 끝내고 섬서성 북부지역에 이른지 40돌이 되는 뜻깊은 날을 맞이하게 됩니다. 이 승리의 날을 기념하여 모주석의 시에 곡을 붙인 나의 교향 합창곡 '장정길에서'를 공연할 것을 바랍니다.…

불보다 뜨거운 정열을 한 가슴에 안은 혁명의 강자 정률성의 이 정당한 요구는 '4인무리'의 졸개들을 전율케 하였다. 이에 다급해진 우회영은 정률성의 시사가요와 '연안송' 등 작품들을 공개적으로 비판하겠다고 고래고래 짖어대었다. 정률성은 원쑤들의 졸렬한 공개수단에 코웃음을 치면서 음악가 시락몽에게 "내가 모주석의 시에 곡을 붙인 것은 공산당원으로서 해야 할 일을 하였을 따름이므로 그 누구의 비준도 바라지 않습니다.…우리들이 유쾌한 마음으로 인민을 위하여 일할 수 있는 그 날은 꼭 오고야 말 것입니다."라고 말하였다.

9. 마지막 나날들

정률성이 그처럼 손꼽아 기다리던 그날은 끝내 오고야 말았다. 1976년

10월 광활한 중국 대지에 봄우뢰가 울렸다. 10억의 저주를 받아오던 '4인무리'는 거꾸러지고 인민들은 마음껏 웃으며 노래를 부를 수 있게 되었다.

10년간에 걸친 무서운 재난과 고통 속에서 풀려난 정률성, 그는 앙양된 정치적 열의로 '4인무리'의 죄행을 폭로 비판하는 투쟁에 뛰어들었으며 '4인무리'의 여독을 없애고 새로운 질서와 규율을 세우기 위한 중앙악단 당위원회 지도사업에 열성적으로 참가하였다. 한편 그의 창작열의는 오래동안 막혔던 봇물이 터진 것처럼 전례없이 높았다. 그는 중국인민해방군 창건 50돌과 항일전쟁 개시 40돌에 드릴 교향악 '위대하고 영광스러운 중국인민해방군', 가극 '베쮼'을 비롯한 대형음악작품 창작계획을 짜놓고 새로운 창작에 달라붙었다.

기나긴 혁명의 길에서 갖은 풍상고초를 다 겪으며 병이 생겨도 제때에 의사를 찾지 않고 제대로 쉬지 않은 데다가 '4인무리'의 심한 압제와 타격을 받아 여러 해 동안 고혈압으로 고생하여 오던 정률성은 이 때 혈압이 180～220 사이를 오르내렸지만 손에서 한시도 붓을 놓지 않았다. 서거하기 한주일 전에 그는 악착한 '4인무리'를 단매에 때려 엎고 온 나라 인민들을 더 큰 승리에로 인도하는 새로운 당중앙에 드리는 노래를 짓기 위하여 낮과 밤을 이어가며 일하였다. 혈압이 높아 지탱해낼 수 없게 되었을 때에도 그는 책상에 엎드려 좀 쉬었다가 계속 일하곤 하였다. 서거하기 이틀전에는 짚차를 타고 수백리 길을 달려 장가구에 가서 주은래 총리를 추모하는 조곡을 창작하기 위한 자료를 수집하였다.

장가구에서 돌아온 이튿날인 1976년 12월 7일 아침, 그의 몸은 몹시 지쳤고 혈압은 올라가 얼굴이 벌겋게 상기되어 있었다. 그는 야외에 나가 신선한 공기도 마시고 새 작품도 구상하려고 여나믄살되는 조카딸과 어린 손자애를 데리고 북경의 서북쪽 교외에 있는 창평에 고기잡으러 갔다. 찌뿌듯하게 흐린 날씨에 맵짠 바람이 기승을 부리는 이날은 몹시도 추웠다. 오전 열시에 창평운하에 이른 정률성은 투망도구들을 꺼내어 다년간 훈련된 솜씨로 고기그물을 던졌으며 이윽고 그물을 잡아당기려 하였다. 그런데 이때 갑자기 뇌출혈이 생겨 그는 풀썩 강기슭에 쓰러지고 말았다. 두 어린이의 놀란 울음소리를 듣고 달려온 고마운 사람들의 손에 의하여 즉시 창평병원에 호송되어 구급치료를 받았지만 아무런 효과도 보지 못하고 이날 오후 5시 10분에 58세를 일기로 그의 심장은 고동을 멈추었고 북경 근교의 팔보산에 묻히게 되었다.

정률성의 서거는 온 나라 여러 민족 인민들과 예술인들의 커다란 슬픔을 자아내었다. 그의 서거를 알리는 정률성동지 장의위원회의 부고를 받은 연변가무단의 예술인들은 너나없이 목놓아 울었으며 이 비보를 접한 모든 조선족 인민들이 그의 서거에 깊은 애도의 뜻을 표시하였다.

한평생을 빛나는 공산주의 위업과 중국인민의 해방과 건설위업에 남김없이 바친 우리 조선족의 우수한 음악가 정률성은 애석하게도 우리 곁을 떠나갔지만 그가 남긴 불멸의 노래들은 의연히 우리 인민들 속에서 높이 불리고 있으며 그의 이름은 영원히 우리 조선족의 청사에 길이 빛날 것이다.[16)]

Ⅳ. 정률성 분석: 위대한 사회주의 음악가의 생애

정률성은 전형적인 사회주의 노선 항일 애국자였다. 청소년기에 일찌감치 망명의 길을 떠나 모든 생애를 붉은 사회주의에 바쳤다. 사회주의는 러시아가 레닌에 의해 공산화 되면서 본격적으로 세계사회에 퍼져 나갔다. 그러므로 우리민족에게 사회주의의 물결이 본격적으로 밀려오는 것은 일

16) 조선족에 대한 객관적이고 체계적인 역사연구는 계속 진행되어야 한다. 안천, 생활화 사회과교육론(서울: 교육과학사, 2001), pp. 301～327 참조.

제강점 시기였다고 하겠다.

정률성이 태어난 무렵에 있어서는 국내에 사회주의의 흐름이 내면으로 꽤 강하게 흘렀다고 생각된다. 정률성은 1918년 7월에 태어나고 1929년부터 1933년까지의 4년간 전주의 신흥중학교를 다녔다. 그런데 이미 레닌이 세계 약소민족의 독립을 원조하겠다는 주장을 펴면서 1920년에는 상해에 고려공산당이 세워지고, 동경의 유학생을 중심으로 무정부운동이 일어나며, 일본의 자본주의를 타도해야 한다는 생각을 갖고 1925년에 조선공산당이 조직되는 것이다.

이러한 사회주의의 흐름 속에서 1926년 4월에 융희(순종)황제가 돌아가시니, 사회주의자들을 중심으로 6・10만세 운동이 거세게 일어났다. 그리고 1929년에는 광주학생운동이 치열하게 전개되었으니, 이 무렵에 있어서 정율성은 사회주의의 영향을 강하게 받다가 망명을 떠나게 되었다고 생각된다. 정율성의 생애는 어떻게 해석되어야 할까?

1. 일반적인 역사해석

1) 위대한 항일작곡가

정률성의 생애는 음악이다. 별다른 췌언이 불필요한 음악의 생애이다. 복잡한 설명이 필요없는 위대한 작곡가가 바로 정률성이다. 우리민족이 낳은 세계적인 작곡가라고 말해도 되겠고, 인류가 낳은 불후의 음악가라고 말해도 되겠다. 정률성의 음악가적 생애는 다음과 같은 특징을 갖고 있다.

첫째로 항일전쟁사를 대변하는 위대한 음악가이다. 그의 음악은 항일을 위해 불타오르는 불덩어리 그대로였다. 그는 말하길 역사상황을 떠난 음악은 존재하지 않는다고 했다. 일제침략으로 단군이래의 유구한 역사가 풍전등화의 위기에 처했을 때에, 항일전쟁에 몸바치기 위해 망명한 애국

음악가가 정면으로 마주한 것은 항일전쟁 그것 뿐이었다. 그러므로 그의 음악은 바로 항일전쟁 서사시를 음악으로 승화시킨 것이었다.

둘째로 세계적인 천재 음악가로서의 삶이었다. 당시 중국에는 섭이나 선성해 같은 음악가가 있었다. 그러나 정률성과는 다르게, 그들은 악조건 속에서의 좋은(?) 조건이랄까 하는 수준으로 어려움 속에서도 바람직한 환경이 주어져 있었다. 그런데 정률성에게는 감히 음악을 하려고 마음 먹을 여건이 전혀 주어지지 않았었다. 그에게는 사실상 맨 손 밖에는 없었고, 그것도 혈혈단신 망명청년이 중공군에 들어가 이국땅 외국인들 천지에서 전란에 쫓기고 총탄에 흔들리는 극한의 상황이 주어져 있었을 뿐이었다. 여러 천재들이 그러하듯 악조건을 승화시켜 영광을 얻어낸 위대한 승리의 삶이었던 것이다. 정률성은 위대한 천재성으로 이끌려진 천부의 음악가가 분명했다.

셋째로 뚜렷한 음악교육을 받아본 기간이 별로 없이 불후의 명곡을 만들었다. 그것은 아마도 에디슨이 초등학교도 제대로 졸업을 못하고 발명왕이 되었고, 루쏘가 거의 정규교육을 받아 본 사례가 없이 위대한 사상가가 되었으며, 고흐가 정식 미술교육을 받지 않고서 최고의 화가가 된 것과 비슷한 사례라는 생각이 든다. 정률성은 스스로 삶을 개척하고 스스로 역경을 이긴 위대한 음악가이다.

넷째로 정률성은 독창적인 자기만의 세계를 창조한 음악가이다. 정률성은 강조하길 남을 모방하면 그것은 항상 남이고 자기가 없다고 했었다. 그래서 그는 차라리 남을 따르기만 한다면 음악교육을 받지 않는 것이 낫다고도 했다. 정률성은 역사에 남은 예술가들이란 뚜렷하게 자기세계를 창조한 인간이란 짐을 분명하게 다시 증명하는 일생을 살았다.

다섯째로 정률성은 생애 전체를 음악으로 장식했다. 그는 오로지 취미가 있다면 물고기 잡기와 사냥을 했을 뿐이고, 여타 다른 것은 평생에 걸쳐 외도를 하지 않았던 음악가이다. 한 예술가가 평생에 작곡하는 음악이 얼마일 경우가 적절할까의 기준은 없다. 그러나 정률성이 평생을 바쳐서 작곡한 300여곡은 음악사에서 결코 쉬운 기록은 아닐 것이다. 그렇기에 그는 그의 이름마저도 정부은에서 음악으로 대성하겠다고 정률성으로 개명했을 정도였다.

여섯째로 정률성은 인간과 풍속과 생활을 사랑한 작곡가였다. 그는 단지 책상머리에 앉아서 잔재주로 작곡한 사람이 아니다. 그는 작곡을 할 때는 정면으로 삶에 뛰어들어 완벽할 정도로 처절한 경험을 겪고서 창작을 했다. 무서울 정도로 처절한 체험이 없는 잔재주 음악을 항상 거부하며 정열의 삶을 산 인물이 정률성이었다.

일곱째로 정률성은 통속적인 창작을 하지 않았다. 시류에 따르며 안일을 추구하는 음악을 통해서 편한 삶을 살겠다는 의식을 찾아 볼 수가 없는 것이 그의 생애이다. 우리 주변에는 얄팍한 출세주의에 빠져서 생애를 무의미하게 소비하는 저급 예술가가 많다. 예술을 본업이 아니라 부업으로 여기는 예술가도 많다. 그러나 정률성은 예술을 정면으로 사랑한 본격 창작의 참다운 음악가였다.

여덟째로 정률성은 철학있는 음악가였다. 문화대혁명의 어둠 속에서도 끝까지 변절을 하지 않고 어둠의 음악을 만들지 않은 그의 지조는 높게 평가되어야 한다. 정률성의 음악을 이용하려는 4인무리들의 집요한 공격과 회유, 탄압에도 절대 굴복하지 않고서 올곧은 철학을 지킬 수 있었음에 그의 삶은 더욱 빛나는 것이다.

2) 단호한 항일운동가

정률성의 생애는 분명한 항일애국의 길이었다. 그러므로 정률성은 음악을 접어두고 생각을 할 경우에는, 위대한 항일운동가이다. 그는 신채호와 흡사하다는 생각이 드는데, 신채호는 위대한 역사가이면서 거대한 애국자이다. 요즘 우리 학계에서 계속 신채호를 역사학자로 부각시키다 보니까,

장충단비(奬忠壇碑)
서울의 장충공원에 있으며 침략일본과 싸우다 순국한 영혼을 받들기 위해 만들어졌다. 융희(순종)황제께서 황태자 때에 쓴 글씨로서, 많은 애국군인들의 뜻을 받든 것이니 정률성 가문의 높은 뜻도 포함되어 있다고 생각된다.

오히려 신채호의 애국이 퇴색되는 기미가 보이는데 신채호는 정말 어마어마한 대표적 항일 애국자가 분명하다. 정률성의 생애는 그러나 신채호에 비할 때에 분명한 음악적 생애로 나타남은 확실하나, 애국자 정률성도 쉽게 간과할 수준이 아니다.

첫째로 정률성은 생애 전체를 민족운동에 바친 애국자였다.[17] 전주 신흥중학을 중퇴하고 셋째형 정의은이 감옥에 잡혀갈 뻔한 절박한 위기의 순간에 극적으로 망명에 성공하여, 모든 생애를 항일전쟁에 바친 것이다. 그는 주로 음악을 통해서 항일운동을 했지만 태항산 유격대에서의 생활 등은 확실한 항일투쟁이 분명했다.[18]

둘째로 정률성은 그의 삶을 지배하는 정신세계가 철저하게 항일애국이었다. 그의 생애 전체를 통관할 때에 항일전쟁의 외길을 벗어난 적이 없었

17) 우리민족 항일애국자들의 궁극적 목표는 중국국민혁명의 완성이 아닌 조국광복이었다. 한상도, op. cit., p. 143.

18) 박경석, op. cit., pp. 214～230 참조.

다. 침략일본이 패전으로 물러갈 때까지 추호도 변동이 없이 하나의 길을 걸었다.

셋째로 정률성은 그의 가문 전체로 볼 때에도 분명하게 항일열사 가문임이 뚜렷하다. 정률성의 가문은 그의 부친부터 시작하여 5형제 전체가 철저한 항일열사들이다. 부친과 큰형이 항일의 길을 갔고, 둘째와 셋째형이 확실한 항일 의열단원이었으며, 심지어는 유일한 여성인 누나까지도 의열단 박건웅[19]에게 시집을 가서 망명애국의 삶을 살았다. 정률성은 이러한 흐름 속에서 생애를 보냈으므로, 모든 것이 항일철학에 지배받은 삶이었다.

3) 붉은 혁명 사상가

정률성의 삶은 붉은 사회주의자로서의 변동없는 일생이었다.[20] 국내에서 항일전쟁을 위해 망명을 떠난 젊은이들은, 항일전쟁 후반부에는 많은 숫자가 붉은 혁명의 길을 간다. 러시아로 간 경우나 중국으로 간 경우나 많은 수가 붉은 길을 갔다.

그러나 그들을 결코 간단한 말로 매도할 수는 없다. 왜냐하면 이북의 김일성이 민족의 가슴에 총을 쏘며 6·25남침전쟁으로 동족상잔극을 벌여서, 민족의 3할 이상을 죽게 만드는 전범이 되면서 사회주의자가 부정적 평가를 받게 된 것이지 애초부터 사회주의가 우리에게 나쁜 것은 아니었다.

당시 사회주의는 항일전쟁 애국자들에게 있어서 항일전쟁의 좋은 도구

---

19) 박건웅은 김정우(金政友)란 이름을 주로 사용하였다. 일찍이 한국유일독립당 무한(武漢)촉성회를 조직한 중심인물로 활약하였다. 황포군관학교 제4기 졸업생으로서 정식 의열단은 아니었던 것 같지만, 의열단과 매우 관계가 깊었다. 광주 봉기에도 참가하고 1932년 한국대일전선통일동맹에 가담한 이래로 의열단 활동에 참여하였다. 1930년대 후반에는 김성숙 등과 조선민족해방동맹을 결성하는 등 중도좌파활동을 하였다. 일제자료에 의하면 1933년말 그는 중국군 상위로 남경주둔 중국군에 근무했었다.
한상도, op. cit., p. 87 및 p. 184.

20) 정률성이 처음 발을 디딘 김원봉의 조선혁명군사정치간부학교의 성향은 사회주의에 기반을 두고 민족주의를 포용하는 것이었다.
염인호, op. cit., pp. 146～178.

로 받아들여졌던 것이 사실이다. 레닌[21]이 약소 민족을 돕는다면서 사회주의를 선전할 때에 있어서 사회주의는 항일전쟁의 구세주로 받아들여졌던 것이 사실이었다.[22] 물론 레닌의 그 선전은 훗날 거짓임이 드러났고, 국제사회주의 운동은 예컨대 발틱 3국, 카자흐스탄이나 우즈베키스탄 등의 중앙 아시아, 그리고 동유럽을 소련의 압제 속에 편입하려는 기만술책임이 밝혀지게 되었지만, 그 당시에 있어서는 민족을 구하는 복음으로 들렸을 가능성이 짙다.

따라서 6・25남침 동족상잔극 이전의 항일전쟁시대 사회주의는 결코 부정적으로만 볼 것이 아니라 우리의 역사에 분명하게 편입하여 해석되어야 할 것이다. 사회주의의 입장에서 정률성은 어떤 위상을 갖는가?

첫째로 정률성은 변함없이 외길을 가는 붉은 혁명가였다. 그렇기에 그는 위대한 항일애국 음악가이면서도 국내에서는 거의 알려지지 않고 오늘에 이르렀다. 지난 50여년 사이에 있어서, 냉혹한 냉전구도가 계속 이어진 동북아에 있어서 붉은 혁명가 정률성이 역사적 평가를 받을 여지는 거의 없었다. 그는 생각컨대 망명을 떠나는 청소년기에 있어서도 붉은 물이 들어서 조국을 떠나는 것으로 해석된다.

둘째로 정률성의 가문 전체가 꽤 붉은 성향이 강했던 것으로 보인다. 중국측 사료에는 부친 정해업이나 큰형 정효룡도 애초부터 붉은 사상을 갖고 항일운동에 나선 듯이 되어 있다. 그러나 이 부분은 중국측 사료가 나중에 너무 과장된 느낌이 든다. 왜냐하면 정해업이나 정효룡이 망명을 하는 삼일만세항쟁의 무렵은 결코 우리 땅에 붉은 물이 크게 퍼지지 않았던 때

21) 레닌은 당시 항일애국자들에게 직접 자금을 제공한 대표적 외국 지도자였다. 정률성은 의열단과 직간접적 연계가 많았고, 레닌 지원 자금 40만원 가운데 의열단에 지급된 액수가 가장 많았던 점이 유의되어야 하겠다.
한상도, op. cit., p. 200.

22) 초기에 항일애국자들은 사회주의를 본질적으로 모르면서 항일전쟁을 위한 방략으로 생각하며 접근했었다.
신숙, 강제 신숙의 생애와 독립투쟁: 나의 일생(서울: 국학자료원, 2000), pp. 52～84 참조.

이기 때문이다. 그러나 둘째형 정인제[23]나 셋째 정의은은 확실하게 붉은 물이 들어 있었고, 셋째형이 귀국하여 막내 정률성을 중국으로 데리고 갔기 때문에 정률성은 그 무렵에 사회주의에 강한 영향을 받았을 것은 분명하다.[24]

셋째로 정률성은 그러나 사회주의자로서의 한계를 갖고 있었다. 왜냐하면 우리민족인 정률성은 네번에 걸쳐서 중국땅에서 크게 견제를 받았다고 생각되기 때문이다. 그것은 가장 먼저 정설송과 결혼을 함에 있어서 중공당국으로부터 견제를 받아 시일을 끌다가 무정 포병대장의 도움으로 혼인이 성사되는 일이다. 그리고 다음으로 일본이 항복하자 즉각 중공당국의 명령으로 이북땅으로 귀국시켜 김일성 밑에서 일을 보게 한 것이다. 중공측에서 어떤 생각으로 정률성을 귀국시켰는가는 뚜렷이 밝혀진 이유가 없지만 정률성은 5년간에 걸쳐 평양, 해주 등의 이북생활을 하다 6·25 전쟁중 팔로군 숙청바람 때에 부인 정설송의 도움을 받아 중국으로 다시 갔던 것이다. 그리고 꼭 짚고 넘어갈 것으로서 여러 사료로 볼 때에 중국 제일의 노래는 결코 섭이의 노래일 수가 없건만 정률성의 팔로군행진곡은 국가가 되지 못하고 중국 제2의 노래인 인민해방군가로 지정됨에서, 사실상 중국인들의 편협성을 보는 듯하여 쓴 기분을 안겨준다. 중공당국은 우리민족의 애국자들을 철저히 이용하다가 버린 듯한 상황을 역사는 많이 보여준다.(6·25전쟁은 중공측이 팔로군 출신 독립군을 모두 죽음으로 몬 가장 비열한 전쟁임도 분명히 지적될 필요가 있다.) 그리고 마지막으로 정률성은 문화대혁명 때에도 조선족이기에 적지 않은 어려움을 더 겪는다.(문화

23) 정인제는 중국 남부의 운남강무학교를 졸업하여 중국공산당 활동에 가담하였다. 국민혁명군 24군 중좌로 무한전투에서 사망하였다.
한상도, op. cit., pp. 134~135.

24) 순수한 청소년이 어떤 경로를 통해서 사회주의자가 되었는가는 다음 자료가 좋은 참고가 된다.
Nym Wales, 조우화 옮김, 아리랑(서울: 동녘출판사, 1984), pp. 1~120.

대혁명 때에 우수한 조선족 지도자가 무수하게 죽음을 당한 것도 역사에서는 분명히 지적되어져야 할 것이다.)

2. 존황사관적 해석

정률성의 생애는 항일전쟁사에 있어서 애국자들의 사회주의적 흐름을 분석할 아주 좋은 사례이다. 많은 애국자들은 사회주의자가 됨에 있어서 그의 독자적인 개인성향만이 부각되기 때문에 사회주의자로서의 흐름을 분석하기가 쉽지 않다. 그러나 정률성은 부친에서부터 형님들, 누님, 매형에 이르기까지가 명쾌하게 그 흐름이 연이어 남아있기에 연속선상의 성향분석이 뚜렷하게 가능한 대표적인 사례이다. 정률성은 개인 하나가 독자

대취타(大吹打)
대취타는 임금님이나 고귀한 신분의 행차에 쓰였던 씩씩하고 장중한 음악이다. 우리 민족의 음악적 전통은 길고도 깊다.

적으로 사회주의자가 된 것이 아니라, 부친에서 형님들이나 누님의 흐름을 이어서 종국적으로 사회주의자가 된 것이다. 그 연속된 흐름을 유의하고 정률성을 평가해야 하겠는데, 당시의 다른 사회주의자들도 크게는 모두 거시적 사회흐름이 정률성과 같았으리라고 보아진다.

생각컨대 항일전쟁시대에 있어서 붉은 사회주의자들을 어떻게 평가할 것인가? 지금까지 있어온 학계풍토대로 사회주의자들을 버려 둘 것인가? 아니면 사회주의자들을 맹목적으로 포용할 것인가? 이러한 여러 논의는 현 단계에서 꼭 필요하다고 본다. 왜냐하면 앞으로 민족통일이 된 뒤에 이북사람들을 포용하려면 이 문제를 꼭 선행적으로 논의해야만 되겠기 때문이다.

단도직입적으로 결론부터 말하면 존황사관적으로 볼 때에 사회주의자는 큰 고민 없이 민족통일 후에 포용하고 받아 들여야 옳다고 본다. 그 이유는 명쾌하게 존재한다.

첫째로 사회주의 항일애국자들도 종국적으로 나랏님과 조국을 위해 헌신한 너무도 고마운 사람들이다. 요즘 이남땅에는 일제침략 국난시에 매국흐름에 앞장섰던 사람들이 주도권을 쥐고 안일과 행복을 누리며 살아온 흐름이 강하다. 그런 비열하고 더러운 사람들이 많기에 사회주의자들을 맹목적으로 매도하는 성향도 큰데, 이것은 앞으로 민족의 큰 역사를 개척함에 있어서는 분명히 고쳐져야 한다. 수많은 사회주의 계열 항일애국자들이 세운 애국위업은 확실하게 역사적 평가를 받아야 한다. 6・25남침동족상잔극에 대한 논의도 필요하지만, 그것 하나의 기준 때문에 위대한 애국자들을 버려 온 흐름은 필히 고쳐져야 한다.

둘째로 사회주의자들은 우리의 전통과 역사를 버린 사람들이라고 일방적으로 몰아가는 흐름도 고쳐져야 한다. 정률성의 가문을 보면, 정률성이 확실한 사회주의자가 된 흐름은 결코 역사와 전통을 버린 것이 아니다. 왜냐하면 정률성의 부친과 큰형 및 둘째형은 3・1만세항쟁 때부터 망명의 길을 걷게 된 점을 유의해야 한다.[25)] 3・1만세항쟁은 임금님의 독살시해에 항거하여[26)] 일어난 거족적 민족운동이다.[27)] 그것은 임금님을 아끼고 사랑하는 독실한 충군애국의[28)] 심정이 없이는 존재할 수 없는 것이다.[29)] 항일전쟁의 큰 봇물이 3・1만세항쟁에서 시작된 것은 매우 의미가 큰 것이다. 그리고 다시 정률성의 둘째형, 셋째형과 매형이 의열단이었음도 유의해 볼 필요가 있다.[30)] 의열단은 중도좌파의 성향을 가진 매서운 애국혼의 단체였다. 의열단 단장 김원봉은 그렇기에 조국을 찾은 뒤에 이남에서도 이북에서도 버림을 받는 위치에 선다.[31)] 따라서 의열단은 전통을 사랑하는 중간좌파요, 임금님을 버리지 않은 중도좌파가 분명하다고 생각된다. 그러다가 점차 정률성의 형들은 팔로군으로 들어가는데, 그들이 팔로군으로 들어가는 까닭도 결코 사상이 앞서기보다는 당시 김구를 중심으로 한 임시정부 계열의 무능과 무력함을 보고 갈 곳이 없어 택한 것이지 확고

---

25) 의열단의 조선혁명조사정치간부학교에서는 1930년대에도 3・1가(歌)를 부르며 3・1운동기념행사가 거행되었다.
염인호, op. cit., pp. 165～166.

26) 당시 만주 망명 집단은 3・1절 행사를 대규모로 치루는 분위기였다.
Nym Wales, op. cit., p. 78.

27) 3・1운동을 계기로 망명 청년이 급증하여 독립군은 대부대 편성이 가능하게 되었다.
박경석, op. cit., p. 78.

28) 삼일만세항쟁은 철저히 존황사상에 바탕을 둔 충군애국의 임금님 수호항쟁이었다.
안천, 일월오악도①(서울: 교육과학사, 1998), pp. 377～422.

29) 3・1운동 이후에 다시 나라가 세워졌다면, 그것은 모든 자료를 면밀하게 분석할 때에 틀림없이 한국황실을 복원하는 것이었다.
박성수, 독립운동사연구(서울: 창작과비평사, 1993), p. 330.

30) 의열단의 특색은 중국혁명의 소용돌이 속에서 완전한 공산주의자가 되지 않은 점이다. 의열단은 일관되게 의열투쟁에 전념하고 사상적으로는 중도좌파를 견지하였다. 그것은 의열단이 일편단심 구국투쟁과 항일전쟁에 있어서의 외길을 갔고 사상은 제2차적이었음을 뜻한다고 보인다.(물론 훗날 김원봉, 박건웅은 안광천의 조선공산당재건동맹에 가입하여 붉은색이 강해지기도 한다.)
한상도, op. cit., p. 202, p. 225, p. 226 참조.

31) 그 까닭은 이북은 소련계열 김일성으로 획일화되고, 이남은 미국흐름의 이승만으로 굳어지니까 통일성향의 집단인 김원봉 계열이 존재할 곳이 없게 되는 것이다. 김일성과 이승만은 사실상 민족분단의 초석을 놓은 상징적 존재가 분명하다.

한 신념이라고 보이지는 않는다.[32] 그러면서 정률성 때에 와서는 분명한 사회주의자들이[33] 되었다고 해석된다.[34]

우리는 앞으로 민족통일의 대업을 이룰 역사적 사명을 갖고 있는데, 사회주의자들을 어떻게 보아야 할 것인가를 끊임없이 연구하며 검토해야 하겠다. 그간 우리가 붉은 사회주의자들을 항상 6・25전범 시각으로만 보아 온 것은 고쳐져야 한다. 붉은 사회주의자들은 항일전쟁사 전체로서의 거시적 평가가 이뤄져야 한다.

끝으로 의열단에서 세운 조선혁명군사정치간부학교에 대한 시각정의도 필요하다. 이 학교는 1932년 10월부터 1935년 9월까지 3년여 동안 운영되며, 1기생 26명,[35] 2기생 55명, 3기생 44명 등 130여 명의 청년투사를 기른다. 조선혁명군사정치간부학교의 정식명칭은 '중국국민정부 군사위원회 간부훈련반 제6대'였으며, 중국국민당과 협조관계에서 군사훈련이 있었음을 알게 된다. 따라서 본 학교 2기생으로 입교하는 정률성의 입장이 드러나는 것이다. 의열단은 구국혈투 외길을 걸은 단체로서 3・1운동 직후에 설립되었고 중도좌파로서 국민당과도 깊은 관계를 갖고, 사상보다는 실천에 충실했던 단체였던 것이다. 특히 의열단 창립 구성원들은 전원 만주 통화의 신흥무관학교 졸업생들로서 신흥무관학교 설립자들인 이회영, 이상룡 등은 철저히 임금님을 사랑하는 존황사상가들이었음도 유의되어야 하겠다.[36] 정률성은 셋째형을 따라서 중국에 와서는 간부학교 2기생으

32) 당시 애국 젊은이들은 김구의 포용성 부족에 분노하는 성향도 적지 않았다.
염인호, op. cit., pp. 184～194 참조.

33) 학병에 탈출해온 장준하는 김구에게 분노하여 격렬하게 반항까지 했었다.
장준하, 돌베개(서울: 세계사, 1997), pp. 255～260 참조.
김준엽, 장정: 나의 광복군 시절(서울: 나남출판사, 1993), p. 483 참조.

34) 심지어는 안창호조차도, 그는 결코 공산주의자는 아니었으나 공산주의를 반대한 적이 없고 관심도 있었다.
Nym Wales, op. cit., p. 92.

35) 1기생 26명중 시인 이육사(李陸士, 李源三, 李活)가 끼어 있다.
김희곤, 이육사 평전(서울: 지영사, 2000), p. 135.

로 유대진(劉大振)이라는 가명으로 입교한다. 당시의 원래 이름은 정부은(鄭富恩)이었고, 훗날 정률성으로 개명하는 것이다. 정률성은 셋째형 정의은이 바로 간부학교 국내 모집책으로 국내에 들렀을 때에 형과 함께 망명하였으며, 자연스럽게 의열단의 흐름으로 편입된 것이다.(그러나 정의은은 이 무렵에 이미 조선공산당원이었다.) 이러한 흐름을 살필 때에 정률성의 사상은 거대한 항일전쟁 흐름에서 파악할 때에, 구국항쟁을 위해 나랏님을 위한 길을 걷는 큰 흐름에서 사회주의자로 나갔음이 분명한 것이다.[37] 의열단의 김원봉은 이 무렵에 본인이 가르치던 간부학교생 14명을 김구에게 보낼 정도로 그릇이 컸고, 사상보다는 구국항쟁이 우선이었음에서도 이 시기의 학생이었던 정률성의 입장을 헤아려 볼 수 있다.

Ⅴ. 결론

①

이북 공산정권을 성립시킨 초창기의 주요세력은 연안파, 소련파, 항일빨치산파, 남로당파, 재북국내파의 다섯으로 대별된다. 여기서 정률성은 연안파에 속했음은 두 말할 필요가 없다. 당시 연안파 두목으로는 정률성의 결혼을 주선해 준 팔로군 포병대장 출신 무정이 자리를 잡고 있었고, 김두봉, 박일우, 최창익, 한빈, 허정숙, 김창만 등이 있었다.

정률성은 국내에 들어와서 말없이 많은 고민을 했을 것이다. 귀국 전까

36) 안천, 신흥문관학교, op. cit., pp. 221～271.
37) 한상도, op. cit., pp. 255～296.

지 중국땅에서 침략일본과 싸울 때에는 있을 수 없던 갈등이 생긴 것이다. 특히 김일성이 끊임없이 남침 분위기로 정국을 이끌어 나가는 점에서 고민이 컸을 것이며, 그 남침전쟁을 중국이나 소련에서 조종하고 있음에 대해서도 생각이 많았을 것이다.

지금까지 중국 땅에서 항일전쟁을 수행한 것은 매우 정당성이 컸으나, 국내에 들어와서 동족상잔을 일으키며 같은 민족의 가슴에 총탄을 겨누는 일에는 쉽게 동의하기가 어려웠을 것이다. 정률성은 6·25남침전쟁의 와중에 어머님을 모시고 가족과 함께 중국으로 간다. 겉으로의 명목상 이유는 김일성의 연안파 숙청 분위기를 피한다는 것이었다. 그러나 정률성은 음악가로서 결코 숙청대상이라고는 생각되지 않는다. 숙청은 힘있는 정적에게 철퇴를 내리는 것이지, 이용가치가 있는 적절한 위치의 인물에는 결코 해로움이 끼쳐지지 않는 것이다.

특히 정률성이 중국으로 가는 시점이 중요한데, 그는 남쪽에서 어머님을 모시고 북으로 가서는 부인과 함께 중국으로 사실상 즉시 떠났다. 그는 어머님을 모실 때까지의 5년을 기다리고 기다렸다는 해석이 가능하며, 모든 자식들이 항일전쟁을 위해 떠나고 외롭게 늙으신 어머님께 마지막 효도를 하려는 간절한 소망을 이룩하기 위해서 어머님을 모시고는 곧 북경으로 가는 절차를 밟은 것이다. 물론 그가 인민군 노래를 지어주는 등의 활동은 했으나 내면으로는 엄청난 갈등을 겪었다고 생각된다. 우리민족의 가슴에 총을 겨누는 김일성의 남침 동족상잔극을 결코 인정할 수 없었을 것이다. 위대한 항일애국 음악가가 택할 마지막 선택은 제2의 망명일 수밖에 없었을 것이다.

②

침략일본을 물리친 뒤의 조국은 결코 보랏빛 꿈의 이상향은 아니었다.

특히 예술가 정률성은 거의 비슷한 나이의 김일성이 무단통치로 이끌어 가는 조국의 모습에 적지 않은 실망을 하며 세월을 보냈을 것이다. 이북의 김일성은 어떤 존재인가? 결코 김일성이 침략일본에게서 다시 찾은 조국의 주인일 수가 없지 않은가? 그는 연안파 무정 등과 내면적으로는 매우 많은 논의를 하며 분노의 삶을 살았을 것이다.

김일성의 가계를 분석해 보면 그의 집안은 다분히 기독교 계통이다.[38] 김일성은 그렇기에 큰 모순을 갖고 있다. 기독교 흐름을 가진 집안은 결코 진정한 사회주의자가 될 수 없는 것이다. 특히 김일성의 집안은 항일의 길을 적지 않게 걸었다. 김일성 전기에는 스스로 조상이 3·1만세항쟁의 주역이라고 했다. 그렇다면 김일성의 조상은 전통과 역사를 사랑한 가문이 분명하다. 그러므로 정률성은 임금님을 사랑하고 전통을 아끼고 역사를 사랑한 기독교 계통의 아들이 이런 정치를 할 수 있는가에 적지 않게 갈등을 느끼고 분노했을 것이다. 그리고는 결심했을 것이다.

「가자! 말없이 다시 제2의 망명의 길을 가자! 가서 모든 것을 잊고 음악으로 모든 삶을 살고 음악으로 꿈을 키우며 여생을 마치자! 나의 조국은 차라리 음악이 분명하다! 나의 나랏님이 모셔진 올바른 나라를 다시 찾을 때까지 멋진 노래를 만들며 노랫 속에서 영광의 내일을 기다리자!」

---

38) 많은 사람들은 기독교 계통 사람들은 임금님을 반대한다고 막연히 생각한다. 그러나 그것은 미국에서 온 기독교가 그런 것이지, 영국, 네덜란드, 벨기에, 룩셈부르크, 노르웨이, 스웨덴 등의 전통있는 기독교 국가는 모두 임금님을 모시고 있음을 무시한 착각이다. 오히려 기독교 국가는 품격이 높을수록 임금님을 모시고 있다.

일곱번째 주제

4·19혁명론 서설: 존황사관적 연구

현대정치사의 정통성파악과 대한황실의 생존투쟁사

Ⅰ. 들어가는 글: 논점 제기
1. 건국 시점론: 언제 나라가 세워졌는가?
2. 건국 주체론: 누가 나라를 세웠는가?
3. 건국 철학론: 왜 나라를 세웠는가?

Ⅱ. 기존 연구의 학문적 문제점
1. 학문성향의 문제점
2. 기존 연구가 가진 학문적 오해

Ⅲ. 4·19혁명 연구의 새로운 접근
1. 새로운 연구방법의 필요조건
2. 새로운 접근법

Ⅳ. 이승만의 정치의식 해부
1. 분석틀
2. 분석의 실제
3. 분석결과의 논의

Ⅰ. 들어가는 글: 논점 제기

1. 건국 시점론: 언제 나라가 세워졌는가?

현대의 정치사를 분석함에 있어서 주요한 변인(變因)의 하나가 건국된 시점이 언제인가이다. 우리의 나라가 언제 세워진 것인가는 정치사의 본질을 규명함에 있어서 대단히 중요한 인자(因子)가 된다. 그럼에도 불구하고 그에 대한 깊은 논의가 부족하다 보니까, 현대 정치사의 역사적 핵이 불분명한 것이 오늘의 현실이다. 김영삼 시대가 5년 동안에 걸쳐서 실정과 부패, 무능, 방황으로 표류하면서 IMF국치라는 역사상 유례가 없는 치욕을 겪으며 좌초하게 된 원인도 바로 역사적 본질을 망각한 정치에서 비롯된 것이 아닌가 하는 생각도 많이 드는데, 김영삼 시대는 도무지 철학이 없는 나침반 상실의 시대에 해당했기 때문이다.

그러나 김영삼 시대의 극심한 좌절을 극복할 중차대한 책무를 맡은 김대중 시대에 있어서도, 분명한 역사관을 발견하기가 어렵지 않은가 하는 우려가 학계에서는 적지 않게 대두되고 있다. 그것은 김대중 정부가 의식개혁 작업으로 진행하는 '제2 건국'에서 비롯된다고 하겠다. 김대중 정부는 '국민의 정부'라고 자신들의 정권적 성격을 규정지으면서 정치를 시작했는데, 국민의 정부라고 구호는 내세웠으나 국민의 뜻을 폭넓게 수렴하는 과정이 결여되어 있는 것이 눈에 많이 띈다. 제2 건국운동을 진행함에 있어서도 어느날 갑자기 청와대에서 터져 나왔다.

제2 건국운동의 출발을 보면서, 생각컨대 과거에 야당시절의 김대중 대통령이었다면 철저히 반대하면서 독재 운운하고 제동을 크게 걸었을 것이란 생각이 짙게 든다. 그러나 김대중 정부는 다른 것도 아닌 국민적 의식개혁 운동을 가장 권위적인 하향식 방법으로 추진한 것이다. 대통령이 알아서 청와대로부터 과감히 추진할 일도 많지만, 의식개혁 운동과 같은 것은 국민적 의견수렴이 광범하게 선행되지 않는다면 국민의 마음을 전혀 움직일 수가 없는 것이다.

그렇기에 제2 건국운동은 출발하는 시점부터 여러 가지 장애에 부딪치고 국민적 공감대를 얻지 못하고 있다. 본 논문에서는 제2 건국운동의 모든 것을 논할 필요는 없다. 다만 제2 건국운동이란 무엇인지에 대한 개념 정의가 전혀 없음에 의문과 놀라움을 말하는 것이다. 도대체 건국의 개념이 무엇인가? 그런데 많은 인사들은 제2 건국운동이 있기 바로 직전에 건국 50주년 행사(1998년 8월 15일)를 범정부 차원에서 거창하게 실시했으므로, 건국이란 바로 50년전의 자유당 시대를 생각하게 된다. 김대중 정부도 바로 그렇게 생각을 했을 것이다.

그러나 그것은 엄청난 잘못이다. 왜 우리가 50년 전에 태어난 신생국인가? 수많은 항일 애국자들은 무엇을 위해서 살신성인의 애국을 했던가? 50년 전에 이승만 정권이 수립된 것이지, 나라가 세워진 것인가? 침략 일본은 우리의 역사를 끊고 망치면서 과거와 단절시키려고 했는데, 그것을 그대로 인정해야 옳은 것인가? 제2 건국이란 바로 일제침략을 인정하는 친일매국 의식이 전제가 된 것이 아닌가?

2. 건국 주체론: 누가 나라를 세웠는가?

50년 전의 이승만은 여러 가지의 실책이 많았다. 정권쟁취나 정략싸움에는 타의 추종을 불허하는 능력을 가졌으나, 항일전쟁의 비극적 시대에 있어서 항일전쟁의 최전선이 아니라 사실상 머나먼 미국땅에서 허송세월한 이승만이었기에 정권을 쥔 뒤의 실책이 적지 않은 것이다. 국가를 운영

할 확실한 철학과 경륜을 쌓으면서 정권을 쥐어야지, 오로지 정권을 쥐는 데만 혈안이 되었던 기막힌 사례가 현대 정치사에 있어서는 이승만, 김영삼 등이 대표적이지 않은가 한다. 짧은 50년간의 현대정치사에 있어서 이승만이 6 · 25전쟁을 맞고, 김영삼이 IMF국치를 맞은 것은 결코 우연이 아닐 것이다.

이승만은 50년 전에 건국을 한 것이 아니다. 정부를 수립한 것이지, 나라는 이미 먼 옛날에 세워져 있는 유구한 역사의 나라였다. 이승만이 50년 전에 건국을 했다고 한다면, 그것은 유구한 역사를 부정하는 것이다. 그리고 조상도 없고 어른도 없는 주워 온 나라임을 표방하는 것이 된다. 예컨대 미국은 200여년 전에 건국한 나라가 분명하다. 콜럼버스 이후에 아메리카를

선(禪) 바위

서울 무악동에 있는 바위로서 조선건국 때의 설화가 담겨 있다. 바로 옆에는 침략일본이 남산에서 옮겨 온 조선건국 사당인 국사당이 그대로 방치되어 있다.

쳐들어가 인디안들의 삶터를 빼앗고 새로 세운 나라가 분명하기 때문이다. 그러나 미국과 우리나라는 전혀 다른 나라이다. 우리는 먼 옛날에 고조선 때에 건국이 된 나라이다. 그 후 역사가 연면하게 이어지면서 오늘날의 현대사가 된 것인데, 50년 전에 미국과 같이 건국을 했다는 것은 무모한 발상에 무식한 생각이 분명하다. 최소한 50년의 100배인 5천년 이전에 세워진 나라이고, 고고학 자료 등에 의하면 그 시기는 거의 1만년 가까이까지 소급되고 있다.

물론 건국(建國)을 개국(開國)이란 창설적 개념(founding)으로 쓰지 않고, 이미 만들어진 나라를 다시 새롭게 건설(building)한다는 뜻일 경우에는 상관이 없다. 그러나 건국 50주년 행사를 거창하게 벌이고서 즉시 제2 건국운동을 폈으니, 그것은 창국(創國)의 개념으로 썼음이 분명하고 역사적 웃음거리가 될 것이 확실하다. 정치는 경륜으로 하는 것이지 기교나 감각으로 하는 것이 아니다. 김영삼 시대는 대표적인 경륜 부족의 시대였고 단순 기교에 가까운 감각적 수준의 정치를 하면서 국가를 최악의 혼란으로 몰아 넣었었다. 그러나 개인마다 정도차가 있는 얘기이겠지만, 무식한 정치인들이 무모한 정치를 하면 어떤 일이 생긴다는 대단한 교훈을 김영삼은 역사에 남겼다. 훗날의 정치인들은 보다 겸손하고 보다 공부하는 정치가가 되어야 할 것은 언제라도 옳은 얘기이다. 그래야 제2 건국운동과 같은 황당한 발상이 나오지 않는 것이다(우리는 의식개혁운동 자체를 탓할 필요는 없다. 아니 제대로 추진만 된다면 바람직한 의식개혁은 꼭 필요한 것이기도 하다. 다만 김대중 정부가 잘하는 것인데 제2 건국운동이라고 표방하는 황당함을 탓할 뿐이다. 어찌 그런 황당한 바탕에서 의식개혁운동이 이루어질 것인가?). 유구한 역사와 조상을 부정하고는 결코 의식개혁운동이 성공될 수가 없는 것이다. 제2 건국운동은 그 개념 정의가 분명히 정립되면서 추진되어야 국민적 공감대와 합의를 가져올 수 있을 것이다.

3. 건국 철학론: 왜 나라를 세웠는가?

단군께서 나라를 세우신 드높은 뜻은 무엇인가? 그것은 물론 쉽게 단정을 짓기 곤란한 질문이다. 그러나 현대정치사를 분석함에 있어서도 그에 대한 나름대로의 성찰과 철학이 정립되어 있질 못하면 나라의 길을 잃고 표류하게 될 것은 당연한 이치이다.[1)]

현대정치사를 표류하게 만든 출발점은 사실상 이승만의 등장이라고 강조해도 틀림이 없을 것이다. 본인을 국부(國父)라고 우기면서 이승만 찬가를 전국의 어린이들에게까지 부르게 하고, 동상을 세우고, 현직 대통령이 화폐에 화려하게 등장하면서 거의 신적(神的) 우상화에까지 본인을 미화하고 절대화시킨 이승만에 의해서, 우리의 현대 정치사는 건국철학이 생각될 기회조차도 없었다. 건국철학이 없이 세워진 나라의 현대 정치사가 방황하면서 끊임없이 국민들에게 고통을 안겨 준다는 것은 어찌 보면 당연한 일이라고 하겠다.

50년 전에 별안간 탄생한 신생국이며, 어디서 주워 온 나라와 같은 위상으로 전락한 현대 정치사이기 때문에, 우리에게는 주체적 중심이 없었다고 생각된다. 정치제도에서부터 정치운영의 모든 것을 외국에서 갖다가 꿰어 맞추면 되고, 모든 흐름을 거의 미국에서 수입해 온 것이 지난 50년 동안의 정치다. 그렇기에 우리는 외국에서 불어오는 바람에 맞춰 이리저리 흔들리는 정치를 해 왔다고도 생각된다. 그저 중심이 없이 외풍에 흔들려온 현대 정치사의 근본 이유는 건국철학의 부재에서 비롯된 것이다.

그런데 이승만 이후에 있어서도 우리는 건국철학을 심도있게 생각해 본 사례가 그리 흔하지 않다. 그저 막연하게 외국이론에 따르면서 지난 50년

---

1) 한정일, 한국정치발전론(서울: 전예원, 1982), pp. 97～133 참조.

보도각(普渡閣) 백불(白佛)
서울의 홍은동에 있으며 태조 이성계 장군이 조선건국 때에 이 부처님께 기도를 올렸으며, 대원군의 부인이 아들 광무황제의 복을 비는 치성을 드린 부처님으로서, 당시 황실에서 이 부처님을 극진히 위해 유럽사람들에게까지 널리 알려졌다.

을 부평초처럼 덧없이 흘러 왔다고 생각된다. 그렇기에 김영삼은 정권을 쥐자 무조건 개혁(改革)이란 구호를 외치면서 철학없는 무소불위의 칼을 휘둘렀다. 개혁을 한다면 무엇을 개혁하고, 개혁의 기준은 무엇이고, 개혁의 목표는 무엇인가가 분명해야 한다. 그러나 맹목적으로 개혁을 한다면서 본인이 하는 것은 무조건 정의의 개혁이라고 몰아 나갔으니 되는 일이 있었겠는가?

개혁은 옳게 할 때는 개혁이 되지만, 그렇지 않을 경우에는 개악(改惡)이 되는 것이다. 사실상 김영삼 시대는 수없는 개악의 연속시대가 아니었는가 한다. 그리하여 끊임없이 사고나 연발하면서 IMF국치를 맞은 것이다. 개혁은 무조건 하는 것이 아니다. 옛 소련의 고르바초프도 페레스트로이카(개혁)를 하면서 국가해체의 지경을 만들고 경제파탄의 기막힌 상황을 만들었다. 그런데도 김영삼의 뒤를 이은 김대중 정부도 개혁을 한다고 외치고 있다. 무엇을 위해 어떤 개혁을 하는가에 대한 철학부재는 계속되고 있다.

개혁이란 맹목적 구호는 현대정치사에서 이제 재고되어야 할 듯 하다. 개혁의 청사진과 개혁철학이 선행적으로 제시되지 않고 무조건 개혁을 외치는 것은 개혁이 아니다. 그것은 때로는 폭력이 되고 개악이 되며 위선이 될 수도 있다. 맹목적 개혁이란 말보다는 차라리 국가정상화(國家正常化)가 옳은 말이다. 맹목적으로 개혁이란 칼을 휘두르며 IMF국치를 맞은 김영삼 시대의 교훈은, 철학없는 개혁이 어떤 결과를 낳는가를 생생히 보여준 것이다. 그것을 겸허하게 배워야 한다.

Ⅱ. 기존 연구의 학문적 문제점

앞에서 논점제기를 위해서 얘기한, 건국시점, 건국주체, 건국철학의 실종 현상은 왜 나왔는가? 그것은 현재의 학계가 안고 있는 병폐를 명료하게 보여주는 것이 되겠는데, 그것은 바로 학계가 안고 있는 병리현상에 대한 규명이 없이 병든 상태를 그대로 받아들인 채 굳어진 현상에서 비롯되었다고 하겠다. 우리 학계가 안고 있는 고질병은 무엇인가?

1. 학문성향의 문제점

1) 관변 정치학적 병폐

현대 정치사를 학문적 고질병으로 이끈 가장 중요한 변인의 하나는 바로 정권을 쥔 집권자의 개인 의지가 학문을 학문답게 이끌지 못하게 하는 관변성 혹은 관주도성이다. 정권을 쥔 자의 입맛에 맞아야만 옳은 학문으로 받아들여, 그 어떤 학문연구의 탄력성을 제공해 주지 못하는 상황에서 학문연구의 건강성은 상실될 수밖에 없다. 가장 심각했던 때는 자유당 때가 되겠고, 그 이후에 있어서도 그 병폐는 꾸준히 계속되었다.

위대한 제1의 독립투사가 바로 이승만이라고 우겨대는 자유당시대에 있어서 항일전쟁사의 연구는 사실상 불가능한 것이었다. 이승만을 미화하고 이승만을 선전하는 연구만이 존재할 수 있었다고 할까? 이승만의 신격화 형태로서, 당시에 나온 전기물들을 보면 가히 상상하기가 어려울 정도의 시대였었다.

그러나 자유당 이후의 시대에 있어서 박정희, 전두환, 노태우 시대라고 관변성 연구의 한계를 쉽게 넘어서기가 쉬운 때는 아니었다. 유신시대와 같은 때는 전혀 관변적 한계를 넘기가 어려운 시대였었고, 다른 때에도 약간의 정도차는 있지만 군사정권 30년에 있어서 학문적인 한계점은 너무도 높고 분명했었다.

그리고 자유롭다고 자칭했던 김영삼 시대에 있어서는 시대가 바뀌었음에도 불구하고 관변성이 높기는 마찬가지의 흐름이 있었고, 때로는 더욱 지나친 바도 있었다. 김영삼은 4 · 19와 5 · 16의 학문적 정의까지 본인이 선도하면서 새로운 관변성을 추가했다. 구호로만 자유로운 시대라고 외치면서, 생존한 전직 대통령 3인을 감옥행과 언론재판으로 철저히 좌지우지하면서 국정을 독단적으로 이끄는 살벌한 때에 학문활동의 유연성이 있기는 쉽지 않은 것이었다.

또한 김대중 정부에 있어서도 관변성 흐름은 꾸준히 계속되고 있다. 예컨대 일반적으로 보아서는 존재하기도 어려웠을 6 · 25전쟁의 논쟁에 있어서도, 엄연한 역사적 현실을 무시하고 이북측의 선전논리에 따른 견해를 펴는 인사에 있어서도 친정부 인사에게는 무한한 배려와 호의를 베풀고 보호하는 상황을, 학계는 침묵하고 있으나 분명히 알고 있다. 과거에 우파성향으로만 치우쳤던 때의 잘못이 있다고, 반대로 좌파성향에 경직된 흐름이 무조건 정당화된다면 그것도 잘못은 같은 것이다. 이런 상황에서 어찌 건강한 학계가 존재할 수 있으며, 어찌 언론이 건강한 필봉을 제시할 수 있을 것인가? 우리 학계를 짓누르고 있는 고질적 관변병을 낫게 할 방안은 무엇인가?

2) 수입 정치학적 병폐

우리의 현대 정치사를 잘못되게 이끄는 고질병으로서, 다음으로 들 수 있는 것은 수입학문의 심각한 폐해이다. 사회과학은 그 사회의 산물이다. 사상도 철학도 그 사회의 토양을 통해 뿌리를 내리고 자라나는 것이다. 그러므로 학문이나 사상이나 철학은 다분히 환경지향적이고 국적이 존재한다. 국적이 없는 학문이 있다면 자연과학이나 수학과 같은 이공계 학문에나 해당한다고 할까? 그 외의 인문사회과학에 있어서는 분명히 국적이 있는 것이다.

그러나 우리의 학계는 사실상 수입정치학의 토착화 필요성을 실질적으로는 크게 고려하지 않고 있다고 하겠다.[2] 무조건 직수입해다가 가공과정도 전혀 거치지 않고 우리 사회에 적용시키려는 것이 우리의 현실이 아닌가 한다. 그렇기에 나타나는 심각한 폐해는 많다.

첫째로 우리의 전통과 역사를 부정하고 말살하게 만든다. 모든 것을 해외이론을 수입해다가 그것에 맞지 않으면 잘못되었다고 규정하는 가운데, 우리의 전통성이나 역사성이 존립할 근거지는 거의 없게 마련이다. 우리의 옛 정치제도에는 오늘날에 재현시키면 순기능적 정치발전을 이룰 좋은 것들이 적지 않다. 그러나 우리의 현실정치에 옛부터 내려온 우리 것이 남

---

2) 김학준, 한국정치론: 연구의 현황과 방향(서울: 한길사, 1984), p. 38.

아 있는 것은 거의 없다. 현대 시대의 50년 정치사가 아프리카의 미개했던 전통부재 나라와 같은 흐름이 되면서, 국적없는 뿌리 부재의 현상을 낳은 것은 다분히 수입학문의 병폐성이 높기 때문이다.

둘째로 우리의 혼을 잃게 만든다. 사실상 얼빠진 우리민족을 만든 것은 수입된 흐름이 주도하면서 나온 고질적 역기능이다. 현대시대를 살아가는 우리의 아기나 어린이들이 요즘 엄밀히 분석할 때에 정신적으로 우리민족이 분명한가? 우리는 거기에 쉽게 긍정적 답을 말하기가 어렵다. 마찬가지로 우리의 현대 정치사에는 혼이 없다. 그렇기에 그것은 역사라기보다는 차라리 방황이다. 혼란과 격동을 엮어 놓은 50년 정치사를 예리하게 볼 때에, 국적이 없는 정치사 그대로임을 분명히 인식하게 될 것이다.

셋째로 우리의 현실과 과거를 단절시키게 만든다. 우리는 명쾌히 말할 때에 옛 역사와 오늘의 역사를 연결시키기가 쉽지 않다. 흡사 물과 기름같은 정도의 현격한 차이가 존재한다. 그렇기에 우리는 경우에 따라서는 조선시대 이전을 말할 경우에는 남의 나라 얘기를 말하는 듯한 착각에 빠지는 경우도 적지 않다. 우리의 현실 정치사나 학문세계를 모두 외국에서 수입해다가 그것의 복제판을 만든 죄(?)의 업보는 앞으로 무섭게 우리 사회에 보복을 가할 것이다. 아니 우리민족은 머지 않아 잃어버린 민족이 될 가능성도 높다.

우리는 이승만 이후의 현대 정치사를 이어온 집권자들을 되돌아 볼 때에 진정한 민족혼을 가진 지도자를 쉽게 발견하기가 어렵다. 그 가운데에서도 이승만은 차라리 미국인이라고 해야 더 맞다고 할 인물이다. 사실상 혼을 상실한 인물을 현대 정치사 최초의 집권자로 맞은 우리는 그런 면에서도 불행한 국민들이다. 그러나 이승만 이후의 정치가에 있어서도 진정으로 우리민족의 전통과 역사를 사랑하는 뿌리있는 인물은 쉽게 발견되지 않는다. 외국에 나가 국가를 대표하는 위치에서 발언을 하면서도 잘난(?) 영어 실력을 자랑하며, 일본에 찾아가 공식석상에서 일본어 실력을 뽐내는 수준의 의식구조를 가진 인물들이 정권을 계속 이어오고 있다. 도대체 우리민족은 국어도 없는 듯 착각을 하는 정치가들이 어찌 뼈대있는 정치를 할 수 있을 것인가 의아로울 뿐이다.

3) 왜곡 정치학적 병폐

현대 정치사를 병들게 한 세번째의 심각한 것은 어떤 특정 변인에 의해서 왜곡된 흐름이다. 우리의 정치사는 나무로 말하면 곧게 쭉쭉 뻗어나간 잘 자란 나무가 아니다. 꼬부라지고 휘어졌으며 심지어는 책상 위에 분재라는 이름으로 기형나무를 만들어 놓은 듯한 뒤틀어진 나무에 해당한다고 생각된다.

이런 왜곡되고 오도된 흐름에 있어서 대표적인 것을 말하면 첫째로 일제침략 후유증에 의한 왜곡된 정치사를 말할 수 있겠다. 우리는 현재 일본이 망쳐 놓은 그대로 살아가고 있는 나라이다. 침략일본이 역사를 끊고 단절시켜 놓은 그대로 살고 있고, 전통을 짓밟은 그대로 살고 있다. 모든 것을 짓밟고 일본사에 편입시키려는 문화침략과 이론침략이 심각한 상태에서 조국을 되찾았는데, 그간 우리는 많은 노력이 있었으나 크게 변한 것은 없다고 생각된다. 무엇보다도 현실정치와 상황은 완전히 일본이 망쳐 놓은 그대로 살고 있다. 그러니까 정치와 사회의 주도권도 망쳐 놓은 그대로 살고 있으니, 사실상의 친일매국 혹은 친일타협 인맥들이 그간 중심적 위상을 갖고 주도권을 쥐면서 현대시대를 즐겼다.

둘째로 사회주의적 흐름에 대응한 정치사 왜곡에 대한 면도 분명하게 논의되어야 옳다. 예컨대 항일전쟁시대의 역사는 허망한 정치사 그대로이다. 항일전쟁의 최전선이요 본부에 해당했던 만주와 연해주의 역사는 실종되고, 민족주의 진영이란 미명하에 상해와 미주지역만이 과잉으로 부각되었다. 그러다가 이승만이 하와이로 쫓겨난 뒤에는 오로지 김구의 독무대가 되었다. 그러나 만주땅의 역사는 상해를 능가하는, 아니 항일전쟁의 중심축이 바로 만주땅의 항일전쟁이라고 말할 정도로 중요하다. 그곳이 사회주의권에 휩쓸렸다고 망각의 피안으로 쫓아버린 오늘의 상황은 크게 잘못된 것이다.

그런데 셋째로 같은 이념 논쟁의 흐름인데, 현재의 상황에서는 그것을 앞의 둘째보다 다르게 보아야 옳다. 흔히 색깔 논쟁이라고도 언론에서 운위되는 것에 따른 이론이나 역사 왜곡 현상을 말한다. 현재의 우리 사회는 역사상 최악의 당쟁사회나 같다. 지역색, 종교색, 학벌색, 씨족색이 얽히면서 특히 지역갈등은 심각한 상태에 있다. 모든 정치행위의 근본은 뒷배경에 지역대립이 도사리고 있는 나라에서 무슨 바람직한 정치가 이루어지겠는가? 그리고 특히 공부를 했다는 배운 자들이 더 심각한데, 학벌갈등의 난맥상도 부끄럽기 짝이 없다. 그런데 이념적인 색깔논쟁의 흐름에 있어서도 사실상 그것은 똑같아서 국가와 민족은 없이 애꿎은 이념의 노예가 되어 논쟁을 위한 논쟁을 하는 것이다. 과학은 담백한 현상파악에서부터 출발한다. 그러므로 과학자는 이념적 색깔 이전에 현상을 가감없이 중립적 시각에서 살펴야 함은 과학활동의 상식이다. 그러나 우리 사회에는 빨간 물이 들어 모든 것을 그것으로만 보거나, 모든 것을 파란 물로만 해석하려는 경직된 흐름이 사실상 심각한 상태에 있는 인사들이 적지 않다. 학자들이 연구를 하다가 틀리면 고쳐야 하고 그것은 정상적인 것인데도, 한 번 빨간 물이 들면 무조건 빨갛다고 우기는 학계의 건강성은 심각하게 논의되어야 할 것이다.

2. 기존 연구가 가진 학문적 오해

1) 시대인식의 오해

사람의 모양을 갖췄다고 모두 같은 사람인가? 아니다. 개의 모습을 하고 있다고 모두 같은 개인가? 그것도 아니다. 그런데도 우리는 사람은 물론 모든 삼라만상을 품고 있는 사회도 그 속을 정확히 헤아리면 모두가 다른 것임에도 그에 대해서 깊은 생각이 부족했던 적은 없었는가?

명백히 말하건대 사회는 언제나 같은 것이 아니다. 같은 사회에 있어서도 그것은 시대에 따라서 끊임없이 변하고 있고, 아주 다른 모습을 보이고 있다. 그러나 우리 학계는 당연한 그 진리를 사실상 무시해 왔다고 생각된다. 자유당 시대와 민주공화당 시대는 대단히 심각한 질적 차이가 있는 시대인데, 우리는 그것을 거의 같다고 보고 분석을 해 온 것이 사실이다. 심지어 가까이 김영삼 시대는 바로 뒤의 김대중 시대와도 아주 현격한 사회적 변화가 있었다. 거의 전혀 다른 시대에 해당한다고 할 정도로 변했는데도 혹시 우리의 정치사를 보는 기준은 같은 것은 아니었을까?

왜 이런 질문을 던지는가? 그 까닭은 그간 본 논문의 주된 분석 대상인 자유당 시대를 보아 왔던 시각의 잘못을 지적하기 위함이다. 자유당 시대는 오늘날의 시대와 전혀 다른 시대이다. 모든 면에서 질적 양적인 현격한 차이가 있는 시대임에도 불구하고 우리는 자유당 시대를 막연히 오늘과 같은 현대시대로 인식하는 착각적 입장을 부지불식간에 꾸준히 견지해 왔다고 생각된다. 자유당 시대는 어떤 시대인가?

첫째로 항일전쟁시대의 성향이 매우 짙게 남은 시대였다. 만 35년간의 일제침략에 항거하던 시대의 특징은 크게 두 가지로 잔존되었다. 그것은 상호간에 모순되는 것이 분명한데도 확실하게 공존하고 있었으니, 하나는 침략자들에게 항거하던 흐름과 또 다른 것으로서 침략자에 숨죽이고 살거나 협조하던 전혀 다른 두 흐름이 같이 존재하고 있었다. 이러한 두 흐름에 있어서 최초에는 외형상 항일전쟁 인맥의 성향이 높았다. 그러나 그것은 사실상 겉에 내세우는 명분상의 성향이 높았고, 내면의 실제는 침략영합의 흐름이 서서히 실질적 주도권을 쥐게 되었고 급기야는 친일매국 인맥도 확실하게 재기하는 흐름이 만들어졌다. 그 까닭은, 가장 큰 이유가 이승만에 있었다고 생각된다. 이승만은 사실상 명목상으로는 유명한 항일애국자였으나 실질적으로는 피맺힌 항일애국이 아닌, 미국에서의 일상생활에 젖어 있던 인물이었기에 자유당 시대가 그렇게 흐를 수밖에 없었다.

둘째로 조선시대의 성향이 아직도 매우 짙게 남아 있던 시대였다. 미국풍에 찌들대로 찌든 이승만의 서양물결에 휩쓸린 데다가, 다시 박정희 시대에 새마을 운동을 하면서 사라져서 그렇지, 자유당 시대에는 거의 모든 동네마다 서낭당이 있고 동네 어귀에는 장승이나 솟대가 도처에 있었다. 옛부터의 전통적인 삶의 양식이 분명하게 살아서 생생히 숨쉬던 시대가 바로 그 때였다. 오늘날의 젊은 사람들이 별안간 타임머신을 타고 그 당시로 간다면 결코 당시를 우리나라의 50년 전이라고 상상하기가 어려운 때가 그 때였다. 삶의 양식은 물론이고 의식구조도 매우 강하게 조선시대의 것이 그대로 남아 있던 시대였던 만큼, 생각하면 그 때는 전혀 오늘날과는 다른 사람들이 살던 때였다고 생각된다.

셋째로 동양적 생활양식이 강하게 남아 있던 시대였다. 동양은 서양과 분명히 다르다. 생각컨대 요즘의 우리는 거의 다 서양화되어 있다. 그러나 자유당 시대에는 아파트가 없던 때였고 모든 사람들이 온돌방에서 전통적으로 살던 때였다. 대부분의 가정주부들은 한복을 입는 것이 당연했고, 한식 음식을 먹지 않으면 이상한 시대였고 가을에 김장 담그기를 국가적으로 거창하게 시행할 정도의 시대였다. 그 뿐만 아니라 의식구조는 물론이고 삶의 전체가 옛부터의 동양적이고 한국적인 때였다. 설날은 당연히 음력이고, 양력 달력이 오히려 생소하고 음력 달력을 농촌이면 널리 쓰던 때가 당시였으며, 박정희 시대부터 강제적으로 쓰게 된 서력 기원은 생각지도 않던 시대였다. 단군기원을 당연한 듯이 썼던 시대가 바로 그 때였는데도 우리는 당시를 까마득한 옛날로 생각한다.

넷째로 정치의식의 대부분이 오늘과는 현격하게 다른 시대였다. 우리들이 민주주의를 삶으로 체득하면서 오늘에 이른 것이 얼마나 되는가? 오늘날의 한국 민주주의는 사실상 우리의 민주주의가 아니다. 미국을 비롯한 서양의 것을 갖다가 그것에 강제로 꿰어 맞춰서 살면서 민주주의를 한다는 자족감에 빠져 있는 것이다. 미국의 민주주의는 유럽의 전통과 역사를 배경으로 오랜 기간에 걸쳐서 만들어진 삶의 양식이다. 영국의 내각제도 장기간에 걸쳐서 형성된 것이다. 그러나 우리는 자유당시대에 서양제도를 직수입해다 무조건 그것에 맞춘 삶을 살아 왔다. 그리고는 자유당시대도 오늘과 같다고 생각한다. 그러나 그 시대는 차라리 동양 그대로의 정치의식을 갖고 살던 때였다. 정치사회의 밑바닥을 흐르는 기본 흐름은 차라리 조선시대 그대로였었다.

2) 정치사 연결성에 대한 오해

정치는 살아서 숨쉬는 생명체와 같다. 역사도 살아서 숨쉬는 생명체의 삶을 기록한 것이다. 그러나 우리의 현대 정치사는 당연한 사실인 그것을 무시하고 있다. 흡사 칼로 끊어 놓은 것이나 되는 듯이 단절적 역사 인식을 저변에 깔고서 정치사가 서술되는 것이 일반적이다. 왜 이런 현상이 나오게 되었는가?

그것은 첫째로 기계적 역사인식을 함에서 비롯된 것이다. 사료를 보면서 그것이 사회 속에서 살아 있는 사료로 보아 폭넓은 시야로 인식되어야 하는데, 죽은 사료로 보면서 그것에 노예가 된 해석을 하기에 그런 결과가 나오는 것이다. 예컨대 항일전쟁시대에 있어서 만주땅으로 망명한 우리민족을 부르는 통칭은 '가우리'였다. 가우리는 고려(高麗)를 읽는 중국 발음이다. 왜 그들은 우리민족을 가우리라고 불렀을까? 중국에서는 먼 옛날 고구려에서 고려를 거쳐 조선시대에도 우리를 가우리라고 부른 것이다. 우리나라 역사에 고려에서 조선이 되었다면 그것은 현재의 시대에 5공화국이 6공화국으로 바뀐 정도로 보는 것이지 중국에서 우리를 보는 것은 변함없이 가우리였다. 그러나 우리의 역사서술은 언제나 칼같이 사료에 노예가 된 흐름이 짙다.

둘째로 정치사를 조각조각의 분과적 시각에서 보는 역기능이기도 하다. 사회를 보되 전사회적(全社會的: societal) 시각에서 폭넓게 보는 안목이 결여되어 있음을 뜻하는 것이다. 우리의 역사학계를 보면 많은 경우에 죽은 골동품 사학임을 느끼게 된다. 사료를 죽어 있는 낙엽으로 보거나 썩은 가지로 보면서 올바른 역사해석이 될 수는 없다. 사료를 생생히 살아있는 잎사귀나 나뭇가지, 나무 줄기로 보아야 제대로 된 역사가 보이는 것이다. 작은 잎사귀 하나로도 살아있는 나무 전체는 물론이고 주변의 환경과 시대를 읽고 당시의 우주를 꿰뚫는 흐름을 읽을 수 없다면 그것은 언제라도 죽은 역사가 되기 쉽다. 그간 죽은 역사학자에 의한 죽은 역사가 산출된 흐름 속에, 현대 정치사를 50년전의 역사와 현대가 철저히 끊어진 듯 보았던 오해는 분명하게 재성찰되어야 하겠다.

셋째로 역사인식의 본질을 망각함에서 비롯된 것이기도 하다. 역사인식에 있어서 가장 중요한 것은 시간개념이다. 시간적 전후대비, 추이분석, 전후인식 등의 제반 시간적 요인을 빼고서 역사를 본다는 것은 역사를 모르는 것과도 같다. 그럼에도 불구하고 우리의 현대 정치사는 사실상 시간변인을 소거시킨 가운데, 엄밀히 말하면 역사의 본질이 상실된 역사를 써왔던 것이다. 아무리 잘난 인간도 조상이 없이 태어날 수는 없다. 어떤 역사도 과거가 없이 만들어질 수는 없다. 그러나 이런 자명한 진리를 그간 무시했던 것이 현대 정치사였다. 흡사 자유당시대 이후는 과거를 떠나 새로 창조된 듯한 착각에 빠진 우스꽝스런 역사를 만든 것은 언제라도 반성해야 한다.

3) 이승만의 정치의식에 대한 오해

이승만은 어느 시대의 사람인가? 그는 시대적 흐름으로 볼 때에, 단순히 현대인으로 보고 현대정치사의 분석대상이 될 수 없는 인물이다. 이승만은 엄밀히 말하면 현대정치사를 산 현대인이 아닌 사람이라고 보아야 하지 않을까 한다. 이승만을 그렇게 보지 않고서 막연히 현대인이란 인식을 갖고 역사를 보면 그 역사는 오도된 역사가 되고 말 것이다. 현재 나와 있는 당시의 역사는 그런 견지에서 보면 대부분이 오도된 역사이다. 이승만에 대한 인간적 인식의 오해에서 나온 현대정치사는 앞으로 다시 쓰여져야 하겠다. 이승만은 도대체 어떤 인물인가?

첫째로 이승만은 성장배경이 조선시대의 인물이다.[3] 그는 광무(고종)황제 시대에 태어나 미국으로 유학을 떠나기 전까지 조선시대에 살았던 인물이다. 그러고는 줄곧 미국에서 살다가 노인이 되어 귀국하여 대통령이 된 인물이다. 그러니까 이승만을 지배하는 우리나라에 대한 삶의 추억이나 정치인식은 확고하게 조선시대임을 유의함이 없이 이승만을 제대로 이해할 수는 없다. 이승만은 엄밀히 말해서 자유당 시대에 대통령으로서 정치를 하면서도 실제 우리의 나라와 민족을 제대로 이해하고 정치를 하기가 어려운 정치의식적 배경을 가진 인물이다. 이승만의 그러한 의식구조를 명료히 함이 언제라도 정치사 연구에는 선행되어야 한다.

둘째로 이승만은 직간접적으로 조선시대의 정치상황과 직결되는 인물이다. 이승만은 자그만치 7번이나 과거시험에 응시를 했다가 낙방했고, 과거제도가 폐지되어 할 수 없이 과거를 못 본 과거시험에 한이 맺힌 인물이다. 이승만은 철저히 구한말 체제에 귀의하려는 벼슬길에의 집념을 가졌던 인물이다. 그것은 바로 이승만이 철저한 정권욕의 인물임을 뜻하는 것일 수도 있다. 그러나 이승만은 과거시험에 좌절하고서는 선교사의 배재학당을 거쳐 미국유학을 간 것이다. 그러므로 이승만의 국내정치에 대한 인식은 강력하게 구한말의 정치체제 그대로가 분명하다. 이승만은 자유당 시대에 대통령이 되어서도 그 의식을 벗어났을 리가 없다. 이승만 시대의 정치는 내면적으로 조선시대 그대로였다고 보아도 될 것이다.

---

3) 서정주, 우남 이승만전(서울: 화산문화기획, 1995) 참조.

셋째로 이승만은 본인이 전주이씨(全州李氏)임을 잊은 적이 없는 인물이다.[4] 그리고 본인이 대한황실의 양녕대군파라는 것도 항상 유념하고 다닌 인물이다. 상식적으로 가볍게 피상적 흐름에서 생각하면 이승만도 임금님의 혈통을 갖고 태어났다고 할 수 있겠는데, 이승만은 사실상 평생에 걸쳐서 그것을 잊은 적이 없는 인물이다. 자유당 시대를 분석함에 있어서, 당시의 최고권력자로서의 대통령 이승만이 갖고 있던 임금님 혈통 의식은 대단히 중요한 변인이다. 아니 결정적 변인이다. 그러나 최고 지도자의 그 핵심의식을 제대로 생각하면서 연구된 논문이나 역사서를 거의 발견하지 못한다. 우리의 학계가 사실상 본질을 망각한 죽은 연구에 집착해 왔음을 뜻하는 것이다.

넷째로 이승만은 항일애국자라고 말하지만 엄밀히 말해서 그것은 명목상의 허상이 분명하지 않을까 한다. 철저하게 자기를 희생하면서 정면으로 항일전쟁에 나선 인물이 아님을 말하는 것이다. 그는 혹한의 만주땅이요, 일본 경찰과 밀정이 우글대는 최전선에서 싸운 인물이 아니다. 정면으로 자신의 목숨을 바칠 각오가 되어 있지 않은 인물이, 사실상 안전지대인 미국땅에서 입으로만 애국을 외친 것에 가깝다. 생각하면 이승만은 미국에 있었기에 징용, 징병이나 침략자의 탄압, 가렴주구를 겪지 않아도 되었던 인물이다. 어찌보면 당시의 시대로서는 가장 편한 곳에 있었던 행복했던(?) 인물일 수도 있다. 이승만의 항일애국에 있어서, 이 점을 정확히 꿰뚫어 보지 않고서는 현대 정치사의 본질을 제대로 읽지 못하게 된다. 이승만이 자기가 스스로 쓴 글이나 부화뇌동하는 추종자들이 쓴 글에 따라서, 이승만을 막연하게 무조건 항일애국자라고 하는 것은 어찌 보면 부끄러운 일인지도 모른다.

다섯째로 이승만은 사실상의 미국인이 분명하다. 그는 우리민족이라고

4) 유영익, 이승만의 삶과 꿈(서울: 중앙일보사, 1996), pp. 16~20.

말하면서 우리의 대통령까지 되었으나, 엄밀히 생각하면 우리민족이 아닌 미국인이요, 미국인의 정치의식을 갖고 자유당 시대를 보냈다고 생각된다. 자유당 시대는 정확히 말하면 미국이 사실상 미국인인 이승만을 내세워 사실상의 식민통치를 한 때라고 생각해도 본질상으로는 틀림이 없는 시대였다. 배재학당은 과거시험에 떨어져 방황하고 있던 이승만을 철저히 미국화시킨 곳이다. 미국화 교육을 받고서 미국유학을 떠나 미국학위를 받고서 노인이 될 때까지 미국에 있었던 인물이, 아니 사실상의 미국인이 이 나라의 현대정치사에 있어서 밑돌을 놓았다는 것은 훗날의 정치사를 어떻게 오도시켰을 것인가? 그것을 외면하고 현대정치사의 본질 파악은 절대로 어렵다.

Ⅲ. 4·19혁명 연구의 새로운 접근

현대 정치사의 연구는 많은 것이 공허한 것이었다. 특히 자유당 시대에 대한 연구는 그 성향이 보다 강하다. 그 까닭은 지금까지 본 논문의 앞에서 얘기해 온 바들에 대한 것을 버려 두고서 연구된 것이 대부분이었기 때문이다. 사실상 사상누각에 해당하는 연구를 해 왔던 것을 떠난 새로운 접근법이 필요하다.

1. 새로운 연구방법의 필요조건

기존의 연구가 가진 한계점을 극복할 새로운 연구방법이 갖출 조건은 무엇인가? 그것은 첫째로 시간적 경직성을 극복하는 것이어야 할 것이다. 그간 나온 연구물들이 거의 병적이라고 할 정도로 과거와 단절되고, 주어진 작은 시각에 의해서만 현상을 파악하려고 하는 굳어진 연구자세였던 점에 대한 확실한 반성이 선행되어야 하겠다. 그간의 연구는 결코 이 나라의 학자가 아니라, 외국에서 이민온 사람들이 연구한 것이라는 착각이 될 정도로 우리의 과거를 부정했던 것이니 그것은 언제라도 고쳐져야만 하겠다.

둘째로 인간적 한계성을 극복하는 것이어야 하겠다. 그간의 연구는 전이적(轉移的) 인간상을 무시한 연구였기에 그것은 꼭 극복되어야 한다. 인간은 살아있는 생명체이면서 생생하게 변해 나가는 존재이다. 그렇기에 인간은 항상 주어진 시점에 있어서 전이적 인간일 수밖에 없다. 정지된 채 멎어있는 정태적(靜態的) 인간일 경우에는 굳이 이런 논의가 불필요할 것인데, 인간은 지극히 역동적인 동태적(動態的) 존재이기 때문에 멎어 있는 인간을 상정하고 연구해 왔던 성향이 높았던 기존의 연구는 분명히 재고되어야 하겠다. 본 논문의 주요 연구 대상인 이승만은 자유당 시대의 최고 지도자였지만, 그는 결코 거기에 묶였던 인간이 아닌 구한말 이후의 긴 시간대를 살았던 인물이다. 연구자의 인간을 보는 폭은 대단히 유연하고 넓은 것이어야 현상이 제대로 보일 것이다.

셋째로 공간적 일방성을 벗어나는 것이 필요하다. 그것은 무엇인가? 그것은 그간 우리의 연구는 많은 것이 서양논리에 따른 일방적 강요의 성향이 높았다는 것을 지적함이다. 그간 우리의 학계에 존재하는 많은 연구물이 서양논리에 의한 일방적 해석이기 때문에 우리의 연구물은 엄밀히 말해서 우리의 본래 자화상이 상실된 연구였다. 미국의 것을 갖다가 미국의 논리에 따라 우리 것을 보는데, 우리 것에 있어서 진짜 우리 것은 보이지 않고 미국 것만 보이게 되었던 것이 기존의 연구였다. 우리를 알고 우리의 눈에 의해 우리를 진정으로 사랑하며 우리를 아끼는 마음으로 우리의 사회현상을 재음미하려는 겸허한 연구자세가 앞으로는 나날이 강조되어야 하겠다. 기존의 연구는 연구의 지역적 대상인 공간이 실종된 연구였음을 반성함은 매우 중요하다. 그간의 연구는 차라리 서양의 연구였었다.[5)]

2. 새로운 접근법

1) 존황사관의 확립

현대 정치사는 그 출발에 있어서 핵심을 실종시킨 역사 서술이다. 그러니까 핵심이 실종된 역사는 사실상 허망한 역사임을 뜻하는 것이다. 무릇 모든 정치체는 정치핵(政治核)이 존재한다. 정치핵이 없는 정치체(政治体)란 존재할 수가 없다. 그럼에도 불구하고 현대의 한국 정치사에는 근본적으로 그것이 없다.

그것은 당시에 있어서 최고 지도자인 이승만이나 피지배 국민들이 갖고 있었던 조선시대적인 정치의식에 대한 것을 전혀 고려함이 없이, 무조건 역사는 흘러갔다는 지레짐작 하에 서양식 해석으로 귀결을 지은 것에 따른 후유증을 말하는 것이다. 특히 자유당 시대의 역사서술은 근본적으로 잘못된 것이다. 핵심을 잃은 공동(空洞)상태의 역사서술이 당시의 정치사이다. 한국의 유구한 정치흐름은 도외시하고 자유당 시대의 거의 모든 것을 서양이론에 대입시켜서 해석을 할 경우에 뜻있는 이론으로 정립될 것이 무엇이 있을 것인가? 우리의 역사서술에 있어서 이러한 폐해는 외세침탈이 강화되던 대한제국 말기 이후에서부터 집요하게 나타난다. 그리하여 오늘날에는 많은 이론들이 정치핵인 존황사관 실종상태의 식민이론화되이 있다. 존황변인 실종의 원인에는 다음과 같은 것들이 있다.

첫째로 제국주의 침략흐름을 합리화하는 이론들이 이 나라에는 현재까

5) 정치발전 현상의 연구는 보편성과 특수성을 고려한 다차원적 접근이 요망된다. 한정일, 한국정치발전론(서울: 전예원, 1982), pp. 187～202.

지도 곳곳에 남아서 맹위를 떨치고 있다. 대표적인 사례가 천주교를 앞세운 프랑스의 침략이다. 조선시대 후반기를 집요하게 파고들면서 국론을 분열시키고 국기를 흔들어대면서 침략해 들어 왔으나, 조선 정부는 결코 호락호락하게 쓰러지지는 않았었다. 그런데다가 영국, 러시아, 미국, 일본 등의 국제역학이 겹치면서 프랑스는 침략을 구체화시키지는 못했다. 그러나 비극의 일제침탈 시대에 있어서도 항일전쟁을 하는 우리민족이 아니라 침략자의 편에 서서 철저히 침략을 도운 천주교가 오늘날에는 어떻게 행세하고 있는가? 곳곳에 매국의 천주교를 편드는 얘기들만 활개를 치고 있다. 천주교의 침략으로 쓰러진 대한황실을 비방하는 얘기도 곳곳에 있다. 우리의 혼을 잃고 외국혼에 노예가 된 전형적 사례가 바로 이것이다.

둘째로 일제침략을 사실상 수용하는 비열한 흐름이 아직도 짙게 남아

흥화문(興化門)

서울 경희궁의 정문으로서, 침략일본이 경성중학교를 지으면서 이등박문 사당(박문사)의 정문으로 만들었던 비극의 문이다. 현재는 신라호텔의 정문으로 쓰이고 있으나, 그 아픔을 이해하는 사람들은 별로 없으니 4 · 19의 본뜻이 이해될 수가 없다.

있다. 일본은 조선시대를 병들게 한 제국주의 침략의 마지막 남은 세력이었다. 그들은 침략을 자행하면서 그것을 합리화시켜야 할 것은 당연한 것이며, 끊임없이 이론조작을 해 나간다. 그 이론조작의 핵은 정치적 단절 획책과 일본화의 두 가지였다. 우리의 과거와 당시를 끊어 놓은 뒤에, 우리를 일본에 편입시키려는 침략정책은 워낙 뿌리가 깊고 잔혹하여 오늘에 있어서도 우리 사회를 병들게 만드는 깊은 독소로 남아 있다. 그 독소의 대표적인 것이 대한황실이나 전주이씨 가문에 대한 비방, 모독, 음모이다. 망해야 할 황통임을 철저히 선전하고 이론화했다. 오늘에 있어서도 우리민족은 일본인이 만들어 놓은 그대로 살고 있다. 일본천황은 대단한 존재이고 대한황실은 바보로 만들어지길 원했던 일본침략 정책은 현재까지도 사실상 변함이 없이 우리의 머리 속에 생생히 남아 있는 것이다.

셋째로 소련(러시아) 지역을 타고 북쪽에서 밀려온 좌파이론적 성향에 의한 고질병도 앞으로 철저한 대응이 요망된다. 우리 사회에는 좌파이론에 맹목적 노예가 된 불쌍한(?) 흐름도 적지 않다. 도무지 창조적인 자생이론의 싹은 보이지 않고, 좌파이론의 하부 촉수가 되어 그 이론만을 앵무새같이 외우는 흐름에 의해서 오늘날의 우리 이론들은 대단히 식민이론화되어 있다. 소위 배웠다는 지식인 사회에 있어서 조차도, 심지어는 독기 품은 듯한 매서운 눈매를 하고, 열렬히 자기 주장을 펴는 것을 유심히 분석할 때에 정말 가련한 이론적 꼭두각시요 이론적 광대가 분명한 경우를 우리 사회에서는 심심치 않게 발견할 수가 있다. 민중을 사랑하고 민중의 삶을 꿈의 복지사회로 이끈다고 주장하는 사람들의 의식의 뿌리를 계속하여 추적해 볼 때에 궁극적으로 어디에 닿는가? 그러나 그 만용의 학문적 무리한 행위는 계속되고, 우리의 이론체계는 집요하게 공격되고 교란되면서 우리의 전통과 단절되는 결과를 낳게 되었던 것이 우리의 지난 100년 세월이다.

넷째로 자유당 시대에 특히 두드러졌던 것으로서 미국식 서양이론의 폐해에 의한 식민이론화 현상이다. 지난 50년의 짧은 기간에 우리는 우리의 이론을 사실상 상실한 상태에까지 도달했다. 이론적 미국식민지가 확실히 만들어진 것이다. 그렇게 되니 우리의 과거는 자연히 부정되고 모든 흐름을 미국논리에 맞추면서 살게 되었다. 예컨대 미국이 대통령제를 하니 우리도 그래야 한다고 맹목적으로 생각하는 흐름은 왜 나왔는가? 온 세계의 대다수 선진국은 거의 모두 내각제에 간선제인데도 꼭 미국식만 좋다는 논리를 만든 흐름은 무엇인가? 이승만 대통령 이후에 강제이식시킨 미국제도의 후유증 가운데 가장 큰 것은 우리의 과거와 오늘을 단절시킨 것이다. 그리고 우리의 과거는 별 볼일 없고 미국식이 좋다는 막연한 오해를 우리들의 머리에 각인시켜 준 것이다.

2) 향토문화적 접근법

해외 식민이론의 비참한 국가가 되면서, 우리가 잃어버린 핵심은 앞에서 지적한 존황의식이다. 우리에게 정치이론을 수출한 대표적 국가인 미국은 물론이고 남북에서 밀고 들어온 서양세력인 러시아, 프랑스가 임금님이 없으며 침략일본은 우리의 임금님을 짓밟은 나라이니 이 나라의 정치의식이 어떨까는 자명한 것이다. 우리의 지난 100년 이론사에 있어서 머나먼 옛부터의 정치핵인 임금님이 실종된 것은, 우리를 이론적 단절체제의 식민이론국으로 만든 결정적인 것이었다.

그러나 보다 내면을 파고 들어가 보면, 정치핵만이 아니라 밑바닥 문화부터 모든 것에 우리는 사실상 '잃어버린 정치'를 하는 '뿌리없는 정치'의 나라가 되었다. 잃어버린 정치에 있어서 가장 중요한 것은 양반층의 상실이다. 우리는 정치의식상 전통적 지도층인 양반층을 잃고서 상놈 나라의 정치의식을 갖고 있다. 도대체 우리의 옛 정치체에 있어서 정치핵인 임금님은 바보요 지도층인 양반층은 모두가 썩은 탐관오리 뿐이라는 논리를 누가 만들었는가? 오로지 상놈들만 잘난 나라요 상놈만이 훌륭했던 듯한 왜곡논리를 누가 만들었는가? 그래야만 민주주의라는 논리의 함정은 무엇인가? 그러나 우리는 그에 대해 깊게 생각해 본 사례가 거의 없다. 그저 외국이론에 무비판적인 노예가 되어 있을 뿐이다.

우리는 지난 50년간의 현대 정치사에 있어서도 이 나라의 경제사회 발전의 중심추로서 공무원들의 공로를 혹시 간과하는 것은 아닌가? 6·25전쟁으로 철저히 파괴된 폐허를 극복하고 세계 10위 수준의 경제력을 갖춘 나라로 이끈 중추세력은 분명히 있었다. 썩은 탐관오리는 신문에나 나는 것이고 대다수의 공직자, 교육자, 군인, 경찰, 사회인은 건실한 집단이었다. 특히 중견 고위 공직자의 업적은 중요한데, 그들에 의해 산업발전이 이루어 졌으나 그들을 보는 시각은 옛 양반층을 공격하는 맹목적인 논리와 같은 것은 혹시 아닌가 한다.

생각컨대 김영삼 시대를 보자. 세계의 선망의 대상이었던 신흥공업국을 단 5년 사이에 거덜을 내며 IMF국치를 맞게 한 장본인들은 김영삼을 비롯한 정치인들이었다. 썩은 집단이 국가를 망치고서도 그들은 5년 내내 공무원들을 모두 죄인으로 취급하며 하루같이 개혁을 한다고 외치며 실제로는 부패의 길을 달렸다. 개혁을 당할 자가 개혁을 한다니 개혁이 될 리가 없고 빈털터리 개혁을 하게 된 것이다. 그 썩은 정치인 집단이 나라를 거덜내고, 김영삼 이하 누가 진심으로 반성하는 것을 보았는가? 정상적이라면 할복을 하고 사죄할 인물들이 수두룩하나 고개 한번 곱게 숙이는 것을 보지 못했다.

조선시대의 실록을 꼼꼼히 살펴보면 그 시대를 이끈 양반층은 근본적으로 훌륭한 집단이었다.[6] 우리는 막연히 서양논리에 세뇌되어 양반층을 매도해 왔으나 멋진 청백리에 경륜 높은 관리들이 대단히 많았던 때가 조선시대 500년이었다. 우리는 지닌 50년을 살피면서 6·25전쟁의 폐허를 신흥공업국으로 키운 중추세력의 땀을 잊듯이, 조선시대 500년에 있어서도

---

6) 최봉영, 조선시대 유교문화(서울: 사계절, 1997).

양반층을 잊고 있는 것이다. 정치는 중견 정치인의 건실성에서 좋은 열매를 맺는 것이다. 근현대 세계 정치사를 볼 때에 500년 이상을 조선시대 같이 이끌어간 사례를 쉽게 찾을 수 있는가? 결코 쉽지 않은 사례인데도 우리는 조선정치를 일방적으로 어둡게만 보고 있는데, 그것은 침략논리에 감염된 결과이다.

우리의 현대정치는 정치문화의 모든 것이 과거와 철저히 단절되어 있다. 우리의 전통사회가 갖고 있던 우수한 제도와 문화를 모두 다 상실하고, 수입된 정치제도에만 의존하여 오늘을 살고 있다. 우리는 오늘의 정치에 있어서도 전통적인 향토냄새 짙은 토착 정치문화를 재생시키려는 노력이 꾸준히 계속되게 해야 하겠다. 정치학의 토착화는 우리를 찾는 향토문화 접근법이 되어야 하겠다.

3) 동양사상적 역사철학

이북의 정치를 어떻게 볼 것인가? 이북은 스스로 겉에 표방하면서 말하길 정통 사회주의를 한다고 한다. 그러나 사실은 김일성 임금님 체제가 만들어진 것이고, 조선시대의 흐름이 그대로 이어지고 있다고 생각된다. 김일성이 아들에게 대를 이어 정권을 물려주고 있는 것이나, 김일성의 죽음에 3년상을 치르고서 정권을 승계하는 것이나 세계의 어디를 보아도 없는 독특한 모습을 보여주고 있다. 이 시대에 최고지도자의 3년상을 치르면서, 공식적으로는 최고지도자의 자리를 3년씩이나 공석으로 두는 나라는 어디서도 유례를 찾을 수가 없을 것이다.

이북의 정치 자체를 여기서는 논할 필요도 없고 논하려는 것도 아니다. 다만 철저한 공산국에 남은 전통적 정치문화에 대한 놀라움을 말할 뿐이다. 그러나 눈을 돌려, 우리의 이남 정치를 볼 때에 옛부터의 전통이 남은 것이 무엇이 있는가? 차라리 이북에는 보다 더 우리민족다운 것이 남았고, 우리 이남에는 남은 것이 없다는 생각이다.

우리의 현대 정치가 뿌리없는 잃어버린 정치가 된 데에는 우리의 존황사상과 향토문화적 토착 뿌리를 잃은 것이 가장 큰 원인임이 분명하다. 그런데 보다 크게는 동양적 가치관이나 역사철학을 상실한 것도 큰 문제이다. 우리는 인도, 스리랑카, 미얀마, 태국, 말레이시아 등을 거쳐 가까운 일본까지 돌아보면 그곳이 동양이라는 생각이 들지 않을 수가 없다. 동양적 냄새가 짙고 강하다. 그러나 우리 땅을 돌아보자. 어디에 동양이 남았는가? 옛 궁궐이나 역사유적, 절 등을 빼고서는 동양을 찾기가 너무도 어렵다. 이것은 농촌이나 도시나 똑같아서 어디를 가도 우리를 찾기가 쉽지 않고 동양냄새를 맡기가 어렵다. 사실상의 서양이 만들어진 것이 우리나라다.

동도서기(東道西器)! 정신은 동양에 두고 과학문명은 서양의 것을 배운다는 얘기다. 그리고 탈아론(脫亞論)! 그것은 아시아를 떠나 유럽의 대열에 합류하자는 얘기다. 일본이 근대화되던 명치유신 무렵의 일본에 있어서 널리 회자되던 얘기들이다. 그러한 흐름 속에 일본은 부국강병에 성공했다. 그러나 오늘의 일본에 가보면 일본은 변함없는 일본 그대로이다. 일본의 본모습을 그대로 갖고 있다.

그러나 우리의 모습을 돌아보면 그저 모든 것을 서양에서 베껴다 복제를 해놓고서 스스로의 본모습을 상실하고 있다. 아시아를 벗어난 탈아(脫亞)가 아니라 아예 서양이 되어 있다. 동도서기가 아니라 서도서기(西道西器)가 맹목적으로 만들어져 있다. 우리 사회는 분명히 반성할 것이 있다. 이제는 과학기술도 국적을 헤아리는 시대가 되었음을 말하는 것이다. 우리는 동도동기(東道東器)의 국가경영 철학을 다시금 분명하게 정립해야 할 것이다. 그리고 우리다운 동양문화를 계속 발굴하고 육성해야 할 것이다.

그런데 여기서 한 가지 유의할 것이 있다. 우리는 동양을 말하면 유교(儒教)문화권이라는 등의 얘기를 한다. 그러나 그것은 잘못이다. 우리나라의 역사를 정치문화적으로 면밀히 분석하면 약 17세기경부터 우리의 정치문화가 수입된 유교문화에 찌든 것이자 그 이전의 우리 정치문화는 그런 것

숭정전(崇政殿)
경희궁의 정전(正殿)인 숭정전은 침략일본에 밀려나서 현재 동국대학교의 법당으로 쓰이고 있다. 간판은 정각원(正覺院)이라고 달고서 올바로 깨달은 것은 전혀 없는 나라가 되었으니, 4 · 19혁명이 일어나게 되어 있는 것이다.

이 아니었다. 그리고 고려 후반이 수입된 불교문화에 찌든 것이지 다른 때는 그런 것이 아니었다. 그리고 요즘의 우리가 혹시 수입된 기독교 문화에 찌든 것은 아닌가 우려하는 목소리가 있으나 다른 때는 그런 것이 아니었다. 그렇다면 수입된 불교, 유교, 기독교 문화가 아닌 것은 무엇인가?

그것은 원초적으로 우리가 고조선 이후에 갖고 있던 우리의 고유한 삶의 철학이다. 우리는 이웃의 한족(漢族)과는 전혀 다르다. 우리를 무조건 유교문화권으로 묶는 것은 옳은 일이 아니다. 일본은 고대시대에 있어 사실상 우리와 같은 나라다. 정치문화의 모든 것이 근본적 뿌리가 같고 삶과 혼이 같았다. 다만 백제가 망하는 무렵부터 현해탄에 막히고 갈라져 긴 세월을 보내며 두 나라가 되었을 뿐이다. 그런데 일본은 옛부터의 민족적 본모습을 그대로 갖고서 오늘에 이르렀고, 우리는 많은 것을 상실하고 오늘을 맞은 것이 차이점일 뿐이다. 우리는 수입된 사상과 제도에 따른 삶을 극복할 방안으로서, 우리의 원초적 문화를 찾고 동도동기(東道東器)의 새로운 국가경영 철학을 분명히 정립해야 할 것이다.

4) 거시적 역사관의 정립

학문적 시야(視野)! 학문을 보는 눈은 매우 중요하다. 그러나 그간 우리는 너무나 좁은 눈을 갖고 우리의 정치현상을 보았다고 생각된다. 코끼리로 말하면 발가락 수준만을 따지면서 정치의 본질을 찾는다고 해왔던 것이 아닌가도 생각된다. 그간 우리의 학계에는 분석적 시각을 갖고서 정치현상을 파고 들어가는 것은 많았으나, 거대한 통찰력을 갖고서 꿰뚫는 연구를 한 것은 찾기가 쉽지 않았던 듯하다.

현대 정치사는 결코 주워 온 것이 아니다. 또한 우리의 현대 정치사는 해외논리에 의해 잘못 해석되어 오긴 했으나 결코 수입된 것이 아니다. 그러므로 지나칠 정도로 우리 스스로를 강조해야 올바른 정치사가 쓰여질 것이다.

첫째로 시간적 변인에 있어서 50년 혹은 100년 정도로 잘라 놓고서 짧은 눈으로만 보는 것을 벗어나야 하겠다. 현대시대의 모든 정치현상은 내면적으로는 먼 옛날의 조상 때부터의 흐름을 잠재적으로 유의한 연구가 되어야 잃어버린 정치학이 되지 않는다. 예컨대 자유당 때의 발췌개헌 하나를 분석한다고 해도, 그것을 당시의 정치현상으로 보되 내면에는 거대한 시각을 깔고서 그것을 분석해야 시간적 균형감을 잃지 않게 됨을 말하는 것이다.

둘째로 공간적 변인에 있어서 폭넓은 시야가 없으면 학문적 균형을 상실한다는 것도 유의해야 한다. 우리는 습관적으로 작은 공간에서 정치현상을 본다. 예컨대 자유당 시대의 사사오입 개헌을 연구한다면서 당시의 국회의사당이란 좁은 범위에 경무대(청와대) 정도의 지역적 범위에 묶여서 분석을 하는 것이 일반적이다. 그러나 어떤 정치현상도 북한을 포함한 옛 역사적 강토인 만주땅, 연해주를 생각하고 동북아 국제흐름을 유의한 가운데 연구가 진행되어야 옳지 않을까 한다. 우리가 그간 뿌리없는 정치학이 된 것은 우리의 공간의식을 상실하다 보니까 무조건 정치현상을 미국이론에 대입해 온 것이 분명하다고도 생각되기 때문이다.

셋째로 인간적 변인에 있어서도 우리는 그간 뿌리를 상실했었다. 조상이 없는 후손이 없으련만 우리는 흡사 주워오고 이민온 사람들같이, 우리의 정치를 서양인에 맞춰온 것에 대한 반성이 요망된다. 우리는 현대의 정치를 연구하면서 을지문덕, 을파소, 걸걸조영과 대화를 나누는 수준이 되어야 한다. 그리고 현대의 정치사를 쓰면서 강감찬, 서희, 이순신, 안중근과 토론을 하면서 써야 건강한 이론이 될 것이다. 우리의 정치사를 쓰면서 그간 나폴레옹, 한니발, 넬슨은 찾았어도 광개토대제, 정도전, 신채호와 대화를 나눈 정치학자들이 얼마나 되었던가? 그간 국적없는 학문을 해온 것에 대한 업보는 훗날의 이 나라를 어디로 오도할 것인가를 심각하게 유의해야 할 것이다.

Ⅳ. 이승만의 정치의식 해부

본 논문의 분석대상인 4 · 19혁명을 연구하려면 이승만을 모르고서는 연구가 불가능하다. 그러나 지금까지 이승만에 대한 연구를 선행시키고서 정치사를 연구한 것을 거의 발견하지 못한다. 여기서는 4 · 19혁명 분석의 전제로서 이승만의 정치의식을 해부해 보고자 한다.(그런데 앞의 2장 2절 3항에서 약간의 논의가 있었던 바와 중복이 있을 수 있겠는데, 논술의 전개상 겹친 부분이 있을 뿐이며 본격적인 핵심논의는 본 4장에서 진행시키고자 한다.)

1. 분석틀

이승만의 정치의식을 분석하기 위한 기본적 설계는, 일단 본 논문에서는 두 개의 기본축에 의해 만들기로 한다. 그것의 하나는 이승만의 일생을 4단계로 나눠서 출생기, 성장기, 청장년기, 노년기로 시대별 분류를 하기로 한다. 이승만의 일생을 세분해 보면 보다 여러 단계로 나눌 수도 있겠으나, 본 논문에서 요망하는 이승만의 정치의식에 있어서 그것을 심층분석함에는 이상의 4단계가 가장 뚜렷하게 성향 노출이 되는 흐름이라고 생각한다.

그리고 두번째로는 이승만이 살았던 각 시대에 있어서 이승만의 정치의식과 시대별 성향을 분석함이 요망된다. 그래서 그것을 본 논문에서는 다시 4개로 나눠서 정치, 경제, 사회, 문화의 4개 요소로 대별하여 분석을 시행하고자 한다.

따라서 두 기본축을 통해 각각의 4개 변인을 조합하면 16개의 분석대상이 나오겠는데, 그것을 도표로 제시하면 아래와 같다. 이하 본 논문에서는 이 도표에 따라서 16개의 분석대상을 순서대로 해부하기로 한다.

시대상황 / 시대흐름	정치면(S1)	경제면(S2)	사회면(S3)	문화면(S4)
출생기(P1)	P1S1	P1S2	P1S3	P1S4
성장기(P2)	P2S1	P2S2	P2S3	P2S4
청장년기(P3)	P3S1	P3S2	P3S3	P3S4
노년기(P4)	P4S1	P4S2	P4S3	P4S4

2. 분석의 실제

1) 출생기(P1)

(1) 정치면(P1S1)

이승만이 탄생된 해는 광무황제 12년(1875년)이다. 생각하면 조선시대 후반기에 있어서는 가장 국권이 확실했던 시기에 해당이 된다고 하겠다. 당시는 대원군이 권력을 내놓고서 광무황제가 친정을 선언하고 약 1년여의 시간이 흐른 때로서, 나름대로는 아주 강력한 국권을 갖고 있던 때라고 생각된다. 광무황제는 아버지에 의해 임금님이 되고, 다시 10년만에 아버지가 잘 차려 놓은 밥상을 물려받은 것과 같다.

이승만이 태어나고 5개월쯤 지나서 일본에 의한 운양호사건이 일어나는데, 이 무렵에 있어서 조선황실의 권위와 실력은 전제왕권의 서슬 푸른 위상을 유감없이 보이던 때라고 하겠다. 안동김씨 세도정치에 의해 파탄상태에 빠진 나라를 대원군이 확고히 바로잡아 놓은 때였고, 신미양요와 병인양요의 외침을 격퇴시킨 기세등등한 때였다. 생각하면 대원군 치세는 미국과의 전쟁을 승리로 이끌고, 프랑스의 침략을 격퇴시킨 당당한 국력을 가진 때였다. 당시 대원군이었다면 운양호사건 때에 일본과 전쟁을 벌여, 미국과 프랑스를 격퇴한 바와 같은 길을 갔을 테지만 역사는 전혀 다른 길로 흘렀다.

이승만이 7번이나 과거시험에 떨어지면서 까지도 벼슬길에 철저히 집착할 수밖에 없었을 정도의 확고한 정치적 매력을 갖고 있는 존재가 당시의 조선황실이었고 관직이었다.[7] 우리는 이 무렵의 조선황실에 대해 사실

7) 서정주, op. cit., pp. 78～79.

상 일본 사학자들이 정리해 놓은 것을 그대로 전례답습의 형태로 이어 온다고 생각한다. 그런데 당시의 대원군은 확고한 국권수호 정책을 견지하면서 외세침탈에 저항하는 정치를 했었다. 그렇기에 항일 민족성향이 높았던 대원군을 일본 사학자들이 좋게 썼을 리가 없는 것이다. 우리는 당시의 시대에 대해 보다 새로운 정치인식이 있어야 하리라고 생각한다.

첫째로 훗날 조선황실이 일제침략을 받아서 그렇지 당시는 황실의 권위가 분명하던 때였음을 유의해야 하겠다. 요즘 텔레비전에 이따금 태국의 푸미본 임금님에 관한 것이 나오면 우리 국민들은 상당히 놀라운 듯이 얘기한다. 그런데 이 무렵의 조선시대는 현재의 태국은 상상도 못할 정도로 국권이 확실했던 때였다. 이승만이 이러한 시대에 태어나서 그것을 보면서 어린 시절을 보냈고, 그 시대를 몸에 익혔다는 것은 아주 주요한 분석변인이다.

둘째로 요즘은 대한황실이 사라지고 없어진 상태가 되고, 생각하면 조롱거리(?) 같이 되었다. 그리고 역사가 진행되면서 경술국치의 치욕을 당한 원죄를 모두 뒤집어쓰고서 숨죽이고 있는 듯이 되었다. 그러나 당시는 대원군이 확고하게 황실의 위상을 정립시켜서, 막강한 위상을 자랑하던 때였다. 물론 대원군 이전에 있어서는 안동김씨들의 농락에 의해서 황족들은 파리 목숨같이 비참했던 시기도 있었으나, 대원군에 의해서 그것은 분명히 고쳐진 때였다. 감히 황실에 대해 불경스런 얘기를 꺼내기도 어려운 때였다.

셋째로 조선황실이 국가의 모든 것을 대변하는 시대였다. 원래 임금님은 성(姓)이 없고 나랏님이 되는 드높은 존재였다. 임금님은 어느 특정 성씨의 임금님이 아니고 모든 씨족을 통합하는 민족의 구심점이다. 이승만이 태어난 시대는 나라와 나랏님이 동일시되던 때였고, 임금님이 나라의 모든 것을 대변하는 시대였다. 그런데 일제침략의 국난을 겪으면서 기묘한 현상이 생겼는데, 그 하나는 황통을 이었다는 전주이씨 가문의 일각에서 본인들 모두가 황족인 듯 착각하는 현상이 생겼고, 또 다른 측면으로는 다른 씨족들이 그 반작용으로 우리의 임금님은 전주이씨 혈통이니까 자신과는 관계없는 남이라는 생각이 생겨났다. 이러한 흐름은 일제강점의 암울한 시대에 있어서 일제 침략정책으로 나날이 강화되었는데, 오늘날에 와서는 그것이 매우 심각한 상태에 와 있는 측면도 있다. 일제침략자들이 원하는 그대로 만들어져 있는 기막힌 상태이다. 그러나 이승만이 탄생되던 시대는 그런 시대가 전혀 아니었다. 확실하게 나랏님이 계시던 때였다. 움직일 수 없는 확고한 존황사상의 시대였고, 오늘날과는 모든 것이 다른 시대였었다.

(2) 경제면(P1S2)

이승만이 탄생했을 무렵의 국가적 경제력이 어느 수준이었을까? 그것을 말할 때에 당시는 당시로서 파악되는 흐름이 있어야 할 것이다. 그러므로 일단 당시 1년전에 물러난 대원군의 치적을 보면 그 당시의 경제력이 헤아려질 수 있으리라 생각된다.

대원군의 치세에는 나름대로의 경제력이 분명한 수준으로 갖춰져 있었다고 생각된다. 우리는 역사서에 정리된 대원군의 경복궁 재건에 대한 비판적 견해를 심심치 않게 읽으면서 살아왔다. 그런데 거의 모든 글들이 경복궁 재건을 헐뜯는 견해들이다. 경비조달을 위해서 결두전(結頭錢), 문세(門稅), 원납전(願納錢)을 강제로 징수했고, 당백전(當百錢)이란 악화를 만들었다는 등이다. 그러나 대원군의 경복궁 재건이 국권을 확고히 다지며 황실의 권위를 세우고 나라의 위상을 드높였으며 나름대로의 경제적 파생효과를 냈다는 등의 긍정적 효과도 많으련만 어느 것도 긍정적 기록은 쉽게 발견되지 않는다. 모든 정책은 항상 긍정적 측면과 부정적 측면을 공유하는 것인데 대원군에 대한 평가는 어쩔 수 없이 약간의 칭찬을 한 후에 가급적 부정적 평가를 부각시킨 것이다.

당시 대원군의 특별세 징수는 그러나 대부분 안동김씨를 비롯한 부패한 자들을 공략한 것이고, 기득권층을 겨냥한 것이었다고 생각된다. 그것은 10년만에 대원군이 물러나는 계기가 바로 그들의 내면적 반격에 의한 것임에서도 분명히 드러난다.

그런데 우리는 특히 유의할 것이 있으니, 대원군 이후의 광무(고종)황제 실록부터는 침략일본의 학자들이 쓴 것이고, 그 이전의 철종까지는 실록을 우리의 사관(史官)들이 직접 쓴 것이란 점이다. 단군이래 철종까지의 이 나라 임금님들이 크고 작은 많은 일을 했다. 궁궐을 세운 임금님도 많고 토목공사를 한 사례도 많다. 어떤 일에나 세금을 걷고 노력동원을 했을 것은 당연지사라고 하겠다. 그런데 그 기록을 우리의 사관들이 쓴 것은 잘한 일이라고 썼는데, 일본측에 오염된 사관은 잘못한 것이라고 썼다. 경복궁 재건도 정통 우리의 사관들이 썼다면 조선말의 최대 자랑거리라고 썼을 것인데, 일본인들은 그렇게 기막히게 헐뜯는 글로 쓴 것이다. 특히 유의할 일은 경복궁이 임진왜란에 의해 왜놈들에 의해 잿더미가 된 것이며 왜놈들에 의해 무너진 그것을 고쳤다는 점을 예리하게 보아야 친일사관의 독수가 제대로 보일 것이다.[8)]

요즘 현대에 있어서도 서울의 지하철은 온통 빚투성이로 운영되고 있고, 그 빚은 서울 시민들이 갚아 나가고 있다. 경부 고속철도의 건설에도 무수한 돈이 들어가고 2002년 월드컵을 위한 경기장은 IMF국치를 맞아 기존의 경기장을 보수해서 쓰려니까 오히려 돈을 써서 새로운 경기장을 짓자고 관련 단체가 시위를 벌여 할 수 없이 새로 짓고 있다. 더군다나 이북에서 원자탄을 못 만들게 하려고 미국과 이북의 미북회담에 의해서 이북에 원자력 경수로 발전소를 짓게 하면서 건설비는 우리들보고 내라고 하여, 전국민이 전기료에다 그 비용을 함께 납부하여 엄청난 돈을 걷고 있다.

---

8) 안천, 황실은 살아있다 상권(서울: 인간사랑, 1994), pp. 71～93참조.

그러나 이상의 그 어느 것도 대원군같이 악의적 비방을 듣지는 않고 있다. 대원군 비방은 일본학자들의 꼬인 붓끝이 쓴 철저한 비방이요 악의적 곡필이 분명하다.

침략자들이 쓴 역사는 우리민족이 잘 되는 일에는 항상 꼬인 붓끝을 휘둘러 놓았다. 침략자들이 보았을 때에 제2의 대원군이 나오면 그들의 침략은 끝이었다. 대원군 이후에 이 나라에 그만큼 걸출한 인물이 나오질 못하고 경술국치로 간 것은 침략자들의 주도면밀한 우리민족 인재 핍박정책이 성공한 것이라고도 생각된다.

생각컨대 이승만이 태어난 무렵은 현대에 견주면 전두환 시대에 해당하지 않았는가 한다. 박정희 시대를 거쳐서 세계 10위권의 경제강국을 만든 때가 바로 그 때였다. 그럼에도 전두환은 광주비극의 누명을 뒤집어쓰고서 끈질기게 욕만 먹으며 백담사 연금생활, 사형선고를 받고 감옥생활을 거치는 등 세계사에 유례가 없을 신기록들을 세웠다. 대원군과 전두환은 정치역정이 너무도 비슷한 느낌이 들 정도이다. 우리는 대원군이 외세를 막은 위대한 정치인이자 외세침탈에 오염된 역사 서술의 최대 피해자가 되었음을 유의해야 구한말의 역사가 제대로 보일 것이다.

(3) 사회면(P1S3)

이승만이 탄생했던 때의 조선사회는 끊임없는 외세침탈로 고통을 겪으며 해체되는 상황에 직면하고 있었다. 그리고 영조와 정조 임금님 이후에 순조, 헌종, 철종의 3대에 걸친 임금님 때에는 안동김씨의 패권적 부패에 의해 국가가 크게 흔들리고 있었다.

안동김씨 패권정치는 역사가들이 소위 세도정치라고 부르는 것이다. 그런데 세도정치는 현대시대의 김영삼 정권 때에 다시 재현되었다고 하겠다. 특정한 지역, 종교, 학맥, 계층을 총합적으로 묶은 파당이 부패의 패거리를 형성하며 세계 10위권의 경제강국을 IMF국치 국가로 전락시키는 데는 짧은 5년이면 되었다. 국민소득 1만불에 달하던 나라를 삽시간에 3천불 내지 4천불을 깎은 나라로 만들고, 갚고 갚아도 갚지 못할 수준의 천문학적 외채를 진 나라로 만든 김영삼 시대의 IMF국치는 변명의 여지가 없는 역사상 부패와 실정의 표본이라고 하겠다.[9)]

아무 직책도 없는 대통령의 아들이 흡사 부통령이나 된 듯이 행세하고, 썩은 정치인들은 주어진 법망만 교묘히 피하며 합법성을 내세우는 가운데 국가경쟁력, 대외신인도를 철저히 추락시켰으며, 그 내면에 숨어서 흐르는 부패의 격류는 누구도 막을 수가 없었다.[10)] 김영삼 시대는 거의 모든 업종에서 은행이 잘 되면 은행을 대량 설립인가하고, 방송국이 잘되면 또 그렇게 하면서, 경쟁을 시켜 국민에게 봉사한다고 헛선전을 하는 가운데 경쟁력을 상실하면서 모두 망하게 만들어 가는 정책을 썼다.[11)] 예컨대 어느 설렁탕집이 잘되면 그 옆에 설렁탕집을 수두룩하게 만들어 모두 망하게 하는 방식이었으니 IMF국치를 맞지 않으면 이상한 일이다.

그런데 김영삼 시대의 그것은 모두 김영삼 집권 패거리들이 선배, 후배, 형님, 동생 하면서 썩은 고리로 철저히 연결된 가운데 모두 망하는 길로 간 흐름이었다. 아니 모두 망한 것은 아니고 국가와 국민은 망하고 자기들만 사는 길을 획책한 것이었다. 국가를 도탄에 빠트린 그들이 굶는다는 소문을 듣지 못했고, 망했다는 소리를 듣지 못했다. 기름기 넘치는 얼굴로, 단 한마디의 반성도 없이, 오로지 교언영색, 견강부회의 궤변적 변명만 늘어놓으며 시간을 보내고 있다. 망한 것은 여러 국민들이고 추락한 것은 국가일 뿐이다. IMF국치 속에서도 그들은 생생히 살아 있다.[12)]

---

9) 김종찬, 김영삼 제국과 IMF신탁통치: 관료 · 언론 · 학계의 삼각밀실 거래(서울: 하나로, 1998)참조.

10) 박정태, 아시아 경제위기 1997～1998(서울: 부키, 1998), pp. 165～262.

11) 임양택, 아시아 대예측(서울: 매일경제신문사, 1999), pp. 325～326.

12) IMF국치는 해외변인 음모에 의했다는 견해도 있다. 그러나 그 경우에도 김영삼의 실패가 해소되는 것은 아니다.
이교관, 누가 한국경제를 파탄으로 몰았는가(서울: 동녘, 1998)참조.

김영삼시대는 안동김씨 세도정치의 시대와 똑같아서 첫째로 견제세력이 사실상 없어진 때였다. 안동김씨 세도정치 때는 견제세력이 전혀 없었고 안동김씨로 역성혁명이 일어날 정도였었다. 허수아비 임금님을 세우고 모든 것을 부패의 길로 이끈 그들에 의해 경술국치로 가는 길은 이미 만들어져 있었던 것이다. 김영삼 시대도 이와 꼭 같아서 언론을 포함한 어디도 사실상 김영삼 패권정치에 대해 견제를 하지 못했다. 김영삼 정부가 망할 때까지 달려가는, 브레이크가 파열된 자동차로 되는 것은 당연한 일이었다.

둘째로 실력주의가 무너지고 연줄에 의한 정실정치의 시대였다. 영조나 정조 시대까지만 해도 탕평책을 쓰면서 인재를 널리 등용하고, 실력주의의 정치나 능력을 존중하는 사회 흐름이 강했다. 그러나 순조, 헌종, 철종을 거치면서 실력주의는 완전히 무너지고 안동김씨 패거리냐 아니냐에 의한 인재등용을 하며 나라가 무너졌다. 김영삼 시대에 있어서도 그것은 같아서 널리 인재를 등용하면서 실력주의를 정착시킬 길은 애초에 봉쇄되어 있었다. 평생야당 때의 빚진 인사들 빚갚기에만 세월을 보내며, 평생야당 인사들의 무능성에다 그들이 다시 파생시키는 실력 부정의 정실 인맥성이 강화되면서 전국은 다시금 선후배, 형님 동생의 국가적 난맥상이 되었다. 그런 흐름 속에 심심하면 갈아치우는 장관에 일손 놓은 공무원들이 도처에 있었으니 사회 전체가 어떻게 되었겠는가?

이승만이 탄생할 무렵은 김영삼 시대가 끝나고 위기를 수습하면서 국가 전체의 구조조정을 통해 불을 꺼나가던 김대중 시대와 비슷했다. 아니 대원군에 의해서 안동김씨 부패의 수습이 끝나고 국가운영이 정상궤도에 들어선 때에 해당한다고 하겠다. 대원군의 시대에 있어서도 대원군의 국가 정상화 흐름에 반대하는 기득권층은 강하게 도사리고 있었다.

대원군은 그들의 연합된 반격에 의해 하야하게 된다. 마찬가지로 김대중 시대에 있어서도 첫걸음부터 철저히 자신들의 기득권 수호를 위해 저항한 IMF범죄세력의 모습을 우리는 눈으로 정확히 보아 왔다. 역사는 반

복된다는 것을 철저히 증명한다고 하겠다.

대원군의 경복궁 중건에 의한 특별세는 차라리 부패세력에게 특별헌납금을 걷는 것이었고, 정의의 소득 재분배를 했던 것이라고 하겠다. 그런데 대원군에게 공격을 당한 부패 세력들이 훗날 서서히 뭉쳐 명성황후를 내세우며 대원군을 몰아내면서 재집권했고, 그들의 다수가 일제 앞잡이가 되었는데 경복궁 재건을 좋게 역사기록으로 남겼겠는가? 그들의 눈에 대원군이 얼마나 몹쓸 인간이었을 것인가는 자명한 일이라 하겠다.

(4) **문화면(P1S4)**

이승만이 태어날 무렵의 이 사회는 이미 정치적 · 경제적 외세침탈이 강하게 몰아쳐온 때이다. 다만 대원군의 강력한 국권수호 정책으로 병인양요, 신미양요의 두 전쟁을 승리로 이끌고 국가적 실력을 쌓으려고 노력하는 때였다. 우리는 지금까지 대원군의 쇄국정책을 일방적으로 매도하는 얘기만 귀에 닳도록 들어 왔다.

양헌수 장군 승전비

대원군이 병인양요는 프랑스를, 신미양요는 미국을 물리친 전쟁이다. 당시 병인양요의 승리가 없었다면 프랑스의 식민지가 되었을 것이다. 그리고 미국의 식민지가 되었을 수도 있다. 강화도의 양헌수 장군 승전비를 직접 방문하여 그 뜻을 살핌은 매우 의미가 있다.

그런데 요즘의 중국이나 이북을 보자. 중국이나 이북은 철저히 쇄국을 하다가, 중국은 등소평 이후에 서서히 개방을 하고 있고 이북은 지금도 철저히 쇄국이다. 중국의 경우도 정치는 시실상 지금도 쇄국주의나 같다. 생각하면 당시의 대원군도 명성황후에게 밀려나지만 않았다면 오늘날의 중국과 같은 길을 갔으리라고 본다. 서서히 실력을 쌓고 국권을 강화시키며 차츰 해외에 문을 열었을 것이다. 대원군같은 걸물이 그토록 바보는 아니었을 것이기 때문이다.

요즘의 중국이나 이북을 보고서 쇄국을 해서 나쁘다고 욕하는 쪽이 있으나, 지금의 쇄국주의가 옳다고 하는 측도 그들 쪽에는 꽤나 있을 것이다. 그리고 곰곰이 생각해 보자. 요즘 프랑스 함대가 쳐들어와 강화도에 대포를 쏘고, 미국 군함이 강화도에 상륙하여 공격을 해 온다면[13] 대원군같이 싸워 이기기가 쉬울까? 무조건 백기들고 나가서 항복을 해야 옳은가? 요즘의 말로만 애국자인 자들이 얼마나 많이 해외로 도망가고 추태를 피울 것인가? 대원군의 미국, 프랑스 격퇴는 생각하면 호메이니나 호지명과도 같은 것은 아닐까? 그런데 우리의 역사서에는 무조건 대원군의 쇄국정책이 나쁘다고 일방적으로 쓴다. 일본인들의 뜻에 따라 문을 열거나 개국을 하지 않은, 대원군의 역사서술은 여러 가지로 음미되어야 한다.

대원군의 시대에 있었던 천주교의 침략도 우리는 재성찰해야 옳다. 국론을 분열시키며 국가전체를 뒤흔드는 가운데 프랑스 침략의 앞잡이로 파고드는 천주교를 그냥 두는 것이 정상인가? 그 후에 시대가 바뀌어 외세우위의 역사로만 이어졌다고 대원군을 그토록 비판해야 옳은가?

우리는 요즘 서방 기독교측과 아랍측의 끈질긴 싸움에서 무조건 아랍측을 욕하는 우매함을 보이는 경우를 적지 않게 본다. 기독교와 아랍의 싸움은 먼 옛날 십자군 전쟁부터 오늘의 이라크와의 전쟁까지 길고 길게 이어진 전쟁이다. 아랍측에서 보았을 때에 기독교의 침략은 철천지원수에 해당하는 것이다. 아랍측은 대원군이 그들의 우호세력이었다면 오늘날에도 철저히 대원군을 떠받들 것이다. 그러나 우리나라는 대원군 정신이 서방 기독교에 의해 무너졌다. 그리하여 이긴 쪽에서 그들 논리대로만 쓰여진

---

13) 신복룡, 한국정치사론(서울: 박영사, 1978), pp. 115～124참조.

역사서에 의해 대원군은 천하에 없는 몹쓸 인간이 되고 만 것이다.

우리는 역사를 정확히 말할 것은 말해야 한다. 일제침략에 따른 경술국치를 보면서 일본을 침략자라고 한다. 그에 대해서 틀리다고 말하는 사람은 없다. 그러나 일제침략 이전에 프랑스 제국주의 침략에 의한 천주교 침투도 침략은 같다.[14] 병인양요로 대원군이 승리했기에 프랑스의 식민지가 되지 않았을 뿐이다. 그러나 먼 훗날 대원군은 사라지고 이 나라가 천주교에 있어서는 침투가 성공이 되니, 대원군은 그들의 논리대로만 쓰여진 나쁜 인간이 된 것이다. 대원군은 무너지는 국가를 부여잡고 최후의 민족정기를 드높인 조선시대 마지막의 영웅이었다고 써 줄 정도가 되어야 우리 민족의 역사가 확실한 것이다. 그간의 역사는 차라리 침략자들을 미화한 남의 역사였다.

이승만은 대원군이 물러나고 조선사회가 문화적으로 서양 세력의 침투를 겪으면서 격동하는 시대에 태어났다. 정확히 말하면 대원군의 국권수호 흐름이 무너지고 해외침투 세력이 뿌리를 내리는 때에 태어났다. 이승만은 거기에서 국권수호가 아닌 외세침투의 앞에 서는 길을 택한다. 그는 어차피 문화적으로 이방인이 될 숙명을 갖고 태어난 것은 아닐까 생각되기도 한다.

2) 성장기(P2)

(1) 정치면(P2S1)

이승만이 출생한 시기는 조선말기에 있어서 가장 존황사상이 확립되어 있던 시기였다. 대원군이 황권(皇權)을 빈석 위에 올려놓고서, 자신은 황권이 커지자 오히려 그에 밀려난 시대였기 때문이다. 당시는 조선시대를

14) 신복룡, op. cit., p. 149참조.

통관하여 전체적으로 볼 때에 초기의 태조, 태종, 세종 임금님의 시대 만큼의 확고한 국권정립이 이루어진 시대였다고도 생각된다.

그러나 대원군이 하야하면서부터 국권이 점차 좀먹어들고 흔들리는 길을 가게 된다. 감히 미국, 프랑스도 쉽게 건드릴 수가 없던 나라요, 미국과 프랑스의 침략도 격퇴하고 승리할 수 있었던 나라가 그 당시의 비유럽 지역에 얼마나 되었던가? 일본도 당시 미국의 함대가 벌이는 함포시위에 꼼짝없이 무너졌던 시대가 아니었던가?

이승만은 이 시기의 20년을 서울(한양)에서 성장한다. 그가 7번의 과거시험에 연전연패하고 배재학당에 들어가는 때(1894년)는 그의 나이 20세 때이다. 그러므로 이승만이 성장하는 20년간은 광무황제의 전반기 치세 20년으로서 완전무결하게 존황사상이 지배하던 시기가 되겠다. 이승만이 성장한 20년간이 완전무결한 임금님 체제였다는 것은 이승만을 지배한 정치의식의 모든 것이 존황사상에 의한 존황체제를 위한 존황의식에 귀의하는 것이 분명하다. 이승만을 연구하고 자유당시대를 분석함에 있어서 이승만의 정치의식 분석은 필수적인 것이고, 그에 있어서 핵심은 존황사상이었음을 간과하고는 제대로된 분석이 불가능한 것이다. 그러나 지금까지 현대 정치사를 연구함에 있어서 그것을 제대로 주목한 연구는 거의 발견되지 않는다. 솔직히 말해서 정곡을 벗어난 연구만이 지금까지 진행되어 왔다고 생각된다.

이승만이 이 시기를 살면서 초지일관하여 모든 것을 바친 것은 과거시험이었다. 그는 서당을 다니면서 인생을 걸고 벼슬길에 나가길 빌며, 열심히 존황체제에 합류할 것을 목표로 학문에 정진했었다. 그러므로 이승만의 성장기 삶이란 조선시대의 관직에 출사하는 것 외에는 다른 것을 생각할 수도 없고 생각할 필요도 없는 것이었다.

이승만은 과거제도가 폐지되어 과거시험을 볼 수 없을 때까지 과거시험을 본다. 그리고 과거제도의 폐지에 따라서 실의에 빠져 20세에 배재학당에 들어가는 것이다. 그런데 훗날 이승만의 전기물을 분석하면 이승만은 조선황실에 대해 대단한 적대감을 가진 반역아라고 적나라하게 기술되어 있다. 그것은 무엇을 뜻하는가?

이승만의 정치의식은 극히 모순된 두 가지로 형성될 수밖에 없었을 것이다. 첫째는 철저한 존황사상이 분명하다. 20년간을 그것을 위해 살았고 과거시험이 폐지될 때까지 그것에 집착했음에서 그의 뇌리를 흐르는 기본적 원류는 임금님 체제가 확실하다. 그러나 그는 그에 좌절하고서 배재학당을 찾아간다. 그리하여 두번째로 정반대의 모순된 생각이 배태되는데 그것은 실패에 대한 한(恨)이 응집된 반발심리라고 하겠다. 주변 사람들은 이승만의 한풀이 언행을 보고서 이승만을 반역아라고 했을 것이다. 그러나 그 한풀이의 내면을 흐르는 진짜 속마음은 읽지 못했다고 하겠다.

원래 사랑이 지나치면 증오가 되는 것이다. 그 경우의 증오는 곧 다시 사랑으로 치환될 수 있는 사랑의 증오라고 하겠다. 그것은 상호간에 모순되는 듯 하지만, 그 경우 실제로는 사랑과 증오는 같은 것이다. 이승만이 반역아가 될 수 있었음은 그만큼 열렬히 대한(조선)황실을 사랑했다는 것을 뜻한다.

(2) **경제면**(P2S2)

존황사상이 확고한 시대에 태어나서, 그것을 향한 한마음 한뜻으로 성장하는 20년간을 보낸 이승만의 시대는 경제적으로도 그 시대의 전형적인 모습을 보이는 때였다. 이승만은 경제면에 있어서도 모든 삶의 양식이 그 시대에 젖은 사람일 수밖에 없었다.

이승민은 성장기 20년의 사이에 대원군이 물러나면서 외세침투에 따라 끊임없는 국제적 갈등과 국내적 정변이 일어나는 일을 목격한다. 그러나 이승만에게 있어서는 조선의 정통체제에 귀의하려는 일념을 갖고 살았지, 그에 대한 반발은 없었다고 하겠다.

이승만의 정치적 행태를 정확히 읽을 수 있는 일이 바로 그의 성장기에 발생한 농민들의 동학혁명운동이다. 이 무렵을 함께 산 김구는 본인이 상놈 출신답게 정면으로 동학에 입도하여 접주가 되고 중견지도자가 된다. 그러나 이승만은 절대로 그럴 수 없는 의식구조를 갖고 있었다. 이승만은 최대한 노력하여 관리가 될 생각이지 동학운동과 같은 일에 휩쓸릴 수가 없었다. 그 까닭은 무엇인가?

이승만은 최고위 황족계열인 양녕대군파 종가집에 소속되어 있었다. 이승만은 그렇기에 당시 농민들이 겪은 경제적 고통을 피부에 닿게 느끼며 사는 입장이 될 수가 없었다. 그는 농민들이 가질 가렴주구에 대한 반발행위나 못된 관리들의 착취를 당할 기회가 사실상 없었던 인물이다. 양녕대군파 종가집에 사는 만큼, 최악의 경제위기에 몰리면서 굶주리거나 어렵게 산 것이 아닌 매우 독특한 경제적 경험을 하면서 성장한다.

이승만의 부친 이경선은 양녕대군파 종가집의 일을 보는 사람이었다.[15] 그는 부친이 넓은 땅을 가진 집의 일을 보는 사람이지만 곳곳을 다니면서 추수한 곡식을 걷어 오고, 돈을 받아오는 등의 일을 하더라도 쪼들리는 최악의 삶을 살지 않는 속에서 성장한다. 최악의 흉년에도 부자집 개는 개의 신분일 망정 집을 잘 지켜주면 배가 고픈 고생을 할 이유가 없고 보신탕집에 갈 걱정이 없는 것이며 오히려 호강하며 살이 찔 수가 있는 것과 같은 논리라고 할까? 이승만의 경제의식은 매우 독특한 흐름으로 형성될 수밖에 없는 것이었다.[16]

이승만은 성장과정은 물론이고 훗날 미국땅에 있으면서도 스스로가 직접 일해서 돈을 벌어 본 사례를 발견하기 어렵다. 돈은 남에게 걷어서 쓰는

15) 안천, 일월오악도 제1권(서울: 교육과학사, 1998), pp. 209～279.
16) 이승만의 신격화 시기에 나온 책들을 보면 여러 가지 모순이 많다. 이승만이 양녕대군 종가집에 살면서도 부친은 떠돌아 다니고 모친은 하녀와 함께 같은 방에서 사는 등의 이해되지 않는 구절이 많다.
한철영, 이승만대통령(서울: 문화춘추사, 4287), pp. 1～3.

것으로 체질화가 된 인물이 되었다고 할까? 평생에 걸쳐서 여러 이유를 대면서 돈을 걷어 쓰는 행태! 그것은 엄밀히 말하면 그가 성장하면서 본 그의 부친 이경선의 행태를 그대로 따른 것 이상도 이하도 아니다.[17] 양녕대군파 종가집의 권위를 배경으로 소작농들에게 곳곳에서 돈과 쌀을 걷는 것과, 독립운동을 이유로 대면서 미국땅에서 어렵게 사는 교민들에게 돈을 걷는 것에는 뚜렷한 동질적 흐름이 존재한다.

이승만이 성장기에 아버지가 하던 일이 아닌 다른 것을 보고 컸다면, 그는 미국에서 다른 일을 했을 것이다. 본인이 직접 사업을 경영했을 수도 있고 기업가가 되었을 수도 있고 본인이 기쁘게 일해서 돈을 벌었을 수도 있었을 것이다. 그러나 이승만은 그런 경제적 체질이 만들어져 있질 않았다.

(3) 사회면(P2S3)

이승만은 성장과정에 있어서 사회적으로 매우 독특한 경험을 한다. 최고 상류층 귀족의 삶을 옆에서 보면서 컸다. 당시와 같은 존황체제 상황에서 최고 황족계열인 양녕대군파 종가집에서 성장한다는 것은 매우 특이한 사회체험이다.

이승만은 임금님 체제의 막강한 위상을 관찰실습으로 몸에 철저하게 익히면서 성장한다고 하겠다. 대감집에서 살면서 대감님과 대감마님의 위세 있는 삶을 보았고, 직간접적으로 궁궐에 계시는 임금님의 생활에 대해서도 분명히 알게 되는 삶을 살았다. 다만 본인도 양녕대군파의 핏줄을 갖고 태어났다고 하는데, 전혀 그 드높은 삶을 살 수 없는 미천한 신세에 처해 있을 뿐이었다.

---

17) 서정주의 이승만전기는 매우 중요하다. 이승만이 직접 모든 자료를 주고 쓴 것인데, 금서로 되어 자유당시대에 폐기된 책이기에 그렇다. 그 책에도 이경선은 항상 떠돌아 다니는 사람이다.
서정주, op. cit., p. 30.

이러한 위상은 대학에 있어서 조교와 같은 것과도 흡사하다고 생각된다. 조교는 교수가 되기를 원하는 강한 열망을 갖고서 교수의 모든 것을 뒷받침하는 삶을 산다. 심지어는 조교가 아니라 옆에서 보면 노예같이 사는 조교들도 있다. 그런데 그 조교가 성장하여 원만하게 교수가 되고 학자로서 성장하면 큰 심적 갈등이 있을 수 없다. 다만 영원한 조교가 되거나 좌절, 탈락이 되면 그 경우에는 격렬한 반발행동이 나올 수가 있겠다.

이승만의 위치는 대학의 조교와 비슷한 위치에서, 최고 양반 귀족의 삶을 완벽히 체득하며 성장하면서도 결코 그렇게 될 수는 없는 삶이었다. 그러나 그것을 타파할 방법은 과거시험이라고 생각을 하여 철저히 도전을 했으나 7번이나 좌절하고 만다. 그의 좌절은 지극히 참담한 것일 수밖에 없었을 것이다. 최고 수준의 대감님의 삶을 모르는 사람은 상관이 없으나, 그것을 너무도 가까이 체득하고서도 그것에 갈 수 없다는 것은 비통의 극에 달하는 것이 분명한 것이었다. 현대의 박탈감 이론에 비춰서 보더라도 이승만이 겪었을 사회적 박탈감은 그 당시로서는 가장 최악의 것이 분명했을 것이다.

그런데 이승만이 좌절하고 있던 20세의 나이에 그는 배재학당을 선택한다. 그는 새로운 사회적 출로를 사실상 우리민족으로서는 가장 정반대적 이익을 선택함에서 찾는다. 당시로서 배재학당을 찾았다는 것은 사실상 파격적인 선택이다. 이승만의 사회적 심서는 우리 사회를 벗어나려는 의식이 확실하게 자리잡고 있었다고 해석된다.[18)]

이승만은 배재학당을 선택하여 평생을 미국의 대외정책에 맞게 살아 주는 길을 걷게 된다. 생각하면 이승만은 미국을 위해서 태어난 사람과도 같은 길을 그 이후 평생에 걸쳐서 죽을 때까지 걷게 된다. 배재학당은 미국이 그들의 종교를 외국에 전파하고 미국을 선전하며 친미파 인맥을 만들기

18) 한철영, op. cit., pp. 10～25참조.

위해 설립한 학교인데, 미국의 그 의도에 철저히 맞게 삶을 살아준 인물이 이승만이기 때문이다.

또한 이승만은 그 길을 택했기에 훗날 대통령이 되었다고도 하겠다. 거대한 국제적 격랑에 휩쓸리면서 우리의 나라가 중심을 잃고 있었을 때에, 이승만은 미국의 동북아정책 수행과 노선을 같이 하면서 최고 권력을 쥐게 되기 때문이다.

(4) **문화면**(P2S4)

이승만의 성장기가 갖고 있는 모순된 삶은 그의 결혼에서도 여실하게 드러난다. 이승만은 성장기인 16세(1891년)때에 2년 연상의 박승선 여인과 결혼하고 태산이라는 아들을 낳는다.[19] 그런데 이승만의 박승선과의 결혼생활이 사실상의 이혼으로 끝난다.[20] 여기서 사실상의 이혼이라는 것은 이승만이 미국을 가면서 사실상 부부관계는 끝난 것이 되었고, 같이 살 때에도 사이가 좋지 않았기 때문이다.

이승만은 당시의 사회풍조나 문화에 따라서 부친이 맺어 주는 결혼을 한다. 그런데 부친이 맺어준 결혼이 그의 마음이 갖는 공허감을 메워줄 수 없는 것이 분명했다고 하겠다. 그의 과거시험을 향한 열망과 신분상승의 꿈이 무너진 상황에, 그의 부인 박승선은 사실상 낮은 신분의 여인이 분명했을 것이니 그의 낮은 신분을 확정해 주는 결혼생활과 같은 것이었고, 이승만은 부인을 볼 때마다 공허감이 강화되어 나갔을 것이다.

이승만은 미국에 가서 유학을 하면서 기상천외의 행동을 한다. 본인이 왕자라고 얘기하고 다니며 심지어 지도교수였던 윌슨 교수[21]의 딸과 약혼 직전까지 갔다가 윌슨교수의 빈대로 무산되고 만다. 그 내면적 심사는 무

---

19) 김교식, 이승만의 첫 부인 박승선 스토리, 동방출판사, 정풍12, 1987, pp. 213～223.
20) 유영익, op. cit., p. 16.
21) 훗날 대통령이 되고 유명한 민족자결주의를 선언한 인물이다.

엇인가? 그 내면적 흐름을 보면 이승만이 양녕대군파 종가집에서 크면서 그의 마음가짐이 어떻게 형성되었는가를 그림같이 보여주는 것이다. 그는 존황심을 뛰어 넘어 내면적으로는 본인이 임금님이 되는 듯한 환상을 확고하게 갖고 산 인물이라고 하겠다. 그런 내면적 심서를 가진 이승만이 박승선 여인과의 결혼생활이 원만할 리는 전혀 없는 것이었다.

그런데 여기서 또 하나 문제삼을 것은 이승만이 우리민족이 아닌 서양여자와 결혼할 마음이 미국에 가서부터 있었다는 사실이다. 더구나 그는 훗날 59세나 된 때에 오스트리아 출신 프란체스카 여사와 만나고 환갑 때인 60세(1934년)에 끝내 뉴요크에서 서양여자와 결혼을 한다. 생각하면 모두가 경이롭고 신기록적인 얘기들이다.

그런데 이승만이 더욱 놀라운 사실은 상해에 잠깐 갔다가, 그 몇 달의 짧은 기간에 그곳에 망명을 나와 있는 영왕의 약혼자 민갑완 여사에게 청혼을 했다가 거절을 당했다는 사실이다. 영왕은 당시 황태자로서 정상적으로 역사가 진행이 되었다면 융희(순종)황제 다음으로 임금님이 되셨을 분이다. 그러나 영왕의 결혼을 순탄하게 놓아둘 침략자들이 아니고, 약혼자 민갑완을 강제로 파혼시키고 방자 여사로 강제 정략결혼을 당하게 만든다.[22] 그런데 이승만은 상해에서 곱게 수절하며 항일의 길을 가는 민갑완 여사에게 청혼을 하는 용감함을 보이는 것이다.[23]

이승만이 민갑완 여사에게 청혼을 했다는 것은, 이승만이 신분상승이나 임금님 환상에 거의 미칠 정도로 빠져 있었다는 것을 뜻한다고 하겠다. 특히 황실에서 수집되는 견해에 의하면 이승만은 조국탈환 후에 귀국한 미군정 시대에 상해에서 되돌아와 있는 민갑완 여사에게 다시금 청혼을 했다는 것이다. 이승만이 당시 프란체스카와 결혼을 했던 때였는데, 그런 상상도 못할 행태를 보였다는 것은 무엇을 뜻하는가? 이승만은 임금님병이

22) 민갑완, 백년한(서울: 문선각, 1962) 참조.
23) 강용자, 왕조의 후예(서울: 삼신각, 1994), pp. 99～116, p. 215.

골수에까지 들었었다는 것을 뜻한다고 하겠다. 이승만은 일본이 물러나고 귀국을 하자 국내에서 곧 민갑완을 찾았다는 얘기인데 그것은 그가 국내에 오면서 확고한 임금님 환상을 갖고 입국을 했다는 얘기와 다를 것이 없는 것이다.

3) 청장년기(P3)

(1) 정치면(P3S1)

이승만의 청장년기는 배재학당으로부터 시작되고, 사실상 반정부 운동을 하는 것으로 시작된다. 이승만은 20세에 배재학당에 들어가고, 1년 후에는 배재학당의 영어교사가 된다.[24] 그것은 이승만이 당시 배재학당에 들어온 학생에 있어서는 우수한 인물이었음을 뜻하는 바와 동시에, 이승만이 미국 선교사들의 마음에 꼭 드는 인물이 되어 있었다는 것을 뜻한다고 하겠다.

이승만은 배재학당을 졸업하고는 단 3년 후에 24세(1898년)의 나이로 감옥에 들어가고 만다. 만민공동회를 개최하고 황제제도 폐지와 정부 타도의 혐의로 체포되어 사형선고를 받게되는 것이다. 그는 다음 해에 탈옥하였다가 다시 잡혀 종신 징역형을 받고 복역을 하는 몸이 된다. 그리고는 30세(1904년)까지 만 6년간을 영어의 몸으로 죄수생활을 하게 된다. 이 시기의 이승만을 어떻게 해석해야 할까?

첫째로 이승만이 감옥생활을 한 6년간을 훗날 잘못 생각하는 사람들은 애국적 감옥생활로 생각한다. 그러나 엄밀히 생각할 때에 애국이 아닌 반정부 범죄자가 분명하다.[25] 당시는 일제침략자들의 강점상태가 아닌 우리 임금님인 광무(고종)황제가 계시던 때이다. 무조건 감옥에 간 것은 애국이

24) 유영익, op. cit., p. 28.
25) 박일영 옮김, R.T. Oliver, 이승만 비록(서울: 한국문화출판사, 1982), p. 20.

고 항일애국자라고 함은 옳은 것이 아니다.[26] 벼슬길을 향한 철저한 노력을 쏟던 이승만이 과거제도가 폐지되고서 단 3년만에 조선 황실에 대해 정면으로 반대하는 인간으로 바뀌었다는 것은, 그가 가진 조선황실에의 사랑의 정도가 지극했었음을 뜻한다. 사랑이 좌절되면서 증오가 된 것이 분명하다.

둘째로 단 3년 사이에 서양식 해외사조에 젖어 들기 시작하여 반정부적 생각을 갖게 되었다고 하겠다. 그는 생각하길 미국식 대통령제의 나라가 된다면, 그가 새롭게 출세할 수 있으리라는 생각을 갖기 시작했으리라고 생각된다. 미국은 전통적 계급사회가 아니고 반상의 구별이 없는 사회로서 능력이 있으면 누구나 발탁되는 사회라는 얘기를 선교사에게 들었을 것이다. 특히 내막적으로는 선교사에게 자신의 과거시험 좌절의 원인을 말하면서, 본인은 실력은 있는데 제도상 불합리로 인하여 탈락했다고 불평을 말했을 수도 있을 것이다. 선교사들의 조언이 어떨 것인가는 불을 보듯이 분명한 것이고, 단 3년만에 격렬한 반정부 행동가가 되었음은 과거시험 좌절의 반작용이 여러 변인을 종합하면서 급속히 행동화한 것이 분명하다.

셋째로 배재학당에 입학하면서부터 배재학당의 영어교사가 되고 사회활동을 함에 있어서 미국 선교사와 철저히 밀착되는 길을 가게 된다. 특히 사형수나 종신죄수로 감옥에 있을 때에도, 그를 구해준 세력은 선교사들로서 이승만에게는 미국 선교사란 존재가 모든 것을 걸고 충성을 바칠 은인이 되는 것이다. 이승만은 훗날 자유당 때에 황실재산을 다 몰수하면서 서울시 하월곡동의 홍인군[27] 소유의 땅을 빼앗아 배재중고등학교에 주어버린다. 그 땅을 팔아서 훗날 배재대학교가 세워지는데, 이승만이 배재학당에 대해서 어떤 심서를 갖고 있는가를 보는 대표적 징표라고 하겠다.

---

26) 유영익, op. cit., p. 30.

27) 홍인군은 남연군의 셋째 아들로서 넷째인 홍선(대원)군의 바로 윗 형님이 된다.

넷째로 이승만이 철저하게 미국에 귀의하며 친미적 일생을 사는 출발이 되고 있다. 이승만은 배재학당에 들어간 이후부터 사실상 미국을 위해서 모든 삶을 사는 사람과 같은 생애를 보낸다. 미국은 과거시험에 좌절된 이승만을 따뜻이 품어준 감격스러운 나라이고 막강한 힘을 갖고 있는 나라이며 사뭇 자비스러운 나라라고 철저히 믿고서 미국을 향한 일편단심을 철저히 키우게 된다. 그의 생애는 사실상 배재학당 이후부터 모든 것이 미국변인에 의해 사는 것이었고, 사실상 우리민족이라기 보다는 미국인으로 살았다는 생각이 들 정도의 생애를 보낸다. 이승만은 미국이 동북아에 심어 놓은 친미인맥의 핵으로서, 미국의 해외선교나 해외인맥 부식에서 최고의 성공작이라고 하겠다. 이승만의 자유당시대 이후에 이 나라는 사실상 미국의 오른팔과도 같은 나라가 되지 않았는가?

(2) **경제면**(P3S2)

이승만은 한편으로 생각하면 당시를 살았던 사람으로서 가장 행복한 평생을 보낸 인물에 해당한다고 사료된다. 막연히 생각하길 이승만이 항일애국자로서 독립운동을 하면서 고생을 했다고 얘기하는 사람들이 많다. 그러나 그 암울한 비극의 시대에 있어서 친일 매국노들을 제외하고서 행복하게 잘 살았던 사람이 누가 있었던가?

우선 이승만이 미국 유학을 떠난 것부터가 당시로서는 파격적인 혜택을 받은 것이다. 이승만이 미국에서 유학생활을 할 때의 사진 등을 보면 그는 당시로서 행복하게 공부한 것이다. 선교사들의 추천에 의해서, 물론 본인의 노력도 컸겠지만 박사학위까지 받을 수 있는 행운을 누가 쉽게 갖겠는가?

이승만은 감옥을 나와서는 곧바로 미국유학의 길을 떠난다. 30세(1904년)의 나이로 8월 9일에 형무소를 나온 이승만은 11월 4일에 미국으로 떠나 12월 31일에 워싱턴에 도착한다.

이승만은 미국에 가면서 민영환 등이 주는 밀서를 갖고 루스벨트 대통령에게 독립을 요청하러 떠났다는 것이 훗날 그의 미국행에 대한 설명이다. 그러나 그것은 훗날 애써 만든 변명 성향의 느낌이 짙게 든다.[28] 왜냐하면 이승만이 미국에 도착하여 조지워싱턴대학에 입학하는 것이 단지 4개월 정도에 불과하기 때문이다. 이승만은 미국에 도착한 뒤에 곧 부활절을 맞아 4월 23일에 장로교회 목사 루이스 햄린 박사를 통해 세례를 받는다. 그리고는 곧 조지 워싱턴 대학의 총장 찰스 니드햄 박사를 만나서 장학금을 받고, 조지워싱턴대학의 학생이 된다.

밀서를 전달하고 항일운동을 하러 온 것인지, 미국에 유학을 하러 온 것인지에 대한 구별이 어려울 정도로 미국에 도착한 이승만은 곧 대학생이 된다. 훗날 이승만의 역사를 미화해서 그렇지, 실제로 그는 당시까지 철저한 애국의지가 없었다고 보아야 옳지 않을까 한다. 배재학당을 나와서 만민공동회 등을 다니다가 감옥을 거쳐서 석방되고는 곧 기독교 청년회 총무로 일을 했다. 그 위기의 국난기에 이승만은 종교활동을 했고, 미국으로 떠나서는 곧 대학생이 된다. 당시의 이승만은 본인의 행복한 삶을 위해서 사는 평범한 인물이 분명하지 않았을까 생각된다.

이승만의 유학생활을 보면 그가 가난했다고 많은 곳에 쓰여 있다. 그런데 그 가난의 기준이 무엇인가? 해외유학을 가서 풍족한 사람이 도대체 누구인가? 더구나 이승만은 미국에 도착하자 곧 아들 이태산을 미국에 데리고 온다.[29] 의형제 박용만이 데리고 왔다고는 하는데, 이승만이 항일운동을 위해 미국에 왔던, 공부를 하러 왔던 간에 이해가 쉽지 않다. 이태산은 미국에 와서 몇 달만에 디프테리아로 필라델피아에서 죽고 말지만, 이승만의 생애에 있어서 이해가 어려운 부분의 하나이다.

이승만은 경제적 측면으로 말할 때에, 풍요롭게 잘 사는 미국에서 그 시대를 즐긴 사람이라고 생각된다. 많은 사람들이 가길 원하는 선망의 미국

---

28) 유영익, op. cit., pp. 38～46.
29) 유영익, op. cit., p. 16.

유학을 했으며, 박사학위을 받았고, 그것을 바탕으로 평생에 걸쳐서 사회적 위상을 높이면서 삶을 산 이승만이기에 당시의 이승만을 결코 어렵게 고생한 사람이라고만 말하는 것은 무리가 있다고 하겠다.

이 시기의 유학생활은 훗날 이승만을 보다 확실한 미국변인의 인물로 만든다. 배재학당에서 미국에 입문한 이승만은 미국유학을 하면서 완전한 미국적 가치관의 인물이 되고, 그의 생애 전체를 통해서 미국의 테두리를 벗어날 수 없는 인간이 된다.

(3) 사회면(P3S3)

이승만의 인간됨을 읽을 수 있는 대표적인 사례가 바로 이 무렵에 일어난 105인 의거라고 하겠다.[30] 이승만은 36세(1910년) 때의 7월 18일에 프린스턴 대학에서 철학(정치학)박사 학위를 받는다. 그리고는 9월 3일에 뉴욕을 떠나 귀국을 한다. 유럽을 거쳐서 시베리아 횡단열차를 타고 바이칼 호수를 지나 국내에 들어선 때는 11월초였다.

그런데 이승만은 귀국하여 기독교 사업으로 모든 시간을 보낸다. YMCA의 전도사업에 모든 노력을 쏟고 YMCA학당의 교장을 맡아 만국공법(국제법)을 강의한다. 그런데 그때 국내는 사상초유의 정치적 긴장에 싸인 때였다. 이승만이 도착하고서 곧바로 그 해 12월에 안명근 의거가 발생한다. 테라우찌 총독의 암살미수사건이 일어난 것이다. 이 때에 잡혀 들어간 애국인사들은 무려 1,000여명으로서 서대문형무소를 긴급 증축할 정도로 다수의 인사가 잡혀 들어갔으니, 오늘날의 인구수로 환산하면 거의 1만명이 동시에 잡혀가는 어마어마한 사건이 발생한 것이다.[31]

그 때에 정식으로 잡혀 구속된 인사가 600명이고, 다시 실형을 받은 인사가 그 중 105명이라 후세에 105인 의거라고 한다. 그런데 105인 의거를

30) 윤경로, 105인사건과 신민회연구(서울: 일지사, 1991) 참조.
31) 안천, 신흥무관학교(서울: 교육과학사, 1996) 참조.

일으킨 주동세력은 남대문의 상동교회를 중심으로한 개신교계 인사들이고 유명한 신민회(新民會)가 중심된 조직이었다. 그러나 개신교 세력이 뭉쳐서 애국운동을 한 이 거대한 의거에 있어서 이승만은 국외자의 인물이고 애국의 물결에 추호도 가까이 가지 않는다. 결코 이승만이 애국자라고 상쾌하게 설명이 되지 않는 일이다.[32)]

더군다나 이승만은 그 해(1911년) 5월 16일부터 37일에 걸쳐서 전국을 순회하는 기독교 전도여행을 하면서 총 33회의 연설을 하며 세월을 보낸다.[33)] 가장 격렬하게 애국애족 운동이 일어나고 전국이 들끓듯 하면서 수많은 애국자들이 감옥에 잡혀가고 온 나라가 지옥의 상황이 된 때에 이승만이 한 일은 결코 애국자다운 일이 아니다. 정상적인 애국자요 민족주의자라면 이승만이 그 때에 할 일은 보다 다른 것이었어야 했다. 이 무렵의 이승만은 37세의 나이로서 미국에서 박사학위를 딴 것이나 자랑하는 사실상의 평범한 인물이 아닐까 한다.[34)]

특히 유의할 것으로서 이승만은 당시 귀국하면서 본인의 신변안전에 극도의 신경을 쓰면서, 본인은 부흥사가 되어 복음전파에 평생을 바치고 일본인과 마찰을 빚지 않을 것임을 밝히고 있다. 그리고 당시의 서울 YMCA 총무 질레트(P. L. Gillett)와의 편지를 통해서 귀국후 봉급을 상의함은 물론이고, 심지어 질레트는 일제의 부통감인 소네 아라스케(曾彌荒助)를 만나 이승만의 귀국에 호의적이라는 얘기까지 듣고서 신변안전에 이상이 없을 것이란 귀띔을 받고 귀국을 한다. 생각하면 이승만은 당시 애국자로서의

---

32) 이승만의 자격지심 혹은 양심을 헤아려 볼 재미있는 사진이 있다. 이승만의 대표저서인 '독립정신' 앞부분 화보편에는 맨 끝에 신흥무관학교의 농사짓는 사진이 게재되어 있다. 105인 의거 때의 미국행을 의식한 양심의 발동이 아닐까 한다.
이승만, 독립정신(서울: 태평양출판사, 4287), 화보편 참조.

33) 박일영 옮김, R. T. Oliver, op. cit., p. 21.

34) 이승만은 박사학위를 받고 귀국할 때에 애국보다는 선교에 몸바치겠다고 분명히 말하고 있다.
유영익, op. cit., p. 74.

자세가 사실상 되어 있지 않은 인물이 분명했다. 그렇기에 그는 미국에서 전명운, 장인환 의사가 매국적 친일 미국인 스티븐스를 저격했을 때에 변호사의 통역 요청을 받고 통역마저 거절해 버렸으니,[35] 본인의 사사로운 이익 외에는 다른 것을 생각하지 않는 수준의 인물이 분명하지 않았을까 한다. 105인 의거의 절대절명의 순간에 수많은 애국자들이 조국을 향한 길을 갈 때에, 이승만은 결코 자신을 역사에 대해 떳떳하다고 변명하기가 쉽지 않다.

더군다나 당시 감옥에 잡혀가지 않은 사람들은 밤을 택하여 만주땅으로 망명의 길을 떠나 만주에 유명한 신흥무관학교를 짓고 독립군을 양성하려고 동분서주하던 때였다. 수많은 정통 애국인사들이 혹한의 만주땅으로 갔던 때가 그때이다. 그러나 이승만은 선교활동만 하다가 이듬해(1912년) 봄에 미네아폴리스로 떠났으니 다시 미국으로 간 것이고, 그 이후 이승만의 일생은 미국에서 이어지는 것이다. 사실상의 안일을 선택한 것이 분명하다. 이승만이 많은 진짜 애국자들이 죽고 사라질 때에 오래오래 살며 장수한 까닭은 그의 삶이 그런 것이 분명하다고 생각된다 하겠다.

이승만은 청장년기에 있어서 확실한 수준으로 미국 선교사의 하부구조가 되어 있었다고 생각된다. 생각하면 그것은 당연한 귀결점이라고도 하겠는데, 선교사들이 후원하고 길러낸 이승만이 선교사를 위해 선교의 일에 나서는 일 외에 더 할 것이 있을 수는 없었다고도 생각된다. 비극의 조국이요, 일제강점의 상태에서 안중근, 안명근의 혈투가 있고 신흥무관학교의 총궐기가 있던 그 시기에 이승만은 사실상 조국을 외면하고 조용히 숨어서 안일을 꾀하다가 안전한 미국으로 도피한 인물이라고 평가를 내린다고 할 때에 이승만이 변명할 것은 없지 않을까 한다. 이승만은 임밀히 말

35) 당시 변호사의 변론을 통역할 영어능력이 있는 동포가 거의 없었다. 이승만은 이 상황에서 거절의 이유로 ① 시간이 없고 ② 살인재판을 통역하고 싶지 않다고 했다.
이한우, 이승만 90년 상권(서울: 조선일보사, 1995), p. 90.

해서 조국에 모든 것을 바친 애국자라기보다는 자신의 안일과 입신양명을 먼저 택한 처세가였음을 청장년기에 있어서도 뚜렷이 보여준다고 하겠다. 이승만의 청장년기는 역사적 평가를 내릴 때에 평범한 사회인의 전형적인 것이었다. 아니 엄밀히 생각하면 조국의 아픔을 뼈저리게 공유하지 않은 비겁한 것이라고 말할 수도 있겠다. 유명한(?) 미국박사가 되어 그것을 자랑하면서 개신교 선교연설이나 하며 숨죽이고 있다가 조용히 도망간 인물이 이승만이 분명하기 때문이다.

(4) 문화면(P3S4)

이승만의 청장년기에 있어서 빼놓을 수 없는 일이 있다. 그의 박용만 몰아내기는 그의 인간됨이나 그가 펼친 개인적 정치문화의 저질 참담성을 말하는 대표적 사례라고 하겠다.

미국에 도착한 이승만은 당시 38세의 나이로 뚜렷하게 할 일도 없었다. 105인 의거의 격랑을 피해서 황급히 미국에 도착하여 확실하게 일할 곳도 명백한 삶의 길도 정해지지 않은 이승만을 박용만은 순진하게 하와이로 초청한 것이다. 박용만은 이승만이 감옥에 있을 때에 같이 수감되어 있었는데, 이름의 끝 글자가 같다고 의형제를 맺은 사이였다. 의형제를 함부로 맺고 순진하게 초청할 경우, 이승만 같은 사례에서는 어떤 비극을 맞게 되는가를 말하는 무서운 교훈이라고 하겠다.

박용만은 미국에서의 항일운동에 있어서 신화와도 같은 애국자이다. 네브라스카 주의 헤이스팅스에 사관학교를 만들고 군인을 양성하여 조국을 다시 찾겠다는 일념으로 대단한 일을 펼쳐 나간 인물이다. 당시의 사관학교 운영을 찍은 사진이 오늘날에도 생생히 남아서 박용만의 애국위업을 증명하고 있다.[36)]

36) 이한우, op. cit., pp. 126～131.

이승만은 그러나 하와이에 도착하자 곧이어 교민들을 한두명씩 포섭하여 자기편을 만들고는, 박용만에 대한 모함과 공격을 전개하여 끝내 쫓아내 버리고 자기가 하와이 교민의 주도권을 장악한다. 박용만이 차린 밥상을 박용만을 몰아내고 자신이 차지한 것이다. 박용만은 이승만의 공격과 비방을 견디다 못해 미국을 떠나 상해로 갈 수밖에 없었고, 얼마 후에 북경으로 갔다가 다물단원들에게 오해를 받아 일본밀정이라며 암살을 당하고 원한 맺힌 일생을 마감한다. 항일애국자에 있어서 가장 비참한 죽음을 맞은 대표적 사례의 하나가 박용만이 아닌가 한다. 이승만이 박용만에 대해서 어떤 변명이 있기도 쉽지 않다.

이승만은 항일 애국에 있어서, 도움보다는 생각하면 때로는 피해를 준 인물이라고도 생각된다. 박용만을 비롯한 미국 교민들의 드높은 항일열기를 정면으로 꺾은 인물이 바로 이승만이 아닌가 생각되기도 한다. 박용만을 몰아낸 이승만이 예의상(?) 성명서도 이따금 낭독하고 여기저기 찾아가 구걸성 애국청탁도 했으나, 이승만이 크게 한 일이 무엇인가? 교민들의 돈을 걷어서 항일전쟁시대를 사실상 즐긴 인물이 이승만이라고밖에 더 생각될 수 있을까?

또한 이승만은 상해에 임시정부가 생기니까 잠깐 들러서도 단지 몇 달 만에 목숨에 위협을 느끼고 야반도주한 인물이다. 미국에서 하듯 파벌조성, 독선과 오만으로 일관하다가 그것이 상해에서는 먹혀들지를 않은 것이고, 긴급히 도망가는 방법밖에는 없었던 것이다.[37] 그리하여 상해가 무정부상태로 표류하고 항일운동이 좌초되게 함에 결정적 영향을 끼친 인물이 바로 이승만이다. 이승만은 이승만의 생애에 있어서 그 주변에 잘 되는 인물을 둔 사례가 없다. 오로지 나 하나만 잘되고 나 하나만의 입신과 영달을 생각하면서 산 지극히 독선적 인물이다. 이승만이 훗날 정권을 쥐고서

37) 강용자, op. cit., p. 259.

자유당 시대를 오로지 그렇게 살다가 하와이로 쫓겨났는데 이승만의 청장년기를 지배한 정치문화가 바로 그것이었다. 이승만같은 그런 행태의 인물이 현대정치사의 첫 출발을 이룬 이 나라의 국민들이 복이 없는 사람들임은 설명의 여지가 없다고 생각된다.

4) 노년기(P4)

(1) **정치면**(P4S1)

일제침략자들이 물러나고 조국탈환이 된 때(1945년)에 있어서, 이승만의 정치적 위상은 생각밖에 굴러온 떡과 같은 것이었다.[38] 항일전쟁에 있어서 찬란한 별들인 안중근, 이회영, 손병희, 나 철, 신채호, 이동휘, 서일, 김좌진, 홍범도, 이상설, 김광서, 신규식, 이상룡 등의 기라성 같은 거물들이 사라진 뒤에, 살아서 남아 있던 인물에 있어서 진짜 내세울 만한 인물이 누가 있었는가?

이란의 호메이니나 베트남의 호지명과 같은 절대적 추앙을 받는 부동의 애국거성이 그 당시에 존재했다면 큰 문제는 없었을 것이다. 그러나 우리 민족에게는 그런 인물이 당시에 존재하질 않았다. 일제침략은 세계사에 유례가 없는 가혹하고 가혹한 것이라 호메이니와 호지명 같은 인물이 나올 여지가 없었던 것이다. A급 애국자들은 모두 사라지고 만 것이다. 그렇기에 조국탈환 직후의 정국은 여러 B급 혹은 C급, D급 애국자들의 난투장이 될 수밖에 없었던 것이다. 그러한 극도의 혼란상이 연출된 당시의 정국이었기에 이승만이 대권을 쥐게 되는 것이다.

이승만이 조국에 되돌아 왔을 때에 있어서, 엄밀히 말해 이승만이 항일애국을 한 업적을 구체적으로 나열할 것이 없었다.[39] 두드러진 애국활동

38) 이만규, 여운형투쟁사(서울: 총문각, 4279), pp. 243～244참조.
39) 한국민중사연구회, 한국민중사Ⅱ(서울: 풀빛, 1986), p. 277.

이나 위업이 있는 인물이 정권을 쥐었다면 자유당 이후의 이 나라는 전혀 다른 길을 갔으련만, 평생을 사실상 미국에서 안일하게 항일시대를 즐기면서 노인이 된 이승만에게 있어서 확실한 추종세력도 확실한 애국인맥도 뚜렷하게 내세울 것이 없었음은 당연한 것이다. 이승만의 이러한 경력이 친일파 재기의 기회를 주어, 수많은 친일파가 친미파로 둔갑하여 이승만의 수족이 되었다.[40] 그러한 이승만이 정권쟁탈에는 당시의 상황에서 매우 뛰어난 인물이라 최종 승리자가 되지만, 그 내면을 지탱하는 힘은 확고할 수가 없었음이 당연한 것이었다. 이승만의 내면을 흐르는 갈등은 복잡한 것이었다.

첫째로 뚜렷한 항일전쟁의 위업이 없는 인물이 최고의 애국자로 자칭하기 위해서, 본인의 평범한 애국을 극대화하는 선전을 자행하지 않을 수가 없었을 것이다. 그렇기에 정통 애국자들을 탄압한 것은 널리 알려진 사실이다. 예컨대 신채호는 이미 작고했음에도 그 후손이 자유당 시대에 겁에 질려 20여번을 집을 옮겨 다니면서 살았을 정도였었다. 자유당 시대의 정치가 명목상으로는 항일애국을 내세우면서도 실제로는 친일영합 혹은 친일매국 인맥들에게 재기의 길을 열어준 것은 이승만의 평범한 항일의 업보가 분명하다.

둘째로 겉에 내세우기는 미국식 대통령제를 기본적 정치구조로 제시한다. 그렇지만 대통령제는 사실상 장식적 정치제도이고, 실제에 있어서는 본인의 개인적 정치성향 그대로를 연출하는 정치였다고 하겠다. 생각나는 대로 가정집이나 친목집단을 운영하듯이 정치를 한 자의성이 강한 정치행태였으니 대통령제라기보다는 개인제(個人制)라고 부르는 것이 나은 정치였었다. 그렇다면 왜 그렇게 했을 것인가? 그것은 배우 모순된 이승만의 정치의식을 표출하는 것이 되겠다.

40) 정태영, 한국사회민주주의 정당사(서울: 세명서관, 1995), p. 817.

그것은 셋째로 이승만의 내면을 흐르는 강렬한 존황의식에 따른 갈등현상이었다고 생각된다. 이승만은 겉으로는 미국식 대통령제였으나 내막적으로는 임금님체제의 존황의식을 갖고 정치를 했으니, 결과적으로는 모든 것이 개인적 정치성향에 좌우되는 개인형(個人型) 정치를 하는 독재자로 보여질 수밖에 없었던 것이다. 이승만 시대의 자유당 정치를 보면 도무지 이해를 할 수 없는 흐름이 있는데, 일반적으로는 그것을 단순히 독재정치였다고만 말한다. 그러나 그것은 이승만이 가진 강렬한 임금님병의 표출현상이었고, 그것이 순리적으로 그의 뜻에 맞게 이루어지지 않은 것에 따른 병리현상이었다고 생각된다.

(2) **경제면**(P4S2)

미군정 시대와 자유당 시대에 걸친 이승만의 정치행태를 분석함에 있어서, 그간 존황변인을 누구도 거론하지 않았기 때문에 그것이 덮여져 있어서 그렇지 이승만의 정치를 분석함에서 그것은 매우 결정적인 것이다. 그러므로 사실상 그간 이승만 시대를 논하면서 그것을 빼고 연구한 것은 정치연구가 매우 허망한 것이었음을 뜻한다고 생각된다.

이승만 시대에 있어서 이승만의 존황의식을 말하는 대표적인 사례는 이승만의 대한황실 탄압이다.[41] 그 탄압의 대표적인 것은 황태자 영왕(英王)의 경제적 기반을 짓밟는 일로 나타난다. 이승만이 영왕의 경제적 기반을 박탈하는 것은 우선 일본에 있는 영왕의 재산의 모든 것을 내놓으라는 압박으로 시작된다. 심지어 화분, 액자까지도 옛 황실의 것이니 모두 국가 것이라며 내놓고 맨 몸으로 나가라고 압력을 가하는 가혹한 것이었다. 황태자를 길에 나앉으라고 하는 상황까지였음은 일반인들에게는 잘 알려지지 않아서 그렇지 정말 놀라운 바라고 하겠다.

41) 안천, 황실은 살아있다 상권, op. cit., pp. 242～266.

그리고 다음으로 국내에 있는 모든 황실재산을 압수하는 일을 자행한다. 전국에 걸친 황실재산을 완전히 몰수하고 국유화시킨 뒤에 5대궁궐이나 임금님 능 정도를 빼고는 모두 다 불하라는 명목으로 팔아 치워 나갔다. 영왕 뿐만 아니라 광무황제의 둘째 아들인 의왕(義王)을 비롯한 국내에 있던 황족들의 삶의 기반을 완전히 말살해 나갔다. 침략일본은 그들의 천황체제를 생각하며 우리의 황족들을 적절한 수준의 예우는 하면서 그들의 황족에 녹여 없애는 정책을 썼는데, 이승만의 탄압은 아예 단절책을 쓰는 지극히 가혹한 것이었다.

그렇다면 이승만이 왜 그토록 가혹하게 대한황실을 짓밟았는가? 그 내면을 흐르는 본질적 심서는 무엇일 것인가? 우리민족의 누가 당시에 대통령이었다고 하더라도 이승만같이 잔인하게 대한황실을 탄압하지는 않았을텐데, 이승만은 원한 맺힌 한을 풀듯이 극도로 잔인하게 탄압을 가한 까닭이 분명하게 있을 것이다.[42]

그것은 이승만이 대한황실에 대해 갖는 개인적 특수 애증관계에서 비롯된다고 생각된다. 이승만은 양녕대군 종가집에서 컸다. 그러나 양녕대군 종가집의 자손일 경우에는 전혀 갈등이 일어날 리가 없다. 그런데 그는 인자하고 무던한 대감마님의 따뜻한 도움을 받아 잘 컸으나 그 집 일을 보는 사람의 아들이라는 넘을 수 없는 벽이 그의 앞에는 놓여 있었다.[43] 그런데도 그는 전주이씨요 양녕대군파의 핏줄을 타고 태어났다고 하는 갈등상황의 혈통을 갖고 있는 것이었다. 이승만이 대한 황실을 모질게 탄압한 까닭이 이해가 될 수 있는 바라고 하겠다.

그 까닭은 첫째로 본인의 미천한 신분으로 인해서 과거제도 등을 극복

---

42) 당시 영왕은 매우 인기가 높아, 정치적 위협이 이승만에게 매우 크게 받아들여졌다고 하겠다.
김을한, 인간 이은(서울: 한국일보사, 1971), pp. 44~47.

43) 이승만은 어린애 때에 복녀와 함께 자는 신분이다.
서정주, op. cit., p. 39.

못한 한맺힘이 강렬히 표출된 것이라고 생각된다. 사실상 그것은 원한 맺힌 극한상황의 표현일 수밖에 없는 것이 분명하다.

그리고 두번째 이유로는 본인이 전주이씨요 본인도 거대한 황족의 흐름을 타고 난 일원이라고 생각하고 황통이 끊기면 그것을 본인이 이을 수 있다는 잠재적 심리가 내면을 강하게 지배했을 것이다. 아마도 이승만이 전주이씨가 아니었다면 영국, 태국, 스페인, 네덜란드, 벨기에 같은 입헌군주제를 만들자고 했을 것이며, 아마도 대부분의 일반인들은 그 상황에서 그렇게 생각을 함이 정상일 것이다. 그러나 이승만은 개인의 독특한 입장이 있었기에 대한황실을 잔인하게 탄압한 것이다.

그리고 세번째 이유로서, 앞의 두 번째와 같은 애기이긴 하지만 이승만은 원초적으로 임금님을 거역하는 역적적 심리가 있었다고도 생각된다. 젊어서 감옥에 들어간 이유도 그렇고, 그 후 성장하면서 대한황실을 대한 모든 것을 종합할 때에 이승만의 반골 역적 기질은 매우 확고한 것이라고 생각된다. 그것도 근본적 뿌리는 그가 가진 특수 혈통에서 비롯된 것이라고 생각된다.

(3) 사회면(P4S3)

이승만의 대한황실 탄압이 지탄을 받아 마땅한 것은 특히 대한황실의 재산박탈만이 아니라 황족들에 대한 인간적 탄압에서 더욱 두드러진다고 하겠다. 이승만은 황족들을 사회적으로 매장시키는 정책을 썼다.

첫째로 모든 경술국치의 책임을 황족들에게 뒤집어 씌워서 사회적으로 고개를 들지 못하고 살게 만들었다. 11세의 어린 나이에 강제로 끌려가 강제 정략결혼을 당하며 억눌려 살아온 영왕을, 일본여인과 편하게 산 친일파라고 매도하는 흐름 속에 영왕이 사회적 입지를 펼 여지는 전혀 없었다. 이승만은 특히 영왕이 황태자였기에 정적이라고 생각한 듯 잔인하게 공격을 했다고 생각되는데, 닭장에 갇혀 모이를 충분히 먹고 통닭집으로 끌려가는 닭도 호의호식하며 잘 산 것인가? 본인은 사실상 안전한 미국에서 잘 살고 서양여자와 편하게 산 인물이란 자격지심은 혹시 없는가? 이승만 시대의 영왕은 견디다 못해 쓰러져 식물인간이 되고 끝내는 훗날 죽고 마는데, 그것은 언제라도 지탄받을 이승만의 탄압이 낳은 결과였다.

둘째로 영왕의 아들 이구(李玖)황손의 앞길을 철저히 밟아 나갔다. 비참하게 탄압 받는 속에서 미군부대 점원 노릇을 하던 이구 황손이, 미군의 도움으로 미국에 유학을 감에 여권을 내주지 않아서 이구가 계속 방황하며 고통을 겪게 했을 뿐만 아니라 심지어 특사까지 미국에 보내 이구가 왕자님 행세를 하지 말라고 주의를 주었을 정도였다. 왜 그토록 왕자님 행세까지 금지하는 일을 했을 것인가? 그것은 이승만의 속마음을 모르고는 이해할 수가 없는 것이다.

셋째로 영왕과 함께 끌려가 일본침략자들에게 온갖 능욕을 당하고 정신병자가 되며 이혼을 당해 쫓겨난 광무황제의 외동딸 덕혜옹주에 대해서도 영왕과 꼭 같은 탄압을 했다. 정신병 상태에서 아무 것도 모르고 앉아 있는 소박 맞은 여인에게 무슨 원한이 있다고 그런 모진 탄압을 해야 했는가에 대해서 이승만은 언제라도 답변이 쉽지 않을 것이다.

넷째로 융희(순종)황제의 남겨진 윤황후 마마에 대해서도 탄압은 마찬가지였다.[44] 이승만은 윤황후에 대해서는 어쩔 수 없이 창덕궁의 낙선재에 기거하고 있던 바를 손대지 못했다. 모든 황족들을 궁궐에서 다 내쫓아도 윤황후에게는 감히 그러지는 못했다. 그러나 6·25전쟁으로 피난을 갔다가 궁궐로 되돌아오지 못하게 하여 윤황후는 이승만이 4·19혁명으로 쫓겨날 때까지 정릉 산골에서 외롭게 살 수밖에 없었다.

그간 이승만의 대한황실 탄압을 학계에서 주목한 바가 없었다. 정치사에서도 그것을 무게 있게 다루질 않았었다. 그러나 4·19혁명을 비롯한 자

44) 김을한, op. cit., p. 48.

유당시대의 정치사를 올바로 이해하려면, 이승만의 대한황실 탄압을 분석하지 않고서는 제대로의 연구는 애초에 불가능하다고 본다. 왜냐? 이승만이 그의 자유당 시대를 이끌어간 핵심 변인이 바로 그것이었기 때문이다. 그것은 이승만이 본인도 황실의 정통을 이을 수 있다는 착각 속에서 정치를 했기 때문이다. 자유당 시대의 이승만 정치는 처음부터 끝까지 내면의 진실은 임금님을 향한 행진이었다.

(4) 문화면(P4S4)

이승만의 전통적인 정치문화적 의식구조를 그림같이 보여주는 대표적인 것은 그의 가계의식에서 드러난다. 사실상 그의 원초적 뿌리에 대해서도 확신이 없는 이승만이기에, 이승만은 대통령이 되고서 그 늙은 몸으로 북한산 문수암에 업혀서 올라간다. 현재도 문수암에는 이승만의 사진이 그대로 걸려 있다. 이승만의 모친이 이승만에게 말하길 문수암에서 기도하고 너를 낳았다고 말한 것을 믿고 그곳에 오른 것이다.

그런데 이승만은 그의 뿌리를 분명히 밝히기가 어려운 인물이다. 그렇기에 이승만은 외롭고 외로운 인물이다. 그런 이승만이 양녕대군 종가집에서 컸기에 존황의식은 강하게 갖게 되었다.

이승만은 자유당 때에 매우 의미있는 행태를 보이는데, 의왕의 차남으로 운현궁의 정통을 잇는 이우 황손의 두 아들 가운데 하나를 양자로 세우려는 시도를 한다. 그러나 이것을 이우 황손의 부인인 박찬주 여사가 반대하여 좌절되고 만다. 이승만이 왜 남아있는 최고의 황통을 본인의 양자로 삼으려고 했을까? 그것은 본인이 그 혈통을 이으려는 잠재심리를 읽지 못하고서는 이해가 어려운 것이다.

더구나 앞에서 언급한 바가 있지만, 이승만이 영왕의 약혼자였다가 강제로 파혼을 당하고 상해에 망명해 있는 민갑완 여사에게[45] 청혼을 했다가 거절당한 바는 실로 놀라운 얘기다. 상해에 5개월이라는 짧은 기간을

와 있다가 도망가듯 미국으로 간 인물이 그 짧은 기간에 이미 기혼자로서의 본인의 입장은[46] 생각도 않고서[47] 청혼을 했다는 것은 이승만의 머리 속을 지배한 정치문화가 무엇이었나를 말하는 주요 증거이다.

그런데 이승만이 조국탈환 후에 귀국을 하여 서울에 와서는, 당시 상해에서 귀국한 민갑완 여사[48]에게 다시 재차 청혼을 했다는 경악할 의식구조는 가히 놀랍고도 놀라운 일이라 하겠다. 당시 의왕의 사동궁에 와서 임시로 기거하고 있던 민갑완 여사는 물론이고 황족들이 모두 어이가 없어하며 거절을 했다는 놀라운 얘기는 이승만이 가진 정치의식의 모든 것을 대변하는 것이 분명하다.

이승만은 당시 이미 70대의 늙은 나이였다. 그리고 60세에 결혼한 서양여자 프란체스카가 있었다. 그런데도 그가 이런 행태를 보인 것은 무엇을 말하는가? 그것은 대통령이 된 이승만에게 주변에서 권하기도 했을 것이고, 본인도 강력하게 갖고 있는 의식이 표출된 것이 분명하다. 전주이씨 양녕대군파인 이승만이 대통령이 되었으니, 그것은 임금님이나 마찬가지라고 부추겼을 것이다. 그런데 서양여자 프란체스카가 곤란하다고도 말했을 것이다. 그러면 이혼 후에 우리민족의 여자와 결혼을 한다고 생각을 했을 것이고, 황후가 되실 분으로는 평생을 수절하며 항일의 삶을 산 민갑완 여사가 최고 적격이라고 생각하고는 청혼을 하는 만용을 자행한 것이 확실하다.

이승만의 가계 혈통의식은 이승만이 임금님병에 심각하게 찌든 인물임을 명료하게 보여 준다. 그리고 그 자신이 존황의식에 젖어서 그것을 이으

45) 강용자, op. cit., pp. 139～142.

46) 이승만의 첫부인 박승선은 평생을 기구하게 살다가 1・4후퇴 때에 납북되었다고 한다. 자식 태산을 잃고서 양자를 두고 납북되기 까지 신설동에서 살았다고 한다. 이현희, 이야기 이승만(서울: 신원문화사, 1995), p. 30.

47) 안천, 단군할머니론(서울: 민족문화사, 1995), pp. 60～69.

48) 김을한, op. cit., pp. 107～114 참조.

려는 강한 열망을 갖고 살았음을 보여준다. 그런 이승만이 자유당 시대에 헌법을 마음대로 고치며 본인의 장기집권을 꾀해 나간 것은 최종 종착점이 빤한 것이다. 이승만은 거의 종착점에 다가 간 때에 4 · 19혁명을 맞았다고 생각이 된다.

3. 분석결과의 논의

정치분석에 있어서 언제라도 중요한 변인은 권력핵이다. 권력핵으로서의 최고지도자가 어떤 정치의식을 갖고 어떤 정치문화를 바탕으로 어떤 정치행태를 보이는가를 연구함이 없이 올바른 정치분석은 불가능하기 때문이다. 자유당 시대의 권력핵인 이승만이 갖고 있는 정치의식을 지금까지 분석한 바에 따라 정리해 보기로 하자.

첫째로 이승만은 출생기(P1)에 있어서 확고한 존황체제의 사회에서 교육을 받는다. 더군다나 이승만이 탄생할 무렵은 대원군에 의해서 다져진 반석같은 임금님 체제였다는 점이 지적되어야 하겠다. 조선초기나 중기의 영정조 시대와 맞먹을 만큼의 국력을 갖고 신미양요, 병인양요의 외침에서 미국과 프랑스를 격퇴하고 승리할 정도의 힘을 갖고 있던 시대였다. 그렇기에 이승만에게 있어서 이 무렵에는 존황체제를 떠난 생각은 있을 수가 없는 것이었다. 이승만은 이 시대에 태어나 기본교육을 받았기에 평생에 걸쳐 임금님 존중의식이 골수에 박힌 인물이 되었던 것도 분명한 일이다.

그런데 두 번째로 성장기(P2)에 있어서 이승만은 대단한 사회적 갈등을 겪으면서 좌절을 당한다. 존황체제에 성실히 귀의하려고 7번에 걸친 과거시험에 도전을 하나 매번 실패하고 만다. 그리고는 끝내 과거제도가 폐지되면서 성장기의 꿈이 수포로 되고 만다. 특히 이승만은 누구도 겪을 수 없는 독특한 사회적 환경에서 큰다. 양녕대군 종가집에서 크면서 최고 귀족의 삶을 직간접적으로 누리면서 크는 그는 권력의 맛을 나름대로는 서서히 터득했을 것이고, 사람을 다루는 방법도 자연스레 익혔을 것이며, 존황체제의 매력에 빠져 있었을 수도 있다. 그러나 그에게는 넘을 수 없는 혈통의 벽이 존재하고 있었다. 그리하여 성장기의 이승만은 갈등과 좌절, 분노로 얽힌 복잡한 심서가 계속적으로 축적되었을 것이며, 그의 정치의식을 반역기질로 이끌기에 충분했을 것이다.

셋째로 이승만의 청장년기(P3)는 미국에서 항일 애국운동을 한다면서 보내는 시기이다. 그러나 이승만의 항일은 당시로서는 가장 안전하고 편한 곳에서 이뤄지는 것이며, 엄밀히 말하면 그 시대를 즐긴 것이라고 생각된다. 다만 이승만은 조국을 떠난 그곳에서 박용만, 안창호를 비롯한 경쟁자를 물리치고 미국 교민사회의 패권을 장악하고 사실상의 임금님 행세를 했다고 할까? 이승만의 삶에 있어서 놀라운 것은 그가 50세(1924년) 때의 11월에 대한인동지회에 있어서 총재가 되는데, 그 직함이 종신총재라는 것이다. 이승만은 이미 미국땅에 발을 디디면서 먼 훗날 자유당 때의 예행연습을 하고 있었다고도 생각되고, 골수에 사무친 임금님병을 앓고 있었다고도 생각된다. 그 당시 미국에 망명한 교민 속에서도 종신총재가 된 인물이 이승만인 것이다.

그리고 끝으로 노년기(P4)에 있어서 이승만은 현대 정치사의 최초의 최고권력자가 된다. 대권을 쥔 이승만은 대통령으로서의 삶을 살되, 출생기와 성장기에 형성된 묘한 갈등의 정치의식이 이승만을 끈질기게 오도해 나간다. 그리하여 일제침략자들이 반쯤 끊고 짓밟은 대한황실을 무자비하게 궤멸시키는 만용을 저지른다. 매우 저질스럽고 졸렬할 정도로 황족들을 탄압하면서, 황족들이 거의 재기가 불가능할 정도로 짓밟았으며, 사실상 사회 속에서 숨도 제대로 못 쉬게 만들어 버렸다. 그렇게 탄압한 저의는 본인이 존황체제를 승계하려는 잠재적 역적성향을 가진 때문이었고, 이승만은 계속된 무리수 개헌조치를 취하면서 임금님을 향한 꿈을 키우다가

4 · 19혁명을 맞는 것이다. 이승만의 일생은 최하층민인 미천한 인물이 최고의 금상의 지위를 꿈꾸면서, 평생에 걸친 내면적 갈등 상황에서 도전과 좌절을 겪으며 삶을 엮어간 독특한 것이 분명하다.

『요컨대, 첫단추를 잘못 끼우면 아무리 옷을 잘 입으려고 해도 제대로 옷을 입을 수가 없다. 처음부터 새로 단추를 끼우면서 옷을 다시 입어야 한다. 이승만의 등장은 현대 정치사의 첫단추가 잘못 끼워진 것임을 분명히 말해준다. 4 · 19혁명은 분명히 일어나게 되어 있었다.』

여덟번째 주제

4·19혁명 전개론 : 존황사관적 연구

현대정치사의 정통성추적과 대한황실의 생존투쟁사

Ⅰ. 4·19혁명의 시대분석론
1. 시대분석의 관점
2. 시대분석의 실제
Ⅱ. 4·19혁명의 전개과정 분석
1. 시대별 전개과정 분석
2. 시대별 추이변화
Ⅲ. 4·19혁명의 역사적 의미
1. 4·19혁명의 의의
2. 4·19혁명 애국자들의 위상
3. 4·19혁명의 과제
Ⅳ. 맺는 글

Ⅰ. 4 · 19혁명의 시대분석론

1. 시대분석의 관점

현존하는 현대사 연구물을 두루 살펴보아도 그렇고, 기존의 4 · 19혁명 연구물을 보아도 거의 모두가 똑 같은데, 하나같이 사실상 시대관이 결여되어 있다. 무조건 4 · 19가 발화하고 터지는 데에서부터 시작하여 전개과정을 분석하고 있다. 왜 이런 시대관 실종 현상이 나타나게 되었을까?

그것은 우선적으로 현대사 연구에 있어서 그 내면을 흐르는 본질에 대한 관점이 없음을 뜻하는 것이다. 현대의 민족사를 흘러가는 실질적인 핵은 그 시원을 먼 고대사의 민족발상에서부터 찾아야 한다. 그 어떤 민족도 뿌리가 없는 민족이거나 역사가 일천한 보잘 것 없는 민족일 경우에는 민족사의 추진력이 허약할 수밖에 없다. 그래서 어느 민족이나 역사를 찾고 가꾸기에 심혈을 기울이는 것이다. 그런데 우리민족은 유구한 역사와 문화를 가진 세계적 수준의 품격 높은 민족인데도 불구하고, 현대사 연구를 하는 가운데 역사적 뿌리에 대한 관점이 박약하거나 상실되어 있다. 그렇기 때문에 4 · 19혁명의 연구나 현대사 연구에 있어서 거대한 시대관이 배경에 자리 잡지를 못하고 있는 것이다. 흡사 아프리카에 있는 신생국 같은 사고방식을 갖고서 역사의 본모습이 제대로 보일 수는 없는 것이다.

그리고 다음으로 지적할 것은 우리의 역사를 해외에서 빌려온 이론틀로 분석하려니까 우리의 시대관이 상실되는 것이다. 정치사를 연구한 현존 논문들을 살펴보면, 그것은 거의 모두가 천편일률적으로 해외이론에 대입시켜 우리의 정치현상을 분석한 것이다. 4 · 19혁명도 해외에서 수입된 민주주의 이론이나 혁명이론에만 단순 대입시킨 연구들뿐이다. 그렇게 되니까 4 · 19혁명이란 역사적 존재가 꼭 해외에서 수입된 존재와 같이 인식이 되면서 거대한 시대관을 상실하게 되고 역사가 단절된 단편적 시대관이 되고 마는 것이다.

또한 끝으로 지적할 것은 역사에 대한 주체성이나 애정의 결핍 현상이라고도 얘기할 수가 있겠다. 우리의 역사를 보는 진정한 주인의식이 있다면, 그리고 뜨거운 사랑이 있다면 흡사 남의 집 얘기하듯이 역사를 볼 수는 없는 것이다. 그럼에도 불구하고 우리의 현대 정치사를 보면 역사에 대한 애정이나 주인의식이 결여된 연구가 많다. 우리의 현대 정치사는 많은 경우가 어둡고 우울한 고통스런 모습이다. 그런데 그 어두운 역사를 꼭 외부에서 온 역사와 일대일 대비를 시켜서 보는 습관이 우리에게는 언제부터인가 나타났다. 예컨대 영국사를 천국같이 얘기하면서 우리의 역사는 꼭 지옥의 역사인 듯이 연산군, 당파싸움 같은 것을 부각시키는 것과 같다. 그러나 영국사를 상세히 살피면 연산군은 상대도 안 되는 몹쓸 군주들이 있고, 피비린내 나는 파벌싸움도 적지 않다. 그것은 어느 나라의 역사나 상대적 차이는 있어도 본질은 같은 것인데도 우리는 흑백대비형 역사관을 갖고 우리를 매도하는 습관이 있다. 그것은 우리의 역사에 대한 주체성을 상실하고 애정을 잃은 때문이다. 주인정신을 잃고 애정을 잃고 나면 우리의 역사가 사실상 남의 역사가 될 것이며, 그것은 당연히 시대정신을 잃은 덧없는 역사가 될 것이다.

2. 시대분석의 실제

4 · 19혁명을 연구한 기존의 연구물은 거의 모두가 그 출발을 당시 대구에서 일어난 3 · 15부정선거에 대한 고등학생 항거를 전후한 때를 기산점으로 보고 있다. 혹은 그것을 보다 확대한다고 하더라도 자유당 시대의 여

러 상황을 배경적 관점에서 분석하면서, 4・19혁명을 대구시위, 마산시위에서부터 분석해 나가고 있다. 그러나 그러한 분석은 앞에서 지적했듯이, 우리의 거대한 역사적 흐름이나 시대관을 상실한 것이 분명하다. 단지 4・19혁명을 자유당 시대에 나타난 정치사건적 시각에서만 보는 듯한 미시적 흐름은 옳은 것이 될 수가 없다고 하겠다.

그러나 소수의 예외가 4・19혁명을 보다 확대한 시각에서 보는 것도 있다. 그것은 4・19혁명을 조선시대까지 소급하되 조선시대의 후반부에 나타난 민란의 맥락에서 파악하려는 흐름이다.[1] 그러나 이 경우에 있어서도 4・19혁명의 본질을 잃은 연구가 된다고 하겠다. 4・19혁명을 19세기의 조선사회 이후에 나타난 진주민란이나 동학혁명 등에서 비롯되는 흐름으로 파악한다면, 그것은 4・19혁명의 본모습을 오히려 왜곡시키고 축소시키는 결과를 낳지 않을까 한다. 4・19혁명은 그 성격이 보다 거대한 흐름을 안은 단군 이래의 역사적 조류를 끌어안은 폭넓은 흐름이 있다고 생각되기 때문이다.

본 논문에서는 4・19혁명을 4단계로 나눠서 분석을 하기로 한다. 그러나 그것은 시간변인을 무한정 확대한 것이 아니라, 이승만이 귀국하는 미군정 시대에서부터 이승만의 하와이 망명, 마지막 죽음까지를 중심된 시간으로 하여 분석을 하고자 한다. 따라서 분석되는 시간적 중심체는 자유당 시대가 되겠으며, 그 앞부분에 미군정시대, 그리고 뒷부분에 장면(윤보선) 시대, 박정희 시대까지를 보완적 시간변인으로 하여 분석을 전개하기로 한다.

다만 현실적 분석의 시간변인을 이승만의 귀국과 죽음으로 보되, 그것을 지탱하는 시대관은 단군 이래의 거대한 시간적 흐름을 투영시킨 해석이 되어야 한다고 생각된다. 4・19혁명은 단지 자유당 시대에 돌발적으로

---

1) 이현희, 역사적 맥락에서 본 4・19혁명, 한국민족운동사 연구회, 4・19혁명의 새로운 인식, 1993. 7. 22, 세종문화회관 대회의장, 한국현대사의 재조명을 위한 학술회의 참조.

일어난 돌출사건이 아니며, 단군 이래의 통시대적인 역사관을 간직할 경우에만 제대로된 분석과 인식이 가능하다고 보기 때문이다.

본 논문에서 다룰 4단계는 ① 4 · 19혁명이 태동되는 시원적 배경을 추적하는 여명기, ② 4 · 19혁명이 발발될 수밖에 없게 되는 제반 여건이 조성되는 준비기, ③ 4 · 19혁명의 모든 여건이 갖춰지면서 화산이 폭발되고 발화하여 4 · 19혁명이 혁명으로서의 모습을 갖추면서 요원의 불길같이 타오르는 확산기, ④ 4 · 19혁명이 극대점에 도달하면서 이승만이 하야하고 망명하는 절정의 순간을 거쳐 4 · 19혁명이 잦아들면서 새로운 시대로 역사가 펼쳐지는 정리기의 네 단계로 하여 분석을 전개시키기로 한다.

Ⅱ. 4 · 19혁명의 전개과정 분석

1. 시대별 전개과정 분석

4 · 19혁명의 전개과정 분석이 그간 본질을 벗어났던 근본적 이유는, 그 연구가 가시적인 혁명의 현상만을 주목했기 때문이다. 그러나 눈에 부각된 혁명의 피상적 전개상황은 보다 부수적이라고 생각된다. 4 · 19혁명이 이승만에서 비롯되었다는 것을 그간의 연구에서는 소홀히 취급했기 때문이다. 자유당 시대의 권력핵인 이승만을 가볍게 다룬 연구는 오해를 낳기가 쉬운데도 그 핵심변인을 그간에는 너무 가볍게 다뤄 왔었다. 이하 4단계의 분석을 진행함에 있어서도 이승만과 그에 따른 여러 배경을 강조해서 분석하고자 한다.

1) 혁명의 여명기

4·19혁명은 이승만의 귀국에서 이미 시작된다. 이승만이란 독특한 인물이 조국탈환의 기쁨에 들뜬 서울에 전격적으로 등장함에 의해서 일찍이 4·19혁명의 씨앗은 뿌려지는 것이다. 그런데 이승만은 조국이 탈환된 시기(1945년)를 그대로 대변하는 인물이 아니다. 그는 차라리 그 시대 사람이 아닌 조선시대의 사람이라고 보아야 옳은 인물이다. 71세의 노령으로 10월 16일에 귀국한 이승만은 조국의 현실을 생생히 실감할 수 있는 위치에 있지를 못했다. 이승만이 최고의 권력자가 된다는 것은 이미 혁명의 여명기를 만든 것이나 같은 것이었다. 그 이유는 무엇인가?

첫째로 105인 의거의 격랑 속에서 조용히 조국을 빠져나가 주로 미국에만 있었던 인물이[2] 이승만이기에, 그는 당시의 정국을 이끌어갈 현실감이 거의 없었다. 이승만이 귀국할 때에 그는 무려 33년만에 조국에 되돌아오는 것이었다. 이승만은 우리민족이라기 보다는 차라리 외국인이 되어 있었다고 보아야 옳다. 사실상 외국인이라고 할 정도로 국내실정에 어둡고 조국을 모르는 인물이 당시의 격동하는 정국을 제대로 파악하거나 이끌 수가 없었다는 것은 누가 보아도 수긍이 가는 일이었다. 정치적 현실감이 없는 인물이 정국의 주도권을 쥔다면 그것은 계속 무리수를 남발하게 될 것이고, 이승만은 그 스스로가 혁명의 씨앗을 원초적으로 갖고 있는 불행한 인물이었다.

둘째로 이승만은 우리민족이나 나라에 대한 것을 조선시대의 것으로 이해하게 되어 있는 인물이었다. 이승만은 24세(1898년)에 감옥에 들어가 6년간의 형기를 마치고 출옥하여 30세(1904년)에 미국으로 유학을 떠난 인물이다. 이승만의 출생과 성장의 시기는 우리의 임금님이 생존해 계시는 분명한 조선시대였다. 그의 머리 속을 지배하고 있는 우리민족과 나라에

2) 이한우, 이승만 90년 상권(서울: 조선일보사, 1995), pp. 109~110.

대한 것은 광무(고종)황제와 융희(순종)황제의 시대로서, 그는 그 이후의 조국에 대한 감각이 간접적이고 유약한 것일 수밖에 없는 인물이었다. 따라서 이승만은 71세의 노령에 귀국하여 조국 땅을 밟은 뒤에 30세 때인 40여 년 전의 조국관을 갖고서 조국을 대할 수밖에 없었다. 이승만이 피부에 닿지 않는 조선시대 가치관과 시각을 갖고 현대사 최초의 정치를 출범시켰다는 것은 자유당 시대의 정치가 전혀 시대감각이 없는 정치로 이어지게 하는 것일 수밖에 없었고, 혁명의 조건을 미리부터 갖고 있는 것이었다.

셋째로 이승만은 우리민족과 나라에 대한 뿌리의식이 결여된 인물일 수밖에 없었다. 우리의 민족적 뿌리는 반만년 혹은 1만년 이상의 고조선시대를 향한 역사적 흐름에서 찾아질 수 있다. 단군께서 나라를 열고 민족을 낳으신 참뜻을 헤아리는 심오한 수준의 정치의식을 가져야 참다운 정치가 펼쳐지는 것이다. 그러나 이승만은 뿌리의식이 서구적 사고방식으로 대체된 것으로 되어, 우리의 뿌리가 아닌 서구적 뿌리의식을 갖고 정치를 하게 되었던 것이다. 그러니 이승만의 정치가 국민들과 호흡을 같이하면서 동질의식을 갖기가 어렵고 이질적이고 거리감이 큰 정치가 될 수밖에 없었다. 이승만이 사실상의 서양인이요, 미국사람과 같은 정치의식으로 정치를 하는 가운데 이승만의 부인마저 파란 눈의 서양인이었으니 이승만은 국민들과 밀착된 상황이 되기가 거의 불가능에 가까운 인물이었다.

넷째로 이승만은 뿌리의식은 물론이고 모든 삶의 방식이 서양화되어 있는 인물이었다. 그는 배재학당을 들어가는 20세(1894)부터 서양 선교사에 의해서 미국사람이 될 수밖에 없는 평생을 살았다. 그는 미국 선교사의 파격적 뒷받침으로 크면서, 미국에 가서도 사실상 유학생으로는 큰 대우를 받았다고 생각된다. 그는 배재학당을 1년 동안 다니고, 1년 후에 배재학당의 영어 교사가 되는 시혜를 입는다. 그리고 감옥을 거쳐서 미국에 유학을 가서는 즉각 대학생이 된다. 그가 제대로 된 정규교육을 받은 것은 성장기의 서당생활과 과거시험 공부였고, 배재학당 1년을 다닌 것을 감안해도 이승만의 대학입학은 선교사의 배려에 의한 특례입학의 성향이 높다고 생각된다. 이승만의 삶은 미국에 충성을 바칠 수밖에 없도록 파격적 대우를 받았다. 그는 철저히 미국화되는 길을 갈 수밖에 없었을 것이고 그것은 미국에서의 삶에 큰 도움을 주었을 것이다. 그러나 조국에 되돌아 와서는 국민들과 호흡을 함께 할 수 없는 이방인이 될 수밖에 없었던 것이다.

다섯째로 이승만은 궁극적으로 조국의 자화상이 싫은 인물일 수밖에 없었다. 과거시험에 7번이나 떨어지고 철저히 좌절을 겪은 성장기의 악몽이 언제라도 그의 머리를 짓누르고 있는 상황에서[3], 그의 잠재의식은 조국의 역사적 실체를 의식적으로 부정하고 거부하는 어두운 것일 수밖에 없었다. 그를 철저히 도와준 미국이 그로서는 차라리 조국이라고 생각할 정도로 미국에 대한 좋은 감정이 있다면, 그에게 조국은 무언가 호감을 갖게 해준 것이 거의 없었다. 조국에 대한 어두운 기억을 조국을 떠난 미국에 있을 때는 결코 생각할 필요가 없었다. 그러나 그 어두운 기억을 항상 생각하게 할 국내에 와서 정치를 하는 이승만의 자유당 시대는 내면적으로 항상 갈등의 씨앗을 갖고 있는 것이었고, 순탄한 정치흐름이 나오기 어렵게 예비된 것이었다.

여섯째로 이승만이 국내에 되돌아 온 것은 그에게 어두운 고통을 주는 확실한 것이 있었다. 그의 혈통이나 신분에 대한 것으로서 이승만으로서는 감추고 또 감추고 싶은 본인의 신분상 비밀을 생각할 때에[4], 그의 사회적 삶을 순탄치 못하게 하는 뼈아픈 비밀을 두고서 제대로 된 정치가 쉽지 않은 것이었다. 그의 정치행태가 유연한 탄력성을 잃고서 경직될 수밖에 없는 숙명적인 신분적 굴레가 있었음은, 자유당 정치의 비극을 낳을 중요한 씨앗일 수밖에 없는 것이었다. 귀국 후의 이승만에 있어서는 그의 신분상 비밀에 관련된 아픔을 읽을 수 있는 일이 계속 감지된다. 그러면서도 그

3) 서정주, 우남 이승만전(서울: 화산 문화기획, 1995), pp. 78～79.
4) 안천, 일월오악도 제1권(서울: 교육과학사, 1998), pp. 209～280.

것을 감추고 정치를 하려니까 이승만이 강공책을 쓰게 될 수밖에 없었고, 그것은 계속 독재라는 지탄을 받게 되는 것이다.

일곱째로 이승만의 개인적인 독특한 성장기 경험으로서 그가 양녕대군파 종갓집에서 크면서 체득한 바에 따른 정치행태가 그의 정치의식을 계속 오도시켜 나갔다. 그는 양녕대군파 종갓집의 삶에서 조선시대 대감님의 위상을 간접적이지만 몸에 확실히 익힌다. 더구나 본인도 전주 이씨로서 황통(皇統)을 이은 핏줄이라고 착각적 인식을 하는 가운데, 자유당 시대의 정치를 왜곡시켜 나가는 오도된 잠재의식을 강하게 나타낸다. 이승만이 4・19혁명의 비극을 낳은 가장 큰 핵심적 변인은 바로 이것이었다고 생각된다. 이승만은 본인이 대통령이 되자 대통령의 무한권력에 마비되면서 대통령과 임금님의 위상 혼동 현상을 겪게 된다. 대통령이되 잠재적으로 임금님 의식을 갖고 정치를 해나간 그의 시대가 4・19혁명으로 가는 것은 당연한 귀결점이 아닌가 한다.

2) 혁명의 준비기

앞에서 분석한 4・19혁명의 여명기는 이승만의 귀국 이전을 총칭한다고 하겠다. 이승만은 귀국 이전에 이미 그 스스로가 4・19혁명을 낳을 씨앗을 자신의 몸에 강하게 갖고 있는 인물이 분명했다. 이승만이란 독특한 성향의 인물이 현대사에 등장한 순간에 이미 혁명의 여명은 시작되었던 것이다. 4・19혁명은 이승만의 귀국에서부터 시작되고 준비되는 것이다.

본 논문에서 말하는 혁명의 준비기는 이승만의 귀국에서 4・19혁명이 발화하기 직전까지를 말한다. 이승만은 이 기간에 4・19혁명이 일어날 필요충분 조건을 그 스스로가 만들어 나간다.

4・19혁명이 준비되어 나가는 과정을 어떻게 분석할 것인가? 이 질문에 대해서 일반적으로는 이승만과 자유당 정부를 지배기구로 보고, 피지배층인 국민과의 관계를 분석하는 것이 일반적이다. 그러나 자유당 시대의 정

치는 결코 그렇게 단순히 분석할 수 없는 핵심적인 것이 잠재되어 있었다. 그것은 당시까지만 하더라도 엄연히 대한황실의 황태자 영왕이 일본에 생존해 있었고, 무시할 수도 없고 부정할 수도 없는 숨겨진 위상을 분명히 갖고 있는 잠재적 존황체제가 국민들의 마음속에 무게 있게 분명히 살아 있었음을 뜻한다. 지금까지의 연구들은 그것을 도외시했기 때문에 사실상 공허한 연구들이 분명했다.

(1) 황태자 영왕(英王)

영왕은 광무황제의 셋째 아들로서 융희황제의 뒤를 이을 황태자의 신분이었다[5]. 11세의 어린 나이에 강제로 일본에 끌려가 인질 생활을 하고, 다시 방자 여사에게 강제 결혼을 당해 혼혈 자손을 낳게 비극적인 억눌린 삶을 강요받으면서 일본의 패전까지 창살 없는 감옥에서 고통의 삶을 산 인물이다.[6] 그간 영왕의 존재를 정치학 연구에서는 전혀 고려하지 않았었다. 과거의 역사는 흘러갔다고 생각하고서, 오로지 현대 정치사에는 영왕을 전혀 고려할 필요도 없는 존재로 제외하고 정치현상을 논해 왔었다. 그러나 자유당 시대에 있어서 영왕의 존재는 분명한 정치적 영향력을 갖고 있었다.

첫째로 영왕 자신이 임금님이 될 잠재적 가능성을 분명하게 갖고 있었다. 당시 영왕 스스로가 단호하게 방자 여사와 이혼을 하고, 국내로 당당하게 들어와서 자신의 정치적 위상을 명백히 선언했다면 역사는 전혀 다른 길로 갔을 것이다. 설령 귀국하여 감옥에 들어가는 한이 있더라도 귀국을 했다면 역사는 달라졌을 것이다. 아니 일본에 그대로 있으면서라도 방자 여사와 이혼을 하며 침략상처를 청산하고, 일본에서 일단 임시로 황제 등극 절차를 밟았다고 해도 역사는 대단히 다른 길로 갔을 것이다. 당시 나름대로 국내에서는 영왕을 임금님으로 추대하려는 일부의 움직임이 있었고

5) 김을한, 인간 이은(서울: 한국일보사, 1971), pp. 27～33.
6) 김명길, 낙선재 주변(서울: 중앙일보사, 1977), pp. 18～20.

지방의 유림측에서는 황제 제도에 대한 지지도도 적지 않았었다[7]. 더군다나 일본에서 맥아더 사령관은 영왕을 만나고서 영왕의 인품에 감동하여 한국 정치의 뿌리에 대해 남다른 생각을 갖고 있었을 정도였다.

둘째로 영왕이 어떠한 정치적 의사표시도 없이 숨죽이고 일본에 평범히 있었다고 하더라도, 있었다는 그 자체가 이승만의 정치에 강한 영향을 끼쳤다. 이승만은 영왕을 의식하면서 영왕에게 강력한 정치적 탄압조치를 취할 수밖에 없었고, 그것은 나날이 이승만 정권을 경직시켜 나가는 핵심체가 된다. 이승만이 그의 치세 내내 한일관계를 극도의 긴장관계로 이끌어 가는 것을, 그는 항일 보복의식이라고 설명했었다. 그러나 그것보다도 일본에는 본인의 무서운 정적이 숨겨져 있다고 생각하여 과도히 긴장관계를 조성시켰다고도 생각된다. 국내에서는 온통 친일파와 심지어 매국노에 가까운 인맥도 모두 등용한 이승만이 일본에 대해서만 유독 강한 외교적 긴장을 만든 것은, 오히려 항일의식보다는 그의 정적 영왕에 대한 견제책이었다고 보아야 옳다고 하겠다.

셋째로 영왕의 존재는 이승만의 정치행로를 꼬이고 오도되게 결정적인 영향력을 미쳤다. 만약에 영왕이 없었더라면, 이승만은 당시로서 서슴없이 본인이 임금님이 되는 길을 택했을 가능성이 높다. 그러나 엄연히 일본에 황태자 영왕이 있음을 알기에, 제헌헌법을 대통령제가 되게 만든다. 내각책임제로 만들어 졌던 헌법 초안을 하루아침에 대통령제로 바꾸게 한 인물이 이승만이었는데, 이승만은 영왕이 없었다면 결코 대통령제로 바꾸려고 하지 않았을 것이다. 그가 적절한 시기에 임금님이 될 수 있는 제도가 내각제이기 때문이다. 그러나 이승만은 대통령이 되고서도 임금님에 대한 강한 미련을 갖고 있었는데, 영왕의 존재로 인해 강하게 추진을 못하면서도 계속 무리수 정치만을 잇는 것이다.

---

7) 김을한, op. cit., pp. 44～45.

(2) 이승만의 황실탄압 실상

이승만의 대한황실 탄압은 매우 의미 있는 정치행위였다. 이승만의 대한황실 탄압은 대단히 깊은 숨겨진 의미가 있었기 때문이다[8]. 여기서는 일단 이승만의 탄압 사례를 알아보자.

① 정치적 탄압

이승만의 대한황실에 대한 정치적 탄압은 가혹한 것이었다.[9] 영왕과 덕혜옹주를 비롯한 일본에 있던 황족의 입국이 허락되지 않음은 물론이고 국적조차도 회복시켜 주지 않았다. 영왕의 아들인 이구 황손은 미국유학을 가면서 여권을 낼 수도 없는 절박한 입장으로까지 탄압을 받았었다.[10]

이승만이 영왕을 탄압한 것은 영왕이 일본에서 일본여자와 편히 산 친일파라는 것이 겉에 내세운 명분이었다.[11] 왕이 인질이었다는 것은 빼고 오로지 친일 매국노라고 몰아 나갔다. 당시까지 침략일본이 대한황실을 서서히 죽여 나가 반쯤 죽인 상태였는데, 이승만은 마지막으로 정치적 숨통을 끊는 일을 한 것이다.[12]

그와 같이 가혹한 정치적 탄압을 가한 이유는 그러나 결코 명분상의 그런 것이 아니었다. 이승만 개인의 정치진로를 생각하여 억지로 이유를 대며 탄압을 한 것에 불과하기 때문이다. 이승만은 대한황실이 살아 있고서

---

8) 안천, 황실은 살아있다 상권(서울: 인간사랑, 1994), pp. 242～266.

9) 강용자, 왕조의 후예(서울: 삼신각, 1994), pp. 255～258.

10) 김명길, op. cit., pp. 24～27.

11) 당시 이승만은 대한황실에다 일제침략으로 나라를 강점 당한 책임을 모두 전가시키는 정략적 분위기를 만들어 나갔다. 그러나 그 책임은 결코 대한황실 혼자서 질 일은 아닌 것이 역사의 속모습이다. 당시 나라를 강점 당한 것은 집권층 전체의 책임이 분명하다. 당시의 상황을 평한 말로써 '나라를 빼앗긴 것은 노론이고 빼앗긴 나라를 되찾겠다고 바위 위에 새우 뛰듯 그저 뛰어다닌 것은 소론이었다'는 얘기는 의미 깊은 바가 있다고 생각된다.
유준기, 한국근대유교개혁운동사(서울: 아세아문화사, 1999) p. 19. 참조.

12) 강용자, op. cit., pp. 25～31, pp. 95～99, p. 259.

는 본인의 정치적 입지가 매우 곤혹스러울 것이란 점을 면밀하게 계산하고서 가혹할 정도로 정치적 탄압을 가했던 것이다.

우리민족의 다른 사람이 이승만과 같은 입장에 있었다면 결코 이승만같이 잔인하게 대한황실을 탄압하지는 않았을 것이다. 다른 사람들은 결코 대한황실이 이승만과 같은 독특한 이해관계에 있을 수가 없기 때문이다. 그러나 이승만은 본인이 가급적 영왕이 없다면 그 황통을 이을 수가 있으리라는 잠재적 생각을 갖고서 대한황실을 대했기 때문에, 대한황실에 대한 탄압이 가혹할 수밖에 없었던 것이다.[13)]

② 경제적 탄압

이승만의 가혹한 대한황통 단절정책은 무엇보다도 경제적인 측면에서 가시적으로 나타났다. 모든 정치행동은 자금이 없이는 불가능한 것이고, 대한황실의 자금줄을 완전히 고갈시키는 조치를 취한 것이다.

이승만은 우선 모든 궁궐과 황릉, 황실 관련 제반 건물이나 토지를 완전히 국유화시켰다. 그리고 당시까지 황족들이 살고 있는 곳이 많았는데, 모두 다 빼앗고 거리로 내보냈다. 졸지에 삶의 터전을 잃은 황족들은 하나같이 최악의 궁핍으로 떨어지게 되었고, 사실상의 거지 신세가 되어 기아선상을 넘나들게 만들었다.

황족들은 당시까지 제대로 된 교육을 받거나 직업훈련을 받은 적이 없다. 침략일본은 황족들에게 제대로 교육을 받을 기회도 주지 않았다. 친일매국계열 인사들의 자제들에게는 삶의 능력을 발휘할 기회를 주었으나 애국인맥은 철저히 탄압했는데, 황족들은 흡사 아메리카 인디언 같이 일제침략자들이 감시하는 보호구역 내에 가둬둔 것과 같은 상태였다고 하겠다. 그런 기막힌 상태의 황족들이 별안간 집에서 내쫓기니 제대로 살 길이

13) 김을한, op. cit., pp. 39～43.

경희궁 옛터
경희궁은 일본인 중학교를 만들려고 철저히 해체되었다. 하필 궁궐에 중학을 만들어야 했을까? 그 침략만행을 처절히 겪고 거의 유일하게 남은 돌계단을 제대로 밟아 보았다면, 이승만의 황실탄압이 있었을까?

없고 저절로 궤멸되고 말았다.

특히 이승만은 영왕에게만은 더욱 가혹하게 탄압을 가하였으니 심지어 살던 집을 포함하여 집의 액자, 화분까지도 내놓고 거리로 나가랄 정도의 탄압을 가했다.[14] 본인의 최고 정적이라고 보아 철저히 짓밟은 것이다. 영왕은 이승만의 탄압을 받고 재기불능의 상태로 눌려지내다가 끝내 식물인간이 되고 만다.[15]

이승만의 황실에 대한 경제적 탄압은 워낙 가혹한 것이어서, 그 이후 현재까지도 황실 유물이 5대 궁궐을 제외하고는 거의 남지 않게 될 정도로 철저히 탄압한 것이었다. 오늘날에 있어서 황실재산은 사실상 거의 남은 것이 없다. 현재까지 그대로 남아 있다면 세계적 수준의 관광자원이 되고,

---

14) 강용자, op. cit., pp. 266~268.
15) 김을한, op. cit., pp. 263~315.

민족 대대로의 대표적 문화유산이 될 수많은 것이 덧없이 사라졌다. 이승만 시대의 자유당 정권은 수많은 재산을 불하라는 이름으로 팔아 나갔고, 수많은 유물이 흔적도 없이 유실되었다.

③ 사회적 탄압

이승만 이후의 우리민족이나 나라는 계층상으로 사실상 천민의 나라가 되었다. 최하의 상놈나라가 되었다는 뜻이다. 자유당 시대에 우리는 민주주의라는 이름하에 잘못된 정치교육을 강요받았다.

자유당 시대에 특히 강했고 그 이후에도 관례적으로 답습된 잘못된 교육이, 오도된 민주주의 교육이다. 당시에 민주주의라는 이름으로 교육되길, 무조건 조선시대 지배층은 나쁜 듯이 교육을 했고 밑바닥 사람들이 주인이 되는 것이 민주주의라고 했다. 그러나 그것은 사실상 잘못된 교육이다.

민주주의의 모국이라는 영국에 있어서는 임금님과 귀족(상원)이 그대로 권위를 유지하고 있고, 확실한 정치적 위상을 갖고 있음에도 세계에서 가장 민주주의가 발달되었다고 칭송을 듣고 있다. 우리의 조선시대로 견주어 말하면 임금님과 양반층이 그대로 인정되면서 민주주의가 꽃핀 것이다. 그간 우리에게 소개된 서구의 민주주의는 엄밀히 말해서 진짜가 아닌 최하층 천민 민주주의가 소개된 것이다.

어찌 조선시대에 있어서 훌륭한(?) 계층은 천민이나 상놈들이고, 임금님과 양반층은 몹쓸 집단이라고 일괄하여 매도를 당할 집단일 것인가? 왜 그런 흑백 논리적인 경직된 사고가 생겼을까? 그것은 자유당 시대로부터 비롯된 잘못된 민주주의 교육의 여파가 그렇게 되었다고 생각된다. 우리는 자유당 시대를 예리하게 살필 필요가 있다. 당시의 여야 영수였던 이승만과 김구가 어떤 계층인가를 살펴야 한다. 이승만과 김구가 당시의 정국을 이끄는 핵심인데 모두 양반층이 아닌 천민 출신인 것이다. 왜 당시의 민주주의 교육이 천민 민주주의로 강화되어 나갔는가가 이해될 것이다.

이승만 시대를 겪으면서, 우리 사회에는 양반층이 모두 탐관오리였던 듯한 분위기가 되었다. 아니 임금님들까지도 모두가 연산군의 아류인 듯한 분위기가 만들어졌다. 자유당 시대에는 조선시대에 대한 역사교육은 침략일본 보다도 더 우리의 자화상을 헐뜯고 깎아 내렸던 것에 대해서, 역사는 명백한 판단력으로 다시금 이성회복의 기회를 가져야 할 것이다. 이승만 시대를 거치면서 과거의 상놈, 하인은 영웅인 듯이 민주주의의 주권자가 되고, 양반층이나 황족은 사실상 하인같이 된 도식화된 정반대 사고방식의 흐름은 분명히 재음미되어야 하겠다. 현대사에 있어서 황족들은 사실상 하인, 노예보다도 더 괄시를 받으며 살아 왔음도 유의되어야 하겠다.

④ 문화적 탄압

대한황실의 문화재는 오늘날에 거의 남은 것이 없다. 생각해 보면 대한황실의 문화재는 신라시대에서 고려시대를 거쳐서 조선시대에까지 이른, 기나긴 세월에 걸쳐서 축적된 유물이다. 광무황제 시대에 있어서 대한황실에는 무수한 황실문화재가 축적되어 있었다.

그것이 가장 큰 상처를 입고 없어진 이유는 물론 일제침략에 의해서였다. 경술국치 이후, 일제침략자들은 우리의 궁궐을 강제점령하고서 모든 것을 일본으로 실어 가고, 많은 것을 골동품으로 팔아 치웠다. 우리는 일제강점상태에서 쌀이나 천연자원을 무수히 공출 당한 것만을 원통하게 생각하고, 그것이 일제의 경제침탈이라고 규탄했다. 그러나 그것보다도 더 큰 것으로서 황실문화재 강탈은 가히 천문학적 금액의 강탈이었던 것이다. 침략자들은 그것도 부족하여 만주에서 제주도까지의 모든 고분 유적을 철저히 발굴해 갔고, 오래된 절의 문화유적도 모두 휩쓸어 갔다. 일본은 도둑질해간 유물창고 이상도 이하도 아닌 도둑놈 나라 그대로이다.

그런데 일제침략시에 숨겨두었던 약간의 문화재나마 6 · 25전쟁으로 또 사라지고 말았다. 그리하여 남은 것이 거의 없는 상태에 다다랐다. 그런데 여기에 덧붙여서 꼭 유의할 것이 있다. 그것은, 그간 자유당 시대를 거치면서 황실탄압 분위기가 극대화됨으로써 약간이라도 남아있던 황실유물마저 거의 모두 사라진 서글픈 현실이 되었음이다.

최근에 들어서 덕수궁에 궁중유물전시관(Royal museum)이 생겼다. 그러나 전시된 유물은 빈약하고 매우 초라하기 짝이 없다. 일제침략과 이승만 탄압의 상처가 얼마나 깊고 잔혹했나를 유물들은 말없이 웅변하고 있다. 유구한 역사와 전통을 자랑하는 찬란한 문화국가의 황실박물관이 이토록 빈약할 수가 있을까? 최근에 억지로 모아진 소수의 유물과 모조품, 그리고 최근에 방자 여사가 작고하고서 낙선대에서 기증한 유물들이 전시되고 있을 정도이니 속사정을 알고 보면 기가 막힐 뿐이다.

그런데 이런 분위기에 편승하여 그간 세계적 수준이던 황실음악, 황실미술, 황실문학, 황실건축, 황실무예, 황실의상 등의 수많은 고급 문화재가 사라져 갔다. 천민국가임을 자랑스럽게 외치면서 그것이 민주주의라고 강변하는 분위기 속에서 사라져간 고급문화를 어디에서 다시 찾을 것인가?

(3) 이승만의 정치적 무리수

① 임금님을 향한 2중 전략

이승만은 귀국 후에 거대한 정치싸움에 출사표를 던진다. 김구, 김규식 등의 경쟁자를 제치고 대권을 쥐기 위한 승부수를 이남만의 단독정부 수립에서 찾는다.[16] 현실적으로 가능한 범위인 이남 지역에서의 정부수립은, 이북의 김일성은 물론이고 이남의 김구, 김규식 등을 일거에 제압할 이승만의 비장의 무기였다고도 생각된다. 현실주의자 이승만의 입장에 있어서는 그림의 떡이 중요한 것이 아니라 손안에 잡히는 떡이라야 떡일 수가 있다는 정부수립 구도를 본인의 전략대로 추진해 나간다.[17]

---

16) 이동현, 한국신탁통치연구(서울: 평민사, 1990), pp. 173~205.
17) 이현희, 이야기 이승만(서울: 신원문화사, 1995), pp. 193~219.

정국의 주도권을 장악한 이승만을 뒷받침해 준 가장 큰 세력은 미군정 당국이었음은 물론이다. 이승만이 조국을 다시 찾은 현대사 초창기의 정국을 장악하게 된 핵심은 궁극적으로 미국과 손을 잡은 것이다. 당시 미국은 그들의 동북아 전략추진을 위한 정치적 동반자(partner) 혹은 주연급 배우(?)를 찾고 있었고, 이승만도 본인의 정치적 꿈을 펴기 위해 미국을 절실히 원하고 있었다. 이승만이 당시의 정국을 읽는 눈은 탁월한 바가 있었다. 조국탈환 정국은 이승만의 뜻대로 이승만에게 승리를 안겨 주었다. 이승만은 항일전쟁시대에 있어서 겉으로는 독립운동가라고 했으나 실제는 별로 뚜렷한 발자취를 남긴 것이 아니고, 미국의 교민사회를 장악한 정치인이었다고 보아야 옳다. 그는 어떤 조직이나 사회에 있어서 권력을 쥐는 일에는 탁월한 인물이었다고 하겠다. 조국탈환 정국에 있어서도 최후의 승리자가 이승만이 됨은, 그의 정권쟁취 능력이 1순위였음을 다시금 증명해 준 것이다.

정국의 주도권을 쥐고 경쟁자들을 물리친 이승만의 정치행태를 예리하게 살필 필요가 있다. 그간 우리의 현대사 연구는 겉에 나타난 표피적인 정치현상 만을 분석대상으로 보면서 연구를 진행했기에 제대로 된 본 모습을 봄에 실패를 했다고 생각된다. 당시 이승만의 정치행태는 분명하게 2중전략이었는데, 일반적으로는 숨겨진 그것을 간과하고 겉에 나타난 것만 보았고, 결과적으로 당시의 정국을 잘못 파악하게 되었다고 하겠다.

이승만은 애초에 제헌헌법을 만드는 과정에 있어서도 그러한 이중성이 명료히 드러난다. 우리의 제헌헌법은 내용상 매우 기형적이다. 그것은 제헌헌법의 초안이 내각제로 만들어진 것을 이승만의 압력에 의해서 하루아침에 대통령제로 바꾸었기 때문에 그렇게 된 것이다.[18] 따라서 제헌헌법은 거의 모든 것이 내각제인데, 결정적인 것들만 대통령제로 된 기형적인

---

18) 안천, 한국민주화운동사(서울: 민족문화사, 1988), pp. 83～96.

것이다. 그리하여 우리의 제헌헌법은 대통령제라고 하지만 여러 부분에 내각제가 그대로 살아있는 이상한 것이 되었다.[19] 그렇다면 왜 그런 결과를 낳았는가? 그것은 이승만이 제헌정국에 있어서 거대한 이중전략을 썼음을 뜻하는 것이다. 겉으로는 제헌의원들이 헌법초안을 만들고 정국을 이끄는 것을 돕는 듯한 태도를 보이면서 우선은 정국의 주도권을 확실히 장악한 뒤에, 최종적으로 본인의 속마음을 분명히 드러내면서 하루아침에 내각제를 대통령제로 바꿨다고 생각된다. 그러나 이 단계에 있어서도 이승만이 왜 대통령제로 바꿨는가의 진실된 핵심적 속마음은 깊게 숨겨진 비밀이었다고 하겠다.

② 임금님을 향한 정지작업

이승만이 전격적으로 대통령제를 택한 핵심적인 숨겨진 진실은 무엇일 것인가? 그 비밀은 이승만이 제일 잘 알 것이다. 이승만은 정국의 주도권을 장악하면서 면밀하게 계산을 했을 것이다.

우선 내각제를 왜 하루에 대통령제로 바꾸었을까? 그것은 만약에 내각제를 택하면 본인이 정권을 쥐고 총리대신이 된다고 생각을 했을 것이다.[20] 그런데 내각제는 상징적 국가원수를 선출해야 하는데, 상징적이지만 국가원수가 따로 있다는 것이 그의 마음에 들지 않았을 것이다. 그러나 더 큰 우려는 만약에 일본에 있는 영왕이 귀국해야 한다는 여론이 생길 경우에는 그로서는 전혀 용납이 될 수 없는 것이었다.

우선 영왕이 온다면 옛 조선시대로 되돌아간다는 국민정서가 형성될 것이고 최하층 천민출신인 본인의 혈통적 뿌리를 생각할 때에 상상하기도 싫은 일이었을 것이다. 그러나 보다 큰 일은, 착각적 사고를 한다면 본인도

19) 헌법을 기초한 유진오 박사는 본인이 초밥을 먹는 사이에 바뀌었다고 할 정도이다. 구병삭 편저, 의원내각제의 연구(서울: 화성사, 1991), pp. 56～65(재인용).

20) 안천, 단군할머니론(서울: 민족문화사, 1995), p. 138.

전주 이씨로서 임금님이 될 수도 있는데, 영왕에게 임금님 자리를 저절로 물려줄 까닭도 없는 것이었다. 영왕에게 임금님 자리를 저절로 만들어 주게 될 내각제는 그로서는 철저히 막아야 하는 제도였다. 이승만이 내각제로 완성된 제헌헌법을 전격적으로 하루밤 사이에 대통령제로 바꾼 것은 이승만의 숨겨진 속마음을 안다면 백 번 이해가 가는 일이라 하겠다. 그렇기에 이승만은 숨겨진 속마음은 표출시키지 않고서 대통령제로의 급선회 전략을 구사하면서 본인이 대통령이 되는 길을 택했던 것이다.

이승만이 제헌헌법을 대통령제로 바꿔서 대통령이 됨에 의해서, 이승만은 최고 권력자가 되었다. 그런데 그것은 자동적으로 영왕이 다시는 재기할 수 없게 못을 박는 구실을 한 것이다. 내각제는 영왕의 재기를 공개적으로 열어 놓은 제도와 같은 것이었는데, 대통령제가 되면서 영왕은 다시는 정권에 복귀할 수 없게 차단이 된 것이다. 그리고 대통령제는 전통적 정치로 복귀할 것을 꿈꾸는 세력들, 예컨대 존황주의자들이나 전주 이씨 세력들의 의지도 일거에 꺾는 구실을 했던 것이다.

이러한 이승만 전략의 흐름 속에 제헌헌법이 최초로 바뀐 발췌개헌(拔萃改憲)은 이승만의 임금님을 향한 속마음을 다져주는 확실한 정지작업에 해당하는 것이었다. 대통령제로 일단 정국을 굳히면서 이승만의 숨겨진 의지를 펼치기 위한 기초작업에 해당하는 것이었기 때문이다.

이승만이 대통령이 된 초기에는 아직 이승만의 뜻대로 안정된 흐름이 정착된 것이 아니었다. 제헌헌법이 공포되고 이승만이 대통령이 된지 단 1년 6개월만에 제1차 개헌안이 상정되었다(1950년 2월). 개헌안은 이승만의 뜻을 정면으로 저버리고 내각제로 개헌을 하자는 것이었다. 감히 이승만의 뜻을 짓밟고 내각제를 하겠다는 개헌안이 나온 것도 문제였지만, 개헌 정족수인 2/3를 채우지 못했을 뿐이나 이승만의 반대세력은 적지 않았다. 재적의원 179명중 찬성 79표, 반대 33표, 기권 66표, 무효 1표였으니 이승만으로서도 내심에 엄청난 충격을 받을 수준이었다.

그리하여 이승만이 반격을 가한 것이 제2차 개헌안 상정(1951년 11월 30일) 이었다. 그런데 제2차 개헌안의 특징은 대통령을 직선제로 하자는 것이었다. 당시 초대 대통령은 국회의원들이 뽑는 간선제였는데, 이승만은 거기서 뽑혀서 대통령이 되었으나 국회의원들의 동향으로 보아 본인이 제2대 대통령이 될 가능성이 매우 희박하다고 보고 개헌안을 제출한 것이다. 그러나 그것은 보다 의미를 깊게 찾으면 임금님이 될 장기적 계획을 둔 정지작업의 성격도 높았다. 그런데 그 개헌안의 투표결과는 현직 대통령 이승만의 지극히 참담한 패배였다. 반대가 143표나 되고 찬성은 겨우 19표에 불과했던 것이다.

이렇게 되자 이승만은 불법적 폭력정치를 자행하게 된다. 6 · 25전쟁의 와중에 부산에서 피난살이를 하는 비참한 상태에서, 국회의원들을 국회에 강제로 연금하고 비상계엄을 선포하고서 극도의 공포분위기를 만들었으니 훗날 이것을 5 · 26 정치파동이라고 부른다. 이런 비극적 상황이 되면서 183명의 국회의원 중에서 12명이 구속되며 52명이 퇴장하고 20여명이 은신하게 되면서 국회는 공전을 하게 되었다.

그러나 국회의원들이 점차 다시 모이며 국제구락부에서 반독재 호헌 구국선언을 하며 다시 결집되려 하면서, 다시금 내각제로 개헌을 하려는 흐름이 생겼다. 그런데 이것을 수많은 깡패들이 진입하여 난장판을 만들며 무산시키고 수많은 국회의원을 강제로 연행 구금하는 일이 일어났다. 이러한 격동과 소란을 겪은 뒤에 이승만 개헌안과 반이승만 개헌안에서 각각 발췌한 개헌안이 제3차 개헌안으로 상정되었다. 다만 제3차 개헌안은 핵심이 이승만의 뜻을 받들어 대통령 직선제가 들어 있고, 숨어있는 국회의원들을 강제로 연행하듯 국회에다 억지로 몰아다가 국회에 가둬 놓고서 무술경관이 완전히 포위 감시하는 공포상황에서 전격적으로 가결시킨 것이다.

강제로 끌려온 172명의 국회의원 가운데 166명이 투표에 참여하고 삼엄한 감시 속의 기립투표에서 163명이 찬성하고 3명이 기권으로 처리되었다. 땃벌떼, 백골단 등의 무시무시한 폭력단이 전시 임시수도인 부산을 극도의 공포분위기로 몰아가는 가운데 이승만의 뜻에 따라 대통령 직선제를 만든 것은 헌법정신을 짓밟은 원천적 위헌행위가 분명했다.[21] 그러나 우매한 민초들은 그 이후 집권자들의 뜻에 맹종하면서 이승만의 선전에 피감염된대로 무조건 직선제가 좋은 줄 안다. 온 세계의 선진 민주국가는 어느 나라나 간선제인데, 유독 우리만 직선제를 좋아하는 것은 이승만 이후에 나타난 정치의식 마비현상이라고 생각된다.

이승만은 발췌개헌을 우격다짐으로 위헌행위까지 서슴지 않으면서 강행하였다.[22] 그러한 정치행위의 해석을 학계에서는 단순히 독재정권의 권력욕으로만 파악해 왔다.[23] 그러나 발췌개헌을 강행한 것은 오로지 권력욕만은 아니었다고 하겠다.

그것은 무엇보다도 내각제로 회귀하려는 국회의원들의 뜻을 정면으로 공격하려는 것이었다. 이승만은 당시에 국회의원들이 이승만에 우호적이었다면 개헌을 하지는 않았을 것이 분명하다. 그러나 국회의원들이 내각제로 가려고 하니까 철저히 공격하며 개헌을 꾀한 것이다. 내각제로 간다는 것은 영왕의 재기를 여는 것이고, 임금님을 모시는 흐름을 만들 것이 분명하기에 철저히 대통령 직선제의 길을 갔던 것이다. 그래야 훗날 본인이 영왕을 제외하고 임금님이 되는 길을 열 미래의 가능성이 있었기 때문이다.

③ 임금님을 향한 무리수 행진

대통령이 된 이승만은 일반에 알려지지 않은 숨겨진 정치행위를 철저히 진행시킨다. 바로 대한황실을 철저히 짓밟는 황통단절 정책을 확고히 진행시킨 것이다. 그러나 일반인들은 그의 대한황실 탄압행위가 가진 진짜

---

21) 이기택, 한국야당사(서울: 백산서당, 1987), pp. 37～46.
22) 안천, 한국민주화운동사, op. cit., pp. 97～129.
23) 구병삭, op. cit., pp. 43～45.

의미를 이해하지 못했다.

이승만은 그의 정권 말기에 다가서면서 정치행위가 극단적 무리수로 치닫는다. 그런데 그것도 앞에서와 같이 이중적 흐름을 갖는다. 그 이중전략의 하나는 겉에 나타난 종신집권 추진이고, 또 하나는 숨겨진 것으로서 임금님에로의 길을 추진하는 것이었다. 그렇기에 대한황실에 대해서 과도할 정도로 탄압책동을 가하는 것이었다. 이승만이 스스로 임금님이 되려는 행태는 꾸준히 나타난다. 그것을 몇 가지로 정리해 보기로 하자.

첫째로 앞에서도 말했지만 대한황실 탄압행동을 철저히 강화해 나간다. 일반인이라면 누구도 그 정도로 대한황실을 짓밟을 수 없다고 할 정도로 과잉탄압을 계속해 나가는데, 그것은 본인의 숨겨진 목표가 있기에 그토록 지속적으로 강하게 진행했던 것이다. 이승만의 이러한 탄압 여파로 대한황실의 황족들은 그 후 극히 비참한 길을 걷지 않을 수 없었으며, 거의 거지같이 된 삶을 살되, 많은 숫자가 망명 아닌 망명객이 되어 외국을 떠돌며 살게 되었다.

둘째로 양자를 들이는 일에 집착하면서, 그 양자를 황족 가운데 가장 혈통이 좋은 쪽을 찾는다. 그리하여 의왕의 둘째인 이우 황손의 아들을 양자로 들이려고 한다. 그러나 박찬주 여사가 아들을 양자로 보낼 수 없다고 반대를 하여 무산되고 만다. 그런데 이러한 흐름 속에 나타난 특이한 사례가 하나 있다. 이승만은 황족들의 재산은 철저히 압수를 했는데, 유일하게 운현궁만은 박찬주 여사에게 소유하도록 해 주었다. 통상적으로는 박찬주 여사가 국회의원들도 만나고 정부 요로에 진정도 하면서 운현궁은 이미 이우 황손이 양자로 들어간 곳이니까 본인의 것이라고 설득을 잘해 국유화되지 않았다고 한다. 그러나 그러한 말들이 설득력이 부족할 수밖에 없다. 이승만은 자유당 시대에 법을 지킨 대통령이 아니고, 본인이 원하는 것은 마음만 먹으면 초법적(超法的)으로 추진했던 사람이 아닌가? 이승만이

운현궁
대원군이 살던 집이요 광무황제가 탄생한 곳이니 조선황실의 또 다른 상징물이다. 현재는 덕성여대, 법률회사, 개인집에 일부가 점령되어 있고 심지어 일본 광보관(공보관)까지 강점하고 있다.

특별한 이유가 있어서 유일하게 운현궁을 박찬주 여사에게 사유로 인정해 주었다고 생각되며, 특히 그 아들을 양자로 들이길 원했기에 특별배려를 했다고 생각해도 무리가 없지 않을까 생각되기도 하겠다.[24]

셋째로 대한황실의 옥새를 찾으려는 노력을 계속 표출한다. 창덕궁의 금원(비원)을 샅샅이 뒤지면서 옥새 찾기에 심혈을 기울였고, 틈날 때면 경복궁의 옥좌에 찾아가서 앉아보며 본인의 심경을 흘리곤 했다는 것이다.

24) 김을한, op. cit., pp. 69～70.

또한 올리버 고문 같은 심복 인사들에게는 본인이 임금님이 되고 싶다는 말을 기회가 있으면 솔직히 토로하곤 했다는 것이다.

넷째로 앞에서도 말했지만 영왕의 약혼녀였던 민갑완 여사에게 끈질기게 청혼을 했다는 사실은 그의 임금님에 대한 집념을 웅변하는 것이다.[25) 기혼자로서 상해에 갔던 중년(46세)의 이승만이 약 5개월의 짧은 체류기간에 민갑완 여사에게 청혼을 했다는 것은 이승만의 잠재의식을 읽는 주요한 준거기준이 된다. 그런데 70대의 노령에 귀국하여 프란체스카가 부인으로 있는 때에 다시금 민갑완에게 청혼을 한 것은 특히 중요한 사실인데 본인이 임금님이 되려는 의지를 노골적으로 보였다고 하겠다. 민갑완과 결혼이 된다면 영왕의 입장을 극도로 곤혹스럽게 만들게 될 것이며, 동시에 본인의 임금님이 될 정당성을 확고히 한다고 생각했을 것이다.

끝으로 아직 확실한 사료가 공개되질 않아서 최종적 얘기를 말하기는 어려운데, 이승만은 정식으로 입헌군주제 개헌을 하려고 미국과 상의도 했는데 미국이 반대하여 시도를 못했다고 한다. 그러나 그것은 아직 최종 확언을 할 사료가 나오지 않고 있다.

그런데 이승만의 이러한 임금님을 향한 행진을 웅변하는 것이 바로 이승만의 종신집권을 향한 무리수 개헌추진인 것이다. 우리는 일반적으로 말해서 이승만이 종신대통령이 되려고 한 것은, 이승만의 끝없는 권력욕 때문이라고만 간단하게 말해 왔었다. 그러나 그러한 설명이 한편으로 공허한 여운을 남기며 부족한 설명이 될 수밖에 없는 것은, 이승만의 종신집권 추진이 일반인의 상상을 초월하는 것이었다는 것이다. 정도 이상으로 종신집권에 집착한 것은 단순한 권력욕으로만 설명하기는 부족한 것이며, 내면에 임금님으로의 행진이 숨겨져 있었음을 일반인들은 몰랐던 것이다.

이승만의 임금님을 향한 집념을 읽을 중요한 일이 부산에서 서울로 환

---

25) 민갑완, 백년한(서울: 문선각, 1962) 참조.

도한(1952년) 때의 첫 제헌절 행사에서 나왔다. 이승만이 기념식사에서 놀라운 발언을 한 것이다. 그것은 정체변동(政体變動)과 독립운영에 관련되는 문제는 전체 유권자 2/3이상의 찬성을 얻어서 개헌을 할 수 있다고 말한 것이다. 그것은 정체를 바꾸겠다는 것을 공개적으로 선언한 것이 분명하다. 이승만은 6·25전쟁이 끝나고 서울에 온 무렵에는 내면적으로 입헌군주제 개헌의지를 분명히 했고, 본인이 임금님이 될 것을 확실히 작정했다고 생각된다. 다만 그것을 추진하려니 미국의 반대가 있었고, 할 수 없이 종신집권까지만 추진을 할 수밖에 없었던 것이다.

그러니까 사사오입(四捨五入) 개헌은, 매우 중대한 의미를 간직하고 있는 이승만의 정치적 무리수였던 것이다.[26] 당시(1954년)에는 이승만이 정국을 완전히 장악하고 있다고 확신을 하고서, 집권당인 자유당의 의석수도 충분하기에 세계적으로 유례가 드문 초대대통령인 이승만에게 종신대통령이 되게 하는 개헌안을 상정한 것이다. 그런데 공교롭게도 투표결과 찬성은 135표, 반대 60표, 기권 7표로서 나타나 1표 차이로 부결이 되고 만 것이다. 그런데 이것을 다음날 아침에 사사오입 산술논리에 의해서 가결되었다고 전격적으로 선언한 것이 훗날 사사오입 개헌이라고 불리는 것이다.[27]

이승만이 사사오입 개헌을 한 것은 곧 3·15 부정선거로 이어지는 극단적 무리수의 강행노선이 되겠는데,[28] 이 무렵은 이승만의 입헌군주제로의 회귀의사가 매우 확고하게 굳어진 때라고 하겠다. 내면적으로는 임금님이 될 것을 분명히 결정해 놓고, 대한황실을 다시는 재기가 어려울 정도로 짓밟아 놓은 상태였으니, 개헌을 해도 충분하다고 생각을 했는데 미국의 반대로 약간 엉거주춤한 상태가 된 것이 사사오입 개헌일 수밖에 없었기 때문이다. 이승만은 3·15 부정선거가 순탄하게 본인의 뜻대로 이루어졌다

---

26) 안천, 한국민주화운동사, op. cit., pp. 131～163.
27) 이기택, op. cit., pp. 52～56.
28) 구병삭, op. cit., pp. 45～46.

면, 생각컨대 부담 없이 임금님이 되었을 것이다. 그러나 하늘의 뜻인 천명(天命)이 이승만의 손을 들어주지 않은 것이다. 임금님은 하늘이 낸다고 하는데 이승만을 하늘이 버렸던 것이다. 이승만을 하늘이 버린 현대정치사의 사건을 훗날 4 · 19혁명이라고 부르는 것이다.

3) 혁명의 확산기

(1) 혁명의 발화

① 이중성의 소멸

사상 유례가 드문 수준의 부정이 저질러진 3 · 15 정부통령 선거는 이승만의 이중전략이 극대점에 다다른 것이라고 하겠다. 이승만은 본인의 임금님 등극의지를 구체화하기 위한 사사오입 개헌을 무리수를 써가며 통과시킨 뒤에, 그러한 의지의 현실화를 향한 실천행동으로 3 · 15선거는 무조건 승리한다는 전략을 세웠던 것이다.(여기서 특히 주목할 것으로 부통령도 전주 이씨 이기붕으로 확고히 밀은 이승만의 정치의식이다. 그리고 왜 이기붕의 아들을 양자로 두었는가도 예리하게 유의되어야 하겠다.)

이승만의 뜻을 받들기 위해 자유당으로서는 정체(政体)를 바꿔서 임금님 나라로 만들었으면 되는데, 여러 여건상 그것을 최종적으로 구체화시키지는 못했으니 그것을 내면상으로는 잠복시키고서 오로지 종신대통령이 되는 것에만 일단 총력을 집중시키게 된다. 이러한 자유당 전략은 결과적으로 이승만의 행태가 임금님을 향한 꿈은 없고 오로지 개인적 사감에 의해서 대한황실을 탄압하는 듯이 만들었는데, 특히 3 · 15선거의 무리수 추진은 이승만의 행태가 겉으로 비춰지길 단순한 권력욕의 표시인 듯 표출되면서 이중성이 없어진 것같이 만들어지게 된 것이다.

그러므로 3 · 15부정선거가 강행되면서 이승만의 정치전략에 있어서 이중성은 저절로 소멸되는 길을 가게 되고 말았다. 3 · 15 부정선거에서부터 시작하여 4 · 19혁명을 거쳐 이승만의 하와이 망명까지는 긴 기간이 아니다. 약 2개월에 해당하는 격렬한 혁명과정을 거치면서 이승만은 비극적인 나락의 길을 가고 역사의 실패자가 된다. 이 짧은 기간이 이승만의 정치사에 있어서 마지막을 장식하면서 이승만이 역사의 뒤안길로 사라지기 때문에, 이승만의 지금까지의 이중전략도 마찬가지로 역사 속으로 사라지는 길을 가게 되었던 것이다. 그 후의 현대정치사를 말하는 데에는 어디서나 이승만의 정치행태는 이중성은 없이 단순한 권력욕의 화신이요 독재자의 표본같이 되고 만 것이다.

② 이승만의 업보

4 · 19혁명은 대구의 고등학생 시위에서 출발된다.[29] 그런데 대구시위는 이승만 스스로가 만든 함정에 빠진 것이 분명하다. 이승만은 본인의 정치의지를 구현하기 위해 과잉으로 미국 민주주의 교육을 학생들에게 주입시킨다.[30] 어찌 보면 민주주의의 본질보다는 형식적 껍데기를 더 강조한 오도된 민주주의 교육이라고 비판을 들을 정도로 편향적인 민주주의 교육에 집착한다.[31]

민주주의는 어느 나라나 역사적 산물로 만들어지는 것이고, 삶의 방식으로 구체화되는 것이다. 민주주의는 먼저 삶이 있고 나중에 이론이 있는 것이다. 그러나 이승만은 자연스런 교육원리를 무시하고, 학생들을 이론에 억지로 맞추는 교육을 강화시켰다.[32] 솔직히 말해서 억지 성향이 높은 민주주의 교육을 시킨 것이다. 모순 민주주의의 성향이 높았던 이승만 시대의 민주주의 교육은 어떤 것이 있는가?

---

29) 안동일, 새로운 사일구(서울: 김영사, 1997), pp. 23～60.
30) 이정식, 한국정치 상황의 제단면(서울: 고려원, 1983), p. 302.
31) 이승만 시대 이후 잘못된 근대화 시각형성은 한국사회의 의식적 고질병같이 되어 있다. 유준기, op. cit., p. 6 참조.
32) 안천, 한국민주화운동사, op. cit., p. 182참조.

첫째로 본인이 임금님이 되려는 의지가 있으니까 임금님이 있는 민주주의 교육을 시키고 싶은 것이 이승만이 본심이었다. 우리의 나라가 영국이나 네덜란드, 태국과 같은 나라가 되고 본인이 임금님이 되어야 하겠는데, 눈엣가시와 같은 영왕이 있었던 것이다. 그리하여 영왕을 철저히 공격하며 임금님은 구시대의 유물이고 잘못된 존재라고 과잉교육을 한 것이다. 이승만으로서는 임금님을 존경할 존재로 생각하되 속마음에 감추고 일단 영왕을 공격한 것인데 그것이 과잉으로 교육이 되면서 임금님이 무조건 나쁘다고 하는 흐름을 만들고 만 것이다. 스스로가 만든 덫에 본인이 걸려서 임금님 존중을 강조하려고 해도 할 수 없는 진퇴양난 상태에 빠지며 4 · 19혁명을 맞게 되는 것이다.

둘째로 항일애국자의 표본이 본인이라고 내세우면서도 사실은 본인이 미국에서 나름대로 편한 삶을 산 인물이기에 확실한 정통 애국인맥이 없는 사람이 이승만이었다. 따라서 당당한 추종세력이 허약한 그는 다수의 친일파를 등용한 바에 의해서 민심을 극도로 이반되게 만들 수밖에 없었다. 이승만은 겉으로는 친일파를 나쁘다고 말하면서 몰아내야 한다고 했는데, 그의 주변과 하부구조의 상당부분이 친일경찰, 관료, 검찰(수사관) 등의 애국자 탄압 인맥이라 결과적으로 본인을 몰아내라고 주장한 것이 되었다.[33] 이승만은 자기가 쏜 화살이 날아갔다가 다시 되돌아와 자신을 맞춘 것 같이 되면서 4 · 19혁명을 맞은 것이다.

셋째로 민주주의를 한다면서 실질적으로는 전혀 민주주의를 하지 않은 반민주주의(反民主主義)를 했다. 그것은 본인도 겉으로는 민주주의를 내세우면서 실제로는 전혀 그렇지를 않았고, 본인의 어용세력도 이승만에게 과잉 충성을 하면서 그것이 날로 강화되어 나갔다. 더구나 권력의 하부구조는 약점이 있는 일제침략 하수인들이 다수를 점하고 있어서, 친일행위

33) 박은경, 일제하 조선인 관료연구(서울: 학민사, 1999), pp. 7～11참조.

의 약점이 있기에 이승만에게 정도에 넘치는 충성행위를 할 수밖에 없고 권력이 극도로 경직되는 길을 갈 수밖에 없었다. 그렇게 되니까 대구의 순진한 고등학생 같이 교실에서 배운 것과 현실이 전혀 틀리다는 것을 알게 되는 순간에, 불만이 누적될 수밖에 없고 그것이 어떤 계기만 주어지면 폭발하게 되어 있었던 것이다.

이승만은 4・19혁명을 맞은 것이 모두가 2중 전략의 결과로 맞은 업보였다고 생각한다. 본질적인 속마음과 실제로의 겉마음이 다른 겉다르고 속다른 정치를 한 것의 결과가 극대점에 가서 폭발하고 말았던 것이니, 자기 꾀에 자기가 빠지고, 자기가 판 함정에 자기가 추락하는 길을 갔던 것이다.

(2) 혁명의 확산

① 4・19혁명의 특징

4・19혁명은 매우 독특한 특징을 갖고 있다. 그것은 통상적인 혁명이론을 갖고서 설명하기 어려운 기묘한 특성을 갖고 있다. 그리하여 일부 학계에서는 4・19혁명은 일반적인 혁명의 요건을 갖추지 않은 의거(義擧)라고 불러야 하지 않는가 하는 견해를 펴는 학자도 있을 정도이다.

그러나 그러한 견해는 무리가 있다고 생각된다. 우리 학계에는 무조건 서양이론에 대입해 보고 직접적으로 일대일 대비가 되지 않으면 결격성을 주장하는 경향이 있는데, 어떤 사회현상의 발생된 토양이나 역사성 혹은 배경을 무시하고 서양논리에 직접 대입하는 것은 위험한 것이라고 생각된다. 4・19혁명은 당시의 우리 풍토에서 일어난 혁명성을 분명하게 간직하고 있다고 본다.

특히 지금까지 본 논문에서 논해 온 바와 같이 이승만이 잠재적으로 임금님이 되려는 역적심서를 갖고 자유당 시대를 역적의 길을 향한 정치로 이끌었다고 할 경우에는 더욱 혁명성이 농후한 것이 4・19였다고 하겠다. 생각컨대 혁명(革命)이란 동양사상의 천명론(天命論)에서 비롯된 개념인데, 임금님인 천자(天子)는 천명을 받들어서 등극되는 것이요, 그것이 뒤집히는 것이 혁명이다. 그렇다면 이승만같이 방자하고 무엄하게 천명을 거역한 인물을 응징한 4 · 19가 혁명이 아니고 무엇일 것이겠는가? 4 · 19의 본질은 혁명을 정확하게 표출시킨 것이 분명하다. 4 · 19혁명의 특징은 무엇인가?

첫째로 학생들이 주도했다는 특이한 형태의 혁명이다.[34] 왜 학생들이 선두에서 거사를 했는가? 그러나 그것은 전혀 이상한 일이 아니다. 학생들은 이승만의 2중성을 접할 기회는 없고, 오로지 외길로 이승만의 겉에 내세우는 논리만을 배우는 집단이다.[35] 특히 고등학생들이 먼저 시위를 선도한 것은 그것을 명백히 말해준다. 고등학교는 철저히 순수이론만을 가르치는 곳이지 숨겨진 2중성을 고려하지 않는다. 순수이론만을 철저히 배운 고등학생들이 2중성의 현실과 충돌되는 순간이 바로 대구에서의 고등학생 시위가 되겠고, 4 · 19혁명의 출발점이 되는 것이다.

둘째로 항일전쟁시대의 뒤처리 형태의 혁명이었다. 당시의 경찰은 사실상 침략 일본의 경찰이 그대로 남았다고 보아도 되는 정도였다. 주요한 곳에 친일경찰 혹은 일제 앞잡이들이 정확히 자리 잡고서 일본경찰 문화가 그대로 퍼진 가운데 이승만의 수족이 되어 있었다. 그러므로 4 · 19혁명은 매국 경찰에 대한 분노가 축적된 것이 폭발된 특이한 성향을 내재하고 있었고, 항일전쟁의 후유증 퇴치의 성격을 갖고 있었다.

셋째로 동양사상적 인간존중의 흐름이 뚜렷한 혁명이었다. 피로서 출발하여 피로서 끝맺는 서양식 혁명의 피비린내 나는 이론을 갖고서 4 · 19혁명을 해석하려는 것은 전혀 옳지 않다. 매국경찰의 흐름을 잇는 경찰의 발포로 사상자가 나오긴 했어도, 학생들은 불의에 항거하되 의로운 항거를 했을 뿐이다. 지극히 질서 있게 이승만의 불의와 싸웠다고 해도 옳은 표현

---

34) 안동일, 홍기범, 기적과 환상(서울: 영신문화사, 4293), p. 63.
35) 육일회 엮음, 4월민주혁명사(서울: 제3세대, 1992) 참조.

일 정도로 도덕적 수준이 높은 혁명을 했다고 하겠다. 세계의 어느 곳에서도 찾기가 어려울 정도로 질서와 평화가 강조된 생명존중의 혁명이었다.

넷째로 혁명의 주체가 사실상 정치권력과는 관계가 없는 혁명이었다. 전혀 정치세계와 관련이 없는 학생층이 혁명을 일으킨 뒤에, 혁명이 끝나고는 학교로 깨끗이 되돌아가 다시 학생이 되어 학업에 충실한 것이다. 세계사에 별로 유례가 없는 형태의 혁명이다. 어찌 보면 혁명이라기 보다는 옛 조선시대의 유생들이 상소를 하던 모습과도 흡사했었다고 생각된다. 4・19혁명이 가진 반2중성이 명료하게 표출된 것이 바로 이것이라는 생각도 든다.

다섯째로 불의를 자행한 최고 정치범 이승만이 정권에서 물러나 하야한 뒤에, 본인의 개인집으로 가는 것으로 혁명의 불길이 일단 끝나는 독특한 모습을 보이고 있다. 그리고는 얼마 후에 하와이로 망명을 떠나는 것도 조용하게 진행됐다. 4・19혁명이 순수하게 학생들에 의해서 자연발생된 것이고, 의도된 정치세력이 개입하여 일어난 것이 아니기에 갖는 독특함이라고 하겠다.

② 4・19혁명의 확산 체계

혁명을 비롯한 모든 정치적 변혁은 사소한 사건에서 비롯되어 거대한 정치사를 만든다. 작은 불씨가 큰불을 만드는 것과 같다고 할까? 대구에서 일어난 소요, 그것도 철없는 고등학생들의 불장난 수준이라고 생각했을 사건이 역사의 물줄기를 바꾸는 거대한 혁명의 전주곡이 되었던 것이다.

물론 모든 혁명은 혁명의 조건이 성숙되고 무르익었을 때에 특정 사건이 계기가 되면서 발화한다.[36] 대구에서 학생시위가 있기 전에 전국은 혁명의 길을 갈 준비가 다 되어 있는 상태였다. 이승만의 정치적 무리수가 계속되면서 민심은 떠날 대로 떠나 있는 상태가 되었고, 침략일본의 문화풍토

---

36) 한용희, 혁명론(서울: 일조각, 1983), p. 54.

를 이어 받은 권력 하부조직의 폭력과 이승만 실정에 의한 경제파탄으로 가난이 축적되면서 분노하는 민초들의 심정은 한계점에 도달해 있었다.[37)]

그러나 혁명의 토양이 완성되어 있음에도 불구하고 4 · 19혁명의 확산과정을 살펴보면 4 · 19혁명은 철저히 이승만 스스로가 판 묘혈에 스스로 빠졌다는 생각이 든다. 그 까닭은 첫째로 혁명이 확산되면서도 혁명이 전개되는 전체적 과정이 줄곧 학생들에 의해서 펼쳐진다는 점이 지적되어야 하겠다. 이승만이 영왕을 몰아내고 스스로가 역사의 주인이 되려고 획책한 흐름에 의해서, 학생들에게 과잉으로 미국식 민주주의를 가르친 결과로 학생들만이 혁명 전개에 동원화(mobilization)되게 만들어져 있었던 것이다. 학생이 아닌 사람들이 혁명에 참여한 사례가 거의 없다는 것은, 강한 학교교육을 받은 학생들만이 혁명에 참여하도록 교육이 되어 있었음을 뜻하는 것이다.[38)]

요즘 일부의 연구물을 보면 4 · 19혁명이 민중(民衆)에 의한 혁명이라고 말하거나,[39)] 이북에서 나온 것은 사회주의 이론에 꿰맞춰 무산자(無産者) 프롤레타리아가 궐기하여 혁명이 일어났다고 하는데 그들은 모두 틀린 연구이다. 자기들의 사상이나 이론에 4 · 19혁명을 억지로 꿰어 맞춘 견강부회 학설일 뿐이다. 당시에 혁명에 참여를 했다가 희생된 인사들을 보아도 대다수가 학생들이다. 군중이 형성되면서 함께 휩쓸린 사람들도 있고, 우연히 날아온 총알에 희생된 인사들도 있으나 본질적으로 혁명의 중심은 학생이므로[40)] 4 · 19혁명은 훗날 학생혁명이라고 불리기까지 하는 것이다.[41)]

---

37) 안동일, op. cit., pp. 61～239참조.

38) 안동일, 홍기범, op. cit., pp. 64～69.

39) 박세길, 다시 쓰는 한국현대사 2(서울: 돌베개, 1997), pp. 73～97참조.

40) 이화수, 4월혁명의 주체는 누구인가, 동아일보사, 현대사를 어떻게 볼 것인가 3, 1990, pp. 24～25.

41) 4 · 19혁명의 성공은 학생들의 용기와 교육의 영향이 결정적이었다. 이 밖에 군인의 중립, 신문의 영향, 교수들의 데모가 보조적 변인이었고, 야당의 지도력도 약간은 있었다.

4 · 19혁명의 확산체계를 보면 두 번째로 이승만이 스스로 판 묘혈에 빠졌음을 또 지적할 수 있다.[42] 그것은 이승만이 미국에서 허송세월한 애국자이면서 일급 애국자 행세를 하려니까 항일전쟁사를 왜곡시켜 강조하는 교육을 시킬 수밖에 없었다. 만주나 연해주, 상해, 북경을 상대적으로 낮추고 다른 쪽을 강조하려니까, 3 · 1만세항쟁이나 광주 학생항쟁을 대폭 강조한 흐름을 만들 수밖에 없었다. 당시의 학생들은 광주 학생항쟁을 배우는 과정에서 저절로 4 · 19혁명의 예비교육을 철저히 받았던 것이다. 그리하여 학생들이 항일전쟁의 대들보였던 듯이 강조된 교육을 철저히 받았으니 4 · 19혁명을 향한 신념화된 돌격대가 저절로 될 수밖에 없었다.

4 · 19혁명의 확산체계는 흡사 항일전쟁을 하는 것과 같은 흐름을 갖고, 광주 학생의거가 폭발되는 듯이 학생들 세계로 연쇄반응을 일으키며 전개가 되었다. 4 · 19혁명은 확산체계가 결코 새로 나타난 것이 아닌 광주학생의거의 제2탄과 같은 것이었고, 항쟁의 대상이 바뀐 것이 다를 뿐이었다.

4) 혁명의 완성기

(1) 혁명의 절정

① 기묘한 정권교체

4 · 19혁명은 여러 가지로 기묘한 특성을 갖고 있는 혁명이다. 세계사의 어느 곳을 뒤져보아도 4 · 19혁명과 같은 특이한 모습을 가진 혁명은 사례가 쉽지 않다.

무엇보다도 혁명의 중심 세력이 학생들로서 학생들이 주축이 되어 혁명이 발화되고, 확산, 전개되었으며 끝내는 정권교체에까지 이르게 되었다.[43] 일반적인 대부분의 혁명은 혁명의 중심 세력이 기존 정권을 몰아내

Ibid., p. 29.

42) 한상진, 4 · 19혁명과 학생운동, 동아일보사, 현대사를 어떻게 볼 것인가 3, 1990, p. 66.

고 새로이 권력을 장악하는 것이 통상적인 흐름이다. 그러나 4 · 19혁명에 있어서는 학생들이 전혀 권력과는 관계가 없이 혁명이 끝나고는 학교로 되돌아가 학업의 길로 갔다는 사상 유례없는 혁명을 한 것이다.

물론 훗날 약간의 학생들이 세월이 지나면서 점차 정치권에 편입되기도 했으나, 혁명이 끝난 뒤에는 사실상 깨끗이 학교로 되돌아갔다고 해야 옳다. 그것은 무엇을 말하는가?

그것은 첫째로 당시의 혁명에 참여한 학생들이 순수했었음을 뜻한다. 오로지 불의에 항거하며 이승만의 불법독재를 무찌르기 위한 일에 순수하게 참여했었음을 뜻한다. 그렇기에 앞에서도 지적했지만 이승만은 스스로 묘혈을 파서 망했다는 것이다. 학생들을 순수하게 잘 가르친 덕분에 그의 틀린 점이 분명하게 부각되어 쫓겨나게 된 것이다.

두 번째로 학생들의 혁명 참여가 계획된 것이 아니었다는 점이다. 의도적으로 설계가 되어 이승만을 쫓아내겠다는 준비된 과정이 없이, 대구에서 발화하고 마산에서 폭발되면서 전국으로 확산되고 서울에서 대폭발이 일어나는 확산체계는 거의 모두가 연쇄적으로 자연발생되는 흐름이었다.

셋째로 그렇기에 일각에서 얘기되는 민중혁명론이나 프롤레타리아 혁명론이 우스개 이론일 수밖에 없는 것이고, 당시의 실정을 전혀 알아보지 않은 억지춘향식 연구라는 것이다. 4 · 19혁명은 학생들을 주축으로 일어나 혁명이 끝나며 학생들이 학교에 복귀했기에, 그것으로 끝이었다. 민중이나 프롤레타리아 계층이 있었다면 뒷이야기가 있어야 하는데 4 · 19혁명은 그런 뒷이야기가 없다.

그리하여 나타난 기묘한 현상이 있으니, 당시의 야당은 굴러온 정권을 주워 갖는 형태의 특이한 정권교체를 하게 되었던 것이다.[44] 유일한 혁명의 중심 집단인 학생층이 혁명에 성공이 되고 나니까 학교로 되돌아갔고,

---

43) 학민사, 4 · 19의 민중사: 4월혁명 자료집, 학민글밭 12, 1993참조.

44) 박세길, op. cit., p. 81.

그 공백을 이어 받을 정치권은 야당일 수밖에 없었으니 저절로 정권교체가 되었던 것이다. 그렇게 되니까 당시의 여당이었던 자유당은 혁명이 끝나고서 일부 정치적 단죄를 받기도 했지만, 거의 다수의 세력은 온전히 숨어서 살아 남게 된다.

② 민주당의 고민(dilemma)

굴러온 정권을 쥔 야당! 물론 야당이었던 민주당은 그들 스스로의 정권교체를 위한 피나는 노력이 있었다고 말할 것이며, 4·19혁명에 있어서도 처절히 혁명의 대열에서 항쟁을 벌였다고 얘기할 것이다. 그러나 학생들의 결정적인 헌신적 혁명참여가 없었다면 4·19혁명은 불가능했던 것이다. 그렇기에 민주당은 굴러온 정권을 앞에 두고 엄청난 고민에 빠질 수밖에 없었다.

첫째로 사실상 수권정당으로서의 수권 준비가 되어 있는 것이 없었다. 정권을 쥐려면 당시의 정치현실에 대한 분명한 현상인식이 선행되고, 주어진 현실을 바탕으로 하여 미래를 향한 정치철학이나 청사진이 분명하게 정립이 되어 있어야만 한다. 그러나 민주당은 정권을 쥐어 본 경험도 없는데다 수권설계가 제대로 되어 있는 것이 존재하지 않았다. 그렇게 되니까 굴러온 떡을 앞에 두고서 소화불량이 되어 먹지도 못하고 당황하는 듯한 상황이 되었다. 정상적인 혁명과정에서는 야당인 민주당이 바로 혁명의 중심세력일 텐데 그렇지가 못해서 나타난 곤혹스런 현상인 것이다.[45)]

둘째로 수권정당이라는 민주당이 4·19혁명에 있어서 확고한 주도권을 쥐고 선두에 서 있지 못했기 때문에, 학생들이나 국민들의 눈치를 봐가며 수권 절차에 임하는 난처한 흐름이 강했다. 강력한 지도력은커녕 주변의 눈치를 보는 정당의 입장에서 혁명의 미래상을 확고하게 제시할 입장

45) 안병만, 민주당의 정치이념과 정당구조, 동아일보사, 현대사를 어떻게 볼 것인가 3, 1990, pp. 195~213 참조.

도 되지 못했고, 스스로의 내부 응집력이나 통제력도 없는 정당이었으니 수권정당으로서의 능력발휘가 지극히 어려운 것이 당시의 민주당이었다.

셋째로 한국민주당(한민당)이 야당의 첫출발을 이뤘다는 태생의 한계점을 갖고 있다. 한국야당사는 크게 떳떳한 입장을 가질 수가 없었다. 왜냐하면 어둠의 항일전쟁시대에 있어서 어둠을 극복하려는 애국적 정통세력이 아니었다.[46] 때로는 신익희, 윤보선 등의 독립전쟁 참여인사를 간판으로 내세우기도 했으나, 대부분의 한민당 인사들은 대체로 사실상 옛 지주급 예속 자본가층으로서 일제강점을 인정하고 그 비극의 시대에 숨죽이고 있거나, 영합하거나, 때로는 침략을 인정한 세력들이었다. 그러한 부끄러운 세력들이 애초에는 이승만을 따라 갔다가 다시 이승만과 결별하고서 야당의 길을 간 것이니, 태생부터가 떳떳하지 못한 면도 컸다.[47]

넷째로 당시의 정계에 있어서 최고의 거물이 없는 정당이 한민당이었다. 서재필의 표현에 의하면 이승만이나 김구도 항일전쟁시대의 B급들이다. 최고의 애국자들은 조국을 위해 살신성인하며 사라졌고, 살아남은 B급들이 조국탈환 정국의 패권을 쥐게 되었다는 얘기이다. 그런데 한민당에는 B급들도 사실상 없었다. 대부분이 항일전쟁시대에 국내에 머물던 부끄러운 친일영합 세력들로서, 조국을 탈환한 새로운 시대에 다시 살아 남겠다고 뭉쳐서 한 두명의 간판인사를 중심으로 뭉친 것이니 정당의 색깔도 사실상 희미한 B급, C급 성향을 가질 수밖에 없는 것이었다. 한국 야당의 뿌리가 이렇게 부끄럽고 불선명한 것은 훗날의 정치사에 계속 어둠의 구름이 끼게 만드는 요인이었다.(차라리 이북에 있어서는 김일성 이하 나름대로 항일전쟁에 철저히 참여했던 인맥이 주도권을 쥐었으니 공산 독재정치는 할 망정 정권의 뿌리는 정통성이 높다고 하겠다.) 한민당의 뿌리를 이어받은 민주당이 4 · 19혁명의 뒤처리를 맡는 수권정당으로서, 제대로 입

46) 이기택, op. cit., pp. 11～18.
47) 박세길, op. cit., p. 86.

장정리도 못하고 헤매다가 다시 5 · 16군사혁명을 맞은 것은 어쩌면 당연한 수순인지도 모를 일이었다. 민주당은 사실상 수권능력이 없는 상태에서 굴러온 정권을 잡았던 것이다.

(2) 혁명의 정리

① 미완성 혁명

4 · 19혁명은 미완성 혁명의 길을 갈 수밖에 없었다. 오늘날에 있어서도 소위 정통야당의 후계자들이라는 김영삼, 김대중이 대통령이 되며 정권을 쥐고서, 4 · 19혁명에 대해 대단히 고마운 마음을 갖고 4 · 19묘지를 성스럽게 떠받드는 흐름을 만들기는 했으나 4 · 19혁명은 당시 미완성 혁명으로 끝을 맺고 만다.[48] 아마도 훗날 대권을 쥔 김영삼, 김대중은 본인들에 의해서 4 · 19혁명의 정신이 완성되게 되었다고 아전인수식으로 생각할 수도 있을 텐데, 당시로서는 확실한 미완성이었다.[49]

한 마디로 말해 당시의 민주당은 확실한 역사의식이 결여되어 있었다. 도대체 정당으로서 제대로 된 위상을 갖고 옳은 정치를 하려면 최소한의 역사의식이라도 있어야 할 것이 아닐까? 항일전쟁을 통해서 조국을 다시 찾고 새로운 현대사를 건설하려 한다는 기초적 역사의식이라도 있다면 무엇을 생각해야 하는가? 그러나 민주당은 단순한 한풀이 역사관 밖에 없는 듯 했다. 단지 이승만이 제헌헌법을 하루밤 사이에 바꿔서 억지로 대통령제로 만든 바에 대한 것만 생각하여 대통령제를 내각제로 바꾸는 것을 택한 것이 민주당의 역사의식이었다.[50] 그러니 민주당은 단지 10여년 전의

---

48) 한상진, op. cit., pp. 68～72.

49) 학민사, 혁명재판: 4월혁명 자료집, 학민글밭 20, 1985 참조.

50) 독립운동가 출신 국회의원은 제헌의회 9명(4.5%), 2대의회 8명(3.8%), 3대의회 1명(0.9%), 4대의회 0명(0%)이었다. 한국 국회의원들이 항일전쟁시대에 어떻게 살아온 사람들인가를 말하는 중요 준거기준이 이토록 허망하다.
한정일, 한국정치행정론(서울: 박영사, 1972), pp. 168～198.

역사만을 생각하는 근서안적 집단이 분명했다.[51)]

당시의 민주당이 10년을 넘어서 50년 혹은 100년간을 되돌아 생각했다면, 그리고 일제침략의 뼈저린 한맺힘을 얼마라도 생각을 했다면, 또한 일본이 오도하고 왜곡시킨 잘못된 역사교육의 덫을 조금이라도 알고 있다면, 당시에 당연히 입헌군주제로 개헌을 하고 일본에 인질이 되어 끌려간 영왕을 생각하며 임금님 모시기를 당연하게 우선순위로 고려했어야 옳다. 단지 내각제로만 개헌할 것이 아니라 그 수준의 역사의식이 있어야 했다.

나라를 찾겠다고 항일전쟁에 정면으로 몸바친 정통 애국자가 약간이라도 민주당에 있었다면 민주당은 결코 단순히 내각제로의 개헌만을 하지는 않았을 것이다. 당시 민주당에 몸담은 인사들의 대다수가 항일전쟁시대에 국내에 있던 인사임이 뚜렷이 드러나는 것이다. 한국 야당은 당시의 민주당만이 아니라, 그 후에도 계속하여 관찰하면 역사의식 박약현상이 항상 나타난다. 국민을 감동시키며 미래를 제시할 뜻깊은 역사철학이 없는 정당이 수준 높은 정당이 될 수 없음은 분명한 것이고, 훗날 정권을 쥔 김영삼이 단 5년 사이에 IMF국치를 맞으면서 잘 살던 나라를 엄청난 채무국으로 전락시키고 세계적 조롱거리가 되게 된 것은 분명한 이유가 있는 것이다.

예컨대 우리를 침략했던 일본을 보자. 일본은 별 볼일 없던 나라를 명치유신을 통해 근대화시키면서 세계의 열강 대열에 끼게 만들었다. 명치유신은 거대한 역사의식을 갖고서 역사를 복원시킨 정치행위이다.[52)] 당시 명치유신을 성공시킨 집권세력들은 절에 가서 스님 신세가 되어 겨우 목숨이나 잇고 있는 한심한 수준의 천황을 다시 모셔다 받들어 민족의 구심점을 만들면서 거대한 역사체계를 완성하고 국민을 하나로 결집시켰었다. 일본이 강대국이 된 것은 바로 거대한 역사를 되살렸고 임금님을 모신 때

51) 현대 정치사상 가장 민주주의 원리에 맞는 것은 제2공화국 헌법이었다.
구병삭, op. cit., p. 54.

52) 김석근 옮김, 위로부터의 혁명(서울: 학문과 사상사, 1986), pp. 76～183.

문이었다. 그러나 우리는 일본이 철저히 짓밟은 역사를 그대로 두고, 그들이 잔인하게 끊고 모독을 가한 임금님을 그대로 버려 두고서, 현대사를 일본이 망친 대로 그대로 두고서 오늘에 이르렀다. 뼈저린 역사의식이 없는 인물들이 정치를 해왔기 때문이다.

학생들이 왜 4・19혁명을 일으켰을까? 단지 학생들이 이승만이나 쫓아내려는 단세포 혁명을 하고자 했던가? 아니다. 학생들의 뜻은 보다 큰 흐름이 있었다고 생각된다. 어른들은 학생들이 가져다 준 떡을 받고서 그 떡의 의미를 생각하고 고마움을 음미하며 여러 가지를 생각했어야 했다. 정말 어른다워야 했다. 그러나 민주당은 그 떡을 먹기에만 급급했었다.[53] 아니 그 떡을 서로 자기가 먹겠다고 파벌로 나뉘어 신파 구파 싸움에나 열중을 했던가? 정말 아쉬운 일인데 당시의 민주당이 일본의 명치유신에 해당할 거대한 역사적 결단을 내리면서 나라를 광명의 신시대로 이끌었어야 했다. 그러나 너무도 아쉽게 민주당은 저급한 수준의 역사의식이 마비된 정당일 뿐이었다.[54] 4・19혁명이 미완성 혁명으로 끝날 것은 불을 보듯 환한 상태에 있었다. 민주당은 두고두고 반성하며 역사적 사죄를 해야 옳다.

② 5・16 군사혁명

왜 민주당을 몰아내며 5・16 군사혁명이 일어났을까? 그것을 그간 야당 세력들은 군인들이 단순히 쿠데타로 정권을 탈취했다고만 몰아갔다. 그러나 꼭 군인들만 탓해야 옳은가? 담백히 객관적으로 볼 때에 혹시 5・16 군사혁명도 꼭 일어날 것이 역사의 흐름을 타고 나타난 것은 아닐까? 당시 민주당이 제대로 했는데 5・16 혁명이 났을까? 역사적 비판은 공정하고 객관적이라야 한다. 쿠데타를 일으킨 군인을 칭찬할 것도 없지만, 당시의 민주당은 군인들보다도 더 비판을 받고 욕을 먹어야 한다. 민주당이 그대

53) 이기택, op. cit., pp. 81～84.
54) 정화암, 몸으로 쓴 근세사(서울: 자유문고, 1992), p. 327.

로 정권을 쥐고 있었다면 혹시 망국에 이르지는 않았을까? 당시의 민주당이 남을 탓할 체면이라도 있는가?

5 · 16혁명을 어떻게 평가해야 옳은가? 그간 우리는 군인들이 정권을 쥐고 30년간 군사독재를 해 왔다고 일방적으로 비판하는 흐름에만 익숙해 왔다. 더군다나 최근에 김영삼 시대의 5년을 겪으면서 흡사 군인들은 죄인이라도 된 듯한 편향된 흐름마저 있기도 해 왔다.[55] 그러나 역사를 보는 눈의 균형감을 갖고 차분히 지난 세월을 되돌아보자.[56] 결코 일방적으로 편향된 시각을 따르는 것이 옳은 것이 아니란 생각이 들 것이다.[57]

생각하면 최근의 김영삼 시대가 5년만 더 길어졌다면 IMF국치는커녕 나라가 망하는 지경에까지 이르렀으리라는 생각이 들 정도가 아닌가? 본인은 단 5년 사이에 국가부도에 근접할 천문학적 빚을 지면서 나라를 망치고서는 온통 지난날 탓만 하면서 세월을 보낸 김영삼이 무슨 낯을 들고 군인들 욕을 할 것인가? 6 · 25전쟁의 폐허 상태에서 세계 10위권의 경제강국을 만든 업적을 두고서 헐뜯고 비방만 하던 김영삼이 단 순간에 나라를 망치고 추호의 반성의 빛이 있었는가? 또한 학생들에 의해서 굴러온 정권을 쥐고서 제2공화국 때의 민주당이 한 일이 무엇이 있는가?

5 · 16 군사혁명은 정권을 쥐는 과정의 쿠데타 성향에 의해 비판을 받고 있다. 그러나 4 · 19혁명을 일으킨 중심세력이었던 학생들의 뜻은, 오히려 민주당이 아니라 군인들에 의한 민주공화당(공화당) 정권이 더욱 비교우위에 서서 바르게 구현했다고 생각해야 옳지 않을까 생각되기도 한다. 왜

---

55) 민주당은 당시 수권이 확실해지자 오히려 4 · 19혁명의 반대세력의 성격을 나타내기도 했었다. 그리고 정당의 성향도 자유당과 다를 것이 없는 입장이었다. 민주당 자체가 4 · 19혁명의 청산대상이 되는 상황이었다.
이연복, 4 · 19혁명의 성격과 그 전망, 한국민족운동사연구회, 4 · 19혁명의 새로운 인식, 1993. 7. 22, 세종문화회관 대회의장, 한국현대사의 재조명을 위한 학술회의, p. 77.

56) 안천, 한국민주화운동사, op. cit., pp. 193～209참조.

57) 김성환, 4월혁명에 대한 역사적 고찰, 송건호 · 박현채 외 지음, 해방 40년의 재인식 I (서울: 돌베개, 1985), pp. 316～317.

냐? 역사를 보면서 구체적 실적이 중요한 것이지, 궤변적 언어놀음은 무의미한 것이라고 생각되기 때문이다.

4·19혁명을 성공시킨 학생들의 뜻은 크게 보아서 몇 가지가 있을 수 있다. 그런데 그중 가장 대표적인 것의 하나로 궁핍과 기아를 해결해달라는 뜻이[58] 무엇보다도 큰 것일 것이다.[59] 세계의 어느 곳에를 가더라도 당당하게 품위유지는 될 수준의 국가를 만든 것은 박정희에 의해서 이루어졌다. 박정희가 집권을 하면서 읽은 시대정신은 바로 민족중흥(民族中興)이었다. 배고픔에서 벗어난 나라! 생각하면 절박한 꿈이다. 요즘 이북이 배고픔의 극단에 달하여 탈북자가 계속 나오고 수많은 사람이 굶어 죽는 지경에 다다랐는데, 자유당 시대의 우리가 사실은 그 수준이었다. 세 끼 죽도 제대로 못 먹는 가정이 널려 있던 이 나라를 세계 10위권의 경제강국을 만든 것은 언제라도 칭찬할 위업이 분명하다.

그런데 두 번째로 박정희가 읽었어야 할 시대정신이 있다. 그것은 일본이 반쯤 끊고 이승만이 잔인하게 짓밟은 대한황실의 역사성을 통찰하고, 단군이래 이어진 역사를 잇고 복원하는 것이 이루어졌어야 함이다. 그런데 박정희 시대에도 이에 대한 단호한 결단이 없었다. 다만 박정희는 역사를 읽는 상대적 수준의 비교우위는 있었다. 누구도 하지 않았던 일인데, 영왕 부부를 귀국시켜 드리고 영왕의 치료비는 물론 품위유지를 할 수준의 예우를 해 드렸다. 덕혜옹주도 귀국시켜 품위 있게 여생을 마치게 해 드렸다.[60] 그리고 대한황실이 나름대로는 품격을 유지할 수 있게 배려를 해 주었다.[61]

그런데 박정희 시대에 있어서 아쉬운 것이 있다. 아직 최종적 증거가 나오진 않았는데 박정희가 말년에 들어 입헌군주제로 바꿔 임금님을 모시려

58) 전철환, 4·19혁명의 사회경제적 성격, 동아일보사, 현대사를 어떻게 볼 것인가 3, 1990, pp. 53～59.
59) 김성환, op. cit., p. 318.
60) 강용자, op. cit., pp. 175～179, pp. 282～285.
61) 이방자, 지나온 세월(서울: 남영문화사, 1980), pp. 299～308.

는 시도를 하다가 10 · 26으로 죽음을 맞게 되었다는 점이다. 박정희는 전직 대통령에 있어서 유일하게 거대한 역사관을 가졌던 인물이라고 하겠고, 4 · 19혁명의 본뜻을 가장 명백히 읽었던 집권자가 아니었는가 한다.

4 · 19혁명 정신의 하나는 이승만이 끊고 짓밟은 거대한 역사관을 회복시키라는 것이었다면 그것을 제대로 생각한 인물은 유일하게 박정희 뿐이었다고 하겠다.

이상의 두 가지 외에 4 · 19혁명의 정신을 더 거론하는 경우도 많다. 그리고 통상적으로는, 4 · 19혁명은 학생들이 민주주의를 수호하려고 했다고 한다. 그러나 그것들은 다분히 피상적인 것이다. 4 · 19혁명 정신의 밑바닥은 차라리 민족중흥과 임금님 모시기가 가장 확실한 시대정신이라고 생각한다. 그리고 민주주의도 중요한 것이기는 하지만 그것은 차라리 이승만 전략에 말려든 과잉 미국식 정치에 피감염된 오도된 해석의 성향이 높은 것이다. 당시만 해도 국민들은 미국식 민주주의가 결코 피부에 닿게 실감나는 것이 아니었다. 원색적으로 피부에 닿는 요구가 있는데, 다른 것은 부수적인 것이 아닐까 한다. 배고파 못살겠다는 제1의 뜻과, 역사를 제대로 살려서 품위 있는 나라를 만들자는 제2의 뜻을 제외하고, 다른 무슨 높은 뜻이 있겠는가? 민주주의도 중요하다. 그러나 그 민주주의는 이승만이 본인의 정치진로를 향한 2중 전략으로 구사한 것의 겉에 나타난 과잉 정치행위의 선전술에 말려든 것이란 생각이 예리하게 관찰하면 누구나 감지될 것이다.

그간 우리는 4 · 19혁명의 기본정신도 제대로 파악을 못하면서 오늘에 이르렀다. 그간 4 · 19혁명은 진정한 의미파악도 없이 사실상 정치인들의 정권쟁취를 위한 선전용으로 얄팍하게 과잉 이용을 당하면서 오늘에 이른 것이 분명하다. 4 · 19혁명을 아전인수로 해석하며 정략적으로 이용한 흐름은 크게 세 가지로 나뉜다.

첫째는 서구의 고전적 시민혁명의 입장에서 파악하는 것으로서의 견해가 있다. 이 견해는 궁극적으로 민주당의 정권수립에 명분을 제공했다고 생각된다. 이 견해의 핵심은 민주주의의 선전이다. 4·19는 오로지 민주주의를 위한 것이었다는 이 견해가 민주당 이후 한국 야당의 간판 선전이 되었다. 두 번째는 민중론적 시각으로서 소위 운동권적 이론을 제시한 것이다. 군사정권을 공격하면서 운동권적 정권수립을 향한 의도를 강하게 갖고 있다. 세 번째로 약간 미묘한 성향을 갖는 것인데 5·16혁명 이후의 군사정권이 민주당을 공격하는 입장에서 본인들이 4·19혁명을 사실상 완성했다면서 4·19혁명을 다시는 없어야 할 최후의 혁명으로 보는 입장이 있다. 어떻든 이상 3가지의 입장은 각각의 주어진 입장에서 4·19혁명을 자신에게 유리하게 해석하면서 정략성을 나름대로 공유하고 있다.

이상의 세 입장은 각각 본인들이 4·19정신의 정통성을 가장 잘 소화했고, 새로운 정치적 미래상을 나름대로 가장 의미 있게 제시한다고 말하고 있다. 그러나 그 해답은 4·19혁명열사들이 가장 잘 아는 것일 것이고, 훗날의 논객들이 얼마나 순수하게 해석해주는가는 논의의 여지가 크다. 왜냐하면 소위 가장 4·19정신을 곳곳에게 많이 주장하고 외치는 쪽이 가장 4·19혁명을 정략적으로 이용한다는 생각도 크게 들기 때문이다. 우리는 마음을 차분히 정리하고 순수하게 생각할 필요가 있다. 4·19혁명을 본인의 정권쟁취를 위해서 이용한 사람들이 4·19혁명의 본질정신을 얼마나 터득하고 있을까? 지하의 4·19 애국영령들이 통곡하면서 코웃음을 치고 있다고 생각되지는 않는가?

2. 시대별 추이변화

본 논문이 가진 특징은 무엇인가? 혁명 전개의 시대별 추이변화에 비추어 얘기해 보기로 하자. 생각컨대 우리 학계는 현대사 초창기인 자유당 시대를 마감하게 한 최대의 정치적 격변인 4·19혁명에 대해서 사실상 피상적 연구를 진행해 왔다고 생각한다. 그리하여 혁명의 본질을 벗어난 연구 결과를 만들었고, 때로는 피상적인 선전에 감염된 연구의 성향도 높았다고 하겠다.

4 · 19혁명을 당시로 돌아가 담백하게 연구할 것이 요망된다. 당시의 정치현상을 가감 없이 투명하게 조명하며 학문연구의 바른 길을 찾아야 할 긴요성은 왜 등장하는가? 그것은 특히 최근에 들면서 4 · 19연구가 4 · 19 정신의 본질을 떠나 크게 오도되었다고 생각되기 때문이다. 지난 10여년을 전후한 시기(1980년대)를 중심으로 격렬한 민중이론 시대가 도래하면서 민중이론에서 벗어나면 흡사 사이비 이론인 듯이 무서운 공격을 가하던 시대가 최근까지 이어지고 있었기에 그 긴요성은 대단히 중요하게 대두된다. 그러한 이론독재의 시대흐름 속에서 정상적 연구가 쉽지 않았는데, 예컨대 이화수 교수의 연구는 신기하게도 그것을 벗어난 무게 있는 연구라고 생각이 된다. 다만 너무 서구이론에 기울어져 그것에 경도된 시각이 티라고 하겠으나 민중이론시대의 이론독재 상황을 뚫고 나온 대표적인 과학자다운 연구라고 해도 부족함이 없으리라고 생각된다.[62)]

4 · 19혁명에 몸바쳤던 젊은 애국자들의 4 · 19정신을 그간 단순하게 독재정권 이승만을 쫓아낸 민주함성이라고 결론지은 것은, 생각하면 4 · 19 정신을 축소하고 왜곡한 것이라고도 하겠다.[63)] 왜냐하면 4 · 19혁명의 거대한 정신을 피상적으로만 해석한 것이기 때문이다. 그러한 연구의 시각은 분명히 재성찰되어야 하겠다.[64)]

첫째로 4 · 19혁명의 정신은 단지 자유당 시대의 말기에만 주목한 것이 아니라, 거대한 역사적 흐름 속에서 파악되어야 한다. 단군 이래의 거대한

---

62) 이화수, 4월혁명: 정치행태학적 연구(서울: 평민사, 1985).

63) 그러나 현실에 있어서는 단지 이승만을 타도함에 그쳤고, 자유당도 온전히 살았다. 김운태 외, 한국정치론(서울: 박영사, 1977), p. 268.

64) 김성환, op. cit., p. 299.

역사적 물줄기가 바로 잡혀서, 민족사의 본모습이 바로 잡히게 하려는 것이 4 · 19정신의 본질이다. 정체된 한 시대에 주목한 것이 아니라, 거대한 민족사 전체를 보는 흐름 속에서 4 · 19혁명이 파악되어야 하겠다. 4 · 19혁명에 몸바친 애국자들의 시각을 그간 축소했던 연구는 지양되어야 하겠다.

둘째로 4 · 19혁명의 정신은 거대한 흐름의 역사회복에 대한 함성만이 아니라 단절된 역사를 연결시키라는 열망이라고도 생각된다. 이승만은 집권을 하면서 단절된 역사를 만들었다. 본인이 국부(國父)가 되겠다는 심서를 갖고 있기도 했고, 영왕을 견제하려는 심리가 강하게 노출되면서 과잉정치행위를 하는 흐름 속에 지난 시대를 너무 탄압하였다. 조선시대를 침략일본 보다도 더 강하게 짓밟은 결과를 만들 정도로 이승만의 과거시대 역사 부정은 심각했다. 그리하여 이승만 본인의 의도보다도 더 강하게 그것이 표출되면서 역사의 단절현상을 가져왔다. 단군이래 반만년을 넘어 1만년에 육박하는 유구한 역사를 단절시키고, 우리가 단지 이승만 시대에 새로 태어난 신생국이 된 것 같이 되고 말았다. 4 · 19정신은 거대한 역사를 되찾고 연결시키라는 것이 분명하다.

셋째로 자유당 연구에서 실종되었던 존황사상이 부활되어야 하겠다. 우리는 그간 자유당시대를 잘못 파악하여서, 그 시대를 무조건 서구 사회에 대비시킨 연구를 진행하다 보니까 역사적 과도기 시대였던 그 때를 오해하는 연구를 해 왔었다. 그 시대는 생생하게 존황사상이 살아 있었던 과도기였다. 겉에서는 수입된 서구이론이나 서구사상이 나타났으나, 속으로는 임금님 사상이 강력하게 살아서 힘을 발휘하고 있던 때가 자유당 시대였다. 4 · 19정신의 내면에서 존황사상을 읽지 못하면 그 시대를 제대로 파악하는 것일 수가 없다.

넷째로 당시의 최고 권력자였던 이승만 연구가 잘못된 상태에서 4 · 19혁명을 연구하면 4 · 19정신의 본모습이 제대로 도출될 수가 없다. 이승만은 당시에 임금님이 되고자 하는 의지를 강하게 갖고 있던 인물이었다.

4 · 19혁명을 맞게 된 이승만은 단순히 과잉 권력욕을 가진 인물이었기에 그렇게 된 것이 아니다. 그는 임금님이 되려는 강한 열망을 갖고서 정치행위를 진행시켰는데 그것이 계속된 무리수를 남발하면서 4 · 19혁명을 맞은 것이다. 이북의 김일성은 자연스레(?) 권력승계를 성공시켜서 아들 김정일에게 대권을 넘겨주었는데, 이것은 세계 사회주의 역사상 전무후무한 일이다. 사실상 김일성은 내면적으로 임금님 체제를 만들어서 성공을 시켰는데, 생각하면 김일성을 지배하는 의식구조도 과도기적 존황의식이 강하게 남아 있는 가운데 사회주의를 했다는 생각도 든다. 이승만이나 김일성이나 임금님 의식을 강하게 갖고 있었는데, 김일성은 그 뜻을 성사시켰고 이승만은 좌절한 것이 차이랄까? 이승만이 4 · 19를 맞은 것은 임금님이 되려는 내면적인 강한 욕망 그것 때문이었다. 그것을 모르고서는 4 · 19 정신의 본모습을 알기가 어렵다고 하겠다.

다섯째로 4 · 19정신은 당시의 절망적 경제사정에 대한 분노도 크게 포함되어 있었다고 생각된다. 6 · 25전쟁에 의해서 폐허가 된 나라에다가 낙후된 전근대적 경제현실로 인해서, 전국민이 기아선상에서 헤매는 나라였던 자유당시대의 못살고 헐벗은 현실에 대한 항거의지도 분명히 존재했던 것이 사실이었다. 4 · 19정신은 경제적 변인도 분명하게 존재하는 것이었다.

여섯째로 4 · 19정신에서 꼭 지적할 것으로서 수많은 항일 애국지사들의 드높은 뜻을 잊지 말아야 하겠다. 이승만은 수많은 항일전쟁 영웅들의 드높은 뜻을 짓밟은 장본인이기 때문이다. 일제침략으로 지옥의 고통을 겪는 때의 항일전쟁에 살신성인한 애국자들의 뜻은 나라와 나라님을 지키고 잘 사는 강한 나라를 다시 만들려는 것이었다. 이승만은 그것을 짓밟은 인물이다. 수많은 항일영웅이 있기에 찾은 나라를 본인이 독식했고 나라님을 짓밟았으며 절망 속에 굶는 나라를 만들었다. 4 · 19정신은 항일전쟁 영웅들의 뜻을 대변하는 것이 분명하다.

Ⅲ. 4 · 19혁명의 역사적 의미

1. 4 · 19혁명의 의의

4 · 19혁명은 어떠한 역사적 위상을 갖는가? 그것은 첫째로 이승만의 역사찬탈을 거부했다고 생각된다. 이승만이 영왕을 몰아내고 스스로 임금님이 되려고 했던 바에 대해서, 역사는 그것을 쉽게 용납할 수가 없었던 것이다. 영왕이 11세의 나이로 인질이 되어 일본에 끌려가 억류되어 있다가, 당시로는 일본에 생생하게 생존해 있으며 조용히 역사의 광명이 오길 기다리고 있는데도 역사찬탈을 기도했다는 것을 역사 스스로가 거부한 것이라고 하겠다. 당시에 이승만도 양심과 자격지심이 있어서 노골적인 추진은 못하고 내면으로만 추진했었으나 역사가 그것을 알고 분노한 것이 4 · 19혁명이라고 하겠다.

둘째로 역사의식의 복원을 최촉했다고 생각된다. 자유당 시대는 이승만에 의해서 역사의식이 마비된 상태에 있었다. 모든 것이 일방적인 이승만의 뜻에 의해서 편향적 의식으로 이끌어지던 때였다. 이승만은 본인이 역사의식을 독점하고서 본인의 뜻대로 이끌어 나갔다. 그러니까 역사가 단절되고 신생국같이 되었으며 본인이 국부(國父)가 될 수밖에 없었다.

셋째로 이승만의 실정과 독재에 대한 응징이라고 하겠다. 국가운영을 개인의 독단적 의지에 따라서 자의적으로 이끌다가 보니까 국가경제는 도탄에 빠질 수밖에 없었고 국민들은 가난에 허덕일 수밖에 없었다. 나라살림을 독선적으로 이끌고 독재를 하면 이승만같이 된다는 교훈을 남겨준 것이 4 · 19정신인 것이 분명하다.

넷째로 항일전쟁 애국정신의 왜곡을 거부한 것이 4 · 19혁명이었다. 이

치욕의 창경궁
침략일본이 우리의 황실을 우롱한 최고의 증거물이 창경궁이다. 지구상의 어디에도 황궁을 동물원으로 만든 모독은 존재하지 않을 것이다. 이웃을 침략해도 일본같이 저질침략을 한 사례는 어디에도 없다.

승만은 본인의 항일행위를 침소봉대하면서 항일전쟁의 열매를 독식했었다. 흡사 일본을 몰아낸 위업을 본인 혼자서 달성한 듯이 행동했고, 본인이 부동의 제1영웅인 듯이 처신했다. 이승만이 그 당시에 과잉으로 본인을 신격화시켜 선전한 것은 지금도 노령층 인사들에게는 옛 시대의 추억으로 짙게 남아있는 흐름이 잔존할 정도로 강한 것이었다.

다섯째로 보다 적극적으로 생각하여 이승만이 임금님이 되려는 흐름이 용납되지 않았다면 그것은 무엇을 뜻하는가가 깊게 음미되었어야 한다. 이승만은 본인이 임금님이 되려고 준비하는 전 단계로서 종신대통령으로 개헌까지 했으나 미수에 그쳐, 종신대통령 개헌과 3 · 15부정선거까지만 진행하고 임금님 등극은 내면으로만 진행된 데에서 4・19혁명을 맞았었다. 이것은 깊은 의미로 생각하면 우리의 진짜 임금님을 모시라는 것이란 해석에 도달해야 옳다고 생각된다. 우리는 이승만을 몰아내고서 거대한 역사의식에까지는 생각이 미치지 못했었다.

2. 4・19혁명 애국자들의 위상

4・19혁명에 몸바친 애국자들의 역사적 위상은 무엇인가? 그간 애국자들의 드높은 뜻은 일부 정권을 쥐려는 인사들에 의해 이용당한 흐름도 크고, 일부에서는 애국자들을 홀대한 흐름도 있었다. 그러나 4・19혁명의 애국자들은 이제 균형감 있게 역사적 해석을 내려 주어야 하는 단계에 도달했다고 생각된다.

첫째로 앞으로 4・19혁명 열사들을 정략적으로 이용하려는 흐름이나 정략적으로 멀리하려는 흐름과 같은 특정 정파가 이용하려는 대상으로 보는 것에서 떠나야 할 것이다.[65] 정략적 시각으로 4・19열사들을 편향되게 이용하려는 흐름은 근본적으로 4・19정신을 왜곡하고 모독하는 것이다. 그간 4・19혁명을 홀대한 세력보다도 4・19혁명을 겉으로 받드는 척하면서 이용한 세력에 의해 4・19정신은 더욱 오도되었다고도 생각된다. 4・19정신은 그런 식으로 특정정파를 위해서 애국을 했던 것이 아니다.[66] 역

65) 4・19혁명의 주체를 논하는 글을 읽으면 학생들을 이용하려는 성향이 내포된 글이 많다. 한상진, op. cit., pp. 68～75 참조.

66) 4・19혁명의 정략적 이용성향에 대표적으로 나타나는 것이 바로 평화적 시위에 관한 것이다. 5・16혁명 후에 군사정권은 민주당 정권을 잇는 명분을 민주당의 4・19정신 위배와 부조리, 부패를 들었으며, 학생혁명의 높은 뜻을 받든다고 했다. 그러므로 학생운동은 5・16혁명으로 완성되었고 학생들은 학문에 열중해야 한다고 했다. 그런데 김영삼은 군사정부를 공격하며 학생운동을 강하게 몰아 갔는데, 정권을 쥐고서는 4・19혁명이 평화혁명이었음을 강조하고 있다. 4・19정신을 정치인들이 정략적으로 이용하는 표본이

사의 정의를 밝히기 위해서 고귀한 살신성인을 한 것이 4 · 19혁명 열사들의 뜻이다.[67)]

둘째로 4 · 19혁명 열사들은 미완성 독립전쟁사를 완성시키려는 드높은 뜻을 가졌던 현대판 독립지사들로 해석되어져야 할 것이다. 항일 독립전쟁의 위대한 뜻이 이승만에 의해 짓밟히는 것을 목도하고 정의의 횃불을 든 것이 4 · 19혁명의 정신이다. 4 · 19혁명의 뜻은 거대한 역사의 흐름에서 파악되어야 옳다.

셋째로 4 · 19정신을 폭넓게 해석해야 4 · 19혁명의 애국자들을 제대로 평가하게 되리라고 하겠다. 그간 단순히 4 · 19혁명이 이승만 독재에 항거한 민주항쟁이라고 단순화시키다 보니까, 계속하여 4 · 19혁명이 정략적 이용물이 되는 길을 갔다. 4 · 19혁명의 정신은 거대한 역사의지를 모두 포괄하는 시대정신의 정당한 평가 차원에서만 올바로 이해될 것이다. 이승만이 오도시킨 역사는 단순히 독재라는 표현 정도가 아니다. 이승만의 죄악은 ① 나라를 모독했고, ② 나라님을 짓밟았으며, ③ 항일전쟁 애국자들을 능멸했으며, ④ 역사의 정의를 어둠에 싸이게 만드는 등 엄청난 죄를 짓고 ⑤ 끝으로 민주주의를 짓밟아 현대사를 처음부터 매우 다양하게 복합적으로 잘못되게 만들었다. 결코 민주주의 파괴 하나가 이승만의 범죄가 아니다. 그 모든 것을 바로 잡으려는 것이 올바른 4 · 19정신임이 분명하다. 4 · 19는 단순히 이승만을 쫓아내려는 것이 아니었다. 그 이상의 큰 과업이 확실하게 존재했었다.

라고 생각된다.
4 · 19포럼, 4 · 19학생운동은 비폭력적 평화혁명이었다, 1997. 7. 23, 1997 학술 심포지엄, 한국일보사 강당.

67) 4 · 19혁명의 주역인 학생들은 자유당에 반대했으나, 민주당을 지지한 것도 아니었다. 그러나 한국야당은 그 이후 4 · 19정신을 독점적으로 활용해 온 정략적 흐름이 강했다. 김성환, op. cit., p. 308참조.

3. 4·19혁명의 과제

불의의 이승만에 맞서서 싸운 4·19정신이 그간 제대로 연구되지 않아서, 4·19혁명에 몸바친 애국자들의 드높은 뜻이 제대로 구현되지 못했다면 앞으로 남은 미래의 과제는 무엇일 것인가? 그것은 지금까지 본 논문에서 논해온 바를 정리하면 곧 답이 나올 것이다.

4·19정신을 구현하기 위한 최초의 과제는 우리의 제대로된 민족적 구심점을 세우는 일이다. 이승만의 불의의 역사찬탈을 거부한 4·19애국자들의 뜻을 받드는 길은, 이승만이 임금님이 되는 것을 거부한 것의 의미를 바로 해석하는 것이다. 그러므로 그 해석은 바로 올바른 임금님을 모셔서 민족의 얼을 세우고 민족의 정신적 중심을 확고히 세우는 것이다. 일본이 그토록 끊으려고 했던 우리의 임금님이면서, 또다시 이승만이 철저히 짓밟은 임금님을 다시 찾는 것이 바로 4·19혁명의 최대 과제가 될 것이 분명하다. 그러나 그간 4·19정신을 피상적으로만 고찰하다가 보니까 핵심정신을 상실하며 오늘에 이르렀다고 생각한다.

다음으로 현대사의 중심 축에 항일전쟁의 애국혼을 정면으로 도출시켜야 하겠다. 이승만에 의해서 항일 애국자들은 숭고한 뜻이 빛 바래고 감춰지고 오도된 면이 컸었다. 그렇게 되니까 항일전쟁시대의 역사는 사실상 그간 일제침략을 인정하는 역사를 만들었었고, 그 어둠의 역사를 학생들에게 가르쳐 왔다. 그러나 앞으로는 만 35년의 그 시대 역사는 지금까지와는 전혀 다르게 항일전쟁 애국자들의 위업을 위주로 재진술되어야 하겠다. 안중근, 윤봉길, 이회영, 나 철, 이상설, 김좌진, 김광서, 홍범도, 이청천, 김원봉, 양세봉, 유관순 등의 찬란한 항일위업을 중심으로 역사를 다시 쓰고, 일제침략 만행사 위주로 쓰고서 일본이 나쁘다고 결론짓는 지금의 방식은 재고되어야 하겠다.

그리고 지금까지 망국을 인정했던 역사를 다시 써야 옳다. 일제침략자들이 우리보고 망했다고 했어도 그들의 침략의지를 거부해야 하는데, 이승만은 그것을 인정하고 본인이 신생국의 국부(國父)라고 망언을 했다. 우리가 왜 망했는가? 만주 땅과 시베리아에 민족의 중심세력이 망명을 떠나서 처절히 항일전쟁을 하며 생생히 살아 있었는데, 언제 나라가 망했는가? 4 · 19혁명의 애국자들은 이승만의 망언을 거부했다. 4 · 19정신은 이승만 역사관을 거부하는 것이다. 우리의 찬란한 항일전쟁사를 분명히 정립시켜야 할 것이다.

끝으로 이승만의 자유당 시대와 같이 친일영합 혹은 친일매국 인맥이 국정운영의 주도권을 쥐는 것을 용납할 수가 없음을 천명한 것이 바로 4 · 19정신이다. 이승만이 첫단추를 잘못 끼워서 수많은 친일파가 친미파로 둔갑하며 국정을 농락해와 현재의 우리는 국가적으로 민족정기가 바로 서질 못하고 있다.[68] 4 · 19애국자들의 뜻은 바로 매국성향의 정부를 거부한 것인 만큼, 그것에 대한 분명한 조치가 있어야 하겠다. 그러나 최근까지도 국정의 최고지위인 국무총리에까지 친일영합 혹은 매국 인맥이 자리를 잡고서 전면에 나설 정도로 우리는 이런 면에 감각이 없다. 4 · 19혁명의 정신은 이 시간에도 모독을 당하고 잊혀지고 있다고 하겠다.

Ⅳ. 맺는 글

역사의 여명은 새아침을 열고 준비한 때에만 찬란한 태양을 타고 찾아온다. 하지만 이승만은 전혀 역사를 준비한 인물이 아니었다.

68) 정태영, 한국사회민주주의 정당사(서울: 세명서관, 1995), p. 817.

광평대군 묘역

광평대군묘는 서울의 수서동에 있으며, 황실묘역으로서 가장 대표적인 곳이다. 700여 종친묘가 밀집되어 있으니, 이승만의 역사찬탈을 꾸짖은 대표적인 지역이라고 생각된다.

이승만은 태어난 때가 바로 광무황제가 확고한 군주권을 행사하고 있던 시기였으며, 그가 성장하던 시기는 대원군이 국력을 다져 놓은 힘있는 때였다. 그러다가 점차 국력이 쇠잔해지며 일제침략을 받게 되는데, 이승만은 이 무렵에 미국에 가서 박사학위 공부를 한다. 그리고는 학위를 받고 잠깐 귀국했다가 고국을 떠나서는 줄곧 미국에서 평생을 보낸다.

이승만의 조국에 대한 생각은, 임금님이 확고히 위상을 정립하고서 나라의 주인공으로 있는 것이다. 이승만에게 있어서 임금님이 된다는 꿈은 자유당 시대 내내 그의 뇌리에서 떠날 수가 없는 것이었다. 그렇다면 4·19혁명에 의해 이승만의 역사찬탈이 좌절된 때에 당연히 이루어질 것은 원래대로 임금님을 모시는 것이 아닐까 한다. 일본에 인질로 끌려가 평생을 창살 없는 감옥에서 보낸 영왕을 다시 모셔다가 민족의 구심점으로 다시 모시는 것이 백번 옳은 일일 것이다.

그러나 4 · 19혁명 뒤의 민주당 정권은 원래의 제헌헌법과 같은 내각제로 되돌아갔다.69) 그리고 곧이어 군사혁명이 일어나면서 집권한 박정희 시대는 대통령제로 다시 바뀌었다. 다만 위안이 되는 것은 박정희 시대에 영왕, 덕혜 옹주를 귀국시켜 품위 있는 삶을 살게 배려를 해 주었고,70) 아직 최종적 증거가 나오지는 않았지만 10월유신 때에 박정희는 입헌군주제를 만들 계획을 추진하다가 죽음을 맞아 좌절이 되었다고 한다.

그렇다면 왜 장면정권은 제헌헌법까지는 생각해도 단군 이래의 역사를 잇는 일을 못 했는가? 그리고 다시 박정희 정권은 입헌군주제의 뜻을 갖고서 내막적으로 추진까지 했으면서도 중도에 좌절이 되었는가? 그 까닭은 장면, 박정희 정권이 모두가 처절한 역사인식이 없이 정권을 쥐었기에 그렇게 된 것이다. 민족사를 열어갈 수권정당이 되려면 그 시대를 이끌어갈 역사의지가 분명히 있어야 한다. 시대정신을 알고 이끌어야만 한다. 그러나 그 시대에 있어서 꼭 장면, 박정희만을 주목해야 옳은가? 우리가 당시에 방황을 했던 원인은 또 없는가? 그것은 장면, 박정희만 탓할 것이 아니라, 한편으로는 임금님 모시기의 주체인 대한황실이나 전주 이씨 대동종약원이 일치된 모습으로 단호하게 주장하고 행동화시키지 못했기 때문이라고 생각된다. 그리고 국민들도 역사의지가 박약하고 민도가 낮았었다.

이승만을 몰아내고 4 · 19혁명을 일으킨 국민들의 뜻을 읽고서, 단호하게 입헌군주제를 주장하고 임금님을 다시 모셔서 역사를 잇자고 누가 주장을 해야 옳은가? 조국탈환의 초기에 임금님을 모시려는 움직임이 약간은 있었으나, 이승만의 탄압으로 끝나고 말았는데 그 이후에 다시는 그런 움직임이 없었다. 대한황실이 확실한 생존투쟁 의지를 갖고 다시 뭉쳐서 단호한 주장을 했었다면 우리의 국민들은 결코 그것을 저버릴 국민이 아니다. 전주 이씨 대동종약원이 태조 고황제 이성계 장군의 드높은 뜻을 되

69) 이기택, op. cit., pp. 131～134.
70) 김을한, op. cit., pp. 334～362.

살리려는 강렬한 생존투쟁 의지를 갖고, 함께 뭉쳐서 힘있게 주장을 했다면 결코 우리 국민들은 그것을 소홀히 다룰 국민이 아니다. 그러나 4・19 혁명이 일어난 때에 그것이 없었다. 아니 국민들 모두가 아직 시대정신의 통찰이 없었다.

다만 영왕, 덕혜옹주의 귀국만을 조용히 요구했음에 불과했다. 그리하여 그 이후 역사가 표류하며 오늘에 이르렀고, 4・19정신의 본질이 외면되며 오늘에 이르렀다. 이제라도 결코 늦지는 않았다. 대한황실이 다시금 역사의 전면에 정식으로 재탄생을 선언해야 할 것이다. 우리의 충성스런 국민들이 역사의 정의를 저버릴 국민들은 없다. 힘차게 역사의 태양을 다시 떠올릴 것이다. 그것이 바로 4・19정신의 정확한 구현이다.

> 「권력은 그것을 잡는 것보다 유지하는 것이 백배나 어려운 일이다. 이승만은 권력을 잡는 데에는 천재였으나 왜 권력을 잡아야 되는지를 몰랐다. 권력을 잡은 뒤의 철학이 없이 잡은 권력이, 개인의 사사로운 꿈의 노예가 되게 되었고 그 종착점이 4・19혁명이었다. 4・19혁명은 이승만의 흑심에 가려진 역사의 정의를 다시 찾으라는 준엄한 명령이었다. 우리의 임금님은 당당하게 모셔져야만 한다.」

아홉번째 주제

사이버(Cyber) 황실복원운동 연구

Ⅰ. 들어가는 글

Ⅱ. 사이버 황실복원운동의 성격
1. 인간적 변화
2. 방법적 변화

Ⅲ. 사이버 황실복원운동의 전개
1. 종류
2. 대한황실재건회의 전개

Ⅳ. 사이버 황실복원운동의 미래

Ⅴ. 맺는 글
1. 자랑스런 사이버 젊은이들
2. 역사 창조의 함성

Ⅰ. 들어가는 글

사이버 사회는 인류사회에 등장한 가장 최근의 모듬살이 형태이다. 예부터 인류의 삶은 땅을 바탕으로 땅에 발을 붙이고서만 이루어져 왔다. 그러다가 현대시대에 진입하면서 항공우주산업의 발달에 의해서 공간사회에 있어서의 인간의 삶을 새롭게 창조하게 되었다. 하늘을 나는 새와 같은 사회가 과학문명의 발달 속에 잉태된 것은 인류사에 있어서 가히 혁명적인 대사건이다. 그런데 극히 최근의 몇 년 사이에 항공우주공간을 뛰어넘는 전혀 새로운 공간으로서의 사이버 공간이 별안간 인류사회에 혜성같이 등장했다. 그것은 현실공간을 뛰어넘는 가상공간으로서의 사이버 신공간사회인 것이다.

인터넷은 컴퓨터와 컴퓨터를 연결하는 체계를 구성하다가 우연하게 탄생되었다. 미국의 군사기지 사이의 통신체계를 구성하다가 그것이 저절로 확대 정착되면서 새로운 인터넷 공간사회가 탄생된 것이다.[1] 이렇게 탄생된 인터넷 공간사회는 단순히 정보 교환이나 의사소통의 장(場)이 아니다. 또한 컴퓨터 매니아들만의 공간도 아니다.

원래 '사이버 스페이스'란 말은 1984년 윌리엄 깁슨의 과학 소설 『뉴로맨서』(Neuromancer)에서 처음 사용되었다. '사이버 스페이스'란 표현은 소설에서 다국적 기업 간의 경쟁의 장과 세계적 갈등의 목적, 새로운 경제적 · 문화적 경계선으로서 묘사되는 디지털 통신망의 세계를 뜻한다. 이 표현은 전자 통신망 사용자들과 창안자들에 의해 즉각적으로 받아들여졌다. 오늘날 세계적으로 사이버 문화를 주장하는 문학 · 음악 · 예술, 게다

1) 1969년에 미국 국방성에서 만들어진 ARPANET가 최초의 모습이다.
문영식, 박정기, 최중민, 인터넷과 PC통신(서울: 이한출판사, 1998), p. 75.

가 정치적 흐름이 급팽창하고 있다.[2)]

결국 사이버 신공간 사회는 컴퓨터 공학의 발달에 의해서 인터넷이 형성되고, 그것을 바탕으로 인간관계가 이루어지는 새로운 개념의 사회인 것이다. 사이버 공간은 디지털 정보 수단을 매개로 하는 모든 인간 활동을 포함하며, 사회생활의 모든 영역에 강력한 영향을 미치면서 사회를 급격히 새롭게 재탄생시키고 있다. 따라서 사이버 공간의 발달이 우리 현실생활의 본질적 변화를 초래해 가고 있다. 그러므로 사이버 공간에서 벌어지고 있는 활동에 대한 관심과 이해가 확실히 점검되어져야 되게 되었다.

사이버 공간의 경이로운 발달과 함께, 그간 진행되어 온 한국 사회의 황실복원운동도 전혀 새로운 상황에서 놀라운 흐름이 나타나게 되었다. 이런 변화의 구체적 배경을 제시하면 다음과 같다.

첫째로 한국사회가 급변하고 있음을 말한다. 한국은 컴퓨터 반도체를 세계 생산량의 4할 정도나 생산하는 반도체 강국이다. 한국은 반도체 제1위 생산국일 뿐만 아니라, 인터넷 보급률 1위, 전국에 보편화된 PC방을 가진 IT최강국으로서, 조선에서도 세계 제1위 생산국이고, 자동차는 세계 제5위 생산국이며, 세계에서 두번째로 큰 제철소를 갖고 있는 등 OECD국가로서 제10위의 경제력을 가진 나라로 급성장해 왔다. 따라서 세계 제10위의 경제강국으로 급성장하는 흐름 속에서 한국사회 자체가 외형만이 아니라 질적으로도 급변하고 있는 것이다. 세계 반도체 제1위 생산국의 높은 정보전자 산업능력이 사회 자체를 내부적으로 급변시키고 있는 것이다.

둘째로 인공지능 산업에 의해서 지식세계도 급변하고 있음을 뜻한다.[3)] 현대는 옛적부터 내려온 전통적인 지식만으로는 살 수 없는 새로운 지식

---

2) 피에르 레비, 사이버 문화, 김동윤・조준형 역(서울: 문예출판사, 2000), pp. 133～134.

3) 인공지능 사회를 상징하는 또 하나의 대표적인 존재가 로봇이다. 그런데 한국사회는 로봇 산업인 제어계측 공학도 세계적 수준에 진입되어 있다. 특히 한국은 일본, 싱가포르에 이어 지구상에서 세 번째로 산업용 로봇이 많은 나라인 점도 주목되어야 한다.

의 시대가 되었다. 인류는 원시사회에서 농경사회로 진입하는 농업혁명에서, 상공업이 핵심축을 이루는 산업혁명을 거쳐서, 컴퓨터 정보혁명을 통한 신시대를 맞게 되었다. 그것은 바로 인류가 농본주의 사회를 거쳐 자본주의 사회로 진입했고, 이제 다시금 정보혁명을 바탕으로 한 제3의 지본주의(知本主義) 사회가 되었음을 말한다. 그리하여 현대의 한국사회를 이끄는 힘인 지식 자체가 급변하며 오늘에 이른 것이다.

셋째로 한국사회를 사는 젊은이들도 새롭게 탄생되고 있다. 오늘날의 젊은 청년들은 결코 옛적부터의 전통적인 젊은이가 아니다. 가히 혁명적일 정도로 새로운 모습의 정보전자시대 젊은이들이 탄생된 것이다. 통상 인터넷 공간사회에서 만들어지는 인간을 말해서 사이버펑크(Cyberpunk)라고 부르는데, 이는 과거의 젊은이들과는 전혀 다른 문자 그대로의 새로운 사이버 인간들인 것이다.

Ⅱ. 사이버 황실복원운동의 성격

사이버 세계의 등장에 의해서 급격하게 변한 한국사회에 있어서, 황실복원운동도 옛적부터의 전통적이거나 고루한 모습을 그대로 보여주지는 않는다. 지난 10여 년에 걸쳐서 꾸준히 전개된 황실복원운동은, 상상도 못하는 새로운 형태로 변하며 가히 혁명적인 새로운 단계를 맞게 되었다. 그 변화된 내용은 다음과 같다.

1. 인간적 변화

1) 변화 성향

우선 황실복원운동에 참여하는 인간집단이 완전하게 달라졌다. 그것은 바로 사이버 세계를 통해서 인간적 조직화가 이루어지게 되었음을 뜻한다.[4] 과거의 사회에 존재하던 정의적 흐름의 공동사회(共同社會)나, 계약적 흐름의 이익사회(利益社會)라는 등의 소박한 개념으로의 양분법적 사고로는 도저히 이해할 수 없는 제3의 사회가 별안간 등장하였으니, 가상공간으로서의 사이버사회(Cyber Society)에 맞는 인간으로 새롭게 조직화가 되고 있음을 말한다. 그들은 어떤 특성을 갖고 있는가?

(1) 역동성(力動性)

사이버 세계의 젊은이들은 지극히 역동적이다. 빼어난 순발력과 번뜩이는 판단력이 없이는 사이버 세계에서 생존하기가 쉽지 않다. 생각하면 사이버 세계도 인류사회에서 원시부터 현대까지 항상 존재해 온 적자생존의 법칙이 확실하게 존재하고 있는 바, 그 첫번째의 생존기준은 속도감 넘치는 역동성이라고 생각이 된다. 따라서 황실복원운동도 지극히 역동적인 흐름을 바탕으로 순발력이 높게 전개되게 되었다. 사이버 세계에서는 게으름이란 단어를 용서하지 않는다.

(2) 평등성(平等性)

사이버 세계는 지극히 평등하다. 물론 참여하는 인간들 사이에 있어서 본인의 주어진 신분, 입장 등을 바탕으로 교호관계가 이루어지고 있지만,

---

4) 안천, 생활화 사회과교육론(서울: 교육과학사, 2001), p. 69.

사이버 세계에 있어서의 참여자들은 사이버 공간에 있어서는 누구나 평등하다. 이 점은 매우 중요한 것으로서, 현대 황실복원운동은 남녀노소, 직업, 신분에 구애됨이 없이 수많은 참여자들을 누구라도 평등하게 받아들일 수 있는 토대를 갖게 된 것이다.

(3) 익명성(匿名性)

사이버 세계는 익명성을 보장할 수 있는 점에서도 특이하다. 참여자들은 공개적으로 참여해도 좋지만, 익명적으로 참여해도 문제가 되지 않는다.[5] 익명성은 사이버 세계에서 장점이 될 수도 있고, 단점이 될 수도 있다. 그런데 황실복원운동에 참여하는 인사들은 경우에 따라서는 익명성을 크게 선호할 수도 있고, 익명성은 그렇기에 황실복원운동에 의외로 큰 기여를 하게 될 수 있겠다.

(4) 광역성(廣域性)

사이버 세계는 폭넓게 조직원을 포괄할 수 있음에도 큰 장점이 있다. 사이버 세계는 조직원을 포용하는 공간이 때로는 국경을 넘어서 지구촌 전체에까지도 확장될 수 있는 대단히 광역성을 띤 가상공간이다. 따라서 앞으로의 황실복원운동은 드넓은 가상공간을 전제로 폭넓게 확대될 것임을 당연하게 받아 들여야 될 것이다.

(5) 지식성(知識性)

사이버 세계의 조직원들은 옛적부터의 전통적인 지식세계에 안주하지 않는다. 물론 사이버 조직세계의 구성원들은 전통적인 지식도 풍부하게 갖고 있지만, IT 세계의 신지식을 확실하게 구비하고 삶을 살아간다. 그렇

---

5) 사이버세계에 참여하는 젊은이들은 나이가 젊을수록 본인의 이름보다는 나름대로의 별명(ID)을 사용하는 경우가 많다. 다분히 익명성이 높은 사회임을 뜻한다.

기에 그들을 신지식인이라는 말로 표현하기도 한다. 전자정보시대의 전혀 새로운 사고를 바탕으로 지극히 창조적인 형태를 보이는 조직원들이 많이 나타나는 것이 오늘의 IT 산업 현실임을 확실히 유의해야 될 것이다.

2) 변화 사례

사이버 세계의 조직원들이 전통적인 조직원에 비해 현격하게 다른 성향을 보인다는 점을 앞에서 지적했는데, 그것을 보다 분명히 알 수 있는 사례를 간략하게 들어보면 다음과 같다.

(1) **사례A(전통적인 인간형): 이명기, 유성출**

지난 10여년 사이에 있어서 황실복원운동에 참여했던 사람들은 꽤 여럿이 존재한다. 그 가운데에는 매우 열성을 보이다가 식어버린 사람들도 있고, 꾸준하게 마음과 행동을 이어가는 사람들도 있다. 다만 끈질기게 행동하는 단호한 신념의 사람은 소수라고 생각한다. 그 가운데서도 이명기(李明基)는 가장 대표적인 인물이다.[6]

지금까지 황실복원운동에 참여했던 인물에 있어서, 이명기와 유성출의 사례는 중견 공무원이다. 이명기는 서울에 있고, 유성출은 마산에 있는데 전통형 인간으로서는 매우 전형적인 인물들이다. 이 가운데 이명기를 사례로 들어서 말하면, 강한 역사의식과 사명감을 갖고 성심성의를 다해서 황실복원운동의 신앙을 갖고 있다고 할 정도로 열성껏 살아가고 있다. 그리고 유성출은 개인 스스로의 생각을 정리한 저서까지도 출간을 했다.[7] 아마도 이명기나 유성출 같은 인물들이 절대다수가 존재한다면 역사는 즉각 변화의 길을 가리라고 본다.

---

6) 이명기는 황실복원운동에 있어서 가장 활발하게 행동해온 인물이다. 이명기는 강용자 여사를 중심으로 하여 여러 사람들을 묶어서 황실복원운동을 조직화함에 노력해 왔다.

7) 유성출, 젊은 보수주의자(서울: 얼과알, 2001).

(2) 사례B(사이버 인간형): 유바다, 이기원, 권영훈

사이버 인간형은 최근에 별안간 자생적으로 등장한 황실복원운동가들이다. 그들은 기존의 전통적인 흐름을 완전히 탈피한 전혀 새로운 형태의 인간으로 별안간 나타났다. 소위 사이버 공간의 신세계를 통해서 등장한 신선하고 새로운 인물들이다.

그들의 대표적 사례는 유바다, 이기원, 권영훈을 들겠는데, 바로 본 논문의 핵심적인 주인공들인 것이다. 그리고 새로 합류한 젊은이들로서 송희원, 심석규, 신익수, 오영임, 이종엽 등이 활발하게 움직이고 있다. 그들은 앞에서 말한 역동성, 평등성, 익명성, 광역성, 지식성 등을 포괄하는 사이버 세계의 여러 특성을 공유한 가운데 새롭게 등장하였으니, 그들의 특성을 몇 가지로 보다 상론해보면 다음과 같다.

첫째로 생동감이 넘치는 젊은 세대들이다. 거의 모두가 대학생 혹은 그 또래로서 싱싱한 젊음을 무기로 겁없이 사는 신세대들이다. 거의 대부분이 나이가 어린 20대의 젊은 대학생들인 만큼 황실복원운동 자체도 싱그러운 젊은 운동으로 재탄생된 것이다.

둘째로 전국적 흐름을 포괄한다. 이기원은 서울, 권영훈은 광주, 유바다는 부산을 근거지로 삼아 황실복원운동의 지역적 토대를 만들면서 넓은 사회적 흐름을 포용하고 있다.

셋째로 사이버 세계를 종횡무진으로 달리는 행동성이 넘치는 젊은이들이다. 이들은 하나같이 사이버 세계에서 만나서 사이버 인간관계로 엮어진 사람들이다. 황실복원운동의 전반적 흐름을 사이버 흐름으로 엮어 나가고 있다.

2. 방법적 변화

황실복원운동에 있어서 또 다른 급격한 변화는, 인간적 변화에 못지 않게 방법적으로도 가히 혁명적인 변화를 가져왔다. 전통적인 방법에 있어서는 각종의 문서나 책자, 그리고 전화, 전보를 통해서 이루어지는 것이 통상적인 것이었다. 그리고 직접 만나서 대화를 나누고 토론하는 것이 중요한 방법이었다.

그런데 사이버 시대가 도래하면서 그 방법은 혁명적으로 바뀌었다. 물론 사이버 시대에 있어서도 전통적인 방법은 엄연히 살아 있고 중요하게 쓰여진다. 그렇지만 사이버 시대에 있어서는 전통적인 방법을 뛰어 넘는 전혀 새로운 전자정보시대의 방법이 쓰여진다. 그 방법에 있어서 중요한 것들을 거론하면 다음과 같다.

1) 가입 절차

사이버 세계에는 전통적인 조직과 달라서 가입과 탈퇴가 매우 쉽다. 엄청난 숫자의 인원도 쉽게 모여지고, 매우 많은 일이 빠르게 이루어진다. 어떤 특정인이 사이버 공간에 카페나 홈페이지를 개설하여 운영을 하면 개설자와 운영자가 생기고, 여기에 많은 인물이 전자매체의 흐름을 타고서 자발적으로 가입하게 되는 것이다.

2) 활동 방법

(1) On line 활동

① 게시판

사이버 활동에 있어서 여러 회원들이 의견을 나눌 공간으로 게시판이 만들어진다. 게시판은 중심(main) 게시판이 있고, 경우에 따라서는 다양한 형태의 하위 게시판이 만들어 질 수 있다. 그리하여 게시판을 통해서 이루어지는 활동내용도 다양하고 폭넓게 전개되며, 그것은 순발력이 있는 '번개치기'에서부터 시작하여, 조용히 관망하는 때의 '잠수하기'까지의 다양한 사이버 활동이 펼쳐진다.

② 자료실

사이버 활동에 필요한 다양한 자료가 수록되는 공간으로서 자료실이 개설된다. 참여자들은 자료실을 통해서 많은 정보를 습득하고, 본인이 자료를 제공할 수도 있다. 또 회원들 개개인의 정보를 알려주는 회원정보실도 만들어진다.

③ 대화방

일반적으로 채팅(Chatting)이라고 하는 것으로서, 동시에 대화가 이루어지는 것을 말한다. 특정 주제에 대해서 대화를 나누게 되는데, 이는 일대일, 소수 간에 이루어질 수도 있으나, 정팅(定期 Chatting)과 같이 동시에 다수가 모여서 대화를 나눌 수도 있다.

(2) Off line 활동

오프라인 활동이란 사이버 활동가들이 컴퓨터가 아니라 현실세계에서 직접 만나는 모임을 말한다. 사람들이 직접 모이는 행사를 총괄하여 오프라인 활동이라고 하는 것이다. 여기에 있어서는 정모(定期모임) 활동이 가장 일반적이다. 정모에 있어서는 특정 주제에 의한 활동을 하면서, 다양한 형태의 일반적인 부수 행사가 곁들여 지는 것이다.

Ⅲ. 사이버 황실복원운동의 전개

사이버 세계가 우리 사회에 펼쳐지면서 새롭게 나타난 황실복원운동은 짧은 시간에 예측하지 못할 정도로 빠르게 전개되었다. 그리하여 우리 사회를 밑바닥부터 바꾸며 폭넓게 그 힘을 발휘해가고 있다. 그 급속한 사이버 황실복원운동 전개의 내용은 다음과 같다.

1. 종류

사이버 황실복원운동에 해당한다고 할 흐름의 종류는 크게 다음과 같이 나눠 볼 수 있다. 여기서 유의할 사항은, 여기서 종류라고 할 경우에 그것은 엄밀하게 말하면 내용상으로 분류한 종류에 더 가깝다는 점이다. 모두가 사이버 세계에서 활동하는 것은 같으면서 그 전개 방법상의 차이에 의해 나누는 것이기 때문이다.

2. 대한황실재건회(大韓皇室再建會)의 전개

‘대재모’는 젊은 황실복원운동가들인 요즈음의 젊은이들이 사이버 활동에서 자신들의 모임을 줄여서 약칭으로 말하듯이 통상적으로 부르는 호칭이다. 이것은 원래 ‘대한황실의 상징적 재건을 바라는 모임’을 줄여서 부르는 것이다. 대재모의 활동은 두 단계를 거치며 이루어져 오늘에 이르렀다.

1) 조선왕조를 사랑하는 사람들의 모임(조사모)

대재모는 애초에 '조사모'로 출발한다. 조사모는 '조선왕조를 사랑하는 사람들의 모임'을 줄여서 부른 약칭으로서 융희93년(1999년) 8월에 다음카페(daum cafe)에 처음 개설이 되었다.[8] 물론 개설이 된 초창기에는 회원도 소수에 불과하고, 별다른 활동이 없이 세월이 지났다.

그런데 조사모가 활성화되면서 황실복원운동사에 역사적 의미를 갖는 활동을 시작하는 것은 1년반이 지난 융희94년(2000년) 겨울부터이다. 조사모를 처음 개설한 사람은 개설만 해놓고 사실상 그냥 시간을 보냈는데, 여기에 젊은 사이버 황실복원운동가들이 가입되면서 활성화가 이뤄지게 된 것이다. 새로 동참하면서 나타난 젊은이들에 있어서 대표적인 인물은 이기원, 유바다가 있고, 여기에 권영훈, 송희원(줄리) 등이 핵심인물로 합류하였다.

조사모는 처음에 표방하길 '대한황실재건'과 '황실을 경복궁으로'의 두 가지를 조직 목표로 하여 카페를 운영했다고 한다. 그러나 이기원 등이 합류할 때에는 회원이 별로 없다고 할 숫자인 약 70명 정도로서, 카페로는 사실상 유명무실한 수준에 머물러 있었다고 한다. 개설자가 바쁘고 다른 일이 많아서 그랬다는데, 이기원이 나타나면서 사실상 이기원이 중심인물이 되면서 활성화의 출발이 이뤄진 것이다.

이기원을 비롯하여 유바다를 포함한 여러 대학생들이 합류하고, 다른 20대의 젊은 세대들과 30대 이상의 기성세대도 합류하면서 조사모는 회원도 불어나고 활동도 폭을 넓혀 가게 되었다. 그리하여 최초의 정기모임이 융희95년(2001년) 2월에 열렸다.

젊은이들은 정기모임을 '정모'라고 줄여서 부르는데, 제1회에는 6명이 모였으며, 당시의 카페 회원은 약 300명쯤 되었다고 한다. 조사모의 정모

---

8) 본 내용은 조사모의 핵심회원들이 2001년 3월에 필자를 직접 방문하여 면담이 이뤄졌다. 그러고 나서 그 후 몇 차례의 보완 면담이 이어졌다.

활동은 매월 계속되어 5월에는 약 15명이 참여하여 종묘대제에 참석을 했고 6월에는 12명이 경기도 양평에서 모임을 가져 카페를 구체적으로 조직화시켰으니, 황실복원의 방향도 정립하고 운동목표를 보다 뚜렷하게 다듬었다. 그리하여 회원들은 양평 모임부터 조사모를 보다 확실하게 의미를 부여하기 위해서 대재모로 바꾸는 데 합의하였다.

대재모의 젊은이들은 그 후에도 계속 역동적으로 움직여 매달 정모를 가졌음은 물론이고, 8월 15일에는 약20명이 모여서 광복절 행사로 창덕궁과 창경궁에서 황실복원을 알리는 전단 1,500장을 배부하였다. 이들은 7월 말에 긴급 모임을 갖고 광복절 행사를 준비했을 뿐만 아니라, 앞으로의 활동에 대해서도 세밀한 논의를 전개했다고 한다.

그리하여 9월초에는 카페 회원이 약1,200명으로 급증하였으며, 10월의 정모는 경복궁에서 이뤄져 약20명이 참여하는 가운데 조직화를 시키게 되었다. 이리하여 조직은 5개 부서로 나누고, 회원관리도 보다 철저하게 되도록 유의해 나갔다. 그런데 이렇게 활성화된 카페에 돌발사고가 별안간 발생하게 되었다.

2) 대한황실재건회

사이버 젊은이들의 표현으로는 대재모에 별안간 생긴 돌발사고를 쿠테타라고 불렀다. 융희 95년(2001년) 10월 31일의 밤에 일어난 쿠테타는 카페의 게시판 10개 가운데 2개가 별안간 밤새 사라져 버리며 시작되었다. 그리고 다음날인 11월 1일에 2개가 또 증발되어 게시판은 6개만 남게 되었다. 그리고 운영자도 이기원만 남기고 모두 일방적으로 삭제되었다.

11월 2일에는 중심(main) 게시판 조차도 사라졌다. 이렇게 되자 이기원, 유바다, 권영훈, 송희원 등의 젊은이들은 경악을 하게 되었고, 그 원인은 원래의 개설자가 일종의 사이버 궁정 쿠테타를 벌여서 그렇게 되었음을 알게 되었다. 이기원을 비롯한 젊은 황실복원운동가들은 개설자에게 항의도 하고 이유를 캐묻기도 했는데, 개설자는 몇 가지 나름대로의 이유를 대면서 대재모를 본인 중심으로 개편하였다고 한다.

물론 이러한 상황을 젊은 조직원들이 용납할 수가 없고, 유바다, 이기원, 권영훈을 비롯한 젊은이들은 단호하게 카페를 새로 개설하여 독자노선을 걸을 수밖에 없게 되었다고 한다. 그리하여 젊은이들은 11월 4일에 대한황실의 재건을 위한 모임인 대재모의 명칭을 한문체로 바꿔 '대한황실재건회'라고 불러서 카페를 새로 개설하고 본인들이 직접 새로운 카페의 운영자가 되면서 독립노선을 걷게 되었다. 10월 31일 밤부터 시작하여 단 5일 사이에 일어난 사이버 정변이었다. 사이버 시대에 있어서의 사이버 사회운동은, 이렇게 단 5일이면 모든 상황이 바뀌며 엄청난 변화가 오는 속전속결의 시대가 된 것이다.

조사모의 개설자는 조선왕조 사랑의 중요성을 부각시키며 카페를 처음으로 개설한 큰 공로가 있고, 그에게도 무언가 피치 못할 중요한 사정이 있었겠지만 젊은이들은 매우 분노하고 있었다. 쿠테타가 일어날 무렵에는 조사모의 카페 회원은 약 1,800명으로 급속하게 불어나 있었는데, 이 가운데에서 약 300명이 새출발에 동참하여 대한황실재건회로 오게 되었다. 젊은이들의 표현에 의하면 그간 off line 활동에 참가하였던 핵심부가 모두 대한황실재건회로 오고, 조사모는 2년전의 초창기 모습으로 되돌아 갔다고 한다. 이렇게 되어 황실복원운동은 대한황실재건회의 모습으로 융희96년(2002년)을 맞게 되었다.

그런데 그들의 회원은 다시 급속하게 불어나고 있으며, 융희96년(2002년) 3 · 1절에는 종로에서 그들의 뜻을 알리는 홍보지를 돌리고, 종로에서 경복궁까지 깃발을 들고 행진하는 행사를 운영하는 등 왕성하고 역동적인 모습을 보이고 있다.

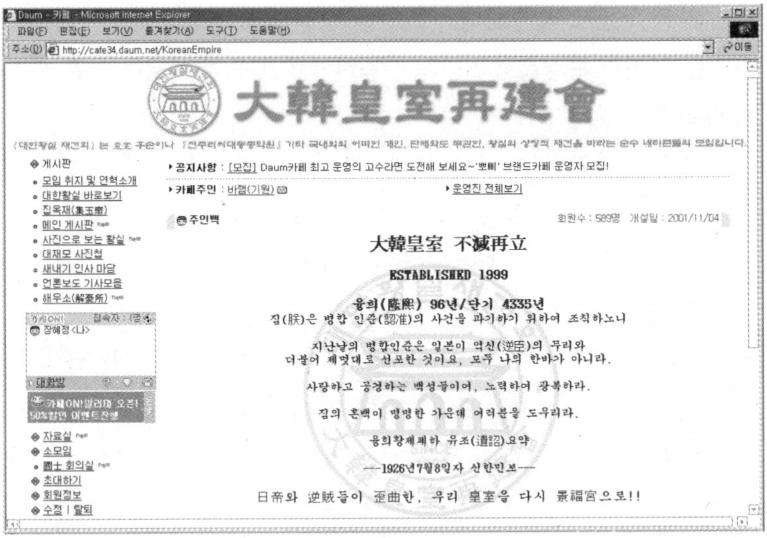

대한황실재건회 초기화면

Ⅳ. 사이버 황실복원운동의 미래

사이버 황실복원운동의 미래상은 어떨 것인가? 그에 대해서는 일단 여기서 긍정적인 전망을 해도 되리라고 본다. 전통적인 기성세대의 흐름이 아닌 젊은 신세대들의 흐름은, 기존의 개념틀을 뛰어넘는 상상도 못할 신경지를 쉽게 개척하는 경우가 많기 때문이다.

생각컨대, 전통적인 흐름의 사람들은 뜻이 있어도 용기가 없어서 행동화가 쉽지 않은 경우가 많고, 실천하기에 앞서서 너무 많은 것을 헤아려서 단호함이 부족한 경우도 많으며, 자신 스스로의 안위를 먼저 생각하여 공익보다는 사익을 먼저 계산하는 경우도 많다. 그렇기에 기존의 전통적인 흐름은 꽃이 피고 열매가 맺으려면 시간이 많이 걸리고, 열매가 제대로 맺어지지 않을 확률도 적지 않다.

그러나 사이버 황실복원운동은 전통적인 흐름을 뛰어넘는 높은 성공률이 나타날 가능성이 크다.

첫째로 사이버 젊은이들은 대단히 용기있는 젊은이들이 많다. 기성세대의 표현을 빌린다면 '못말리는 젊은이들'이 많은 것이다. 과단성있게 황실복원운동을 기획하고, 몸과 마음을 아끼지 않으며 뜻있는 일을 향해서 매진하는 흐름은 신세대의 장점이자 특성이다.

둘째로 사이버 젊은이들은 매우 창의적이다. 스스로 머리를 짜내서 신선한 생각을 갖고 확실하게 일을 추진함이 매우 돋보이는 자들이다. 앞으로 사이버 황실복원운동의 미래는 상상도 못하는 새로운 방향으로 과감하게 개척될 것이다.

셋째로 쓸 데 없는 명분론이나 체면에 묶여서 살지 않는다. 누가 시키지 않았는데도 8・15 광복절 행사나 3・1절 행사를 기획하고서, 과감하게 전단을 만들어 대량배포를 하고 깃발을 들고서 대낮에 서울 중심부를 당당하게 행진할 수 있는 사람은 사이버 젊은이들이기에 가능한 것이다. 기성세대의 고루하고, 찌든 모습으로 그들을 보는 것은 오해일 경우가 많다.[9)]

---

9) 본 내용의 황실복원운동 외에 인터넷에는 사이버 조선왕조(www.1392.org)가 있어 매우 활성화된 운영을 하고 있다. 그런데 이것은 단순히 조선왕조시대를 가상체험하는 사이트의 성격을 갖고 있다. 그렇지만 본 사이트는 조선왕조시대의 중요성을 생각해 보는 매우 의미있는 사이버 공간이고, 하루 방문자가 1,000명이며 2002년초로서 누적방문자가 30만명이란 엄청난 숫자를 기록하고 있다. 그리고 회원들이 올린 총 게시물 숫자가 35,000개가 넘을 정도로 커뮤니티도 활발하다.

2002년 8월 15일에 본 사이트를 개설한 김두영은 개인 홈페이지로 인터넷 자유부문 경연대회의 대상을 수상했고, 황실복원운동의 밑바탕 정서를 탄탄하게 형성함에 결정적인 기여를 했다고 평가된다.

조선일보 2002. 1. 14.

Ⅴ. 맺는 글

1. 자랑스런 사이버 젊은이들

과학의 발전은 사회진화에 많은 영향을 끼쳤다. 그리하여 물질이 역사 발전의 중심이 된다는 유물사관이 등장하기까지 했다. 본 논문에서는 그러나 물질이 우선이냐 정신이 우선이냐는 논쟁을 하려는 것은 아니다. 다만 확실하게 말할 것은 물질이 역사의 발전에 중요한 토대가 됨은 확실하며, 과학의 발전에 의해서 역사의 추진력은 강한 힘을 받게 되는 점도 분명한 것이다.

본 논문은 사이버 공간이라는 새로운 과학세계의 등장에 의해서 새롭게 나타난 사이버 황실복원운동의 신선한 흐름을 분석하였다. 최근 몇 년 사이에 전격적으로 등장한 것으로서, 약 5년 전만 해도 거의 상상도 못하던 새로운 흐름이 나타난 것이다. 본 사이버 황실복원운동이 '대한황실의 상징적 재건을 바라는 모임'인 '대한황실재건회'로 혜성같이 나타남에 의해서, 역사발전은 전혀 지금까지 경험하지 못한 신경지를 맞게 되었다.[10)]

첫째로 사이버 젊은 운동가들은 자발적으로 혜성같이 나타났다. 누가 시킨 사람도 아니고, 누가 강요할 수도 없는 새로운 젊은 집단이 별안간 나타난 것이다. 사이버 세계라는 신공간을 타고서 구름같이 나타난 젊은이들이 바로 이 시대의 주인공임을 선언하며 나타난 것이다.

둘째로 사이버 젊은 운동가들은 대단히 건전한 집단이다. 많은 사람들

10) 그러나 사이버 황실복원운동의 미래가 성공적인 열매를 맺을 것인가는 여기서 쉽게 미리 말하기는 어렵다. 그것은 사이버 젊은이들이 앞으로 어떻게 보다 진취적 활동을 전개하는가에 그 성공의 열쇠가 달려 있다고 생각된다.

은 이 시대의 젊은이들이 타락한 성향이 높다고 개탄하기도 하고, 인터넷에는 퇴폐문화가 적지 않다고 한다. 그러나 과수원에 가서 벌레 먹은 과일만을 짚어서 모든 과일이 썩었다고 말하는 듯한 언론매체의 선동성 짙은 이야기를 뛰어 넘는 진실된 젊은 집단이 우리의 역사를 이끄는 것이지, 썩은 채로 뉴스거리가 되는 특정 개인이나 특정 집단에 관심을 둘 필요는 없다. 건전 사이버 세계도 무한히 넓고, 갸륵한 젊은 황실운동가도 계속 등장하고 있으며, 그런 훌륭한 일을 부각시키는 언론매체도 적지 않다.

셋째로 사이버 젊은 운동가들은 때가 묻지 않은 순수한 사람들이다. 없는 돈에 용돈을 쪼개 쓰면서도 즐겁게 역사 창조에 힘을 합하는 순수한 열정으로 뭉쳐진 젊은이들이다. 시간을 내서 아르바이트로 용돈을 벌고, 도서관에서 공부하는 시간의 일부를 할애하면서 기쁜 마음으로 새역사를 만드는 젊은이들이다. 부정부패라는 단어는 이 젊은이들에게 존재하지 않는다. 주머니에 동전 몇 닢과 먼지만 날려도 뿌듯한 기쁨으로 순수하게 살아가는 젊은이들이다.

넷째로 사이버 젊은 운동가들은 사명감으로 불타는 용사들이다. 그들의 생애에 있어서 틀림없이 보람있는 일을 성취하면서, 뜻있게 젊음을 불사르겠다는 역사적 사명감으로 확실하게 뭉쳐진 사람들이다. 그들에게는 사소한 타협이 통하지 않는다. 그들은 추호라도 게으름을 용서하지 않는다. 역사가 부르는 소명의식으로 뭉쳐진 젊은이들이기 때문이다.

다섯째로 사이버 젊은 운동가들은 이 시대가 낳은 민족주의자들이다. 역사발전을 왜곡시키거나, 역사창조를 기만해 왔던 기존의 흐름을 단호하게 거부하는 그들의 삶은 민족혼이라는 신앙에 의해서 강력하게 이끌려지고 있다. 침략일본의 상처가 아직도 곳곳에 남아 있는 이 나라를 제대로 고치려는 민족 종교의 신도가 바로 그들이다.

2. 역사 창조의 함성

융희 황제로부터 시작하여 어언 1백년에 다가선 융희 96년! 단기로는 4335년이고, 서기로는 2002년의 월드컵 경기가 우리땅에서 이루어지는 순간! 사이버 공간을 타고 혜성같이 나타난 젊은 함성이 우렁차다. 사이버 공간을 타고 신선한 신시대를 창조하는 젊은 함성이 온누리에 넘치고 있다.

사이버 황실운동가들이 팔을 걷고 용기있게 나타나 역사를 만드는 싱그러운 새물결! 그 물결을 보는 우리들의 가슴이 뛴다. 새로운 역사를 만드는 그 흐름에 벅찬 감격을 느낀다.

그 누가 말했던가? 역사는 역사를 만들 사람에 의해서 창조된다고… 돈은 돈을 벌 사람에 의해서 벌어지고, 집은 집을 지을 사람에 의해서 만들어지는 것이다. 돈을 잘 버는 사람의 눈에 역사를 만드는 사람은 일종의 바보일 것이다. 돈되지 않는 그 일을 도대체 왜 고생하면서 힘들여 하는가? 출

종친부(宗親府)

서울의 정독도서관에 있으며, 대한황실의 혈통적 중심을 상징하는 건물이다. 많은 사이버 젊은이들의 함성을 들으면서도, 그토록 많다는 그 핏줄은 침묵으로 세월을 보내고 있음에 통곡하는 건물이다.

세에 혈안이 되어 정의도 짓밟고, 의리도 버리고, 온갖 사기행각에 탐닉하는 때묻은 사람들 눈에는 역사를 만드는 사람이 일종의 못난이로 보일 수도 있다. 그저 모자라는 인간으로만 보일 것이다. 그러나 역사는 바로 그 우직한 신념인들에 의해서 만들어지는 것이다. 그 위인들의 훌륭한 삶을, 돈과 헛출세에 눈 먼 속된 자들이 어떻게 헤아릴 것인가? 어찌 이해할 것인가?

침략 일본의 상처를 고치려고 나타난 단호한 신념의 젊은 운동가들! 그들이 용기있게 나타난 이 나라는 행복하다. 신은 우리민족을 영광의 역사를 창조하는 살아있는 민족으로 선택하셨다. 젊은 운동가들의 함성이 울려 퍼지는 이 땅에 영광의 날은 멀지 않았다. 여명의 밝음이 온누리의 어둠을 씻어내는 벅찬 희열의 순간! 그것은 역사를 여는 찬란한 태양이 힘차게 떠오름을 만천하에 우렁차게 알리는 것이다.

> '민족의 새역사를 창조해 나가는 영광의 민족주의자는 태어나는 것이 아니라 만들어지는 것이다. 우리의 유구한 역사가 그들을 뒷받침해주고 있고, 오늘의 국제정치환경이 민족혼에 불타는 역사창조의 일꾼들을 만들어 나가고 있기 때문이다.
>
> 그들은 결코 외롭지 않다. 수많은 조상들이 박수를 쳐주고 있고, 끝없는 후손들이 그들의 업적을 두고두고 기릴 것이기 때문이다. 그들은 나날이 강해질 것이다. 우리민족이 생생하게 살아 있고, 오늘을 사는 많은 젊은이들이 싱그러운 꿈을 그리며 열심히 삶을 개척하고 있기 때문이다.'

열번째 주제

대한황실의 정통성 재정립 연구

Ⅰ. 들어가는 글
 1. 역사적 정통성 혼미
 2. 실체적 정통성 상실

Ⅱ. 현대사 재건의 기본전제
 1. 민족실체의 규명: 코리아 합중국 (United Korea)의 규명
 2. 항일 애국혼의 정립
 3. 대한황족 정통맥의 확립

Ⅲ. 현대사 재건의 이념적 과제: 대화합 포용정책
 1. 친일파 청산(화합정책1): 민족정치적 이념
 2. 공산당 포용(화합정책2): 정치 사상적 이념
 3. 항일전쟁사 재평가(화합정책3): 역사학적 이념
 4. 코리아 합중국 건설(대화합): 세계적 민족 이념

Ⅳ. 대한황실 재건의 실체적 과제
 1. 새 서울 건설: 황도(皇都)의 재건
 2. 제도 복원: 입헌 군주제 채택
 3. 임금님 모시기

Ⅴ. 맺는 말

Ⅰ. 들어가는 글

대한황실은 살아있는가? 대한황실은 지금도 역사를 잇고 있는가?

그런데 대한황실의 생존여부를 묻는 질문에 대한 답변은 현재로서는 당연히 부정적이다. 벌써 융희(순종)황제로부터 100년 정도의 세월이 흘렀으니, 대한황실이 살아 있느냐는 질문을 던지는 것부터가 옳지 않다고 많은 사람들이 반문할 만큼 시대가 흘렀다.

그러나 겉보기의 피상적인 흐름을 벗겨내고 우리민족의 속모습을 살펴보면 우리는 그간 너무 허망한 삶을 살아 왔다고 깊은 자괴감에 빠질 것이다. 대한황실의 정통성 문제에 대한 역사적 논의가 없이 세월을 보내다 보니, 현재의 한국정치의 정통성에 대한 논의마저 희미해지고 전혀 뚜렷한 의미를 발견할 수 없게 되었다. 그렇게 되어 나타난 오늘의 현실정치에 있어서 가장 큰 문제점들은 무엇인가?

1. 역사적 정통성 혼미

현대시대의 정치적 흐름은 시종일관 파행적 격류 속에 놓여져 왔다. 지난 50여 년의 현대 정치사를 분석해 보면 정치다운 정치의 흐름을 쉽게 발견하지 못한다.

자유당시대는 정치공백 상태에서 이승만 정권의 독재정치로 이어지다가 4 · 19혁명의 철퇴를 맞고 종말을 고했다. 그 후 이어진 짧은 민주당 시대는 전혀 정치력을 발휘할 수 없는 정치표류의 상태에 있다가 5 · 16군사혁명에 의해 다시금 끝을 맺었다.

그 후 세워진 민주공화당의 박정희 시대는 정치효율성은 매우 높았다. 6·25전쟁 후의 폐허상태에 있던 나라를 세계 10위권의 경제력을 갖춘 나라로 만든 것은 박정희, 전두환 대통령이 집권한 25년 간에 이뤄진 업적이다. 세계 개발도상국의 모범교과서가 되는 성공사례로 각국에서 많이 배워 갔고, 이웃의 중국정부는 등소평, 강택민이 남김없이 베껴다가 모방해서 경제건설을 해가고 있다. 그러나 박정희, 전두환 시대는 권위적 독재권력의 시대였다는 비판을 면하지 못하고 있다.

안델센 동상
안델센의 동화의 나라! 세익스피어의 햄릿왕자가 태어난 아름다운 나라! 덴마크는 임금님에 의해서 평화와 발전을 보장받고 있다.

그런데 노태우 대통령을 거쳐서 김영삼, 김대중 대통령의 민간인 정권의 시대를 맞아서는 다시금 정치적 비효율 속에 국가가 표류를 거듭하고 있다. 아니 노태우, 김영삼, 김대중 시대의 기간은 사실상 정치적 무중력 공백시대가 이어졌다고 말해야 옳을 듯 하다. 노태우 시대의 무능은 물론이고 김영삼, 김대중 시대의 짧은 시간도 극도의 부패 속에 나라를 좌초위기로까지 몰아 넣었다.

왜 우리의 정치는 계속된 파행으로만 이어지는가? 그 까닭은 그간 우리가 정통성 상실 속에서 정치를 이어왔기 때문에, 아무리 노력을 계속 해도 정치적 게걸음을 걸으며 오늘에 이르렀다고 해석된다. 역사적 정통성을 상실한 속에서 정당한 정치적 열매는 쉽게 얻어질 수 없었던 것이다.

2. 실체적 정통성 상실

현대시대의 정치적 방황은 역사적 정통성 상실만이 아니라, 정치적 실체의 정통성 상실에서도 비롯되었다. 물론 역사적 정통성을 상실했다는 것이나, 정치적 실체의 정통성을 상실했다는 것은 사실상 같은 것을 표현만 달리해서 말하는 것일 수도 있겠다. 그러나 엄밀하게 말할 때에 우리의 정치는 역사적으로는 물론이고 현존 실체도 정통성을 상실하여 방황이 이어지는 것이다.

그것은 우리의 최고지도자가 존엄성을 상실했다는 말이 되겠는데, 그간 우리의 정치를 이끌어온 대통령은 결코 궁극적인 존경을 받는 존재가 되지 못해 왔다. 현대시대의 최고지도자는 물론 옛 시대의 나랏님과 동일시되지는 않는다. 그리고 청와대와 옛 궁궐은 다르다. 그러나 나랏님이나 궁궐과는 다른 현대적 존경의 대상이 되는 존재라야 하겠는데 우리의 대통령과 청와대는 그렇지 못해왔다.

지난 세월을 되돌아 볼 때에 우리의 대통령이나 청와대는 많은 경우에 경원시되고 질시를 당하는 대상이었고, 때로는 조롱받는 대상인 경우도 적지 않았다. 그리고 청와대는 국민들의 마음에서 우러나오는 아끼는 존재가 되지 못해왔다.

그러한 까닭은 물론 여러 가지 이유가 있겠지만, 분명하게 지적할 것은 우리의 정치적 실체가 궁극적 정통성을 잃었기 때문에 그런 일을 당하는 것이라고 해석된다. 국민들의 마음 속에 대통령이나 청와대 자체가 원천적으로 존엄과는 거리가 먼 존재임을 각인시켜 놓는다면, 결코 원만한 정치가 전개될 수 없는 것이다.[1)]

1) 민주국가에는 임금님이 없어야 한다는 단순 논리를 펴면서, 우리민족은 그 내면으로는 대통령을 임금님과 같은 위상으로 보려는 잠재의식을 갖고 있다. 그렇기에 임금님이 아

Ⅱ. 현대사 재건의 기본전제

현대정치의 방황을 청산하고 올곧은 정치흐름을 만드는 길은 무엇인가? 바람직한 미래의 정치를 위해서 꼭 짚고 넘어가야 할 기본전제가 분명히 존재함에도 불구하고, 그간 우리의 현대정치사는 그것을 생각함이 없이 오늘에 이르렀다. 그렇기에 기나긴 방황이 이어져 왔던 것이다.

방황청산의 기본전제는 무엇인가? 현대 정치사의 방황을 청산하려면 많은 것이 요망되지만 특히 아래의 사항은 우선적으로 긴요하다고 생각된다.

1. 민족실체의 규명: 코리아 합중국(United Korea)의 규명

우리민족은 사실상 정치적 실향민과 같다. 정치적 고향을 잃은 실향민과 같은 흐름으로 오늘에 이르렀기에 계속된 방황을 해온 것이다. 추석이나 설날과 같은 명절이 되면 우리민족은 태어난 옛집을 고향이라며 찾아간다. 어찌 보면 지나치다고 말할 정도로 고향을 찾는 모습에서 느끼는 정서를, 민족 전체의 거시적 측면으로는 상실 당한 것이다.

정치적 실향민 상태를 벗어날 수 있는 최초의 작업은 우리민족의 실체를 규명하는 데서부터 출발되어야 할 것이다. 민족의 본체에 대한 논의가 선행됨이 없이 현대정치를 이어왔기에, 우리의 정치는 기본적으로 궤도를 상실하며 오늘에 이르렀다.

우리민족은 일제침략을 당하면서 근현대시대 이래로 과도할 정도의 지

닌 현직 대통령은 항상 존엄성을 잃은 존재로 착각적 인식을 하게 되는 것이다.

역적 범위로 확산되었다. 그것은 한편으로 생각하면 미래시대에 커다란 민족적 자산이 될 수도 있을 정도로 널리 퍼진 상태가 되었다. 일제침략의 고통이 워낙 크다 보니까 그 여파로 민족확산이 되었지만, 그것을 현대시대에 있어서는 거시적으로 민족의 미래에 맞게 재정립하며 민족사를 이끌어야 하겠는데, 그에 대한 시각이 결여되어 현대정치를 이어온 바에 의해서 민족적 자산을 민족적 부채가 되게 만들며 오늘에 이르렀다고 생각이 될 정도이다.

엘리자베스 여왕의 모습
대만북부의 야류압 해안공원에 있는 자연석을 왜 엘리자베스 여왕이라고 이름을 붙였나? 정치적인 마음의 뿌리를 잃은 대만 토착민들의 속마음이 짐작된다.

앞으로의 시대에 있어서는 민족 전체의 시각을 통해 현대사를 보는 안목이 없으면 거시적인 민족발전의 길을 왜곡시키게 될 것이다. 지난 50여 년의 세월보다는, 이 관점은 앞으로의 시대에 결정적으로 중요하게 받아들여져야 할 것이다.

생각해보면 우리는 그간 작은 땅에서 작은 이익에나 탐닉하면서 부끄러운 현대사를 이어왔다. 6·25전쟁은 김일성이 거시적 민족관을 상실하고 동족의 가슴에 총을 겨눈 가장 부끄러운 전쟁으로 역사에 남을 것이며, 지난 세월에 이어진 극심한 지역갈등은 지극히 미시적인 소탐대실 역사관에 의해서 나타난 치욕적 정치현실인 것이다. 거대한 민족관을 상실하고 나니까 사실상의 골목대장 대통령이 나와서 경상도나 대변하고 전라도 이익이나 챙기며 정치를 이었다는 비판을 달게 받아야 할 것이다.

우리는 앞으로의 미래정치를 코리아 합중국(合衆國)의 시각에서 펼쳐야 될 것이다.[2] 일제침략의 아픔 속에 확산된 거대한 민족실체를 인정하지 않고서는 민족미래를 여는 정치를 전개할 수가 없다고 생각된다.

2. 항일 애국혼의 정립

현대정치사가 방황하게 된 두 번째의 중요한 이유는 항일 애국혼의 정립에 실패함에서 비롯되었다.[3] 그러나 여기서 실패했다는 표현도 틀린 말이다. 실패한 것이 아니라 무관심했다는 표현이 더 어울릴 것이다. 사회주의를 한 이북정권은 친일파 척결을 단행했다고 하는데, 이남에 있어서는 전혀 그것이 없었다고 함이 옳다.

그렇게된 대표적인 이유는 이승만에서 비롯된다. 이승만은 사실상 명목상의 항일애국은 했어도 처절한 혈투를 벌인 적이 없다. 머나먼 미국 땅에서 외교를 한다면서 성명서나 낭독하고 사실상 사교나 하면서 동포들의 돈을 거둬 쓰는 생활을 해온 사람이라 절실한 항일정신이 뿌리내린 사람이 아니었다.

그러나 무엇보다도 자유당시대에 항일 애국혼이 확실하게 뿌리가 내리지 못한 까닭은 이승만의 집권욕과 상충되기 때문에 그렇게 되었던 것이다. 이승만도 처음에는 항일 애국혼을 강하게 말하면서 정치를 시작했고, 나름대로 한 맺힌 바도 있었다. 그러나 이승만의 항일혼은 사실상 뜻 있는 사람은 우리민족이라면 누구나 다 갖고 있는 정도의 수준이었다고 생각된다. 그러다가 본인이 집권을 하고자 하면서 점차 항일은 구호로나 외치고,

---

2) 해외한민족연구소, 한민족공영체 제7호, 1999, pp. 49～211 참조.

3) 안천, 사회과교육에서의 친일성 극복에 관한 연구, 한국사회과교육연구학회, 사회과교육학연구 제5호, 2001, pp. 29～47

현실로는 철저하게 친일파와 손을 잡았다고 하겠다.

그 까닭은 항일을 분명히 하면 침략일본에 의해 가장 피해를 입은 정치적 실체인 대한황실을 살려야만 되겠기에 항일을 입으로만 가식적으로 외치게 된 것이다.[4] 이승만은 궁극적으로 본인이 집권을 해야 되겠기에, 대한황실을 살리기보다는 대한황실을 깎아 내리고 견제하게 되었고 결과적으로 침략일본을 사실상 돕게 된 것이다. 이렇게 현대정치사가 출발되었기에 현대정치사에서는 항일혼이 실종됨은 당연한 것이었고, 오늘날에는 친일본당이 살아서 활개치는 시대가 된 것이다.[5]

3. 대한황족 정통맥의 확립

지난 현대정치사가 파행을 겪게 된 세번째의 이유는 옛적부터의 정치적 실체였던 대한황실에 대한 입장정리가 없이 오늘에 이르렀기 때문이다. 대한황실의 중심황족에 대한 정치적 정리과정이 없이, 이승만에 의해서 무조건 친일파로 몰아서 몰락의 길을 가게 만든 업보가 바로 현대정치사의 방황의 토대가 된 것이다.

대한황실은 침략일본의 강점을 만든 최고의 정치적 책임자임은 분명하다. 그러나 그 책임은 국민 전체에게 고르게 있는 것이지, 대한황실만이 유독 그 정치적 희생양이 될 수는 없는 것이다. 그러나 이승만은 11세의 어린 나이에 인질로 끌려가 일본여인과 강제결혼을 당해서 살아온 영왕(英王)을 본인의 최고정적이라고 보아 친일파로 몰아 강하게 공격을 했다.[6] 그리

4) 안천, 신사고 사회과교육론 수정판(서울: 교육과학사, 2001), p. 321 참조
5) 현대 정치사에 있어서 독립운동사가 중심된 위치를 차지하지 못한 상태에서는 올바른 민족정기가 세워질 수 없다.
김준엽, 장정 제1권: 나의 광복군 시절(서울: 나남출판사, 1993), p. 8 참조.
6) 안천, 일월오악도 제1권(서울: 교육과학사, 2000), pp. 256~258.

하여 대한황실은 친일의 멍에를 쓰고 오늘에 이르른 것이다. 그러나 엄밀하게 생각할 때에 11세에 끌려간 어린 황태자는 결코 친일파라고 볼 수 없으며, 대한황실은 항일 투쟁을 확고히 했음도 사실이다.7)

이승만이 대한황실을 친일파로 몰아서 몰락시킨 여파는 매우 큰 독소가 되어 오늘의 우리들의 삶을 괴롭히고 있다. 그것은 예컨대 조상이 도둑놈이거나 매국노라는 가정집의 가정교육이 잘 될 수 없는 것과 같은 이치이다. 옛적부터의 나라어른인 임금님을 정치적으로 매장시키고서 현대시대의 최고지도자의 존엄성이 확고할 수는 없는 것이다.

이런 논리는 지금도 임금님이 확고히 존재하는 입헌군주제 국가에서 쉽게 찾아볼 수 있다. 나랏님의 존엄성이 명쾌히 살아있는 나라에서는, 총리는 물론이고 말단 공무원까지도 아끼고 보살펴지는 심리가 있다. 그러나 궁극적 안전장치인 임금님이 상실된 나라는 위 · 아래가 없는 상놈나라의 혼란상이 만연하는 것이다.

Ⅲ. 현대사 재건의 이념적 과제: 대화합 포용정책

방황과 파행의 역사였던 현대사의 건강성을 회복시키기 위해서, 앞에서 논한 기본전제 3가지를 해결함은 바로 대한황실을 재건하여 일제침략으로 끊긴 임금님을 잇고 민족혼을 정립하며, 온 세계에 퍼진 우리 겨레를 임금님을 구심점으로 하나로 뭉치게 하는 것이다.

그렇다면 앞으로 대한황실을 재건할 경우에 꼭 필요한 이념적 선행 과

7) 강용자, 왕조의 후예(서울: 삼신각, 1994) 참조.

제에는 무엇이 있을 것인가? 그것은 대한황실을 다시 세울 경우에 당연하게 미리 생각해야만 될 이념적인 숙제가 되겠는데, 오늘날에 있어서도 그에 대한 입장정리가 거의 없다 보니 계속 현대정치사가 방황을 하고 끈질기게 잠재적인 사회적 갈등인자로 남아 우리들을 괴롭히고 있는 것이다.

생각하면 현대정치사는 지속적인 갈등과 분열의 역사였다. 남북대결에 곁들여 종교갈등, 지역갈등, 씨족갈등, 학맥갈등, 계층갈등, 세대갈등에다 양성(남녀)갈등까지가 때로는 강하게 표출되고 때로는 내면으로 타들어 가면서 오늘에 이르렀다. 이러한 모든 문제를 해결하기 위해서 나라의 구심점으로서의 임금님을 모신다고 할 경우에, 필연적으로 짚고 넘어가야 할 선결 과제에는 다음과 같은 것이 가장 중요한 것이 되겠다. 따라서 그것들은 거대한 화합 혹은 포용정책이 되겠는데, 그에 대한 선행적 논의가 없이 임금님을 모시기는 쉽지 않으며 미래사의 건강성을 찾기도 쉽지 않을 것이다.

1. 친일파 청산(화합정책1): 민족정치적 이념

현재 우리사회에는 친일본당(親日本堂)이 살아 있다. 친일본당이 살아 있는 정도가 아니라 곳곳에서 삶의 주도권을 쥐고 부귀영화를 누리고 있다. 그리하여 뜻있는 인사들의 마음을 괴롭히고 있고, 많은 사람들의 마음에 크고 작은 갈등의 씨앗을 뿌려주고 있다. 그러나 우리는 지금까지 그에 대한 분명한 입장정리가 없이 오늘에 이르렀다. 그렇지만 이제 우리는 미래의 건전한 정치전개를 위해서 미결상태로 엉거주춤하게 역사를 이어온 바를 청산할 때가 되었다고 생각된다. 그런데 친일파 청산의 요망도 크고 당위성도 확실하지만, 그것을 실현하려는 의지는 사실상 없다. 그 까닭은 무엇인가?

첫째로 벌써 세월이 50여년에 걸쳐 덧없이 흘러갔기 때문이다. 친일파를 청산하려면 정치적 혹은 법적 시효가 지나기 전에 확실한 현행범으로 청산을 했어야 하지만, 그렇질 못하고 반세기를 흘려 보낸 까닭에 구호만 웅장하고 실천가능성이 낮은 것이다.

둘째로 친일파들이 현재 우리사회의 핵심부마다 완벽하게 주도권을 쥐고 있기 때문에, 헛된 구호만이 존재하고 청산 행위는 없는 것이다. 친일파들은 침략 일본이 물러간 뒤의 국가 기본축을 그대로 인수받아서 오늘에 이르렀기 때문에, 우리사회의 핵심이익권역은 완벽하게 주도권을 갖고서 향유하고 있고 그 지위가 반석같이 되어 있는데, 그들을 공격한다는 것은 사실상 계란으로 바위치기와 같은 상황인 것이다.

셋째로 친일파들이 사실상 우리사회의 다수파이기에 청산이 쉽지 않다. 우리사회는 독립군 인맥보다는 핵심적 친일본당이거나, 직·간접적으로 친일동조세력이었거나, 일제 강점에 비굴하게 승복하며 따라간 사람들이 절대 다수이기 때문에, 친일파 청산의 가능성이 낮은 것이다. 우리 사회에 독립군 인맥이 대다수라면 일찌감치 친일파 청산은 마무리되었을 것이지만, 그것이 없이 오늘에 이르른 것이다.

요즘 우리사회에는 친일파 단죄를 주장하는 세력이 확실하게 존재한다. 그런데 그 주장이 때로는 공허하게 들리기도 한다. 물론 학자들이 이론적으로 주장하는 것은 필요한 것이지만, 친일파 단죄의 주장을 외치는 일부의 목소리가 공허하게 들리는 까닭은 무엇인가? 그 이유는 많은 경우에 흙 묻은 개가 겨 묻은 개 나무라는 정도로 들리기 때문이다. 그간 학자들이나 항일단체에서 주장할 때에는 전혀 귀를 기울이지 않다가, 정략적으로 친일파 청산을 외치는 모습에서 국민들이 얼마나 공감을 가질 수 있을 것인가? 본인들은 얼마나 깨끗한 집단이기에 친일파 후손에게 돌을 던질 수 있을까?

현대의 우리사회는 친일파 청산의 당위성은 분명하되, 어차피 그 가능성은 사실상 무망한 상태에 이르렀다는 생각도 크다. 그럼에도 확실한 청산 필요성은 존재하는 모순된 상태에 있다. 이 경우에 상쾌한 해결책은 무엇일 것인가? 그러나 그 해결책은 상쾌한 답이 쉽지 않은 상태에 놓여 있다.

이러한 난감한 상태에 놓여 있는 때의 해결책은 그러므로 친일파 당사자가 스스로 청산하는 도덕적 방법 외에는 남아 있진 않다. 그것을 통해서 친일파를 다시 우리민족으로 끌어안고 화합의 길을 가야할 것이다. 그 방법에는 다음과 같은 것이 존재하리라고 생각한다.

첫째로 친일파 스스로가 많은 것을 알아서 사회로 환원하는 삶을 살아야 할 것이다. 부귀영화를 누리는 친일본당들은 그들의 복스러운 삶의 밑바탕이 더럽고 역겨운 것임을 숙지하고, 적극적인 사회환원을 통해서 스스로의 더러운 삶을 자체정화시키는 길을 가야만 할 것이다. 그간의 우리사회는 가진 자들이 베푸는 흐름이 많질 않았고, 정당한 부귀영화를 누리려는 노력이 크질 않았다. 그 까닭은 이 사회의 주도권을 더러운 인맥의 다수가 장악했기 때문이다. 우리 사회는 앞으로 정당한 부귀영화를 존중하면서, 널리 베푸는 사람들이 인정받는 새로운 흐름을 정착시켜야 할 것이다.[8)]

둘째로 친일파 스스로가 현대사 재건을 위해서 봉사하고 희생하는 삶을 살아야 할 것이다. 땅에 떨어진 민족정의를 되살리는 데에 누구보다 먼저 앞장 설 것이며, 대한 황실을 다시 살려 역사를 다시 세우는 일에 누구보다 솔선하여 도움을 주고 희생을 해야 할 것이다. 그간 우리사회에는 민족정의를 세우는 일은 갸륵한 뜻을 가진 사람이나 독립군 인맥만이 전담하는 듯한 착각이 있었는데, 전체 국민들이 하나같이 힘을 합쳐야 할 것이며, 부

8) 베푸는 삶의 중요성은 사회제도로 정착될 필요가 있다. 이에 대한 사회적 논의나 합의가 없이, 맹목적으로 돈을 벌어서 천박하게 쓰는 것에만 몰입되는 사회는 결코 건강한 사회일 수가 없다. 특히 유의할 것은 여기서 친일파들에게 베푸는 삶을 지적했는데, 꼭 친일파만이 아니라 사회전체에 걸친 흐름이 되어야 할 것이다.

끄러운 인맥의 후손들은 보다 더 적극적으로 희생과 봉사를 해야 할 것이다. 이러한 흐름을 통해 친일파 스스로가 친일파를 청산하는 자체정화의 길을 가면 머지 않아 이 사회에는 친일파 청산의 당위성이 저절로 소멸될 것이다.[9)]

2. 공산당 포용(화합정책2): 정치 사상적 이념

우리민족의 근현대사는 공산주의의 흐름에 의해 극심한 갈등을 겪었고 6 · 25전쟁의 동족 상잔극까지 일어났다. 그리하여 민족 분단 상태가 계속되고 있고, 증오와 갈등 속에 세월을 보내고 있다.

민족의 3할 정도를 죽음으로 몬 전쟁이며 수많은 자원과 귀중한 문화재를 잿더미로 만든 6 · 25전쟁의 극심한 아픔을 겪은 상태에서, 아직도 첨예한 남북대립이 계속되는 고도의 긴장 속에서 공산당을 어떻게 보아야 할 것인가? 그 해답은 결코 쉽게 나오지 않는다.

더군다나 6 · 25전쟁의 최고 전범인 김일성의 아들 김정일이 이북에서 집권을 하고 있으며, 핵심 전쟁 당사자들이 아직도 생생하게 살아 있는 상태에서 남북 사이에 화해를 한다는 것은 결코 쉬운 일이 아니다. 그러나 역사의 흐름을 거시적으로 볼 때에 있어서는 공산주의자들에 대한 거시적인

9) 우리사회에는 친일파나 그 후손에게 돌을 던지는 것에 익숙해 있으되, 합리적이기 보다는 감정적 흐름이 강하다. 그러나 친일인맥에게도 반성의 기회는 주어야 한다고 본다. 예컨대 박정희 대통령은 그런 측면에서 많은 생각을 하게 한다. 그는 일본군 중위였고 국군14연대 반란사건의 좌익중심자였다. 그러나 박정희를 훗날 빨갱이로 일생을 평가함은 있을 수 없는 일이고, 젊은 시절의 친일흐름도 그의 전체생애로 보아서는 쉽게 돌을 던질 수는 없다. 그의 생애는 전체적으로 볼 때에는 젊은 시절의 과오를 청산한 삶을 살았다고 생각할 수 있다고 보인다. 우리 사회의 잘못된 과거를 가진 많은 인사들이 자체청산의 길을 가도록 만드는 사회가 되어야 할 것이다. 그리고 그것을 인정하는 아량을 가진 사회가 되어야 할 것이다.

벨기에 임금님(King AlbertⅡ)
네덜란드어, 프랑스어, 독일어의 3개국어를 공용어로 하면서 민족, 토착언어, 종교, 문화 등이 복잡하게 얽혀 갈등을 일으키는 힘든 나라가 임금님으로 단결되어 있다. 학맥, 이념, 지역, 계층, 종교, 씨족으로 수없이 갈라져 상처입은 우리나라는 어떻게 하나가 될까?

포용 정책이 긴요하다고 생각된다. 왜냐하면 공산주의자들도 당연히 우리민족이고, 우리민족이 남북으로 나뉘어 6・25전쟁을 겪고 분단의 아픔을 겪는 것은 모두 침략 일본의 강점 후유증이기 때문이다.

항일전쟁시대에 있어서 사회주의자들은 나름대로의 확실한 공로가 있다. 첫째로 항일전쟁의 중요한 기본축으로서 침략 일본을 격퇴함에 많은 노력을 기울였기 때문이다. 북만주 지역의 러시아 접경을 따라서 포진했던 사회주의 진영 독립군들의 역사는 높게 평가되어야 하겠으며, 그들의 노력이 있었기에 오늘의 현대사가 존재함도 유의해야 할 것이다.

둘째로 공산주의를 신봉하는 사회주의자들도 침략일본을 막는 전쟁에 나선 궁극적 목적은 나라와 나랏님을 지키려는 사람들이었음을 잊지 말아야 할 것이다. 일백 년 전의 우리민족은 모두가 나랏님에 충성하던 훌륭한 민초들이었는데, 다만 서양에서 흘러 들어온 이념이 달랐을 뿐임을 유의해야 할 것이다.

그런데 앞으로의 역사 전개를 위해 공산당을 포용한다고 할 때에 분명히 짚고 넘어 가야 할 사항은 절대로 제2의 6・25전쟁은 불가하다는 점이다.[10] 앞으로 제2의 6・25전쟁이 발발하면 우리민족은 자멸의 길을 갈 것이다. 그리고 제2의 6・25전쟁 범죄자는 결코 민족사가 좌시하지 않을 것

옛 벨기에 영사관
예전에(1905년) 만들어진 벨기에 영사관이 서울시 사적254호로 서울 남현동에 그대로 남아 있다. 분열된 나라를 하나로 만드는 지혜를 알려 주는 교육적 건물로 받아들여져야 할 것이다.

임을 유의해야 할 것이다. 이것이 전제된 상태에서 공산주의자들과 화합이 이루어져야 할 것이며, 공산주의자들도 임금님을 다시 찾고 역사를 다시 찾으려는 길에 솔선하여 동참되어야 할 것이다.

3. 항일전쟁사 재평가(화합정책3): 역사학적 이념

현대사의 정통성을 재정립함에 있어서 친일파 청산과 공산당 포용이 이뤄짐과 함께 필수적으로 요망되는 사항은 항일전쟁사의 재진술 작업이다. 현재의 항일전쟁사는 친일파 청산과 공산당 포용이라는 역사적 이념정리

10) 안천, 남침유도설 해부(서울: 교육과학사, 1993), p. 524.

가 없이 쓰여진 것이기에 사실상 많은 부분이 거짓된 것이다.

기존의 항일전쟁사는 많은 부분이 친일파의 붓끝이 그대로 살아 있는 사실상의 침략 일본사로써 일본시각이 그래도 살아있는 역사이다.[11] 이런 흐름을 그대로 둔 채로 역사 전개의 건강성을 회복할 수는 없다. 현재와 같은 상태의 항일전쟁사를 그대로 두고서는 임금님을 모시려는 견해가 나올 수 없고 역사의 정통성 회복도 불가능한 일이 분명하다.

기존의 역사는 침략일본이 침략을 합리화시키기 위해서 쓴 내용이 아직도 곳곳에서 맹위를 떨치고 있기에, 역사적으로는 정통성 회복의 길이 아직 요원하고 사실상 일제강점이 지속되고 있다고도 생각이 된다. 현재의 역사서술을 그대로 따르면 일본공격의 핵이었던 임금님을 당연히 짓밟게 되고, 우리 역사의 본질을 당연히 왜곡시키게 되어 있다.[12]

그리고 공산당 포용에 대한 면도 역사해석에서는 면밀히 재검토되어야 한다. 반공 정책적 시각에 의해서 공산당 계열의 역사는 무조건 제거된 상태로는 미래사를 여는 건강한 역사로서의 정통성 수립이 쉽지 않다. 공산당 계열의 항일 운동사도 공정하게 비판할 것은 비판하고 수용할 것을 수용하며 균형있게 평가를 내려주어야 하겠고, 일방적으로 비공산 계열의 내용만을 강조하고 미화시킨 역사도 조정작업이 뒤따라야 되겠다.

4. 코리아 합중국 건설(대화합): 세계적 민족 이념

민족사의 정통성을 회복하는 궁극적인 길은 민족의 아픔을 치유하고 모든 우리민족을 하나로 통합하여 끌어안는 대화합의 길이다. 임금님을 구심점으로 모시고 온 세계의 우리 겨레를 하나로 엮어서 하나로 만들려는

11) 안천, 신사고 사회과교육론 수정판, op. cit., pp. 291～328.
12) 이태진, 고종시대의 재조명(서울: 태학사, 2000) 참조.

이념적 흐름이 만들어져야 되겠다.

현실적으로 현재의 남북한은 우리민족의 실질적 삶터이다. 그러나 우리민족의 발상지인 만주 땅의 동포들과 러시아 연해주의 동포들을 묶는 마음가짐이 필요하다. 그리고 멀리 중앙아시아에 강제로 이주를 당해서 살고 있는 우즈베키스탄, 카자흐스탄, 키르키스탄, 타지키스탄의 동포들도 매우 중요한 우리민족이다. 또한 일본땅의 재일교포와 남북미 대륙의 많은 동포들도 소중한 우리민족이다.

뿐만 아니라 우리민족은 이제 전 세계 곳곳에 어디를 가나 삶을 살고 있을 정도로 확산된 생활을 하고 있다. 이러한 많은 동포들을 하나로 묶는 이념체로서의 임금님의 존재는 매우 중요한 구실을 한다. 임금님은 국내에 있어서의 구심체만이 아니라 국내외를 하나로 묶는 코리아 합중국으로서의 구심체로서도 절대적 중요성을 갖게 되어야 할 것이다. 이것이 꼭 만들어져야만 민족사의 미래가 건강성을 회복하고 제대로 발전하게 될 것이다.[13]

Ⅳ. 대한황실 재건의 실체적 과제

대한 황실을 살려서 일제 침략의 상처를 극복하고 현대사의 새로운 전개 과정을 창출시킬 이념적 정리 작업이 끝나면, 대한 황실의 실체를 만드는 작업이 따라야 할 것이다. 그러나 대한 황실은 오늘날 일제침략에 의해 만신창이 상태가 되었고, 사실상 문화재 취급을 받는 단계에 놓여 있다.

---

13) 벨기에 왕국은 언어가 크게 불어, 네덜란드어, 벨기에어의 3가지 이고 민족도 삶도 다른 사람들이 합쳐진 나라이다. 그러나 임금님에 의해서 하나로 뭉쳐져 있음을 유의해 볼 필요가 있다.

그렇지만 민족사의 미래를 위해서 아픔을 치유하며 새로운 출발의 길을 간다고 할 때에 가장 긴요한 사항은 다음과 같이 실체를 재정립하는 것이 되겠다.

1. 새 서울 건설: 황도(皇都)의 재건

서울은 침략 일본의 강점에 의한 상처투성이의 도시이다. 물론 침략 일본은 전방위 무차별 약탈과 파괴 행위를 자행하여 전국의 고을 관아와 문화재를 완전 절멸시키는 만행을 저질렀지만, 서울도 그 상처는 너무나 깊고 깊다. 전국에 널려있던 고을 관아와 문화재는 완전히 부서진 상태에서, 다만 외형적으로 황궁 만은 감히 완전하게 없애지 못한 상태에서 일제패망을 맞았는데, 침략일본이 오늘까지 그대로 있었다면 아마도 황궁들도 완전히 사라져 버렸을 것이다.

다만 그 중간 단계로 경복궁은 총독부로, 경희궁을 일본중학교로, 덕수궁 선원전은 경기여자고등학교로, 황실발상지인 전주 경기전은 전주중앙초등학교로, 그리고 창경궁을 동물원으로 만드는 등의 상상도 못할 만행을 저지르다가 일제 패망을 맞은 것이다.[14] 그런데 그 후 일제 패퇴 후의 서울을 건설하면서 서울의 역사성이나 문화성을 고려하지 않고 맹목적 근대화 작업을 진행시킨 바, 오늘날에는 서울이 갖는 고유한 위상을 엄청나게 상실하고 있다.

일제 강점 시대의 서울은 그래도 곳곳에 존엄성이 생생하게 살아 있던 황성(皇城) 옛터였었다. 그러나 오늘날은 황성 옛터도 되지 못하고 무국적

14) 그리고 일제침략 후유증으로 황실별궁이었던 곳은 풍문여자고등학교로 바뀌고, 광무황제의 잠저였던 운현궁은 많은 부분이 덕성여자대학교가 되고 심지어 일본 광보관이 되어 있다.

도시요 사실상의 상놈도시에 가깝게 맹목적 도시 건설을 진행시켰다. 서울은 최소한 조선 초까지만 역사를 소급해도 600여년이 넘는 황도(皇都)요, 한성백제까지 확장을 하면 거의 2,000년 가까이 이어지는 세계적인 수준의 역사를 가진 황도(皇都)다. 그러나 침략일본 이후에 세계적 수준의 역사도시를 철학 없는 도시로 만들었으니 서울은 사실상 잃어버린 도시가 되었다.

앞으로의 새서울 건설은 어떤 방향으로 펼쳐져야 될 것인가? 첫째로 서울의 4대문 안은 당연하고 서울 전체를 우리다운 역사가 살아 숨쉬는 도시로 만들어야 되겠다. 지난 100년의 상처가 너무도 컸다면 앞으로의 새로운 100년을 두고 정성껏 가꾸면 우리의 고유한 본모습은 많이 회복될 것이고 황도로서 재건이 될 것이다. 4대문 안의 건물은 앞으로 의무적으로 한국미를 가미해서 짓도록 유도하고, 서울시의 모든 힘을 쏟아 황도답게 재건되어야 할 것이다.

둘째로 외형적 건물만이 아니라 문화도 재건되도록 많은 노력을 쏟아야 되겠다. 옛부터의 황도다운 문화가 생생하게 되살아나, 누가 보아도 신선한 한국미를 느낄 수 있게 되어야 할 것이다. 외국의 관광객이 오면 그간 서울에서 서울다움을 얼마나 느꼈는가를 세심하게 반성하면서 황도 건설이 진행된다면, 서울만큼 멋있고 아름다운 도시도 쉽게 발견되기 어려울 것이다.

2. 제도 복원: 입헌 군주제 채택

앞으로 우리나라에 임금님을 다시 모시는 군주제를 채택한다면, 그것은 당연히 입헌 군주제가 될 것이다. 입헌 군주제는 영국, 네덜란드, 스페인, 노르웨이, 말레이시아를 비롯한 세계의 여러 나라에 현존하는 전통적인

임금님을 다시 모신 캄보디아
임금님이 쿠데타에 의해 내몰려진 캄보디아는 인구 4명중 하나가 죽어 200만명이 4년만에 죽는 킬링필드가 되었다가, 최근에(1993년) 시하누크 국왕을 다시 모시면서 평온을 찾았다.

정치제도로서 나름대로의 많은 장점이 있기에 예부터 꾸준히 살아서 오늘에 이르고 있다.

그런데 우리나라에는 자유당 시대 이래로 끈질기게 미국식 대통령제가 자리를 잡고 있다. 다만 자유당 때부터 지속적으로 내각제가 더 좋다고 생각하는 측의 사람들에 의해서 내각제가 줄기차게 거론이 되어 왔고, 제2공화국 때에는 짧지만 내각제를 실시한 때도 있었다.

그래서 우리나라에 앞으로 입헌군주제를 채택할 경우에는 당연히 내각제 개헌이 선행되어야 되겠다는 생각이 대두될 것이다. 그러나 내각제 개헌이 가결되려면 3분의 2라는 다수의 찬성자가 필요하고, 기존 정치제도에는 완고하게 집착하는 성향을 갖는 경우도 많기 때문에 쉽게 개헌이 되지는 않으리라고 생각한다.

따라서 앞으로 임금님을 모실 때에는 대통령제를 그대로 두고서도 상징

시하누크 임금님 부부

캄보디아의 주요한 건물에는 시하누크 임금님 부부의 사진이나 초상화가 꼭 걸려 있다. 무너진 나라의 권위를 찾으려는 노력이 곳곳에서 나타나고 있다. 우리의 임금님은 언제 다시 모셔질 것인가?

적 임금님을 모신 입헌 군주제가 될 수 있다는 유연한 생각도 필요하다. 물론 세계 각국에 있듯이 내각제 형태의 입헌 군주제가 정상적인 것이지만 그것이 여의치 않을 경우에는 대통령제를 그대로 둔 채로 임금님을 모실 수도 있겠기 때문이다. 이웃 일본에서는 천황제를 그대로 두고서 현재의 내각제를 대통령제로 바꾸자는 견해가 있는데, 이렇게 되면 대통령제의 입헌군주제가 되는 것이다.

그리고 앞으로 유념할 것으로서 입헌 군주제를 채택하면서 다른 하부적인 여러 정치 제도도 우리다운 예부터의 전통문화를 가급적 살리려는 노력이 절실하게 필요함을 지적해야 되겠다. 우리의 정치제도에는 일본침략의 잔재가 곳곳에 많이 남아 있고 우리 사회의 정서에 맞지 않는 것도 적지 않으나, 깊은 생각이 없이 그냥 세월을 보내며 오늘에 이른 것이 많다는 점을 유의한 행정 제도 개혁 작업이 요망된다.

3. 임금님 모시기

우리나라에 앞으로 임금님을 모셔야 한다고 말하면, 즉각 나오는 두 가지의 질문이 있다. 그 첫 번째는 임금님이 될 황족들이 살아 있느냐는 것이다. 이에 대해서는 분명하고 단호하게 말할 수 있다. 임금님으로 모셔질 신분의 대한황실 황족들이 분명히 생존하고 있기 때문이다. 다만 중요한 일은 국민들이 승복할 만한 자격을 갖춘 분이라야지 아무나 모실 수는 없다는 점이다.

세르반테스와 동키호테의 나라 스페인

피비린내나는 내전을 극복하고 임금님을 다시 모신 스페인은, 거대한 문인 세르반테스를 낳은 민족이요 무적함대를 호령하던 나라의 막강한 전통을 갖고 있다.

따라서 두 번째 질문인 누가 임금님이 되실 것이냐는 질문에는 그 자리에서 쉽게 답이 나오기 어렵다. 다만 분명한 사실은 임금님이 되실 자격을 갖춘 분이 여러 분이 생존해 계시기 때문에, 세밀하게 기준을 정해서 모셔야 되겠다는 점이다. 따라서 누가 임금님이 되실 분이냐는 질문에는 쉽게 답을 하기가 어렵고, 즉각 답변하지 않는 것이 여러 사정으로 볼 때에 사실상 옳다.

그런데 정작 임금님을 모실 단계에 이르렀을 경우에, 막상 어느 분을 임금님으로 모실지가 쉽게 결정되지 않을 수가 있다. 이 경우에는 말레이시아 방식의 임기제 순환보직형 입헌군주제를 택할 수도 있다. 이 방법은 그간 일제침략 이후 1백년의 공백이 있은 후의 우리나라 실정에는 의외로 적합한 방식일 수도 있다고 생각된다.

Ⅴ. 맺는 말

안중근 의사의 하얼빈 의거가 융희103년(2009년)으로 1백주년을 맞고, 경술국치로부터 1백년이 되는 해가 그 다음해(2010년)이다. 생각하면 일제강점에 의한 민족사의 단절, 왜곡, 파훼가 결정적인 치유과정이 없이 오늘에 이르렀고, 급기야는 1백년에 해당하는 세월이 흘렀다

그렇다! 이제 1백년이 흐른 상처는 과감하게 고쳐야 할 때가 되었다. 일제 패망으로 그들이 물러가고 50여 년의 세월이 흐른 시간이 되었고, 경술국치 이후 1백년이 흐른 시간이 되어서도 그들이 저지른 상처를 치유하지 못하고 있음을 훗날 다시 1백년이 흐른 뒤에 누구에게 변명할 것인가?

그간 우리는 작은 이익에 현혹되고 작은 명분에 이끌리면서, 큰 것을 생

각하지 못하며 오늘에 이르렀다. 당장 눈앞에서 나의 권력을 챙기고 나의 이익을 탐하는 것은 생각했어도, 먼 미래의 나라를 생각하면서 커다란 일을 꾀하는 것은 전혀 잊고 오늘에 이르렀다.

5대양 6대주를 누비며 국기에 태양이 지지 않는 나라를 만든 영국의 엘리자베스 여왕이 우리나라를 찾아왔을 때에, 우리 국민들은 무엇을 생각했었는가? 단지 강한 나라의 여왕이라고만 생각을 하고, 우리 스스로의 자화상을 생각함이 없었다면 그것은 우리가 너무 우리의 본모습을 잃고 오늘에 이른 것이다.

별 볼일 없게 버려진 힘없는 상태의 천황을 모셔다가 나라의 중심을 삼은 명치 유신에 의해 강한 나라를 만든 일본의 침략이 끝나고, 잠시 우리 몸이 자유롭게 되었다고 덧없이 지난 50여 년을 무의미하게 살아온 것은 혹시 아닌가? 내부적으로 이리저리 쪼개지고 나뉘어 소아적 이익싸움에나 탐닉하면서, 국민적 위대한 결단을 생각함이 없이 오늘에 이르러 온 나라가 그냥 표류하고 있는 것이다. 이제 모든 작은 욕심을 훌훌 털고, 긴 논의를 할 필요도 없이 흔쾌하게 큰마음으로 나라의 정통성을 세우려는 결단을 내리고, 우리의 임금님을 모셔야 될 때가 되었다. 오로지 담백하게 마음을 비우고 결말을 내릴 때가 되었다.

『천재일우의 이 기회에 임금님을 모시지 못한다면 언제 기회가 또 다시 올 것인가?』

『우리! 다함께 손잡고! 임금님을 모십시다!』

참고문헌

강경선 · 김재홍 · 양달섭 · 윤중배 · 이인석, 경복궁 나들이 (서울 : 역사넷, 2000)

강기준, 다물 그 역사와의 약속 (서울 : 다물출판사, 1997)

강용자, 왕조의 후예 (서울 : 삼신각, 1994)

강용권, 만주항일유적지 답사 (서울 : 장산출판산, 1996)

강윤동, 고구려 이야기 (서울 : 범조사, 1995)

고구려 모두루 묘지, 연세대출판부, 고구려사연구 Ⅱ, 1988.

고동영 옮김, 김교헌 지음, 신단민사 (서울 : 한뿌리, 1992)

구미래, 한국인의 상징세계 (서울 : 교보문고, 2000)

구병삭 편저, 의원내각제의 연구 (서울 : 화성사, 1991)

금장태, 한국 유학사의 이해 (서울 : 민족문화사, 1994)

김교식, 이승만의 첫 부인 박승선 스토리, 동방출판사, 정풍12, 1987.

김동욱, 종묘와 사직 (서울 : 대원사, 1993)

김명길, 낙선재 주변 (서울 : 중앙일보사, 1977)

김병구, 회헌 안향선생의 생애와 사적 (부산 : 신지서원)

김상협, 모택동사상 (서울 : 지문각, 1972)

김석근 옮김, 위로부터의 혁명 (서울 : 학문과 사상사, 1986)

김성칠· 김기협 옮김, 용비어천가 (서울 : 들녘출판사, 1997)

김운태 외, 한국정치론 (서울 : 박영사, 1977)

김을한, 인간 이은 (서울 : 한국일보사, 1971)

김종찬, 김영삼 제국과 IMF신탁통치: 관료 · 언론 · 학계의 삼각밀실 거래 (서울 : 하나로, 1998)

김준엽, 장정 제1권: 나의 광복군 시절 (서울 : 나남출판사, 1993)

김중생, 조선의용군의 밀입북과 6 · 25 전쟁 (서울 : 명지출판사, 2000)
김충남, 정치사회화와 정치교육 (서울 : 법문사, 1982)
김학준, 한국정치론: 연구의 현황과 방향 (서울 : 한길사, 1984)
김호년, 땅을 알고 터를 잡자 (서울 : 동학사, 1994)
김희곤, 이육사 평전 (서울 : 지영사, 2000)
나명순 · 조규석, 대한국인 안중근 (서울 : 세계일보사, 1993)
노희상, 잃어버린 역사를 찾아서 (서울 : 다물출판사, 1996)
단재 신채호선생 기념사업회, 단재 신채호 전집 상권 (서울 : 형설출판사, 1979)
문영식 · 박정기 · 최중민, 인터넷과 PC통신 (서울 : 이한출판사, 1998)
민갑완, 백년한 (서울 : 문선각, 1962)
박경석, 오성장군 김홍일 (서울 : 서문당, 1984)
박노태, 중공의 역사 (서울 : 중국문제연구소, 1972)
박 도, 민족반역이 죄가 되지 않는 나라 (서울 : 평단문화사, 2000)
박성수, 단군기행 (서울 : 교문사, 1988)
______, 단군문화기행 (서울 : 서원출판사, 2000)
______, 독립운동사 연구 (서울 : 창작과 비평사, 1993)
박세길, 다시 쓰는 한국현대사 2 (서울 : 돌베개, 1997)
박은경, 일제하 조선인 관료연구 (서울 : 학민사, 1999)
박일영 옮김, R. T. Oliver, 이승만 비록 (서울 : 한국문화출판사, 1982)
박정태, 아시아 경제위기 1997 ~ 1998 (서울 : 부키, 1998)
박 환, 만주지역 항일독립운동 답사기 (서울 : 국학자료원, 2001)
북악사학회, 한국근현대인물 (서울 : 백산출판사, 1997)
서울대학교 동양사학연구실, 강좌 중국사Ⅳ, 지식산업사, 1989.
서울특별시, 서울문화재대관, 1987.
서정주, 우남 이승만전 (서울 : 화산 문화기획, 1995)
서중석, 신흥무관학교와 망명자들 (서울 : 역사비평사, 2001)
송건호, 의열단 (서울 : 창작과 비평사, 1985)
송정수 옮김, 다니가와 미치오, 모리 마사오, 중국민중반란사 (서울 : 혜안출판사, 1996)
신명호, 조선의 왕 (서울 : 가람기획, 1998)

신복룡 옮김, C.E.Merriam, 정치권력론(서울 : 청아출판사, 1987)
______, 한국정치사론(서울 : 박영사, 1978)
신 숙, 강제 신숙의 생애와 독립투쟁: 나의 일생(서울 : 국학자료원, 2000)
신현덕, 아내를 빌려주는 나라(서울 : 도서출판 강, 1996)
심산사상연구회, 김창숙문존(서울 : 성균관대학교 출판부, 1993)
안동일, 새로운 사일구(서울 : 김영사, 1997)
안병만, 민주당의 정치이념과 정당구조, 동아일보사, 현대사를 어떻게 볼 것인가 3, 1990.
안 천, 거시국토통일론: 만주는 우리땅이다(서울 : 인간사랑, 1994)
______, 남침유도설해부(서울 : 교육과학사, 1993)
______, 생활화 사회과교육론(서울 : 교육과학사, 2001)
______, 신사고 사회과교육론 수정판(서울 : 교육과학사, 2001)
______, 신흥무관학교(서울 : 교육과학사, 1996)
______, 여성대통령은 언제 나올까(서울 : B · B Books, 2002)
______, 일월오악도 제1권(서울 : 교육과학사, 2000)
______, 일월오악도 제2권(서울 : 교육과학사, 1999)
______, 한국민주화운동사(서울 : 민족문화사, 1988)
염인호, 김원봉 연구(서울 : 창작과비평사, 1993)
예건중 외, 이필주 옮김, 중국의 분열(서울 : 대륙연구소출판사, 1996)
오상출판사, 중국사 103장면, 1995.
오장환, 한국 아나키즘 운동사 연구(서울 : 국학자료원, 1998)
오 함 원작, 정 철 지음, 대하소설 주원장(서울 : 지성출판사, 1991)
요령성 박물관, 요령성박물관장보록(상해 : 상해문예출판사, 1994)
유성출, 젊은 보수주의자(서울 : 얼과알, 2001)
유시원, 풍운의 한말 역사산책: 문화유산 운현궁(서울 : 한국문원, 1996)
유영익, 이승만의 삶과 꿈(서울 : 중앙일보사, 1996)
유준기, 한국근대유교개혁운동사(서울 : 아세아문화사, 1999)
육일회 엮음, 4월민주혁명사(서울 : 제3세대, 1992)
윤경로, 105인사건과 신민회연구(서울 : 일지사, 1991)
윤병석, 독립군사(서울 : 지식산업사, 1990)

윤태영 · 구소청 엮음, 조선왕조오백년야사 (안양 : 청솔출판사, 1988)
이광표, 북한의 문화유산 (서울 : 동아일보사, 1997)
이교관, 누가 한국경제를 파탄으로 몰았는가 (서울 : 동녘, 1998)
이규창, 운명의 여신 (서울 : 보련각, 1992)
이기택, 한국야당사 (서울 : 백산서당, 1987)
이동현, 한국신탁통치연구 (서울 : 평민사, 1990)
이만규, 여운형투쟁사 (서울 : 총문각, 4279)
이명희, 궁중유물 (서울 : 대원사, 1996)
이방자, 지나온 세월 (서울 : 남영문화사, 1980)
이상태, 조선역사 바로잡기 (서울 : 가람기획, 2000)
이성미, 조선시대의 오봉병, 궁중유물전시관, 특별문화강좌: 지역문화학교자료집 제8권, 2000.
이승만, 독립정신 (서울 : 태평양출판사, 4287)
이영화, 조선시대 조선사람들 (서울 : 가람기획, 2000)
이왕선, 신비의 마이산, 1995.
이인표, 종묘대제 (서울 : 원백출판사, 1993)
이재숙, 한일 양국어의 동계론 (서울 : 과학사, 1989)
이정식, 한국정치 상황의 제단면 (서울 : 고려원, 1983)
이존희, 역사교육 달라져야 한다 (서울 : 혜안, 2001)
이춘식, 중국사 서설 (서울 : 교보문고, 1991)
이태룡, 의병 찾아가는 길 (서울 : 다물출판사, 1992)
이태진, 고종시대의 재조명 (서울 : 태학사, 2000)
이한우, 이승만 90년 상권 (서울 : 조선일보사, 1995)
이현희, 이야기 이승만 (서울 : 신원문화사, 1995)
이형구, 단군을 찾아서 (서울 : 살림터, 1994)
이홍직, 국사대사전 (서울 : 지문각, 1968)
이화수, 4월혁명: 정치행태학적 연구 (서울 : 평민사, 1985)
일본동아연구소, 서병국 옮김, 이민족의 중국통치사 (서울 : 대륙연구소출판부, 1991)
임덕순, 정치지리학원론 (서울 : 일지사, 1981.

임양택, 아시아 대예측 (서울 : 매일경제신문사, 1999)
임용한, 조선국왕 이야기 (서울 : 혜안, 1998)
임중빈, 선각자 단재 신채호 (서울 : 형설출판사, 1986)
장영훈, 왕릉풍수와 조선의 역사 (서울 : 대원미디어, 2000)
장준하, 돌베개 (서울 : 세계사, 1997)
장진한, 오상현 옮김, 村上重良, 천황과 천황제 (서울 : 한원출판사, 1989)
전순동, 명왕조성립사연구 (청주 : 개신출판사, 2000)
전호태, 고구려 이야기 (서울 : 풀빛출판사, 1979)
정설송 엮음, 작곡가 정률성 1, 2 (서울 : 형상사, 1992)
정운현, 서울시내 일제유산답사기 (서울 : 한울출판사, 1995)
정윤무, 현대정치심리론 (서울 : 박영사, 1982)
정태영, 한국사회민주주의 정당사 (서울 : 세명서관, 1995)
정화암, 몸으로 쓴 근세사 (서울 : 자유문고, 1992)
조동걸, 독립군의 길따라 대륙을 가다 (서울 : 지식산업사, 1995)
조선일보사, 집안 고구려 고분벽화, 1994.
조용진, 동양화 읽는 법 (서울 : 집문당, 1989)
중구문화원, 서울 중구 도심속으로의 역사여행, 1999.
진보량 · 이치수 옮김, 중국유맹사 (서울 : 아카넷, 2001)
진현종, 마이산 탑사 (서울 : 은행나무, 2000)
최갑용, 황야의 검은 깃발 (대구 : 이문출판사, 1996)
최봉영, 조선시대 유교문화 (서울 : 사계절, 1997)
최영주, 신 한국풍수 (서울 : 동학사, 1992)
피에르 레비, 사이버 문화, 김동윤 · 조준형 역 (서울 : 문예출판사, 2000)
학민사, 4 · 19의 민중사: 4월혁명 자료집, 학민글밭 12, 1993.
______, 혁명재판: 4월혁명 자료집, 학민글밭 20, 1985.
한국문원 편집실, 문화유산: 왕릉, 2001.
한국문화재보호협회, 궁중유물도록, 1989.
한국민중사연구회, 한국민중사 II (서울 : 풀빛, 1986)
한국방송공사, 고구려 고분벽화 고구려 특별대전, 1994.
한국정신문화연구원, 한국민족문화대백과사전 제7권, 1991.

________________, 한국민족문화대백과사전 제21권, 1991.
한상도, 한국독립운동과 중국군관학교 (서울 : 문학과지성사, 1994)
한용희, 혁명론 (서울 : 일조각, 1983)
한정일, 한국정치발전론 (서울 : 전예원, 1982)
_____, 한국정치행정론 (서울 : 박영사, 1972)
한창희 · 이정문 · 이두만, 인민의 음악가 정률성, 중국조선민족발자취 총서 편집 위원회, 중국조선민족발자취 제4권 결전 (북경 : 민족출판사, 1991)
한철영, 이승만대통령 (서울 : 문화춘추사, 4287)
허 균, 고궁산책 (서울 : 교보문고, 1999)
허재일, 정차근, 해방 전후사의 바른 이해 (서울 : 평민사, 1991)
현암사, 대세계사 9권: 잠자는 사자 (명 · 청시대), 1971.
宮崎市定 / 조병한 편역, 중국사 (서울 : 역민사, 1988)
傅樂成 · 신승하 옮김, 중국통사 하권 (서울 : 우종사, 1987)
Karl W. Deutsch, Politics and government, 2nd ed. (Boston : Houghton mifflin co., 1974)
Roger-Gérard Schwartzenberg, The superstar show of government (N.Y. : Barron's, 1980)
M. Jacobs, J. Strachan, Philip's Madrid (London : George Philip Limited, 1992)
Nym Wales, 조우화 옮김, 아리랑(서울: 동녘출판사, 1984)

찾아보기

가림토 45
가우리 사상 155
강이식 118
거시적 국토관 50
건국 291
건원릉 128
검객문화 47
검독 97
경기전 70, 87
경희궁 370
고구려정신 153
고금당 86
고등 78
고등신 77
고인돌 64
고황제 125
곡옥 65
곰치고개 86
곽자흥 30
관변 정치학 294
관천대 169
광무황제 칭경기념비 173
광평대군 410
국내성 154
국방철학 212
국사당 290
군사혁명 396
궁중유물전시관 373
금나라 45
금당사 86, 97
금동대향로 67
금산 19
금산영웅기적비 15
금와왕 66
금척대훈장 106
기독교사상 145
김교헌 208
김성주 243
김일성 243
김정일 243
김창숙 196

나랏님 182

나철 206
누르하치 45

다물단 196
단군 80
단군교 205
단군사상 152
단군실사 220
대원군 319
대재모 423
대종교 205
대취타 280
대한중흥송덕축성비 16
대한황실재건 424
대한황실재건회 423
대한황족 440
대화합 포용정책 441
덕혜옹주 368
동역이강 132
동원상하봉 132
동키호테 454
동학란 182

리화대훈장 107

마이산 84
막내상속 135
만리국토 93
망곡단 201
모두루묘 156
몽금척 89
몽금척무 89
몽금척요 90
무등산 247
무오독립선언서 209
무학 56
문자옥 34
문필봉 85
미완성 혁명 394
민갑완 335, 381
민족중흥 398

박용만 343
박은식 199
박정희 398
박찬주 379
발췌개헌 376
방자 366
백두산 46
백련교 25
백불 293
벌초제도 129
벨기에 446
병인양요 319
보리암 15

봉황각 215
부락 237
부소암 45
북방개척 135
불교사상 144
비파형동검 64

사
사사오입 382
사이버 황설복원운동 416
사민일보 199
사직단 69, 161
사회과교육혼 144
사회주의자 240
삼개 128
삼선 128
삼족오 66
상징체계 62
새누리 172
샤먼 65
서다산 85
서달 31
서재필 393
석왕사 56
선 바위 290
선원전 450
섬학전 223
성균관 197, 200
세르반테스 454
소도문화 85
소도산 85
소수서원 223
속금산 86
수입 정치학 296
순조 임금님릉 138
숭정전 315
스페인 454
시하누크 453
신미양요 319
신민홍국 249
신채호 203
신흥무관학교 210
신흥중학 247
3 · 1만세항쟁 214
4 · 19혁명 306
4군6진 137

아
아골타 45
아사달 168
아이코노그라피 50
안태훈 194
안자 222
애신각라 120
양헌수 326
양현고 223
역고드름 96
역사착인 240
연안송 252
영왕 366

옥새 380
용각봉 85
용바위 19
용비어천가 163
용출봉 84
왜곡 정치학 298
우하량 233
운양호사건 319
운현궁 380
월랑팔경 107
위화도 결단 124
위화도 회군 121
유교사상 145
유기 24
유대진 284
유림 188
유인석 192
유정순 100
윤세복 209
융희 202
은수사 89
을사늑약 184
을지문덕 118
음양오행설 81
의병 181
의열단 196
이갑용 95
이경선 331
이론착인 241
이산묘 88
이상룡 210
이선장 31
이왕선 100
이우 379
이제묘 200
이조시대병 117
이초남 100
이태조선유추지각 16
이회영 210
인릉 141
일월신 77
일월오악도 71
입헌 군주제 398, 451

자응장 107
장충단비 276
전주이씨 117
전주이씨대동종약원 117
정도전 35, 93
정률성 244
정부은 284
정의은 284
정일론 243
정일신앙 244
정일철학 243
정치상징 64
정치신화 14
정치인류학 84
제천단 149

제천 행사 85
제헌헌법 376
조사모 424
존황사관 308
존황사상 245
종교변인 176
종교탄압 218
종묘 69
종친부 431
주몽 66
주원장 17
중광절 207
지본주의 416
집안사상 154

창경궁 405
천고 199
천도교 214
천명론 386
천보구여도 82
천상열차분야지도 154, 160
천자 19
천자봉 42
천제 77
천제자 80
천황 80
청동개구리 66
청동거울 65
청태종 128
최상길 200
최익현 189
최제우 214
친일파 청산 442

캄보디아 452
코리아 합중국 437

탁탁진 37
탑사 94
태극장 107
텐그리 80
퉁두란 20, 127

파리장서 196
파자점 21
팔로군행진곡 255
팔진도법 98
표전문 35

항일전쟁 176
항일전쟁사 447
해모수 77
해부루 66
험독 97

호메이니 345
호지명 345
홍타이지 128
홍화문 309
환구단 69, 149
황군 193
황권 328
황단 112
황도 450
황성 450
황실애호 117
황실탄압 368
황태자 366
황통 204
회암사 42
흘승골 154

지은이 소개

안 천(安天) 서울교육대학교 명예교수, 정치학 박사

〈대표저서〉

◦일월오악도(日月五岳圖)
- 제1권:이승만 뿌리 정치심리(교육과학사, 1998)
- 제2권:김구 재평가와 안중근(교육과학사, 1999)
- 제3권:일월오악도의 탄생(교육과학사, 2002)
- 제4권:대한황실 황족사 연구(교육과학사, 2003)
- 제5권:대한황실 명예회복사 연구(교육과학사, 2005)
- 제6권:대한황실 황통쟁투사(교육과학사, 2009)
- 제7권:대한황실 문화정책사(교육과학사, 2011)
- 제8권:임금님 대관식(교육과학사, 2014)

※황실은 살아있다(인간사랑, 1994)

◦거시국토 통일론(巨視國土統一論)
- 만주는 우리땅이다(인간사랑, 1990)
- 남침유도설 해부(교육과학사, 1993)
- 신흥무관학교(교육과학사, 1996)
- 여성대통령은 언제 나올까(B·B Books, 2002)
- 타이완의 힘(교육과학사, 2008)

〈교과교육 관련저서〉
- 생활화 사회과교육론(교육과학사, 2001)
- 신사고 사회과교육론(교육과학사, 1993)
- 통합교과운영론(한국방송통신대학, 1990, 공저)
- 사회과 탐구논리(교육과학사, 1988, 공역)

일월오악도의 탄생 -대한황실 정통성 역사-

2002년 5월 13일 초판 1쇄 발행
2015년 2월 1일 초판 3쇄 발행

지은이: 안 천
펴낸이: 김 동 규
펴낸곳: 교육과학사

경기도 파주시 문발동 광인사길 71
전화(031)955-6956~8/팩스(031)955-6037
Home-page: www.kyoyookbook.co.kr
E-mail: kyoyook@chol.com
등록: 1970년 5월 18일 제2-73호

낙장·파본은 교환해 드립니다.
Printed in Korea.

정가 **15,000**원
ISBN 978-89-254-0896-5
978-89-8287-302-3(세트)